Demokratie gestalten

Sozialkunde für Berufsschulen und Berufsfachschulen in Bayern

Claus · Gleixner · Kalis · Maurer · Schellenberger

8. Auflage

VERLAG EUROPA-LEHRMITTEL
Nourney, Vollmer GmbH & Co. KG
Düsselberger Straße 23
42781 Haan-Gruiten

Europa-Nr.: 67015

Autoren:
Dietrich Claus, StD, Kleinaitingen
Helmut Gleixner, OStD, Schnaitsee
Edgar Kalis, StD, Berlin
Dr. Rainer Maurer, Buchloe
Stefan Schellenberger, OStR, Valley/Unterdarching

Arbeitskreisleitung:
Dietrich Claus

Verlagslektorat:
Dr. Rainer Maurer

8. Auflage 2014

Druck 5 4 3 2 1

Alle Drucke derselben Auflage sind parallel einsetzbar, da sie bis auf die Behebung von Druckfehlern untereinander unverändert sind.

ISBN 978-3-8085-6715-9

Alle Rechte vorbehalten. Das Werk ist urheberrechtlich geschützt. Jede Verwertung außerhalb der gesetzlich geregelten Fälle muss vom Verlag schriftlich genehmigt werden.

© 2014 by Verlag EUROPA-LEHRMITTEL, Nourney, Vollmer GmbH & Co. KG, 42781 Haan-Gruiten
http://www.europa-lehrmittel.de
Umschlaggestaltung, Layout, Grafik, Satz: Satz+Layout Werkstatt Kluth, 50374 Erftstadt
Umschlagfoto: © Markus Bormann – Fotolia.com
Druck: Konrad Triltsch, Print und digitale Medien GmbH, 97199 Ochsenfurt-Hohestadt

Vorwort

Das Lehr- und Arbeitsbuch „Demokratie gestalten" ist ein modernes, handlungsorientiertes Lehrwerk für den Sozialkunde-Unterricht an bayerischen Berufsschulen. Es ist bestimmt für:

- **Technisch-gewerbliche und sozialpflegerische Ausbildungsberufe**
- **Kaufmännische Ausbildungsberufe**
- **Berufsfachschulen, da die wichtigsten Lehrplaninhalte dieser Schulform abgedeckt sind**

Diesem Buch liegt der aktuelle **Lehrplan für die Berufs- und Berufsfachschule im Fach Sozialkunde von 2011** zugrunde. Die KMK-Rahmenvereinbarung über die Berufsschule (Beschluss der Kultusministerkonferenz vom 07.05.2008) wurde ebenso berücksichtigt wie die Kriterien des DQR (Deutscher Qualifikationsrahmen) und des EQR (Europäischer Qualifikationsrahmen).

„Demokratie gestalten" vermittelt den Schülerinnen und Schülern ein solides Grundwissen, das unter **Berücksichtigung der neuesten didaktischen und methodischen Erkenntnisse** präsentiert wird. Auf **aktuelles Material** wurde großer Wert gelegt. Zur Verdeutlichung exemplarischer Entwicklungen wurden nur dann ältere Daten/Statistiken berücksichtigt, wenn kein verwertbares aktuelles Material vorlag.

Damit ermöglicht das Buch eine fundierte, problemorientierte **Auseinandersetzung mit politischen, wirtschaftlichen, sozialen und kulturellen Themen.** So entwickelt sich eine gesellschaftliche **Handlungskompetenz,** die Schülerinnen und Schüler anregen soll, Demokratie zu gestalten. Die ausführliche, erläuternde Marginalspalte hilft bei der Erarbeitung des Stoffes und hält zudem ergänzende Informationen und Materialien für eine vertiefte Bearbeitung der Themen bereit. Damit gewährleistet und fördert das Buch die **Entwicklung des selbstorganisierten Lernens.**

Hinweise für die Arbeit mit diesem Buch

Folgende Textelemente erleichtern das Arbeiten und Lernen:

Hier befinden sich **„Fragen und Arbeitsaufgaben".** Die angesprochenen Sachthemen und Fragestellungen sollen vertieft durchdacht werden.

Zusammenfassung

In **„Zusammenfassung"** stehen – knapp und präzise – die wichtigsten Inhalte des jeweiligen Kapitels. Diese Inhalte sollten gründlich gelernt werden.

Wissens-Check

Der **„Wissens-Check"** ermöglicht sowohl das selbstständige Einüben und Wiederholen des Stoffes als auch den Einsatz im Klassenverband. Wer diese Fragen beantworten kann, hat sich ein solides Wissen erarbeitet.

Wenn nicht alle Inhalte im Unterricht durchgenommen werden können, bietet dieses Buch dem interessierten Leser die Möglichkeit zur umfassenden Eigeninformation.

Die Verwendung nur eines grammatischen Geschlechts dient ausschließlich der Optimierung des Leseflusses. Sie stellt keine geschlechtsspezifische Wertung dar.

Die Autoren und der Verlag wünschen sich, dass die Arbeit mit dem Buch Freude macht. Wenn das der Fall ist, ist es ein guter Beitrag zum aktiven „Demokratie gestalten".

Ihr Feedback ist uns wichtig

Wenn Sie mithelfen möchten, dieses Buch für die kommenden Auflagen zu verbessern, schreiben Sie uns unter lektorat@europa-lehrmittel.de.

Ihre Hinweise und Verbesserungsvorschläge nehmen wir gerne auf.

Haan-Gruiten, im Mai 2014   Autoren und Verlag

Jahrgangsstufe 10

A	**Ausbildung und Beruf**	9
1	Duales Ausbildungssystem	10
2	Berufsausbildungsvertrag	13
3	Jugendarbeitsschutzgesetz (JArbSchG)	19
4	Arbeitsvertrag	23
4.1	Form und Inhalt von Arbeitsverträgen	23
4.2	Dauer von Arbeitsverträgen	24
5	Schutzbestimmungen im Arbeitsrecht	25
5.1	Die ordentliche und die außerordentliche Kündigung	25
5.2	Regelungen nach dem Kündigungsschutzgesetz (KSchG)	27
5.3	Bundesurlaubsgesetz	28
5.4	Besondere Schutzrechte für bestimmte Personengruppen	29
5.5	Entgeltfortzahlung	31
6	Arbeitszeit	32
6.1	Das Arbeitszeitgesetz (ArbZG)	32
6.2	Das Teilzeitgesetz	34
7	Arbeitsgerichtsbarkeit	35
8	Interessenvertretung in der Arbeitswelt	37
8.1	Tarif- und Sozialpartner	37
8.2	Tarifverträge	39
8.3	Arbeitskampf	40
9	Betriebsverfassungsgesetz: Rechte, Wahl, Zusammensetzung des Betriebsrats und der Jugendvertretung	43
9.1	Mitbestimmung und Demokratie	43
9.2	Das Betriebsverfassungsgesetz	44
9.3	Mitbestimmungs- und Mitwirkungsrechte	46
9.4	Die Freistellung von Betriebsräten	47
9.5	Das BetrVG in der Kritik	48
9.6	Vor- und Nachteile betrieblicher Mitbestimmung	49
9.7	Europäische Betriebsräte	49
9.8	Die Jugend- und Auszubildendenvertretung	50
B	**Arbeitswelt im Wandel**	53
1	Technologischer Wandel	54
2	Betriebsorganisatorischer Wandel	56
3	Globalisierung – Auswirkungen auf den Arbeitsmarkt	58
3.1	Arbeitsplatzverlagerung	58
3.2	Arbeitsplatzabbau durch Unternehmenszusammenschlüsse	59
4	Veränderung in der Form der Arbeitsverhältnisse	60
4.1	Häufiger Berufs- und Arbeitsplatzwechsel	60
4.2	Geringfügige Beschäftigung – „Mini-Jobs"	61
4.3	Zeitarbeitnehmer (Leiharbeiter)	62
4.4	Schattenwirtschaft	63
5	Arbeitslosigkeit	64
5.1	Arbeitslosigkeit – Folgen für den Einzelnen	65
5.2	Arbeitslosigkeit – Auswirkungen in der Gesellschaft	65
5.3	Bekämpfung der Arbeitslosigkeit	65
C	**Soziale Sicherung**	73
1	Geschichtliche Entwicklung und Bedeutung der sozialen Sicherung	74
1.1	Ursprung der Sozialversicherung	74
1.2	Die damaligen Leistungen	74
1.3	Die Entwicklung in Deutschland seit dem 2. Weltkrieg	75
2	Krankenversicherung	76
2.1	Die Leistungen der gesetzlichen Krankenversicherung	76
2.2	Wer ist versichert?	77
2.3	Was kostet die Krankenversicherung?	77
2.4	Die Probleme der Krankenversicherung	77
3	Rentenversicherung	79
3.1	Die Leistungen der Rentenversicherung	79
3.2	Der Beitragssatz zur Rentenversicherung	81
3.3	Probleme der Rentenversicherung	81
4	Arbeitsförderung	82
4.1	Hilfen der Agentur für Arbeit	82
4.2	Gründe für Arbeitslosigkeit	83
5	Unfallversicherung	86
5.1	Die Kosten der Unfallversicherung	86
5.2	Die Leistungen der Unfallversicherung	87
6	Pflegeversicherung	89
6.1	Die Leistungen der Pflegeversicherung	89
6.2	Der Beitrag zur Pflegeversicherung	90
7	Transferleistungen des Staates	91
7.1	Kindergeld	91
7.2	Elterngeld	91
7.3	Betreuungsgeld	92

7.4	Ausbildungsförderung (BAföG)	92
7.5	Wohngeld	92
7.6	Vermögensbildung	93
7.7	Sozialhilfe	93
7.8	Grundsicherung im Alter	94
7.9	Versorgungsleistungen des Staates	94
8	**Die Krise des Generationenvertrages aufgrund des demografischen Wandels**	95
9	**Lösungsansätze in einer sich wandelnden Gesellschaft**	98
10	**Private Vorsorge zur sozialen Sicherheit**	101
10.1	Riester-Rente	101
10.2	Absicherung durch Immobilien	102
10.3	Lebensversicherung als Polster für sich und die Angehörigen	103
11	**Individualversicherung zum Schutz vor allgemeinen Risiken**	104
11.1	Berufsunfähigkeitsversicherung	105
11.2	Private Unfallversicherung	105
11.3	Risikolebensversicherung	105
11.4	Haftpflichtversicherung	105
11.5	Hausratversicherung	106
D	**Recht**	**107**
1	**Das Recht im Rechtsstaat**	108
1.1	Die Aufgaben des Rechts	108
1.2	Die Bindung des Staates an das Recht	111
1.3	Die Grundlagen des Rechts	112
2	**Die Rechtsprechung**	113
2.1	Die Gerichtsbarkeiten	113
2.2	Außergerichtliche Einigung – Mediation	114
3	**Rechtliche Verantwortung und Alter**	117
3.1	Rechtsfähigkeit	117
3.2	Geschäftsfähigkeit	118
3.3	Deliktfähigkeit und Strafmündigkeit	120
4	**Das Strafverfahren**	124
4.1	Merkmale einer Straftat	124
4.2	Das Ermittlungsverfahren	125
4.3	Die Hauptverhandlung	126
4.4	Zweck der Strafe	127
5	**Jugendstrafrecht**	128
5.1	Das Jugendstrafverfahren	128
5.2	Die Folgen der Jugendstraftat	129
E	**Soziale Beziehungen**	**131**
1	**Persönlichkeitsentwicklung durch soziale Kontakte (Interaktion)**	132
1.1	Primärgruppen	133
1.2	Sekundärgruppen	134
2	**Rollen und Rollenerwartungen**	136
2.1	Rollenvielfalt	136
2.2	Rollenerwartungen	137
2.3	Rollenkonflikte	138
2.4	Möglichkeiten und Modelle der Konfliktlösung	140
3	**Die Familie**	143
3.1	Aufgaben der Familie	143
3.2	Rechtsstellung der Familie	146
3.3	Herausforderungen an Familie und Gesellschaft	150
3.4	Maßnahmen staatlicher Familienpolitik	153

Jahrgangsstufe 11

A	**Staatsziele und Staatsordnung**	**159**
1	**Die Bedeutung des Staates**	160
1.1	Äußere Sicherheit	160
1.2	Innere Sicherheit und Ordnung	161
1.3	Die Wahrung und Entwicklung der Rechtsordnung	161
1.4	Daseinsvorsorge	162
1.5	Die soziale Sicherheit	162
1.6	Förderung der wirtschaftlichen Entwicklung	163
1.7	Schutz der natürlichen Lebensgrundlagen	163
1.8	Funktionierende Verwaltung	163
2	**Die wertgebundene Ordnung der Bundesrepublik Deutschland**	164
2.1	Das Menschenbild des Grundgesetzes	164
2.2	Die Grundrechte des Grundgesetzes	165
3	**Die freiheitlich-demokratische Grundordnung in der Bundesrepublik Deutschland**	171
3.1	Die Gewaltenteilung	171
3.2	Machtkontrolle	172
3.3	Die abwehrbereite Demokratie	174
4	**Strukturprinzipien des Grundgesetzes**	176
4.1	Die Republik	177
4.2	Der Sozialstaat	177
4.3	Der Bundesstaat	178
4.4	Die Demokratie	179
4.5	Der Rechtsstaat	180

5	**Grundzüge der Weimarer Reichsverfassung**	181		
5.1	Stellung von Reichspräsident, Reichskanzler und Reichstag	181		
5.2	Grundrechte in der Weimarer Reichsverfassung	183		
6	**Nationalsozialistische Diktatur (1933–1945)**	185		
6.1	Weltanschauliche Grundlagen	185		
6.2	Herrschaftsgewinnung und -ausübung	188		
6.3	Stellung und Alltag des einzelnen Menschen	189		
7	**Aktuelle Gefahren für die Demokratie**	193		
7.1	Rechtsextremismus	193		
7.2	Linksextremismus	195		
7.3	Religiös motivierter Extremismus	195		
7.4	Demokratiefeindliche Sekten	196		
7.5	Extremistische Gruppen: Ursachen und Gemeinsamkeiten	197		

B Der politische Entscheidungsprozess 199

1	**Die Gemeinde – Grundlage des demokratischen Staates**	200
1.1	Die Aufgaben der Gemeinden	200
1.2	Der politische Aufbau der Gemeinde – Entscheidungsprozesse	201
2	**Föderalismus in der Bundesrepublik Deutschland**	204
2.1	Der Sinn einer bundesstaatlichen Ordnung	205
2.2	Strukturen und Aufgaben	207
2.3	Bayerns Stellung im Bund	209
2.4	Probleme des Föderalismus	210
3	**Oberste Bundesorgane**	213
3.1	Der Bundestag	213
3.2	Der Bundesrat	215
3.3	Der Bundespräsident	217
3.4	Die Bundesregierung	218
3.5	Das Bundesverfassungsgericht	222
4	**Die Entstehung eines Gesetzes**	227
4.1	Warum ein Gesetz entsteht – Beispiel Zuwanderung	227
4.2	Ziele und Vorstellungen der Parteien	228
4.3	Verbandsinteressen im Gesetzgebungsverfahren	230
4.4	Öffentliche Meinung und Medien	232
4.5	Der Gesetzgebungsweg	233
4.6	Gesetzgebung durch Kompromiss	237

C Repräsentation und Wahl 239

1	**Demokratie und Wahlen**	240
1.1	Direkte und repräsentative Demokratie	240
1.2	Die Funktionen von Wahlen	241
1.3	Grundsätze und Merkmale demokratischer Wahlen	242
1.4	Wahlsysteme	245
2	**Die Stellung des Abgeordneten**	248
2.1	Freies und imperatives Mandat	248
2.2	Ausgewählte Rechte des Abgeordneten	249
3	**Die Parteien**	250
3.1	Aufgaben und Stellung	250
3.2	Finanzierung	250
4	**Entwicklung zur Medien- und Stimmungsdemokratie**	252
4.1	Personalisierung in der Politik	252
4.2	Populismus in der Politik	253
5	**Medien in der Demokratie**	255
5.1	Massenmedien	255
5.2	Das Grundrecht der Pressefreiheit	257
5.3	Medienkonzentration und Entwicklung	258

D Politik und Partizipation 261

1	**Eigene Vorstellungen von Politik und Demokratie**	262
1.1	Politikverdrossenheit	263
1.2	Vertrauen in staatliche Organe	266
2	**Pluralistische Ordnung**	267
2.1	Konkurrierende Interessen und Wertvorstellungen	267
2.2	Toleranz und Kompromissfähigkeit	268
3	**Partizipation an der Willensbildung**	269
3.1	Mitwirkung in Schule und Betrieb	269
3.2	Engagement in Vereinen und Verbänden	270
3.3	Beteiligung an Wahlen	271
4	**Durchsetzung von Interessen**	272
4.1	Bürgerinitiativen	272
4.2	Bürgerbegehren – Bürgerentscheid	273
4.3	Volksbegehren – Volksentscheid	275

E Deutschland in Europa 277

1	**Die EU: Erwartungen und Ängste**	278
2	**Der europäische Einigungsprozess**	281
2.1	Fünfzig Jahre Frieden in Europa	281
2.2	Eine Gemeinschaft mit großer Anziehungskraft	281
2.3	Der Binnenmarkt	284

3	**Institutionen und Entscheidungsprozesse in der EU**	285
3.1	Der Europäische Rat	285
3.2	Der Ministerrat	286
3.3	Die Kommission	287
3.4	Das Europäische Parlament	290
3.5	Die Europäische Zentralbank	291
3.6	Der Europäische Gerichtshof	292
4	**Auswirkungen des europäischen Einigungsprozesses**	293
4.1	Übertragung nationaler Souveränitätsrechte	293
4.2	Regionalismus – Nationalgedanke	294
4.3	Probleme und Folgen der EU-Erweiterung	294

Jahrgangsstufe 12

A	**Wirtschaft und Wirtschaftspolitik**	297
1	**Bedürfnisse, Bedarf, Werbung**	298
1.1	Bedürfnisarten	298
1.2	Werbung	300
1.3	Vom Bedarf zur Nachfrage	301
2	**Rechte und Verpflichtungen in Verträgen**	302
2.1	Kaufvertrag	302
2.2	Ratenkaufvertrag	303
2.3	Mietvertrag und Leasing	304
3	**Verbraucherschutz**	306
3.1	Problem Schuldenfalle	306
3.2	Die Schuldnerberatung	307
3.3	Rechtsnormen zum direkten Schutz des Verbrauchers	308
4	**Rechtsformen der Unternehmung**	313
4.1	Einzelunternehmen	313
4.2	Personengesellschaften	314
4.3	Kapitalgesellschaften	315
5	**Kennzeichen der sozialen Marktwirtschaft**	319
5.1	Freie Marktwirtschaft und Planwirtschaft	319
5.2	Spannungsverhältnis zwischen Staat und Markt	321
5.3	Bedeutung von Markt und Wettbewerb für Verbraucher und Volkswirtschaft	323
6	**Betriebliche Ziele**	327
6.1	Ökonomisches Prinzip	327
6.2	Wirtschaftssubjekte und ihre Zielsetzungen	328
6.3	Allgemeinwohl und wirtschaftliche Ziele	330
7	**Magisches Vieleck und Probleme bei seiner Verwirklichung**	331
7.1	Die Ziele des Stabilitätsgesetzes	332
7.2	Probleme bei der Verwirklichung	334
7.3	Magisches Vieleck	335
8	**Phasen des Konjunkturverlaufs**	336
8.1	Begriffsbestimmungen	336
8.2	Instrumente der Konjunkturpolitik	337
8.3	Phasen der Konjunktur	338
8.4	Kritik an der Aussagefähigkeit des Bruttoinlandsprodukts	341
8.5	Antizyklische und angebotsorientierte Konjunkturpolitik	343
9	**Inflation und Deflation**	346
9.1	Inflation	346
9.2	Messung der Kaufkraft	347
9.3	Ursachen von Inflation	349
9.4	Folgen der Inflation	350
9.5	Deflation	351
10	**Binnenwert und Außenwert des Euro**	352
10.1	Außenwert	352
10.2	Binnenwert	355
11	**Instrumente und Aufgaben der Europäischen Zentralbank (EZB)**	356
11.1	Die Eurozone	357
11.2	Ziele der Europäischen Zentralbank (EZB)	357
11.3	Einwirkung auf Geldmenge und Bestimmung des Zinsniveaus	359
12	**Außenhandel, Außenhandelspartner und Zahlungsbilanz**	361
12.1	Außenhandel	361
12.2	Zahlungsbilanz	362
13	**Internationale Handelsbeziehungen bzw. Organisationen**	364
13.1	Entwicklung des Welthandels	364
13.2	Internationale Organisationen	366
13.3	Problembereiche des IWF	369
14	**Globalisierung**	370
14.1	Dimensionen der Globalisierung	370
14.2	Chancen und Risiken der Globalisierung	372
B	**Lebens- und Zukunftssicherung durch ökologisch-nachhaltige Entwicklung**	377
1	**Zentrale Umweltprobleme**	378

1.1	Klimawandel	378
1.2	Gefährdung von Wäldern und Böden	380
1.3	Gefährdung der Süßwasserreserven	381
1.4	Gefährdung der Meere	382
1.5	Gefährdung durch Strahlung	384
1.6	Volkswirtschaftliche Auswirkungen	386
2	**Prinzip der Nachhaltigkeit**	**388**
3	**Internationale Umweltschutzmaßnahmen**	**389**
3.1	Die Konferenz von Rio de Janeiro 1992	390
3.2	Die Konferenz von Kyoto 1997	392
3.3	„Rio + 10" in Johannesburg 2002	393
3.4	Die Konferenz von Montreal 2005	393
3.5	Die Konferenz von Cancún 2011	394
4	**Individuelle und nationale Umweltschutzmaßnahmen**	**395**
4.1	Kauf ökologisch erzeugter Produkte	395
4.2	Energieeinsparung	397
4.3	Müllvermeidung	401
4.4	Nationale Umweltschutzmaßnahmen	402

C	**Internationale Beziehungen**	**409**
1	**Golfkrieg I : Gründe und Verlauf**	**411**
1.1	Die Bundeswehr im Golfkrieg I	412
1.2	Die Rolle der UNO im Golfkrieg I	413
1.3	Die NATO im Golfkrieg I	413
2	**Golfkrieg II: Gründe und Verlauf**	**414**
2.1	Öl: „Treibstoff" für den Krieg?	415
2.2	Die Bundeswehr im Golfkrieg II	417
2.3	Die NATO im Golfkrieg II	417
2.4	Die UNO im Golfkrieg II	417
3	**Funktionen und Ziele von UNO, NATO und Bundeswehr**	**419**
3.1	Die UNO: United Nations Organization	419
3.2	Die NATO: North Atlantic Treaty Organization	425
3.3	Die neue Rolle der Bundeswehr	427
4	**Europäische Verteidigungs- und Friedenspolitik**	**432**
4.1	Die OSZE	432
4.2	EU-Eingreiftruppe	433
4.3	Deutsche Außenpolitik als Friedenspolitik	434
5	**Unterentwicklung: Herausforderung für die Weltpolitik**	**436**
5.1	Problem: Wachstum der Weltbevölkerung	436
5.2	Ursachen und Kennzeichen der Unterentwicklung	439
5.3	Unterentwicklung: Folgen und Lösungsmöglichkeiten	440
5.4	Deutsche Entwicklungspolitik im Wandel	441
6	**Terrorismus**	**445**
6.1	Internationaler Terrorismus	446
6.2	Lösungsmöglichkeiten	447

Anhang

1	Karte Bayern	449
2	Karte Deutschland	450
3	Karte Europa	451
4	Karte Welt	452
	Stichwortverzeichnis	453

A
Ausbildung und Beruf

Jahrgangsstufe 10

- Duales Ausbildungssystem
- Berufsausbildungsvertrag
- Jugendarbeitsschutzgesetz
- Schutzbestimmungen im Arbeitsrecht
- Tarifautonomie – Arbeitskampf
- Mitbestimmung im Betrieb

1 Duales Ausbildungssystem

Bis zum Ende des 18. Jahrhunderts war die menschliche Arbeit von handwerklicher Arbeitsteilung geprägt. Es gab nur wenige Handwerksberufe wie z. B. Bäcker, Schuster, Schneider, Müller, Schmied. Die Handwerker stellten meist ein ganzes Stück (z. B. ein Brot, einen Schuh oder eine Hose) selbst her. Die Vielzahl unterschiedlichster Berufe entwickelte sich erst im Zuge der Industrialisierung. Der Herstellungsprozess wurde in viele einzelne Arbeitsgänge und Tätigkeiten aufgeteilt. Diese haben sich zu eigenen Berufen entwickelt. Heute sind an der Herstellung einer modernen Werkzeugmaschine viele hoch qualifizierte Experten und spezialisierte Fachkräfte beteiligt. Die Entwicklung und Herstellung neuer und verbesserter Güter bringt neue und anspruchsvollere Berufe hervor. Mit den gestiegenen Anforderungen ist es nicht mehr möglich, jeden Beruf unabhängig von der Schulbildung zu erlernen. Viele Betriebe fordern bereits einen mittleren Schulabschluss oder gar das Abitur als Einstellungsvoraussetzung.

Zahlen: Bundesinstitut für Berufsbildung
Grafik: Dave Vaughan

Berufsfachschulen:
Dauer zwei bis drei Jahre in den Berufsfeldern
- Gewerblich-technisch
- Fremdsprachen
- Hauswirtschaft, Kinderpflege, Sozialpflege
- Gastronomie
- technische Assistenzberufe
- Gesundheitswesen
- Musik

Wie viel Prozent der Jugendlichen durchlaufen das duale Ausbildungssystem?

Eine Berufsausbildung kann grundsätzlich im „dualen System" oder an Berufsfachschulen absolviert werden. Die schulische Berufsausbildung an **Berufsfachschulen** umfasst allgemeinbildende und berufsbezogene Fächer. Der praktische Teil der Berufsausbildung wird auch in der Schule vermittelt.

1 Duales Ausbildungssystem

Findet die berufliche Ausbildung in der Berufsschule und im Betrieb statt, spricht man von einer Berufsausbildung im dualen System. Die Ausbildung an den verschiedenen Lernorten soll sich ergänzen und dauert, je nach Ausbildungsberuf und Vorbildung, zwei bis dreieinhalb Jahre. Die Berufsschule deckt den theoretischen Teil der Ausbildung ab. Fachtheoretische Kenntnisse für den jeweiligen Beruf werden vermittelt und die Allgemeinbildung wird gefördert. Der Betrieb übernimmt als Partner im dualen System die praktische Ausbildung und ermöglicht den Erwerb der erforderlichen Berufserfahrung während der Ausbildung.

Der Unterricht erfolgt als Teilzeitunterricht und kann als

- **Einzeltagesunterricht** oder
- **Blockunterricht**

organisiert sein.

Einzeltagesunterricht:
Ein bis zwei Tage Unterricht pro Woche

Blockunterricht:
Mehrmals im Jahr eine oder mehrere Wochen Unterricht

Schulpflicht – Berufsschulpflicht

Die Berufsschule ist für die meisten jungen Auszubildenden eine Pflichtschule. Zum Besuch der Berufsschule ist verpflichtet, wer ein Ausbildungsverhältnis eingeht. Davon ausgenommen sind Auszubildende

- mit Hochschulreife
- die zu Schuljahresbeginn das 21. Lebensjahr vollendet haben
- die bereits eine Berufsausbildung absolviert haben.

> Warum gibt es in der Berufsschule Blockunterricht und Einzeltagesunterricht? Notieren Sie mögliche Argumente für beide Formen.

Die **Schulpflicht** gliedert sich in die **Vollzeitschulpflicht** und die Berufsschulpflicht. Sie dauert in der Regel zwölf Jahre und enthält zumeist drei Jahre Berufsschule. Mit dem Bestehen der Berufsabschlussprüfung endet die Berufsschulpflicht.

Bei folgenden Leistungen im Abschlusszeugnis der Berufsschule:

- Notendurchschnitt 3,0 oder besser und
- Note 4 oder besser in Englisch

verleiht die Berufsschule den mittleren Schulabschluss, wenn ein Berufsabschluss vorliegt.

Den **Quabi** erhält auf Antrag bei seiner Mittelschule, wer

- einen **Quali** besitzt und
- im Berufsabschluss die Note 3,0 oder besser nachweist und
- mindestens ausreichende Englischkenntnisse nachweist.

Jugendliche, die keinen Ausbildungsberuf erlernen, haben nach neun Schulbesuchsjahren die Vollzeitschulpflicht erfüllt. Sie sind aber weiterhin schulpflichtig, wenn sie keinen mittleren Schulabschluss haben. Als Jugendliche ohne Ausbildungsplatz (JoA) erfüllen Sie ihre restliche Schulpflicht an einer Berufsschule.

Berufsschulpflichtige ohne Ausbildungsplatz können ein Berufsvorbereitungsjahr (BVJ) besuchen. In einem Jahr mit zumeist Vollzeitunterricht werden sie auf eine Berufsausbildung oder eine berufliche Tätigkeit vorbereitet.

Vollzeitschulpflicht:
Sie ist nach neun Schulbesuchsjahren erfüllt.

Schulpflicht:
Sie ist im Bayerischen Erziehungs- und Unterrichtsgesetz (BayEUG) geregelt.

Quabi:
Qualifizierter beruflicher Bildungsabschluss (mittlerer Bildungsabschluss)

Quali:
Qualifizierender Mittelschulabschluss

Jahrgangsstufe 10

Wer einen mittleren Schulabschluss erreicht hat (z.B. erfolgreicher Realschulabschluss oder Bestehen der zehnten Klasse Gymnasium), ist von der Schulpflicht befreit.

Hochschulzugangsberechtigte:
Schüler mit Abitur oder einem ähnlichen Schulabschluss, der zu einem Studium an einer Universität oder Fachhochschule berechtigt

Hochschulzugangsberechtigte, Personen die eine Zweitausbildung absolvieren, und Auszubildende, die das 21. Lebensjahr zum Schuljahresbeginn vollendet haben, sind berufsschulberechtigt. Während einer Berufsausbildung dürfen sie die Berufsschule besuchen. Der Betrieb muss sie für den Besuch der Berufsschule freistellen.

4. Bildungsbericht 2012

Zusammenfassung

Die duale Ausbildung findet in Berufsschule und Betrieb statt.

Die Berufsschule deckt den theoretischen Teil der Ausbildung ab, der Betrieb den praktischen.

Die Schulpflicht dauert zwölf Jahre. Bei bestimmten Leistungen verleihen die Berufsschule oder die Mittelschule einen mittleren Bildungsabschluss.

Wissens-Check

1. Nennen Sie die Ausbildungspartner der dualen Ausbildung.
2. Martin bricht nach einem Jahr die Ausbildung zum Einzelhandelskaufmann ab. Hat er die Schulpflicht erfüllt? Welche Möglichkeiten gibt es?

Berufsausbildungsvertrag

Auszug aus einem Lehrvertrag von 1864

Eduard Groß in Grünberg einerseits und Philipp Walther in Biedenkopf andererseits haben folgende Übereinkunft getroffen:

Groß nimmt den Sohn des Ph. Walther mit Namen Georg auf vier Jahre auf zwar vom 15ten Oktober 1864 bis dahin 1868, als Lehrling in sein Geschäft auf. Groß macht sich verbindlich, seinen Lehrling in Allem, was in seinem Geschäft vorkommt, gewissenhaft zu unterrichten, ein wachsames Auge auf sein sittliches Betragen zu haben und ihm Kost und Logis in seinem Hause frei zu geben. Groß gibt seinem Lehrling alle 14 Tage des Sonntags von 12 bis 5 Uhr frei (…).

Groß (=Ausbildender) verzichtet auf ein Lehrgeld, hat aber dagegen die Lehrzeit auf vier Jahre ausgedehnt. (…) Der junge Walther darf während der Dauer seiner Lehrzeit kein eigenes Geld führen, sondern die Ausgaben, welche nicht von seinem Vater direkt bestritten werden, gehen durch die Hände des Lehrherrn. (…)

Darf der Lehrling während seiner Lehrzeit kein Wirtshaus oder Tanzbelustigung besuchen, er müsste denn ausdrücklich die Erlaubnis hierzu von seinem Vater oder Lehrherrn erhalten haben und dann besonders darf er auch nicht rauchen im Geschäft oder außer demselben, es bleibt ganz untersagt. (…)

Grünberg und Biedenkopf, den 27. November 1864

Welche Unterschiede zwischen historischen Lehrverhältnissen und modernen Berufsausbildungsverhältnissen stellen Sie fest?

Vor Beginn einer Berufsausbildung wird zwischen dem Ausbildenden und dem Auszubildenden ein Berufsausbildungsvertrag geschlossen (§ 10 **BBiG**). Dieser Vertrag dokumentiert ein besonderes Arbeitsverhältnis, das den Auszubildenden schützt, ihm aber auch Pflichten auferlegt. Der Ausbildende übernimmt ebenfalls Rechte und Pflichten.

BBiG:
Berufsbildungsgesetz, gilt für ausbildende Betriebe, jedoch nicht für berufsbildende Schulen. Es regelt die Berufsausbildung, die berufliche Fortbildung und die berufliche Umschulung.

> § 10 BBiG (Vertrag)
>
> (1) Wer andere Personen zur Berufsausbildung einstellt (Ausbildender) hat mit dem Auszubildenden einen Berufsausbildungsvertrag zu schließen.
>
> § 11 BBiG (Vertragsniederschrift)
>
> (1) Ausbildende haben unverzüglich nach Abschluss des Berufsausbildungsvertrages (…) den wesentlichen Inhalt des Vertrages (…) schriftlich niederzulegen.

Rechte und Pflichten

Der Ausbildende ...	Der Auszubildende ...
... hat dafür zu sorgen, dass dem Auszubildenden die berufliche Handlungsfähigkeit vermittelt wird, die zum Erreichen des Ausbildungszieles erforderlich ist. ... hat die Berufsausbildung in einer durch ihren Zweck gebotenen Form planmäßig, zeitlich und sachlich gegliedert so durchzuführen, dass das Ausbildungsziel in der vorgesehenen Ausbildungszeit erreicht werden kann.	... muss sich bemühen, die berufliche Handlungsfähigkeit zu erwerben, die zum Erreichen des Ausbildungszieles erforderlich ist.
... darf dem Auszubildenden nur Aufgaben übertragen, die dem Ausbildungszweck dienen und seinen körperlichen Kräften angemessen sind.	... muss die im Rahmen der Berufsausbildung aufgetragenen Aufgaben sorgfältig ausführen.
... hat den Auszubildenden zum Besuch der Berufsschule sowie zum Führen von schriftlichen Ausbildungsnachweisen (z.B. Berichtsheft) anzuhalten und diese durchzusehen.	... hat an Ausbildungsmaßnahmen teilzunehmen, für die er freigestellt wird (z.B. Berufsschulunterricht, Lehrgänge der Innung oder Kammern).
... hat selbst auszubilden oder einen Ausbilder oder eine Ausbilderin ausdrücklich damit zu beauftragen..	... hat den Weisungen zu folgen, die ihm im Rahmen der Berufsausbildung von Ausbildern bzw. Ausbilderinnen oder von anderen weisungsberechtigten Personen erteilt werden.
... hat dafür Sorge zu tragen, dass der Auszubildende charakterlich gefördert sowie sittlich und körperlich nicht gefährdet wird.	... muss die für die Ausbildungsstätte geltende Ordnung beachten. ... ist verpflichtet, über Betriebs- und Geschäftsgeheimnisse Stillschweigen zu bewahren.
... hat dem Auszubildenden kostenlos die Ausbildungsmittel, insbesondere Werkzeuge und Werkstoffe, zur Verfügung zu stellen.	... hat Werkzeuge, Maschinen und sonstige Einrichtungen pfleglich zu behandeln.

Wer sind die Vertragspartner eines Berufsausbildungsvertrages?

Der Berufsausbildungsvertrag wird von den zuständigen Stellen (z.B. der Handwerkskammer, Industrie- und Handelskammer) geprüft. Mit dem Eintrag in das Verzeichnis der Berufsausbildungsverhältnisse entsteht ein rechtskräftiges Dokument.

Die Eintragung wird nur vorgenommen, wenn folgende Bedingungen erfüllt sind:

- Der Berufsausbildungsvertrag entspricht den gesetzlichen Vorgaben.
- Ein Auszubildender unter 18 Jahren legt eine Bescheinigung über die Erstuntersuchung vor.
- Die **persönliche und fachliche Eignung** des Ausbildungspersonals sowie die Eignung der Ausbildungsstätte wird bestätigt (§ 32 BBiG, § 29 HwO).

Persönliche und fachliche Eignung:

Sie wird erworben durch:
- die Meisterprüfung
- die Technikerprüfung
- ein Studium
- die Ausbildereignungsprüfung

Ausbildungsdauer

Die Dauer der Ausbildung ist in der jeweiligen Ausbildungsordnung vorgeschrieben und muss im Berufsausbildungsvertrag festgelegt sein. Sie beträgt je nach Ausbildungsberuf zwischen zwei und dreieinhalb Jahren. Normalerweise endet das Berufsausbildungsverhältnis mit Ablauf der vorgeschriebenen Ausbildungsdauer. In bestimmten Fällen kann die Ausbildungszeit durch die zuständige Stelle verkürzt oder verlängert werden.

Ausbildungsdauer:
- 2 Jahre
  z. B. Fachlagerist/-in, Tiefbaufacharbeiter/-in
- 3 Jahre
  z. B. Tischler/-in, Informatikkaufmann/-frau
- 3 ½ Jahre
  z. B. Zahntechniker/-in, Kfz-Mechatroniker

> § 21 BBiG (Beendigung)
>
> (2) Bestehen Auszubildende vor Ablauf der Ausbildungszeit die Abschlussprüfung, so endet das Berufsausbildungsverhältnis mit Bekanntgabe des Ergebnisses durch den Prüfungsausschuss.

Verkürzung der Ausbildungszeit

Der Auszubildende kann auf Antrag während der Ausbildung vorzeitig zur Prüfung zugelassen werden. Die zuständige Stelle genehmigt in der Regel eine Verkürzung um sechs Monate, wenn zwei Bedingungen erfüllt sind:

- Der Auszubildende hat gute Leistungen in der betrieblichen Ausbildung erbracht und der Ausbildungsbetrieb befürwortet die vorzeitige Zulassung.
- Der Auszubildende weist in den berufsbezogenen Fächern der Berufsschule gute Leistungen nach.

Die Ausbildungszeit kann auch aufgrund der schulischen Vorbildung verkürzt werden, z. B. für Abiturienten.

Verlängerung der Ausbildungsdauer

Besteht der Auszubildende innerhalb der Ausbildungszeit die Prüfung nicht, kann die Ausbildung verlängert werden. Der Ausbildende ist verpflichtet, dem zuzustimmen und den Berufsausbildungsvertrag zu verlängern.

In Ausnahmefällen kann die zuständige Stelle auf Antrag des Ausbildenden die Ausbildungszeit verlängern, wenn die Verlängerung erforderlich ist, um das Ausbildungsziel zu erreichen.

Solche Ausnahmefälle sind z.B.:

- erkennbare schwere Mängel der Ausbildung
- längere Ausfallzeiten, die vom Auszubildenden nicht zu vertreten sind (z.B. Krankheit)

Ausbildungsvergütung

Der Ausbildende muss dem Auszubildenden eine angemessene Vergütung bezahlen. Sie richtet sich nach dem Alter des Auszubildenden und der Dauer der Berufsausbildung. Eine Mindestvergütung ist nicht festgeschrieben.

Wenn für den Ausbildungsbetrieb eine verbindliche Tarifregelung gilt, dürfen im Ausbildungsvertrag keine niedrigeren Vergütungssätze vereinbart werden. Informationen hierzu erhält man beim Betriebsrat, der Jugend- und Auszubildendenvertretung oder bei den jeweiligen Gewerkschaften.

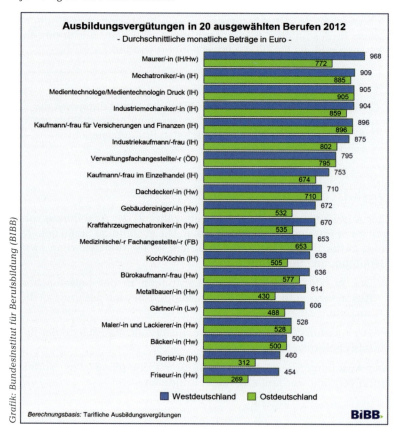

Ausbildungsstätte

Auszubildende dürfen nur eingestellt werden, wenn die Ausbildungsstätte für die Berufsausbildung geeignet ist. Will ein Betrieb ausbilden, muss eine genügende Ausstattung sowie qualifiziertes Personal vorhanden sein.

Am besten wäre es, wenn jeder Ausbildungsbetrieb alle für einen Beruf nötigen Fertigkeiten und Kenntnisse vermitteln könnte. Dies ist in kleineren Unternehmen jedoch häufig nicht möglich. In solchen Fällen kann nur ein Ausgleich durch Ausbildungsmaßnahmen außerhalb der Ausbildungsstätte geschaffen werden, beispielsweise in Lehrwerkstätten oder überbetrieblichen Ausbildungseinrichtungen bei den Handwerkskammern oder Innungen.

Prüfungen

Anerkannte Ausbildungsberufe:
Es gibt über 350 nach dem Berufsbildungsgesetz geregelte Ausbildungsberufe, die 13 Berufsfeldern zugeordnet werden.

Bei der Ausbildung in **anerkannten Ausbildungsberufen** werden Zwischen- und Abschlussprüfungen durchgeführt. Die Zwischenprüfung findet je nach Ausbildungsberuf nach einem, anderthalb oder zwei Ausbildungsjahren statt. Der Betrieb hat den Auszubildenden für diesen Tag freizustellen.

Für die Zulassung zur Abschlussprüfung müssen folgende Voraussetzungen erfüllt sein:
- Einhalten der Ausbildungszeit
- Beendigung der Ausbildungszeit nicht später als 2 Monate nach dem Prüfungstermin
- Teilnahme an der Zwischenprüfung
- Führen des vorgeschriebenen schriftlichen Ausbildungsnachweises (Berichtsheft)

Organisation und Durchführung der Zwischen- und Abschlussprüfung obliegen den zuständigen Stellen.

Nach bestandener Prüfung erhält der Auszubildende ein Zeugnis der zuständigen Stelle und ein Abschlusszeugnis der Berufsschule.

In einigen Ausbildungsberufen wurde die **gestreckte Abschlussprüfung** eingeführt.

Gestreckte Abschlussprüfung:
Sie besteht aus Teil 1 (entspricht Zwischenprüfung) und Teil 2 (entspricht Abschlussprüfung). Die Gesamtprüfungsnote berechnet sich aus den erbrachten Leistungen in beiden Prüfungsteilen. Bei den anderen Berufsabschlussprüfungen findet das Ergebnis der Zwischenprüfung keine Berücksichtigung.

Arbeitszeugnis

Alle Arbeitnehmer haben bei Beendigung ihrer Tätigkeit einen Anspruch auf ein schriftliches Zeugnis des Arbeitgebers. Dies gilt auch für Auszubildende nach Beendigung ihres Ausbildungsverhältnisses.

Das Arbeitszeugnis spielt bei der Bewerbung eine wesentliche Rolle. Es beschreibt die Person und vermittelt einen ersten wichtigen Eindruck. Einerseits müssen die Aussagen der Wahrheit entsprechen, andererseits dürfen keine negativen Formulierungen enthalten sein. Das berufliche Fortkommen des Beurteilten darf nicht ungerechtfertigt erschwert werden.

Grundsätzlich unterscheidet man zwei Arten von Arbeitszeugnissen: das **einfache** und das **qualifizierte Arbeitszeugnis**.

Einfaches Arbeitszeugnis:
Es ist ein Tätigkeitsnachweis und enthält folgende Fakten:
- Personalien
- Dauer und Beschreibung der ausgeübten Tätigkeit

Bewertung und Beurteilung der Leistung des Mitarbeiters fehlen.

Qualifiziertes Arbeitszeugnis:
Es beinhaltet über die einfachen Daten des Arbeitszeugnisses hinaus besondere fachliche Fähigkeiten sowie eine Bewertung von Leistung und Verhalten des Arbeitnehmers.

1. Recherchieren Sie im Internet oder in Broschüren die derzeit gängigen Formulierungen für Arbeitszeugnisse.
2. Verfassen Sie ein gutes bzw. schlechtes qualifiziertes Arbeitszeugnis für einen Auszubildenden in Ihrem Ausbildungsberuf.

Beendigung des Berufsausbildungsverhältnisses – Kündigung

Die Voraussetzungen für eine Kündigung sind gesetzlich festgelegt. Jugendliche und Auszubildende genießen einen besonderen Kündigungsschutz.

Nur während der **Probezeit** kann ohne Angabe von Gründen und ohne Einhaltung einer Kündigungsfrist vom Ausbildenden und vom Auszubildenden schriftlich gekündigt werden.

Probezeit:
Die Probezeit beträgt zwischen einem Monat und vier Monaten.

Nach der Probezeit kann nur aus wichtigem Grund (siehe Kap. 5) gekündigt werden.

Der Auszubildende kann nach der Probezeit mit einer Kündigungsfrist von vier Wochen kündigen, wenn er die Berufsausbildung aufgeben oder sich für eine andere Berufstätigkeit ausbilden lassen will (§ 22 BBiG).

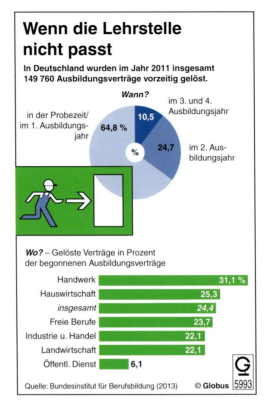

Aufhebungsvertrag

Im gegenseitigen Einvernehmen kann das Berufsausbildungsverhältnis jederzeit aufgehoben werden.

Welcher Unterschied besteht zwischen einer Kündigung während und einer Kündigung nach der Probezeit?

Zusammenfassung

Das BBiG regelt die Rechte und Pflichten der Vertragspartner in einem anerkannten Berufsausbildungsverhältnis.

Personal und Ausstattung der Ausbildungsstätte müssen für die Berufsausbildung geeignet sein.

Die Dauer der Berufsausbildung beträgt je nach den Anforderungen des Ausbildungsberufes zwischen zwei und dreieinhalb Jahren.

Während der Probezeit können Ausbildender und Auszubildender das Berufsausbildungsverhältnis ohne Angabe von Gründen kündigen.

Wissens-Check

1. Ein Auszubildender in einem Metall verarbeitenden Betrieb wäscht während der Arbeitszeit den Wagen des Gesellen.

   Ist dies zulässig? Begründen Sie Ihre Antwort.

2. Wo ist die Höhe der Ausbildungsvergütung festgelegt, wenn keine verbindliche Tarifregelung vorliegt?

Jugendarbeitsschutzgesetz (JArbSchG)

In vielen Ländern der Erde ist der Jugendarbeitsschutz nicht selbstverständlich.

Das Foto zeigt ein Mädchen aus dem indischen Bundesstaat Bihar, das in einer Fabrik in Guwahati (Assam) gebrannte Ziegel schleppt.

Quelle: dpa

Das Jugendarbeitsschutzgesetz regelt den besonderen Arbeitsschutz für Jugendliche, die sich in einem **Arbeits-** oder **Berufsausbildungsverhältnis** befinden.

Das Gesetz gilt für alle Jugendlichen bis zur Vollendung des 18. Lebensjahres. Es ist unerheblich, ob sich die Jugendlichen in der Berufsausbildung befinden, oder ob sie als Arbeitnehmer, Heimarbeiter oder in ähnlichen Ausbildungs- oder Arbeitsverhältnissen beschäftigt sind.

Das Jugendarbeitsschutzgesetz wird häufig mit dem **Jugendschutzgesetz** verwechselt, welches dem Schutz der Jugendlichen in der Öffentlichkeit dient.

Arbeitsverhältnis:
Es liegt vor, wenn eine Person aufgrund eines privatrechtlichen Vertrages im Dienst eines anderen zur Arbeit verpflichtet ist und unselbstständige Dienste gegen Entgelt leistet.

Jugendschutzgesetz:
Es regelt den Verkauf und die Abgabe von Tabak, Alkohol, Filmen und Computerspielen sowie den Aufenthalt in Diskotheken und Gaststätten.

Mindestalter

Grafik: R. A. Drude

Kind ist, wer noch nicht 15 Jahre alt ist (§ 2 Abs. 1 JArbSchG).

Jugendlicher ist, wer 15, aber noch nicht 18 Jahre alt ist (§ 2 Abs. 2 JArbSchG).

Kinder dürfen nicht beschäftigt werden (§ 5 Abs. 1 JArbSchG).

Arbeitszeit

Jugendliche dürfen nicht mehr als acht Stunden täglich und nicht mehr als 40 Stunden wöchentlich beschäftigt werden (§ 8 Abs. 1 JArbSchG).

Wenn an einzelnen Werktagen die Arbeitszeit auf weniger als 8 Stunden verkürzt ist, können Jugendliche an den übrigen Werktagen der Woche achteinhalb Stunden beschäftigt werden (§ 8 Abs. 2a JArbSchG).

Tägliche Arbeitszeit ist die Zeit vom Beginn bis zum Ende der täglichen Beschäftigung ohne Ruhepausen (§ 4 Abs. 1 JArbSchG).

Ruhepausen

Jugendliche müssen spätestens nach viereinhalb Stunden Arbeit eine Pause einlegen. Deren Länge richtet sich nach der Gesamtarbeitszeit:

- 30 Minuten bei einer Gesamtarbeitszeit von viereinhalb bis sechs Stunden
- 60 Minuten bei einer Gesamtarbeitszeit von mehr als sechs Stunden

Generell gilt eine Arbeitsunterbrechung nur dann als Ruhepause, wenn sie mindestens 15 Minuten dauert.

Freizeit und Urlaub

Jugendliche müssen nach ihrer täglichen Arbeitszeit mindestens zwölf Stunden ununterbrochene Freizeit haben.

In Abhängigkeit von seinem Alter zu Beginn eines Kalenderjahres steht dem jugendlichen Auszubildenden eine unterschiedliche Anzahl von Urlaubstagen mindestens zu:

- Ist der Auszubildende noch keine 16 Jahre alt, beträgt sein Jahresurlaub mindestens 30 Werktage.
- Ein noch nicht 17 Jahre alter Auszubildender hat Anspruch auf mindestens 27 Werktage Urlaub.
- Für noch nicht 18 Jahre alte Auszubildende umfasst der Jahresurlaub mindestens 25 Werktage.

Junge Bäcker dürfen eine Stunde später mit der Arbeit beginnen.

Die Dauer des Urlaubs richtet sich nach dem Alter des Auszubildenden zu Beginn des Kalenderjahres

Wer noch nicht 16 Jahre alt ist: Jahresurlaub mindestens 30 Werktage

Wer noch nicht 17 Jahre alt ist: Jahresurlaub mindestens 27 Werktage

Wer noch nicht 18 Jahre alt ist: Jahresurlaub mindestens 25 Werktage

Grafik: Dave Vaughan

Beschäftigungsverbote und -beschränkungen

Jugendliche dürfen grundsätzlich nicht zwischen 20 und 6 Uhr beschäftigt werden (Nachtruhe). Es werden aber z.B. die folgenden Ausnahmen eingeräumt:

- Gaststättengewerbe: Arbeitszeit bis 22 Uhr
- Mehrschichtbetriebe: Arbeitszeit bis 23 Uhr
- Backgewerbe: Arbeitsbeginn ab 5 Uhr (für Jugendliche über 17 Jahre ab 4 Uhr)
- Landwirtschaft: Arbeitszeit ab 5 Uhr oder bis 21 Uhr

Darüber hinaus gilt für Jugendliche ein Beschäftigungsverbot für **Akkord-**, Samstags-, Sonntags- und Feiertagsarbeit sowie für **gefährliche Arbeiten**.

Allerdings wird die Samstags-, Sonntags- und Feiertagsruhe für Berufe in bestimmten Branchen eingeschränkt.

Akkordarbeit:
Bezahlung nach der angefertigten Stückzahl (Stücklohn)

Gefährliche Arbeiten:
- Arbeiten bei übermäßigen psychischen, physischen oder sittlichen Belastungen
- Arbeiten bei übermäßiger Hitze, Kälte oder Nässe
- Arbeiten bei übermäßiger Belastung durch Lärm, Erschütterungen, Strahlen, Giftstoffe
- Arbeiten bei erhöhter Unfallgefahr, die vom Jugendlichen nicht einschätzbar ist

---

§ 16 JArbSchG (Samstagsruhe)

(1) An Samstagen dürfen Jugendliche nicht beschäftigt werden.

(2) Zulässig ist die Beschäftigung Jugendlicher an Samstagen nur

1. in Krankenanstalten sowie in Alten-, Pflege- und Kinderheimen,
2. in offenen Verkaufsstellen, in Betrieben mit offenen Verkaufsstellen, in Bäckereien und Konditoreien, im Friseurhandwerk und im Marktverkehr,
3. im Verkehrswesen,
4. in der Landwirtschaft und Tierhaltung,
5. im Familienhaushalt,
6. im Gaststätten- und Schaustellergewerbe,
7. bei Musikaufführungen, Theatervorstellungen und anderen Aufführungen, bei Aufnahmen im Rundfunk (Hörfunk und Fernsehen), auf Ton- und Bildträger sowie bei Film- und Fotoaufnahmen,
8. bei außerbetrieblichen Ausbildungsmaßnahmen,
9. beim Sport,
10. im ärztlichen Notdienst,
11. in Reparaturwerkstätten für Kraftfahrzeuge.

Mindestens zwei Samstage im Monat sollen beschäftigungsfrei bleiben.

Berufsschule

Die Jugendlichen müssen vom Ausbildungsbetrieb für die Teilnahme am Berufsschulunterricht freigestellt werden (§ 9 Abs. 1 JArbSchG).

Der Arbeitgeber darf den jugendlichen Auszubildenden an einem Berufsschultag mit mehr als fünf Unterrichtsstunden nicht beschäftigen.

Auskünfte, Beschwerden, Klagen

Während der Ausbildung können zahlreiche Probleme auftreten. Der Auszubildende kann sich selbstverständlich mit allen Fragen an den Ausbildenden oder den Betriebs- bzw. Personalrat wenden. Sollte das Problem auf diesem Wege nicht gelöst werden können, gibt es eine Reihe weiterer außerbetrieblicher Beratungs- und Beschwerdestellen, z.B. die Kammer oder das Gewerbeaufsichtsamt.

Zusammenfassung

Das Jugendarbeitsschutzgesetz gilt für Jugendliche, die sich in einem Arbeits- oder Berufsausbildungsverhältnis befinden.

Jugendlicher ist, wer 15, aber noch nicht 18 Jahre alt ist.

Jugendliche sind vor übermäßiger Belastung zu schützen.

Jugendliche dürfen grundsätzlich nicht zwischen 20 und 6 Uhr sowie samstags, sonntags und feiertags beschäftigt werden. Für Jugendliche, die in bestimmten Branchen oder Unternehmen tätig sind, gibt es Ausnahmeregelungen.

Die Jugendlichen sind für die Teilnahme am Berufsschulunterricht freizustellen.

Wissens-Check

1. Wer ist im Sinne des JArbSchG Jugendlicher?
2. Ein Auszubildender ist in einem Betrieb freitags von 7 Uhr bis 12 Uhr beschäftigt. Um früher nach Hause gehen zu können, verzichtet er am Vormittag auf 20 Minuten Pause.

   Ist das zulässig? Begründen Sie Ihre Antwort.
3. Auszubildende im Gast- und Hotelgewerbe dürfen bis 22 Uhr arbeiten.

   Wann ist morgens Arbeitsbeginn, wenn man sinnvolle Pausen voraussetzt?
4. Ein junger Dachdecker arbeitet bei 45° C auf einem Hausdach. Der Meister verbietet es dem Auszubildenden, er soll stattdessen die Dachziegel in einen Lastenaufzug legen und nach oben befördern.

   Welche Begründungen könnte der Meister nach dem JArbSchG für seine Entscheidung anführen?
5. Eine Auszubildende wird am 23. Februar 18 Jahre alt. Die ersten Urlaubstage nimmt sie ab dem 25. Februar. Wie viele Urlaubstage stehen ihr insgesamt nach dem JArbSchG in diesem Jahr zu?

4 Arbeitsvertrag

Arbeitsvertrag

Grundlage für das Arbeitsverhältnis zwischen Arbeitgeber und Arbeitnehmer ist der Arbeitsvertrag.

4.1 Form und Inhalt von Arbeitsverträgen

Die meisten Arbeitsverträge werden schriftlich abgeschlossen. Darin werden die Inhalte des Arbeitsverhältnisses fixiert. Wichtige Inhalte sind:

- Namen und Anschriften der Vertragsparteien
- Beginn des Arbeitsverhältnisses
- Tätigkeitsbeschreibung und Arbeitsort des Angestellten
- Beginn und Ende der Arbeitszeit
- Ggf. Verweis auf den Tarifvertrag
- Dauer der Probezeit (bzw. Verzicht auf eine Probezeit)
- Ggf. tarifliche Gehaltsgruppe

Dienstvertrag:
Der Arbeitsvertrag gilt als Unterfall des Dienstvertrages im BGB.

Je nach konkreter Vereinbarung und Sachverhalt können folgende Angaben hinzukommen:

- Übertarifliche Zahlungen
- Verweis auf geltende Betriebsvereinbarungen

Die Inhalte des Arbeitsvertrages dürfen die gesetzlichen Mindeststandards (Tarife, Betriebsvereinbarungen, Gesetze) nicht unterschreiten. Der Arbeitgeber darf jedoch zu Gunsten des Arbeitnehmers über die Mindeststandards hinausgehen.

Wenn in einem Arbeitsvertrag Tarifbindung vereinbart wurde, ist der Arbeitgeber an den geltenden Tarifvertrag gebunden.

Bei einem mündlichen Arbeitsvertrag ist das **Nachweisgesetz (NachwG)** zu beachten.

Nachweisgesetz (NachwG):
§ 2 Nachweispflicht
(1) Der Arbeitgeber hat spätestens einen Monat nach dem vereinbarten Beginn des Arbeitsverhältnisses die wesentlichen Vertragsbedingungen schriftlich niederzulegen, die Niederschrift zu unterzeichnen und dem Arbeitnehmer auszuhändigen.

1. Ist der Arbeitgeber an mündliche Vereinbarungen gebunden? Begründen Sie Ihre Antwort.
2. Ein Arbeitsverhältnis wurde mündlich abgeschlossen. Was hat der Arbeitgeber zu beachten?

4.2 Dauer von Arbeitsverträgen

Bezüglich der Dauer der Arbeitsverträge wird zwischen unbefristeten und befristeten Arbeitsverträgen unterschieden

Unbefristeter Arbeitsvertrag

Der unbefristete Arbeitsvertrag ist zeitlich nicht begrenzt.

Befristeter Arbeitsvertrag

Ein befristeter Arbeitsvertrag muss schriftlich abgefasst werden und gilt nur für eine bestimmte Zeit.

Bei einer Neueinstellung kann eine Befristung ohne Angabe von Gründen für die Dauer von bis zu 2 Jahren abgeschlossen werden. Eine Befristung eines Arbeitsvertrages ist außerdem zulässig, wenn sie durch einen sachlichen Grund gerechtfertigt ist. Das ist z.B. der Fall, wenn

- der betriebliche Bedarf an der Arbeitsleistung nur vorübergehend besteht,
- die Befristung im Anschluss an eine Ausbildung oder ein Studium erfolgt,
- der Arbeitnehmer zur Vertretung eines anderen Arbeitnehmers beschäftigt wird.

Die Möglichkeit der Befristung von Arbeitsverhältnissen gibt Arbeitgebern bei der Personalplanung mehr Flexibilität. Arbeitnehmer können über ein befristetes Arbeitsverhältnis ein unbefristetes Arbeitsverhältnis erlangen.

> Recherchieren Sie im Internet, was man unter einem Kettenvertrag versteht.
>
> Welche Vor- und Nachteile ergeben sich aus einem Kettenvertrag für Arbeitgeber und Arbeitnehmer?

Zusammenfassung

Form und Inhalt eines Arbeitsvertrages sind im Nachweisgesetz (NachwG) geregelt.

Grundsätzlich unterscheidet man zwischen:
- Mündlichen und schriftlichen Arbeitsverträgen (Form)
- Unbefristeten und befristeten Arbeitsverträgen (Dauer)

Wissens-Check

Emil meldet sich auf eine Anzeige bei der Zimmerei Holzhaus GmbH und gibt dem Meister sein Wort, am 1. Oktober mit der Arbeit zu beginnen. Am 2. Oktober ist Emil immer noch nicht in der Zimmerei erschienen. Einen Tag später sieht ihn der Meister bei der Konkurrenzfirma Schönhaus OHG arbeiten.

Erläutern Sie die Rechtslage!

Schutzbestimmungen im Arbeitsrecht 5

Die Bundesrepublik Deutschland ist ein Sozialstaat. Dazu gehört auch der Schutz jedes einzelnen Arbeitnehmers vor grund- und fristloser Kündigung. Eine willkürliche Kündigung durch den Arbeitgeber soll verhindert werden. Die gesetzliche Grundlage dazu bildet das Kündigungsschutzgesetz (KSchG).

5.1 Die ordentliche und die außerordentliche Kündigung

Grafik: R. A. Drude

Klären Sie die rechtliche Situation mit Hilfe des § 622 BGB auf der nächsten Seite.

Ordentliche Kündigung

Bei einer ordentlichen Kündigung wird das Arbeitsverhältnis unter Einhaltung einer bestimmten Kündigungsfrist beendet. Der Arbeitnehmer kann ohne Angabe von Gründen kündigen.

Die gesetzlichen Kündigungsfristen der ordentlichen Kündigung sind im Bürgerlichen Gesetzbuch (§ 622 BGB) festgelegt.

Absatz 1 gilt sowohl für eine Kündigung durch den Arbeitnehmer als auch für eine Kündigung durch den Arbeitgeber. Darüber hinaus bestimmt Absatz 2 verlängerte Fristen für die Arbeitgeberkündigung.

---

§ 622 BGB

Kündigungsfristen bei Arbeitsverhältnissen

(1) Das Arbeitsverhältnis eines Arbeiters oder eines Angestellten (Arbeitnehmers) kann mit einer Frist von vier Wochen zum Fünfzehnten oder zum Ende eines Kalendermonats gekündigt werden.

(2) Für eine Kündigung durch den Arbeitgeber beträgt die Kündigungsfrist, wenn das Arbeitsverhältnis in dem Betrieb oder Unternehmen

1. zwei Jahre bestanden hat, einen Monat zum Ende eines Kalendermonats,
2. fünf Jahre bestanden hat, zwei Monate zum Ende eines Kalendermonats,
3. acht Jahre bestanden hat, drei Monate zum Ende eines Kalendermonats,
4. zehn Jahre bestanden hat, vier Monate zum Ende eines Kalendermonats,
5. zwölf Jahre bestanden hat, fünf Monate zum Ende eines Kalendermonats,
6. 15 Jahre bestanden hat, sechs Monate zum Ende eines Kalendermonats,
7. 20 Jahre bestanden hat, sieben Monate zum Ende eines Kalendermonats.

Bei der Berechnung der Beschäftigungsdauer werden Zeiten, die vor der Vollendung des 25. Lebensjahres des Arbeitnehmers liegen, nicht berücksichtigt.

Urteil des Europäischen Gerichtshofs (EuGH) zum Kündigungsschutz:
In einem Urteil des EuGH werden die deutschen Gerichte angewiesen, die unzulässige Diskriminierung junger Arbeitnehmer zu unterbinden und auch die Jahre vor dem vollendeten 25. Lebensjahr bei der Berechnung der Betriebszugehörigkeit – **anders als in § 622 Absatz 2, Satz 2 geregelt** – zu berücksichtigen.

Günstigkeitsprinzip:
Die Regelungen eines Arbeitsvertrages dürfen den Arbeitnehmer besser (günstiger) stellen, als es das Gesetz vorsieht.

Tarifliche Kündigungsfristen

Wenn Arbeitgeber und Arbeitnehmer organisiert sind (Arbeitgeberverband/Gewerkschaft) und ein gültiger Tarifvertrag existiert, dann gelten die in diesem vereinbarten Kündigungsfristen. Diese dürfen für den Arbeitnehmer nicht schlechter ausfallen als die gesetzlichen Kündigungsfristen (**Günstigkeitsprinzip**).

Einen tarifvertraglichen Bezug im Arbeitsvertrag herzustellen ist auch möglich, wenn der Arbeitgeber keinem Arbeitgeberverband oder der Arbeitnehmer keiner Gewerkschaft angehört.

Außerordentliche Kündigung

Das Arbeitsverhältnis kann auch ohne Beachtung der Kündigungsfristen vorzeitig gelöst werden. Diese außerordentliche oder fristlose Kündigung muss innerhalb von zwei Wochen von dem Zeitpunkt an erfolgen, an dem der Kündigende von dem Anlass erfahren hat. Es müssen wichtige Gründe angegeben werden, die eine Fortsetzung des Arbeitsverhältnisses bis zum Ablauf der Kündigungsfrist oder bis zu der vereinbarten Beendigung des Arbeitsverhältnisses unzumutbar machen.

Wichtige Gründe für eine fristlose Kündigung	
Durch den Arbeitgeber	Durch den Arbeitnehmer
▶ Andauernde Arbeitsverweigerung	▶ Vergütungsrückstand
▶ Grobe Verletzung der **Treuepflicht**	▶ Verletzung der Fürsorgepflicht
▶ **Diebstahl**, Tätlichkeit, Beleidigung	▶ Tätlichkeit, Beleidigung

Treuepflichten:
▶ Verschwiegenheitspflicht: Der Arbeitnehmer darf keine Auskünfte über Geschäfts- oder Betriebsgeheimnisse geben.
▶ Wettbewerbsverbot: Ohne Einwilligung des Arbeitgebers darf der Arbeitnehmer keine Geschäfte im gleichen Geschäftszweig wie der Arbeitgeber machen.

Diebstahl:
▶ Bei Bagatelldelikten haben die Arbeitsgerichte eine außerordentliche Kündigung unter bestimmten Bedingungen nicht als gerechtfertigt erachtet.

Erklären Sie den Unterschied zwischen einer ordentlichen und einer außerordentlichen Kündigung.

5.2 Regelungen nach dem Kündigungsschutzgesetz (KSchG)

Bei der Klärung, ob das KSchG für ein Arbeitsverhältnis gilt, kommt es zum einen auf den Beginn des Arbeitsverhältnisses an und zum anderen auf die Größe des Betriebs. Wurde die Beschäftigung am 1. Januar 2004 oder danach aufgenommen, gilt der Kündigungsschutz unter der Voraussetzung, dass im Betrieb zehn oder mehr Arbeitnehmer angestellt sind. Hat das Arbeitsverhältnis schon vor diesem Termin begonnen, wird das KSchG bereits angewendet, wenn der Betrieb mindestens fünf Arbeitnehmer beschäftigt.

Überlegen Sie, aus welchen Gründen die betrieblichen Voraussetzungen für den gesetzlichen Kündigungsschutz geändert wurden.

Eine Kündigung muss vor allem sozial gerechtfertigt sein. Das heißt, sie muss Gründe anführen, die

▶ in der Person des Arbeitnehmers liegen (z. B. andauernde Krankheit),
▶ im Verhalten des Arbeitnehmers liegen (z. B. andauernde Unpünktlichkeit),
▶ durch dringende betriebliche Erfordernisse bedingt sind (z.B. anhaltender Auftragsrückgang).

Darüber hinaus muss der Arbeitgeber versuchen, den Arbeitnehmer in demselben Betrieb oder in einem anderen Bereich des Unternehmens weiterzubeschäftigen. Auch zumutbare Umschulungs- oder Fortbildungsmaßnahmen oder eine Weiterbeschäftigung unter geänderten Arbeitsbedingungen müssen in Erwägung gezogen werden. Wird dem Arbeitnehmer ein Weiterbeschäftigungsangebot unter geänderten Arbeitsbedingung gemacht, nennt man dies eine Änderungskündigung.

> **§ 2 Änderungskündigung (KSchG):**
>
> Kündigt der Arbeitgeber das Arbeitsverhältnis und bietet er dem Arbeitnehmer im Zusammenhang mit der Kündigung die Fortsetzung des Arbeitsverhältnisses zu geänderten Arbeitsbedingungen an, so kann der Arbeitnehmer dieses Angebot unter dem Vorbehalt annehmen, dass die Änderung der Arbeitsbedingungen nicht sozial ungerechtfertigt ist. Diesen Vorbehalt muss der Arbeitnehmer dem Arbeitgeber innerhalb der Kündigungsfrist, spätestens jedoch innerhalb von drei Wochen nach Zugang der Kündigung erklären.

Grafik: Dave Vaughan

Konflikte zwischen Arbeitgeber und Arbeitnehmer sollten am besten im direkten Gespräch zwischen den Betroffenen gelöst werden. Ist eine friedliche Einigung über den Streitfall auch nach Einschaltung des Betriebsrats oder der zuständigen Verbände (Gewerkschaften, Arbeitgeberverbände) nicht möglich, kann der Arbeitnehmer Klage beim Arbeitsgericht erheben.

5.3 Bundesurlaubsgesetz

Jeder Arbeitnehmer hat in jedem Kalenderjahr Anspruch auf bezahlten Erholungsurlaub. Der Urlaub beträgt jährlich mindestens 24 Werktage. Als Werktage gelten alle Kalendertage, die nicht Sonn- oder gesetzliche Feiertage sind.

5.4 Besondere Schutzrechte für bestimmte Personengruppen

Für bestimmte Arbeitnehmergruppen ist ein über den allgemeinen Kündigungsschutz hinaus gehender Kündigungsschutz vorgesehen.

Betriebsräte, Jugend- und Auszubildendenvertreter, Auszubildende nach der Probezeit, Personen in der Elternzeit

Ihre Kündigung ist unzulässig, mit Ausnahme der Kündigung aus wichtigem Grund. In diesem Falle muss die vorgeschriebene Kündigungsfrist nicht eingehalten werden.

> § 103 BetrVG Außerordentliche Kündigung und Versetzung in besonderen Fällen
>
> (1) Die außerordentliche Kündigung von Mitgliedern des Betriebsrats, der Jugend- und Auszubildendenvertretung, der Bordvertretung und des Seebetriebsrats, des Wahlvorstands sowie von Wahlbewerbern bedarf der Zustimmung des Betriebsrats.

> Überlegen Sie, warum für Betriebsratsmitglieder, Jugend- oder Auszubildendenvertreter ein besonderer Kündigungsschutz besteht.

Einige Personengruppen benötigen aufgrund ihres körperlichen Zustandes besonderen Schutz vom Gesetzgeber.

Mutterschutz

Das Mutterschutzgesetz gilt für alle Arbeitnehmerinnen.

Dieses wichtige Arbeitsschutzgesetz schützt Mutter und Kind vor gesundheitlichen Gefährdungen am Arbeitsplatz, enthält einen umfassenden Kündigungsschutz und sichert das Einkommen während der Beschäftigungsverbote.

Schutzfrist vor und nach der Geburt

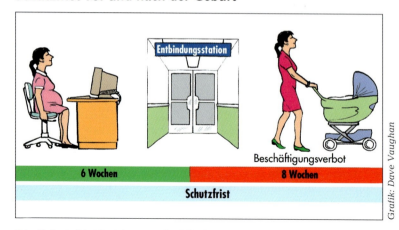

Die Schutzfrist beginnt sechs Wochen vor und endet acht Wochen nach der Entbindung. Bei Früh- und Mehrlingsgeburten ergeben sich 12 Wochen nach der Entbindung. Sechs Wochen vor der Geburt darf die werdende Mutter nur noch auf ihren ausdrücklichen Wunsch beschäftigt werden. Während der Schutzfrist nach der Geburt besteht ein absolutes Beschäftigungsverbot. Mütter sind durch das Mutterschaftsgeld der Krankenkasse sowie einen Zuschuss des Arbeitgebers finanziell abgesichert.

Kündigungsschutz

Vom Beginn der Schwangerschaft an bis zum Ablauf von vier Monaten nach der Entbindung ist die Kündigung des Arbeitsverhältnisses durch den Arbeitgeber von wenigen Ausnahmen abgesehen unzulässig.

Schutz von Mutter und Kind am Arbeitsplatz

Der Arbeitgeber hat eine werdende oder stillende Mutter so zu beschäftigen, dass sie vor Gefahren für Leben und Gesundheit ausreichend geschützt ist.

Nicht zulässig sind z.B.

- starke körperliche Beanspruchung (strecken, hocken, bücken),
- Akkord- und Fließbandarbeit,
- Nachtarbeit zwischen 20 und 6 Uhr,
- Sonn-, Feiertags- und Mehrarbeit.

Schutz Schwerbehinderter

Rennstuhlfahrer beim Berlinmarathon

Arbeitgeber mit 20 oder mehr Arbeitnehmern müssen mindestens 5 Prozent der Arbeitsplätze mit schwerbehinderten Menschen besetzen. Anderenfalls ist eine Ausgleichsabgabe zu zahlen.

5.5 Entgeltfortzahlung

Arbeitnehmer, die unverschuldet arbeitsunfähig werden, haben bis zu sechs Wochen Anspruch auf volle Fortzahlung ihrer Bezüge durch den Arbeitgeber. Dies regelt das Entgeltfortzahlungsgesetz (EFZG). Der Arbeitnehmer hat die Arbeitsunfähigkeit dem Arbeitgeber unverzüglich mitzuteilen. Dauert die Abwesenheit länger als drei Kalendertage, muss der Arbeitnehmer eine ärztliche Bescheinigung im Betrieb vorlegen. Ab der siebenten Krankheitswoche zahlt die Krankenkasse befristet ein sogenanntes Krankengeld (maximal 70 Prozent des Bruttogehalts). Das EFZG gilt auch für Teilzeitkräfte, Ferienaushilfen und für Arbeitnehmer mit einem Mini-Job.

Zusammenfassung

Das Kündigungsschutzgesetz soll den Arbeitnehmer vor willkürlicher Kündigung durch den Arbeitgeber schützen. Die Kündigung kann ordentlich (fristgerecht) oder außerordentlich (fristlos) erfolgen.

In Betrieben mit mindestens zehn Mitarbeitern greift der Kündigungsschutz. Schutzbedürftige Personengruppen genießen einen besonderen Kündigungsschutz.

Wissens-Check

1. Ein 30-jähriger Speditionskaufmann arbeitet seit drei Jahren bei der Firma Quick-Trans KG. Er kündigt am 10. April ordentlich.
   a) Muss er einen Kündigungsgrund angeben?
   b) Zu welchem Datum kann er den Betrieb verlassen?
2. Thomas ist Verkäufer in der Computerabteilung eines großen Kaufhauses. Die Kunden stören sich an seiner Kleidung, seinen Tätowierungen und seinem auffälligen Schmuck.
   a) Aus welchem Grund kann ihm gekündigt werden?
   b) Welche Alternativen zur Kündigung muss die Kaufhausleitung in Erwägung ziehen?
   c) Was kann Thomas tun, wenn er mit der Kündigung nicht einverstanden ist?
3. Frau Kunert ist Außendienstmitarbeiterin bei einer großen Versicherung. Sie betreut alleine die Kunden in einem bestimmten Gebiet. Frau Kunert möchte in Mutterschutz gehen.
   a) Hat Sie eine Kündigung zu befürchten? Begründen Sie Ihre Antwort.
   b) Wie lange kann sie im Mutterschutz bleiben?

Arbeitszeit

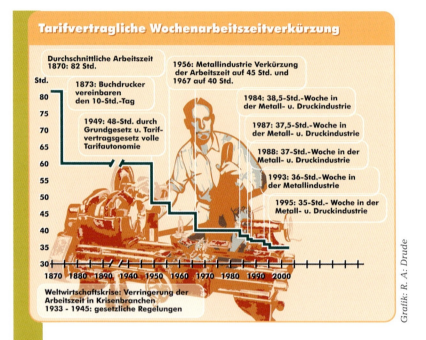

1873 wurde noch 82 Stunden verteilt über alle sieben Tage der Woche und bis zu 16 Stunden am Tag gearbeitet. Heute arbeiten wir durchschnittlich weit weniger als 40 Stunden, verteilt über fünf Tage in der Woche.

1. Welche Gründe führten zum Sinken der Arbeitszeit seit 1873?
2. Wie könnte sich die Arbeitszeit künftig entwickeln?

6.1 Das Arbeitszeitgesetz (ArbZG)

Das Arbeitszeitgesetz von 1994 dient dem Gesundheitsschutz der Beschäftigten. Es regelt die Arbeitszeit. Sonn- und Feiertage sind geschützt. Die Einhaltung der Bestimmungen des Arbeitszeitgesetzes überwacht das Gewerbeaufsichtsamt.

6 Arbeitszeit

Das Arbeitszeitgesetz enthält wichtige Bestimmungen über:

- Die **tägliche Arbeitszeit**: Sie darf werktäglich im Durchschnitt acht Stunden nicht überschreiten. Die Arbeitszeit kann aber auf zehn Stunden täglich verlängert werden, wenn innerhalb von sechs Kalendermonaten oder 24 Wochen im Durchschnitt acht Stunden werktäglich nicht überschritten werden.

> § 2 ArbZG
>
> Begriffsbestimmungen
>
> (1) Arbeitszeit im Sinne dieses Gesetzes ist die Zeit vom Beginn bis zum Ende der Arbeit ohne die Ruhepausen (...)

- Die **Ruhepausen** während der Arbeitszeit
- Die Ruhezeit zwischen den Arbeitstagen

Ruhepausen:
- 30 Minuten bei einer Arbeitszeit von 6 bis 9 Stunden
- 45 Minuten bei einer Arbeitszeit von mehr als 9 Stunden

Die einzelnen Pausen müssen mindestens 15 Minuten dauern.

> § 5 ArbZG
>
> Ruhezeit
>
> (1) Die Arbeitnehmer müssen nach Beendigung der täglichen Arbeitszeit eine ununterbrochene Ruhezeit von mindestens elf Stunden haben (...)

- Die Nacht- und Schichtarbeit

In der Regel dürfen Arbeitnehmer an Sonn- und Feiertagen nicht beschäftigt werden. Im Arbeitszeitgesetz sind aber gesetzliche **Ausnahmen von der Sonn- und Feiertagsruhe** sowie Ausgleichsregelungen für Sonn- und Feiertagsbeschäftigung vorgesehen.

Ausnahmen vom Arbeitsverbot an Sonn- und Feiertagen:
- Not- und Rettungsdienste
- Krankenhauspersonal
- Landwirte
- Seeleute

Wissenschaftler empfehlen Unternehmen, ihren Arbeitern und Angestellten einen täglichen Mittagsschlaf zu erlauben. Begründung für das Prinzip „Mehr Leistung durch Siesta": Studien haben ergeben, dass die Arbeitsleistung um 35 Prozent steigt, wenn Arbeitnehmer am Nachmittag 45 Minuten schlafen können.

1. Warum sind Pausen während der täglichen Arbeit wichtig?
2. Wie lange darf maximal ohne Ruhepause gearbeitet werden?
3. Vergleichen Sie die Ruhepausen aus dem ArbZG mit den Ruhepausen aus dem Jugendarbeitsschutzgesetz. Was stellen Sie fest? Diskutieren Sie das Ergebnis!

6.2 Das Teilzeitgesetz

Beschäftigte in Betrieben mit mehr als 15 Arbeitnehmern haben einen gesetzlichen Anspruch auf Verkürzung der Arbeitszeit. Die Vergütung verringert sich entsprechend der vereinbarten Arbeitszeit. In bestimmten Fällen kann der Arbeitgeber diesen Wunsch jedoch ablehnen.

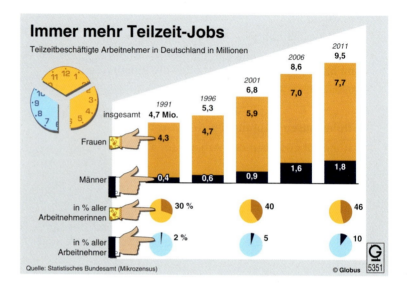

Diskutieren Sie, wie durch den Rechtsanspruch auf Teilzeitarbeit neue Arbeitsplätze entstehen könnten.

Zusammenfassung

Das Arbeitszeitgesetz regelt die Arbeitszeit der Arbeitnehmer.

Beschäftigte in Betrieben mit mehr als 15 Arbeitnehmern haben einen gesetzlichen Anspruch auf Teilzeitarbeit.

Wissens-Check

1. Erklären Sie die Unterschiede zwischen der Ruhepause und der Ruhezeit.
2. Herr Martin arbeitet bei einer großen Bank mit elektronischer Arbeitszeit-Erfassung. Er muss wöchentlich 38,5 Stunden arbeiten. Täglich werden ihm 30 Minuten für Pausen abgezogen.
   a) Sind die vorgesehenen Pausen ausreichend?
   b) Am Dienstag teilt Herr Martin seine Pause in einen 10-minütigen Spaziergang am Vormittag und eine 20-minütige Kaffeepause am Nachmittag auf.

   Ist das zulässig? Begründen Sie Ihre Antwort.

Arbeitsgerichtsbarkeit

Sabine arbeitet seit Jahren in einem eleganten Luxushotel als Hotelfachfrau. Eines Tages erscheint sie am Arbeitsplatz in Turnschuhen, Jeans und Top. Nach Bemerkungen von Kunden fordert sie der Arbeitgeber mehrfach auf, in der üblichen Dienstkleidung zu erscheinen. Sabine verweigert dies strikt. Der Arbeitgeber kündigt das Arbeitsverhältnis. Sabine klagt dagegen.

1. Diskutieren Sie, ob die Kündigung gerechtfertigt ist.
2. Auf welches Recht könnte sich Sabine berufen?
3. Was kann die unterlegene Partei tun, wenn sie mit dem Urteil nicht einverstanden ist?

Arbeitsgerichte sind grundsätzlich zuständig bei Streitigkeiten zwischen Arbeitgebern und Arbeitnehmern.

Die Gerichte für Arbeitssachen sind in drei **Instanzen** gegliedert: die Arbeitsgerichte, die Landesarbeitsgerichte und das Bundesarbeitsgericht in Erfurt. Es ist das oberste Gericht in Streitfragen, die das Berufsleben betreffen.

Instanz: Zuständiges Gericht

Aufbau der Gerichte für Arbeitssachen

Bundesarbeitsgericht in Erfurt

Gebührentabelle für Streitwerte gemäß § 34 Gerichtskostengesetz (GKG)	
Streitwert bis ... EUR	Gebühr ... EUR
500	35
1.000	53
1.500	71
2.000	89
3.000	108
4.000	127
5.000	146
6.000	165
7.000	184
8.000	203
9.000	222
10.000	241
13.000	267
16.000	293
19.000	319
22.000	345
25.000	371
30.000	406
35.000	441
40.000	476
45.000	511
50.000	546
65.000	666
80.000	786
95.000	906

Quelle: BGBl. I 2013, 775

Die Arbeitsgerichte sind mit je einem Berufsrichter und zwei ehrenamtlichen Richtern besetzt.

Kommt es zu einer gerichtlichen Auseinandersetzung, erfolgt die Verhandlung zunächst vor dem Arbeitsgericht, der Eingangsinstanz (1. Instanz). Sind Kläger oder Beklagter mit dem gefällten Urteil nicht einverstanden, haben sie die Möglichkeit, das Urteil vor dem nächsthöheren Gericht überprüfen zu lassen. In Verfahren des Arbeitsgerichtes berechnet sich der Wert des Streitgegenstandes nach der Gebührentabelle für Streitwerte. Der Streitwert ist in fast allen Fällen auf 3 Monatsgehälter des Arbeitnehmers begrenzt. Im Gerichtskostengesetz ist festgelegt, dass sich die Gerichtsgebühr für ein Urteil in der ersten Instanz mit dem Faktor 3 berechnet.

```
11 Sa 520/09                           Verkündet am: 22.09.2010
32 Ca 5328/09
(ArbG München)                          Heger
                                        Urkundsbeamter
                                        der Geschäftsstelle
```

Landesarbeitsgericht München

Im Namen des Volkes

URTEIL

In dem Rechtsstreit

1. Die Berufung des Klägers gegen das Endurteil des Arbeitsgerichts München vom 02.04.2009 - 32 Ca 5328/09 - wird auf Kosten des Klägers zurückgewiesen.

2. Die Revision wird nicht zugelassen.

Wie wird erkenntlich, dass im obigen Urteil die 2. Instanz tätig wurde?

Zusammenfassung

Arbeitsgerichte sind zuständig bei Streitigkeiten zwischen Arbeitgebern und Arbeitnehmern. In der ersten Instanz sind die Prozesskosten niedrig, um den Arbeitnehmern eine Klagemöglichkeit einzuräumen.

Wissens-Check

Ein Mitarbeiter einer Autovermietung erhält eine seiner Meinung nach ungerechtfertigte Kündigung. Er zieht vor das Arbeitsgericht und verliert den Prozess.

a) Wer trägt die Prozesskosten?
b) Wie hoch ist die Gebühr, wenn der Mitarbeiter durchschnittlich brutto 1.600 € pro Monat verdient?
c) Wer trägt die Rechtsanwaltskosten?

Interessenvertretung in der Arbeitswelt

Die Gesellschaft des 19. Jahrhunderts war eine Klassengesellschaft. Sie bestand aus der Klasse der wohlhabenden Fabrikbesitzer und der Klasse der Lohnarbeiter. Durch das Überangebot an Arbeitskräften in den Städten waren die Lebens- und Arbeitsbedingungen schlecht. Wenig Wohnraum, schlechte hygienische Verhältnisse, niedrige Löhne, lange Arbeitszeiten und unzureichende soziale Absicherung der Arbeiter waren die Folgen. Aus dieser Not heraus schlossen sich Arbeiter zusammen, um ihren Forderungen nach besseren Lebens- und Arbeitsbedingungen Nachdruck zu verleihen. Die Arbeiter erkannten schnell, dass Arbeiterbewegungen in der Lage waren, großen Druck auf die Unternehmer auszuüben. Kampfmittel waren von jeher das Niederlegen der Arbeit und die damit verbundenen finanziellen Einbußen für den Unternehmer. Es entwickelten sich bald organisierte Interessengemeinschaften: die Gewerkschaften. Ende des 19. Jahrhunderts hatten die Gewerkschaften erheblichen wirtschaftlichen und politischen Einfluss.

8.1 Tarif- und Sozialpartner

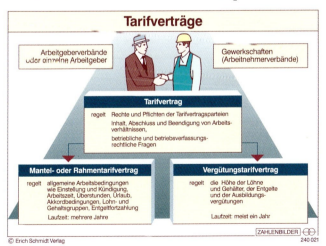

Auch heute noch sind Gewerkschaften Verbände, die die Interessen der Arbeitnehmer gegenüber den Arbeitgebern vertreten. Sie haben die wirtschaftliche und soziale Lage ihrer Mitglieder verbessert. Die Mitgliederzahl der Gewerkschaften wurde so groß, dass sich die Arbeitgeberseite zu Arbeitgeberverbänden zusammengeschlossen hat, um ihrerseits Interessen besser durchsetzen zu können.

Ver.di:
Vereinte Dienstleistungsgewerkschaft
Sie vertritt die Interessen der Arbeitnehmer, die in Dienstleistungsunternehmen beschäftigt sind.

IG-Metall:
Industriegewerkschaft Metall
Sie vertritt die Interessen ihrer Mitglieder aus
▸ der Metallindustrie,
▸ dem Metallhandwerk,
▸ der Textil- und Bekleidungsindustrie sowie
▸ der Holz- und Kunststoffindustrie.

Der Deutsche Gewerkschaftsbund (DGB) besteht aus acht Einzelgewerkschaften und ist mit ca. 6,4 Millionen Mitgliedern die größte Arbeitnehmerorganisation in Deutschland. **Ver.di** und **IG Metall** bilden die größten Einzelgewerkschaften.

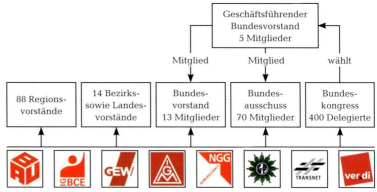

Aufbau des DGB

Die Bundesvereinigung der Deutschen Arbeitgeberverbände (BDA) ist die größte Arbeitgeberorganisation. Sie vertritt bundesweit über 1.000 Arbeitgeberverbände aus mehr als 50 unterschiedlichen Branchen. Die Unternehmer versuchen ihre Interessen den Gewerkschaften sowie dem Staat gegenüber durchzusetzen.

Die Einflussnahme auf die sozial- und wirtschaftspolitische Gesetzgebung über die entsprechenden Verbände ist ein wichtiges Ziel sowohl der Arbeitgeber- als auch der Arbeitnehmerverbände.

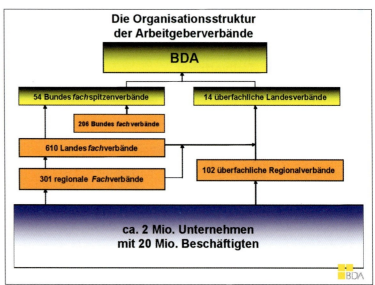

Tarif:
Durch Vertrag festgelegte Höhe von Preisen, Löhnen, Gehältern u. a.

Autonomie:
Selbstständigkeit, Unabhängigkeit

Gewerkschaften und Arbeitgeberverbände handeln als **Tarif-** bzw. Sozialpartner gemeinsam Verträge aus, welche die Arbeitsbedingungen vieler Arbeitnehmer regeln. Die Verhandlungen werden nach dem Grundsatz der Tarif-**Autonomie** selbstständig und ohne Mitwirkung des Staates geführt. Dieses Recht ist im Grundgesetz verankert.

> Art. 9 Abs.3 GG
>
> Das Recht, zur Wahrung und Förderung der Arbeits- und Wirtschaftsbedingungen Vereinigungen zu bilden, ist jedermann und für alle Berufe gewährleistet. Abreden, die dieses Recht einschränken oder zu behindern suchen, sind nichtig, hierauf gerichtete Maßnahmen sind rechtswidrig (...)

8.2 Tarifverträge

Tarifverträge gelten für alle in Gewerkschaften organisierten Arbeitnehmer im **Tarifgebiet**, meist in einem bestimmten **Wirtschaftsbereich**. Vertragspartner ist der entsprechende Arbeitgeberverband, dessen Mitglieder die ausgehandelten Veränderungen in ihren Unternehmen umsetzen.

Die meisten Arbeitgeber gewähren die vereinbarten Verbesserungen auch jenen Arbeitnehmern, die nicht in der entsprechenden Gewerkschaft organisiert sind.

Der Geltungsbereich eines Tarifvertrages kann auf Antrag eines Sozialpartners beim Bundesministerium für Arbeit und Sozialordnung ausgeweitet werden. Wird der Tarifvertrag für allgemein verbindlich erklärt, gilt er für alle Arbeitnehmer eines bestimmten Tarifgebietes und Wirtschaftsbereiches.

Tarifgebiet:
Von den Tarifpartnern festgelegte Region
Dort gelten die ausgehandelten Arbeitsbedingungen.

Wirtschaftsbereiche:
zum Beispiel:
- Baugewerbe
- Chemische Industrie
- Einzelhandel

Flächentarifvertrag

Tarifverträge legen Mindestlöhne und -arbeitsbedingungen fest, die im Betrieb nicht unterschritten werden dürfen. Mit den Flächentarifverträgen ist sichergestellt, dass gleiche Mindestarbeitsbedingungen in den verschiedenen Betrieben einer Branche und eines Tarifgebiets gelten. Damit werden für die Betriebe gleiche Ausgangsbedingungen geschaffen. Ohne Flächentarifverträge könnten die Arbeitnehmer sich mit ihren Forderungen gegenseitig unterbieten.

Mantel- oder Rahmentarifvertrag

Mantel- oder Rahmentarifverträge haben längere Zeit Gültigkeit. Sie regeln die Arbeitsbedingungen der Arbeitsverhältnisse, z.B.:
- wöchentliche Arbeitszeit
- Mehrarbeit, Schichtarbeit
- Sonn- und Feiertagsarbeit
- Zuschläge für Überstunden und Schichtarbeit

Lohn-, Gehalts- und Entgelttarifvertrag

Lohn- und **Gehalt**starifverträge haben in der Regel ein Jahr Gültigkeit. Sie regeln die Höhe
- des Lohnes bzw. des Gehaltes und
- der Ausbildungsvergütung.

Gehalt:
Monatlich gleich bleibendes Arbeitsentgelt

Lohn:
Monatlich schwankendes, auf Stundenbasis berechnetes Arbeitsentgelt

In Tarifverträgen wird festgelegt, wie sich Lohn und Gehalt zusammensetzen und welche Verfahren angewendet werden, um die Anforderungen der Arbeit zu bewerten. Weiterhin beinhalten die Tarifverträge die Grundsätze, nach denen Arbeitnehmer z.B. in eine bestimmte Gehaltsgruppe **eingruppiert** werden.

Eingruppierung:
Erfolgt nach Tätigkeit, nicht nach Qualifikation
Ein Ingenieur, der am Fließband arbeitet, wird als Bandarbeiter eingruppiert und bezahlt.

> Überlegen Sie, warum es Tarifverträge mit unterschiedlichen Laufzeiten gibt.

8.3 Arbeitskampf

Die Forderungen der Gewerkschaften und die Vorstellungen der Arbeitgeber stimmen oftmals nicht überein.

Sind alle Möglichkeiten der Verhandlungen zwischen den Tarif- oder Sozialpartnern erfolglos ausgeschöpft, werden die Verhandlungen für gescheitert erklärt. Ein unparteiischer Schlichter kann zwischen den Tarifpartnern vermitteln. Ist er nicht erfolgreich, kann es zu Arbeitskampfmaßnahmen kommen. Der Arbeitskampf, der meist mit einem **Warnstreik** beginnt, ist ein rechtlich zulässiges Mittel. Er gilt als letzte Maßnahme bei unlösbaren tarifpolitischen Gegensätzen.

Warnstreik:
Durch Warnstreiks kann die Arbeitnehmerseite ihren Forderungen weiteren Nachdruck verleihen. Sie sind auf wenige Stunden begrenzt. Warnstreiks sind ein wichtiges Druckmittel, um doch noch auf dem Verhandlungsweg vertretbare Ergebnisse zu erzielen.

Streik des Bodenpersonals der Lufthansa auf dem Frankfurter Flughafen

Spielregeln für den Arbeitskampf am Beispiel der Metallindustrie

- Tarifverhandlungen Gewerkschaften/Arbeitgeber, oft begleitet von Warnstreiks
- Erklärung des Scheiterns
- Schlichtungsverfahren nur dann, wenn von **beiden** Seite gewollt
- Urabstimmung über Ergebnis (25 % Zustimmung erforderlich); Streik-Ende
- Neue Verhandlungen
- **Neuer Tarifvertrag**
- Annahme oder Ablehnung des Schlichterspruchs
- Mögliche Gegenmaßnahme der Arbeitgeber: Aussperrung
- **Streik**
- Urabstimmung der Gewerkschaftsmitglieder über Streik (75 % Zustimmung* erforderlich)

*der Abstimmungsberechtigten

Die Gewerkschaften haben die Möglichkeit, ihre Mitglieder zum Streik aufzurufen. Dann stellt eine größere Zahl von Arbeitnehmern die Arbeit planmäßig und gemeinsam ein. Ziel ist es, eine Verbesserung der Lohn-, Gehalts- oder Arbeitsbedingungen zu erreichen.

Auch Auszubildende sind berechtigt, sich an kurzen, zeitlich befristeten Streiks zu beteiligen. Voraussetzung ist, dass die Gewerkschaften über deren Angelegenheiten mit der Arbeitgeberseite verhandeln.

Das Streikrecht ist eine der Grundfreiheiten der Demokratie. Es wird durch Art. 9 Abs. 3 GG und internationale Abkommen garantiert **(Streikgarantie)**.

Streikgarantie:
Im Grundgesetz und in der europäischen Sozialcharta ist das Recht zu streiken festgeschrieben (garantiert).

Ohne die Möglichkeit des Streiks wären Tarifverhandlungen ein „kollektives Betteln", da die Gewerkschaften keinerlei Druckmittel hätten.

Ob gestreikt wird oder nicht, entscheiden die Mitglieder einer Gewerkschaft in einem Tarifgebiet durch die Urabstimmung. Darin stimmen sie darüber ab, ob sie bereit sind, ihre Tarifforderungen notfalls mit einem Streik durchzusetzen. Die Gewerkschaft muss das in ihrer Satzung vorgegebene Verfahren einhalten. Wenn die überwiegende Mehrheit (75 Prozent der abstimmenden Mitglieder) sich dafür ausspricht, kommt es zum Streik.

Wilde Streiks werden ohne das Einverständnis und der Beteiligung von Gewerkschaften geführt und sind unzulässig.

Heiße und kalte Aussperrung

Die Gegenmaßnahme der Arbeitgeberseite ist die Aussperrung. Bei der „heißen Aussperrung" schließen die Arbeitgeber ihre Arbeitnehmer von ihrem Arbeitsplatz aus. Sie erhalten während dieser Zeit weder Lohn noch Gehalt. Die Arbeitgeber wollen damit Druck auf die Gewerkschaft und die Arbeitnehmer ausüben und die Bereitschaft zum Streik brechen. Die Gewerkschaft gewährt ihren Mitgliedern bei einer heißen Aussperrung eine finanzielle Unterstützung. Anspruch und Höhe richten sich nach der Satzung der jeweiligen Gewerkschaft.

Bei der „kalten Aussperrung" beruft sich der einzelne Arbeitgeber darauf, dass die Produktion z.B. wegen fehlender Zulieferteile oder fehlender Abnahme nicht möglich ist. Er stellt die Arbeit ein und bezahlt keinen Lohn- bzw. kein Gehalt. Kalt Ausgesperrte erhalten keine finanzielle Unterstützung von der Gewerkschaft. In bestimmten Fällen können kalt ausgesperrte Arbeitnehmer auf Antrag **Kurzarbeitergeld** erhalten.

Kurzarbeitergeld:
Arbeitnehmer erhalten Kurzarbeitergeld, wenn aus konjunkturellen oder wirtschaftlichen Gründen die Arbeit in ihrem Betrieb ausfällt. Es soll den ausfallenden Lohn ersetzen. Kurzarbeitergeld zahlt die Agentur für Arbeit, wenn der Betrieb den Arbeitsausfall vorher schriftlich angezeigt hat.

Ein Streik bedeutet für Arbeitgeber und Gewerkschaften einen hohen finanziellen Aufwand. Dies führt dazu, dass die Tarifverhandlungen erneut aufgenommen werden. Falls ein Tarifvertrag zustande kommt, müssen in einer Urabstimmung mindestens 25 Prozent der Gewerkschaftsmitglieder das Ergebnis annehmen.

Während der Laufzeit eines Tarifvertrages herrscht Friedenspflicht. Während dieser Zeit sind Streik und Aussperrung unzulässig. Dadurch ist garantiert, dass der Arbeitsprozess ungestört ablaufen kann.

Zusammenfassung

Gewerkschaften vertreten die Interessen der Arbeitnehmer. Arbeitgeberverbände vertreten die Interessen der Arbeitgeber.

Gewerkschaften und Arbeitgeberverbände werden als Sozial- oder Tarifpartner bezeichnet. Sie können nach dem Grundsatz der Tarifautonomie Tarifverträge vereinbaren.

Kampfmittel im Arbeitskampf sind Streik auf der Arbeitnehmerseite und Aussperrung auf der Arbeitgeberseite.

Wissens-Check

1. Wozu organisieren sich Arbeitgeber und Arbeitnehmer in Verbänden?
2. Was bedeutet der Begriff „Tarifautonomie"?
3. Ein Metall verarbeitender Betrieb wird bestreikt.
   Herr Schober arbeitet in diesem Betrieb, ist aber kein Gewerkschaftsmitglied.
   a) Wie kann er sich während des Streiks verhalten?
   Der Unternehmer sperrt die Arbeitnehmer aus.
   b) Handelt es sich um eine heiße oder um eine kalte Aussperrung?
   c) Was bedeutet dies für Herrn Schober?

Betriebsverfassungsgesetz: Rechte, Wahl, Zusammensetzung des Betriebsrats und der Jugendvertretung

9

Manuela S. (20 J.), seit zwei Jahren in der Marketingabteilung eines großen Unternehmens beschäftigt, erhält von ihrem Arbeitgeber die **ordentliche Kündigung** zum nächstmöglichen Termin. Der Betriebsrat erfährt erst drei Tage später davon und widerspricht der Kündigung unverzüglich. Der Arbeitgeber lässt sich davon jedoch nicht beeindrucken. Der Fall landet vor dem Arbeitsgericht.

Ordentliche Kündigung:
Fristgerechte Kündigung
4 Wochen zum 15. des Monats oder zum Monatsende

> § 102 BetrVG Mitbestimmung bei Kündigungen
>
> (1) Der Betriebsrat ist vor jeder Kündigung zu hören. Der Arbeitgeber hat ihm die Gründe für die Kündigung mitzuteilen. Eine ohne Anhörung des Betriebsrats ausgesprochene Kündigung ist unwirksam.

BetrVG:
Betriebsverfassungsgesetz

1. Lesen Sie den Inhalt des Gesetzestextes und nehmen Sie zu oben geschildertem Fall Stellung.
2. Wie wird das Arbeitsgericht Ihrer Meinung nach entscheiden?

9.1 Mitbestimmung und Demokratie

Im Laufe der letzten 100 Jahre hat sich die Stellung der Arbeitnehmer in den Unternehmen deutlich verbessert. Durch Arbeitskämpfe und die Bildung von Arbeiterbewegungen haben sich die Arbeitnehmer bessere Arbeitsbedingungen erkämpft. Erste Anzeichen von Mitbestimmung zeigten sich bereits 1905, als Bergbaubetriebe mit mehr als 100 Arbeitnehmern verpflichtet wurden, Arbeiterausschüsse zuzulassen. Mit dem Wechsel des politischen Systems zur **Demokratie** der **Weimarer Republik** wurde 1920 das Betriebsrätegesetz eingeführt. Darin wurde festgelegt, dass in allen Betrieben mit mehr als 20 Arbeitnehmern Betriebsräte einzurichten waren. Sie konnten vor allem bei sozialen Belangen der Arbeitnehmer, aber auch bereits bei Einstellungen und Entlassungen mitwirken.

Demokratie:
Volksherrschaft
Das Volk wird durch Wahlen an der Machtausübung beteiligt.

Weimarer Republik:
Von 1919 bis 1933 dauernde Ära der deutschen Geschichte
Sie wurde nach der Stadt Weimar, dem ersten Tagungsort der Nationalversammlung, benannt.

Nach einer „Zwangspause" der Mitbestimmung im Dritten Reich wurde sie nach dem Zweiten Weltkrieg nicht nur wieder eingeführt, sondern erheblich ausgebaut. Heute ist die Stellung der Arbeitnehmer durch eine Vielzahl von Schutzgesetzen und Verordnungen gesichert.

> Beschreiben Sie stichpunktartig die Entwicklung der Mitbestimmung in Deutschland.

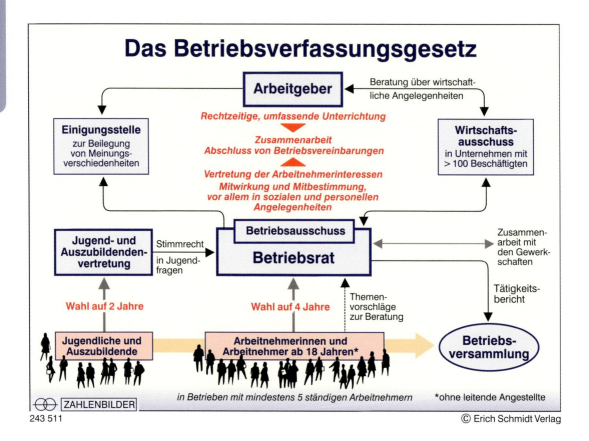

9.2 Das Betriebsverfassungsgesetz

Zusammensetzung des Betriebsrates

Betriebsrat:
Interessenvertretung der Arbeitnehmer innerhalb eines Unternehmens

Die Zahl der Betriebsratsmitglieder richtet sich nach der Zahl der wahlberechtigten Arbeitnehmer eines Betriebes.

Nach § 1 BetrVG können **Betriebsräte** gewählt werden in Unternehmen mit in der Regel mindestens fünf ständigen, wahlberechtigten Arbeitnehmern, von denen drei wählbar sind. Die Wahlen zum Betriebsrat finden alle vier Jahre statt. Wahlberechtigt sind alle Arbeitnehmer, die das 18. Lebensjahr vollendet haben.

Wählbar sind alle Wahlberechtigten, die sechs Monate dem Betrieb angehören (§§ 7, 8 BetrVG).

9 Betriebsverfassungsgesetz

Damit der Arbeitgeber unbequeme Betriebsräte oder Jugend- und Auszubildendenvertreter nicht so einfach entlassen kann, unterliegen sie einem besonderen **Kündigungsschutz**.

Die Hauptaufgabe des Betriebsrates bzw. **Personalrates** besteht darin, die Interessen der Arbeitnehmer des jeweiligen Unternehmens zu vertreten. Betriebsrat und Arbeitgeber schließen hierzu **Betriebsvereinbarungen**. Die Aufgaben und Rechte des Betriebsrats regelt das Betriebsverfassungsgesetz.

> § 74 BetrVG
>
> Arbeitgeber und Betriebsrat sollen mindestens einmal im Monat zu einer Besprechung zusammentreten. Sie haben über strittige Fragen mit dem ernsten Willen zur Einigung zu verhandeln und Vorschläge für die Beilegung von Meinungsverschiedenheiten zu machen.

Kündigungsschutz nach § 15 KSchG:

„Die Kündigung eines Mitglieds eines Betriebsrats, einer Jugend- und Auszubildendenvertretung (…) ist unzulässig, es sei denn, dass Tatsachen vorliegen, die den Arbeitgeber zur Kündigung aus wichtigem Grund ohne Einhaltung einer Kündigungsfrist berechtigen."

Personalrat:

Arbeitnehmervertretung im öffentlichen Dienst

Betriebsvereinbarung:

Sie wird zwischen Arbeitgeber und Betriebsrat geschlossen und schriftlich niedergelegt. In ihr sind z. B. Entlohnungsverfahren, Rauchverbote sowie spezielle Schutzvorschriften festgeschrieben.

Welcher Grundsatz gilt für die Zusammenarbeit zwischen Arbeitgeber und Betriebsrat nach § 74 BetrVG?

Betriebsvereinbarung

Partnerschaftliches Verhalten am Arbeitsplatz

Gültig ab: 01.01.2xxx

Zwischen der INFOTEC GmbH vertreten durch den Geschäftsführer einerseits und dem Betriebsrat der INFOTEC GmbH andererseits wird aufgrund von wiederholten Mobbing-Vorfällen folgende Betriebsvereinbarung geschlossen:

1. Geltungsbereich

Persönlich: für alle Beschäftigten der INFOTEC GmbH

Räumlich: für die Werke der INFOTEC GmbH

2. Grundsätze

Zu Mobbing-Vorfällen gehört insbesondere das bewusste, gezielte und fahrlässige Herabwürdigen bis hin zur sexuellen Belästigung, wie beispielsweise unerwünschter Körperkontakt, Kommentare und Witze zur Person sowie Andeutungen, dass sexuelles Entgegenkommen berufliche Vorteile bringen könnte.

3. Beschwerderecht

Wenn eine persönliche Zurechtweisung durch die belästigte Person im Einzelfall erfolglos ist oder unangebracht erscheint, können sich die betroffenen Werksangehörigen an den/die betrieblichen Vorgesetzte/n, den Betriebsrat, die Frauenbeauftragte, das Personalwesen wenden.

4. Maßnahmen

Das Unternehmen hat die dem Einzelfall angemessenen betrieblichen Maßnahmen gemäß § 32 der Arbeitsordnung, wie z.B. Belehrung, Verwarnung, Verweis, Geldbuße oder arbeitsrechtliche Maßnahmen, wie z.B. Versetzung, Abmahnung oder Kündigung, zu ergreifen.

7. Schlussbestimmung

Die Betriebsvereinbarung tritt am 01.01.2xxx in Kraft. Sie kann mit einer Frist von 3 Monaten zum Jahresende, erstmals zum 31.12.2xxx, gekündigt werden.

Bad Tölz, den 20.10.2xxx

INFOTEC GmbH

....
Gesamtbetriebsrat   Unternehmensleitung

Mobbing:

Schikanöse Behandlung des Opfers, um dieses zu verunsichern

Gekürztes Beispiel einer Betriebsvereinbarung zum Thema „Mobbing"

Jahrgangsstufe 10

9.3 Mitbestimmungs- und Mitwirkungsrechte

Der Betriebsrat hat Mitbestimmungs- und Mitwirkungsrechte in

- sozialen,
- personellen und
- wirtschaftlichen Angelegenheiten.

Ferner stehen ihm Informations- und Beratungsrechte zu. Die Rechte sind hinsichtlich ihres Gewichts bei Entscheidungen abgestuft:

Information
vor allem über geplante betriebliche Maßnahmen, z.B. geplante Investitionen

Beratung
vor allem in wirtschaftlichen Angelegenheiten, z.B. bei Rationalisierungsmaßnahmen, Erweiterungsbauten, Betriebsverlegungen

Mitwirkung (= eingeschränktes Mitbestimmungsrecht)
vor allem in personellen Angelegenheiten z.B. bei Einstellungen, Versetzungen, Eingruppierungen, Kündigungen, Beurteilungsgrundsätzen

Mitbestimmung (= uneingeschränktes Mitbestimmungsrecht)
vor allem bei sozialen Angelegenheiten, z.B. Urlaubsgrundsätzen, Arbeitszeitregelungen, Lohn-/Gehaltsgestaltung, Beurteilungsgrundsätzen

Aufgaben und Rechte des Betriebsrats (§ 80 BetrVG)

Beim Informationsrecht handelt es sich um die schwächste Form der Beteiligungsrechte. Das Beratungsrecht besagt, dass sich der Arbeitgeber mit dem Betriebsrat in bestimmten Angelegenheiten absprechen muss. Wenn der Betriebsrat bestimmten Maßnahmen widersprechen kann, liegt ein eingeschränktes Mitbestimmungsrecht vor. Dadurch werden Entscheidungen des Arbeitgebers jedoch nicht verhindert oder unwirksam. Es entscheidet letztlich das Arbeitsgericht oder die Einigungsstelle.

Konzern:
Zusammenschluss von Unternehmen, die dadurch ihre wirtschaftliche Selbstständigkeit aufgegeben haben

> § 76 BetrVG Einigungsstelle
>
> (1) Zur Beilegung von Meinungsverschiedenheiten zwischen Arbeitgeber und Betriebsrat, Gesamtbetriebsrat oder Konzernbetriebsrat ist bei Bedarf eine Einigungsstelle zu bilden (...)
>
> (2) Die Einigungsstelle besteht aus einer gleichen Anzahl von Beisitzern, die vom Arbeitgeber und Betriebsrat bestellt werden, und einem unparteiischen Vorsitzenden, auf dessen Person sich beide Seiten einigen müssen (...)

Beim uneingeschränkten Mitbestimmungsrecht bedürfen Entscheidungen des Arbeitgebers der Zustimmung des Betriebsrats, d. h. der Arbeitgeber ist von dessen Einverständnis abhängig.

9.4 Die Freistellung von Betriebsräten

In Betrieben ab 100 Mitarbeitern ist ein Betriebsrat für seine Betriebsrattätigkeit freigestellt. So muss in Betrieben ab 200 Mitarbeitern ein Betriebsrat von seiner eigentlichen Tätigkeit entbunden werden. Er hat Anspruch auf Entlastung von allen beruflichen Verpflichtungen, wenn er die Zeit für die Arbeit im und für den Betriebsrat braucht.

> § 37 BetrVG Ehrenamtliche Tätigkeit, Arbeitsversäumnis
>
> (1) Die Mitglieder des Betriebsrats führen ihr Amt unentgeltlich als Ehrenamt.
>
> (2) Mitglieder des Betriebsrats sind von ihrer beruflichen Tätigkeit ohne Minderung des Arbeitsentgelts zu befreien, wenn und soweit es nach Umfang und Art des Betriebs zur ordnungsgemäßen Durchführung ihrer Aufgaben erforderlich ist. (…)

In Abhängigkeit der Zahl der Mitarbeiter steigt auch die Zahl der freizustellenden Betriebsräte.

Betriebsräte sind teuer und können unbequem sein. Eine daraus resultierende Folge könnte sein, dass in vielen Unternehmen kein Betriebsrat vorhanden ist.

Jeder zweite Beschäftigte ohne Betriebsrat

Jeder zweite Arbeitnehmer in Deutschland arbeitet in einem Unternehmen, in dem es keinen Betriebsrat gibt. (…) In den großen Betrieben ist die betriebliche Mitbestimmung üblich, in kleinen ist sie selten. Die Arbeitnehmer können auch in der Krise ihre Rechte besser wahrnehmen, wenn ein Betriebsrat vorhanden ist. (…) Wichtige rechtliche Regelungen, die den Arbeitnehmer schützen können, greifen nur, wenn ein Betriebsrat vorhanden ist. Fehlt ein Betriebsrat, dann laufen Mitbestimmungsrechte bei der Einführung von Kurzarbeit, bei Kündigungen und Massenentlassungen und vor allem die Verpflichtung zur Vereinbarung eines Sozialplans ins Leere.

Süddeutsche Zeitung

freizustellende Betriebsräte	Anzahl der Mitarbeiter
1	200 – 500
2	501 – 900
3	901 – 1.500
4	1.501 – 2.000
5	2.001 – 3.000
6	3.001 – 4.000
7	4.001 – 5.000
8	5.001 – 6.000
9	6.001 – 7.000
10	7.001 – 8.000
11	8.001 – 9.000
12	9.001 – 10.000
+1	je weitere 2.000 Mitarbeiter

Wo Arbeitnehmer mitbestimmen
Von je 100 Betrieben haben einen Betriebsrat
■ West ■ Ost
Betriebe mit

	5 bis 50 Beschäftigten	51 bis 100	101 bis 199	200 bis 500	501 und mehr Beschäftigten
West	6	38	62	78	88
Ost	6	37	58	72	92

Stand 2011 Quelle: IAB-Betriebspanel

Wer sitzt im Betriebsrat?

	Betriebsrats-Mitglieder	Betriebsrats-Vorsitzende
Deutscher Gewerkschaftsbund (DGB)	49,1 %	70,2
keiner Gewerkschaft	49,1	27,0
sonstigen Gewerkschaften oder Arbeitnehmervertretungen	1,8	2,8

So viel Prozent sind Mitglieder von:
Quelle: IW Köln Stand 2010

9.5 Das BetrVG in der Kritik

Das Betriebsverfassungsgesetz stößt bei den Gewerkschaften auf große Zustimmung. Von Seiten der Arbeitgeber- und Wirtschaftsverbände wird dieses Gesetz jedoch kritisch betrachtet.

> **Kritik aus Sicht der Arbeitgeberverbände**
>
> Die Hauptkritikpunkte der Arbeitgeber liegen vor allem in zwei Bereichen:
>
> Zum einen ist die Umsetzung des Betriebsverfassungsgesetzes mit höheren Kosten verbunden. Dies liegt vor allem an der höheren Zahl der freizustellenden Betriebsratsmitglieder.
>
> Zum anderen sehen die Arbeitgeber in der Novelle „einen unannehmbaren Eingriff in die Entscheidungsfreiheit des Unternehmens".
>
> *(Dieter Philipp, Präsident des Deutschen Handwerks)*

Umstritten ist der große Aufgabenkatalog der Betriebsräte. In folgenden Bereichen können Betriebsräte und Arbeitgeber Vereinbarungen treffen:

- Bei Fragen des Umweltschutzes
- Bei der Bekämpfung rechtsextremer Tendenzen
- Bei Weiterbildungs- und Qualifizierungsmaßnahmen
- Bei Fragen der Gleichstellung von Frauen im Unternehmen

Als kritisch wird auf Seiten der Arbeitgeber das vereinfachte Verfahren zur Gründung eines Betriebsrats in Kleinbetrieben mit fünf bis 50 Beschäftigten eingestuft. Hierdurch soll es vor allem in den Betrieben der **New Economy** mehr Betriebsräte geben. Der Einfluss der Gewerkschaften in diesen Betrieben war in der Vergangenheit sehr gering. Darüber hinaus sind jetzt auch Leih- und Telearbeiter sowie freie Mitarbeiter wahlberechtigt.

New Economy:
Der Begriff steht für alle Unternehmen, die mit Internet, Handys, Software und neuen Medien zu tun haben.

> Bilden Sie zwei Gruppen und diskutieren Sie in Ihrer Klasse die unterschiedlichen Standpunkte der Arbeitgeber und Gewerkschaften bezüglich der Gründung von Betriebsräten in Kleinbetrieben. Wählen Sie aus Ihrer Klasse zwei Moderatoren aus, die die Diskussion leiten.

Ein weiterer strittiger Punkt des Betriebsverfassungsgesetzes ist die Zahl der freigestellten Betriebsräte. Bereits ab 200 wahlberechtigten Mitarbeitern muss ein Betriebsratsmitglied von seiner beruflichen Tätigkeit freigestellt werden. Die Zahl der freigestellten Betriebsräte bei bis zu 10.000 Mitarbeitern beträgt zwölf. Pro weitere 2.000 Mitarbeiter kommt ein freigestellter Betriebsrat hinzu.

Warum ist gerade die Regelung über die Zahl der freigestellten Betriebsräte ein besonderer Streitpunkt?

9.6 Vor- und Nachteile betrieblicher Mitbestimmung

Vorteile:	Nachteile:
Mitbestimmung ist ein Mittel zur Konfliktbewältigung zwischen Arbeitnehmer- und Arbeitgeberinteressen.	Mitbestimmung schränkt den Unternehmer in seiner Entscheidungsfreiheit ein.
Mitbestimmung ermöglicht den Arbeitnehmern eigene Wünsche und Vorstellungen im Unternehmen durchzusetzen.	Mitbestimmung kann betriebliche Entscheidungen verzögern oder verhindern.
Mitbestimmungsmöglichkeiten können sich positiv auf die Arbeitsmotivation der Mitarbeiter auswirken.	Das Unternehmen kann auf den Konkurrenzdruck nicht so rasch reagieren, wie es in bestimmten Situationen vielleicht erforderlich wäre.
Der Unternehmer erhält Anregungen und Impulse für betriebliche Entscheidungen.	Mitbestimmung kann die internationale Wettbewerbsfähigkeit des Unternehmens gefährden.
Die Mitbestimmungs- und Mitwirkungsmöglichkeiten steigern das Interesse der Arbeitnehmer am Unternehmen.	

Diskutieren Sie die Vor- und Nachteile der betrieblichen Mitbestimmung im Klassenverband.

9.7 Europäische Betriebsräte

Eine **EU-Richtlinie** von 1994 schuf die Voraussetzungen dafür, dass die Arbeitnehmer auch auf europäischer Ebene mitwirken können. Sie bezieht sich auf europaweit (EU-weit) tätige Unternehmen, die mindestens 1000 Arbeitnehmer beschäftigen. Die Richtlinie schließt auch Unternehmen mit Sitz in den USA, Japan oder der Schweiz ein. Arbeitnehmer können durch europäische Betriebsräte grenzüberschreitend unterrichtet und angehört werden. Ein solcher Betriebsrat besteht aus mindestens drei Mitgliedern, wobei jedes Land, in dem das Unternehmen einen Standort hat, jeweils durch ein Mitglied vertreten sein muss.

EU-Richtlinie:
Sie gilt nicht direkt, sondern muss vom nationalen Gesetzgeber umgesetzt, d. h. in die entsprechenden Gesetze eingefügt werden.

A Ausbildung und Beruf

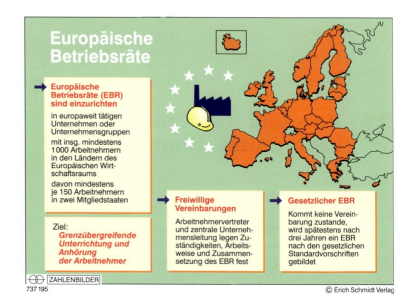

9.8 Die Jugend- und Auszubildendenvertretung

Die Jugend- und Auszubildendenvertretung ist im Betriebsverfassungsgesetz geregelt und nimmt die besonderen Belange jugendlicher und in Ausbildung stehender Arbeitnehmer wahr. Sie ist insbesondere Ansprechpartner bei Fragen zur Berufsbildung.

Weiterhin wacht die Jugend- und Auszubildendenvertretung über die Einhaltung der für diese Arbeitnehmer geltenden

- Gesetze,
- **Verordnungen,**
- Unfallverhütungsvorschriften,
- Tarifverträge und
- Betriebsvereinbarungen.

Verordnung:
Wird von Verwaltungen aufgrund von Gesetzen erlassen

Wie in den Betriebsräten auch erhöht sich die Zahl der Jugend- und Auszubildendenvertreter in Abhängigkeit von der Zahl der Beschäftigen im Unternehmen.

> § 60 BetrVG Errichtung und Aufgabe
>
> In Betrieben mit in der Regel mindestens fünf Arbeitnehmern, die das 18. Lebensjahr noch nicht vollendet haben (jugendliche Arbeitnehmer) oder die zu ihrer Berufsausbildung beschäftigt sind und das 25. Lebensjahr noch nicht vollendet haben, werden Jugend- und Auszubildendenvertretungen gewählt
> (...)
>
> § 61 BetrVG Wahlberechtigung und Wählbarkeit
>
> Wahlberechtigt sind alle in § 60 Abs. 1 genannten Arbeitnehmer des Betriebs.
>
> Wählbar sind alle Arbeitnehmer des Betriebs, die das 25. Lebensjahr noch nicht vollendet haben (...)
>
> § 64 BetrVG Zeitpunkt der Wahlen und Amtszeit
>
> (...)
> Die regelmäßige Amtszeit der Jugend- und Auszubildendenvertretung beträgt zwei Jahre.

1. Welche Bedingungen müssen erfüllt sein, um eine Jugend- und Auszubildendenvertretung einrichten zu dürfen?
2. Wer ist wahlberechtigt und wer wählbar?
3. Wie lange dauert die Amtszeit?

Zusammenfassung

Nach dem Zweiten Weltkrieg wurde die Mitbestimmung erheblich ausgebaut.

In Betrieben mit in der Regel mindestens fünf ständigen wahlberechtigten Arbeitnehmern können Betriebsräte gewählt werden.

Die Hauptaufgabe des Betriebsrates liegt in der Vertretung der Interessen der Arbeitnehmer.

Gesetzlich stehen dem Betriebsrat Mitwirkungs- und Mitbestimmungsrechte in sozialen, personellen und wirtschaftlichen Angelegenheiten zu.

Die EU-Richtlinie von 1994 schuf die Voraussetzungen für die Einrichtung europäischer Betriebsräte, die auch grenzüberschreitend unterrichtet und angehört werden.

Die Jugend- und Auszubildendenvertretung kann in Betrieben mit mindestens fünf Arbeitnehmern eingerichtet werden, die das 18. Lebensjahr noch nicht vollendet haben oder die zu ihrer Berufsausbildung dort beschäftigt sind und das 25. Lebensjahr noch nicht vollendet haben.

Die betriebliche Mitbestimmung ist ein Mittel der Konfliktbewältigung bei fehlender Übereinstimmung zwischen Arbeitnehmer- und Arbeitgeberinteressen.

Es besteht die Gefahr, dass durch verstärkte Mitbestimmung betriebliche Entscheidungen verzögert oder verhindert werden.

Wissens-Check

1. Bei einem Zulieferer der INFOTEC GmbH, der die Voraussetzung zur Bildung eines Betriebsrates erfüllt, soll ein Betriebsrat eingerichtet werden. Kann die Geschäftsleitung des Zulieferers dies verhindern?

2. Der Betriebsrat wurde vor der Kündigung eines Mitarbeiters angehört und widerspricht der Kündigung. Welche Folgen hat der Widerspruch des Betriebsrates?

3. Die Geschäftsleitung der INFOTEC GmbH möchte eine neue Arbeitszeitregelung einführen. Der Betriebsrat ist damit nicht einverstanden. Kann die Geschäftsleitung die neue Regelung dennoch einführen?

4. Der Betriebsrat will sich über die Gehaltsstruktur des Unternehmens informieren, um gegebenenfalls im Rahmen einer Betriebsvereinbarung eine neue Arbeitsplatzbewertung vorzuschlagen. Zu diesem Zwecke erfordert er Einsicht in die Lohn- und Gehaltslisten des Unternehmens. Ist der Betriebsrat zu dieser Einsichtnahme befugt?

5. Wegen schlechter Auftragslage ist die INFOTEC GmbH gezwungen, einen Betriebsteil stillzulegen. Dadurch müssen 40 Arbeitnehmer entlassen werden. Welches Recht des Betriebsrates kommt in diesem Fall zum Tragen?

6. Einem Betriebsratsmitglied der INFOTEC GmbH wurde aus wichtigem Grund außerordentlich gekündigt, ohne vorher den Betriebsrat einzuschalten. Das Betriebsratsmitglied klagte. Klären Sie den Sachverhalt.

7. Nennen Sie die wesentlichen Kritikpunkte der Arbeitgeber am novellierten Betriebsverfassungsgesetz.

8. In der INFOTEC GmbH stehen die Wahlen zur Jugend- und Auszubildendenvertretung an. Von insgesamt 319 Mitarbeitern sind sechs Lehrlinge unter 18 sowie eine Mitarbeiterin (Andrea), die vor einer Woche die Ausbildung beendet hat. Außerdem gibt es noch drei Jungarbeiter (ohne Ausbildungsvertrag) mit 16 Jahren. Nehmen Sie zu folgenden Aussagen Stellung und entscheiden Sie, ob diese richtig oder falsch sind.

   „Unser Vertreter muss selbst noch Lehrling sein."

   „Der neue Jugendvertreter muss darauf achten, dass die Jugendschutzbestimmungen bezüglich der Arbeitszeit besser eingehalten werden."

   „Ungelernte haben kein Stimmrecht."

   „Unser neu gewählter Jugendvertreter muss mal ein bisschen Wind machen, damit die Ausbildungsmaßnahmen noch verbessert werden."

   „Der Jugendvertreter muss sich auch für solche Mitarbeiter einsetzen, die nicht in andere Abteilungen versetzt werden wollen."

B
Arbeitswelt im Wandel

Jahrgangsstufe 10

- Arbeitsverhältnisse
- Arbeitslosigkeit
- Arbeitsmarktpolitische Konzepte
- Anforderungen an den Einzelnen

1 Technologischer Wandel

Der technologische Wandel fand auch in der Landwirtschaft statt.

Zukunftsinvestitionen
Ausgaben für Forschung und Entwicklung je Einwohner in Dollar*

Schweden	1 399
USA	1 307
Finnland	1 233
Japan	1 157
Österreich	1 010
Dänemark	991
Norwegen	943
Deutschland	873
Südkorea	861
Taiwan	796
Großbritannien	676
Niederlande	673
Belgien	672
Frankreich	667
Irland	600
Spanien	429
Italien	365
Tschechien	361
Polen	107
China	77

*umgerechnet mit Kaufkraftparitäten
Stand 2008 bzw. 2007, Quelle: OECD © Globus 3610

Nennen Sie Gemeinsamkeiten der Länder mit geringen Ausgaben für Forschung und Entwicklung.

Rationalisierung:
Ersatz veralteter Verfahren durch zweckmäßige Vereinheitlichung bzw. Straffung

Technisierung:
Auf Maschinen und technische Mittel gestützte Produktion

Mitte der 70er-Jahre hat in hoch entwickelten Industrieländern ein **Rationalisierung**s- und **Technisierung**sschub eingesetzt. Das Angebot der Produzenten und die Nachfrage der Verbraucher ändern sich immer schneller. Die Betriebe müssen in kürzester Zeit auf die veränderte Marktsituation reagieren. Zusätzlich müssen neue und zukunftsträchtige Produkte technisch und qualitativ hochwertig sein und zu günstigen Preisen hergestellt werden, um weltweit im Vergleich mit Produkten anderer Unternehmen konkurrieren zu können.

1 Technologischer Wandel

Der technologische Wandel hat sich in folgenden Bereichen rasch vollzogen:

- Informations- und Kommunikationstechnik
- Mikroelektronik, Prozessortechnik
- Gen- und Bio**technologie**
- **Nanotechnologie**

Technisch hoch entwickelte Produkte (z.B. Handys, Computer, Pocket-PCs) ermöglichen einen ständigen Datenaustausch. Sie verschaffen direkten Zugang zum Internet.

Technologie:
Wissen über die Eigenschaften und Einsatzbedingungen der Technik

Nanotechnologie:
Molekulartechnologie

Nanometer:
Millionstel Millimeter; nm

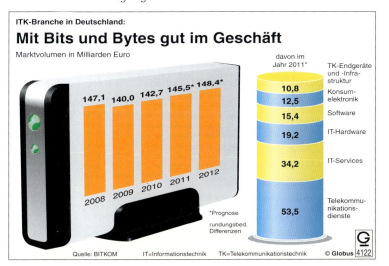

Der Austausch von Informationen kann durch das Internet zu jeder Zeit und von jedem Ort der Welt aus in großer Geschwindigkeit erfolgen. Dies hat große Veränderungen in Gesellschaft und Wirtschaft zur Folge. Die Hauptaufgabe der Technik ist nicht mehr ausschließlich die industrielle Produktion von Gütern. Die Technik dient mittlerweile in hohem Maße dem Transport von Informationen.

Weltweit kann man via Internet einkaufen, mit Wertpapieren handeln sowie Konferenzen planen und abhalten. Ärzteteams sind in der Lage, sich während einer Operation von verschiedenen Orten der Erde aus zu unterstützen. Unwetterwarnungen sind präzise und in Sekundenschnelle verfügbar.

Fachleute sprechen bereits von einer dritten **industriellen Revolution**. Die Industriegesellschaft wandelt sich zu einer Informations- und Kommunikationsgesellschaft. Der technologische Wandel erfordert andere berufliche Fähigkeiten und besser qualifizierte Mitarbeiter.

Kettenantrieb aus Silikon in Nanotechnologie.
Kleiner als der Durchmesser eines Haares ist der Abstand der einzelnen Kettenglieder.

Erste industrielle Revolution:
Durch technische Erfindungen (Dampfmaschine, mechanischer Webstuhl u. a.) im letzten Drittel des 18. Jahrhunderts in England eingeleitete Umwandlung der bisherigen Wirtschafts- und Sozialordnung

Zweite industrielle Revolution:
Durch die zunehmende Verbreitung der Automation, die Entwicklung der Kernenergie und der elektronischen Datenverarbeitung verursachte wirtschaftliche und soziale Veränderungen

> „Bedeutet es ein Mehr an Unabhängigkeit und Flexibilität, wenn immer mehr Menschen ihre E-Mails jederzeit auf ihrem Smartphone lesen und sie per elektronischem Kalender noch kurz vor dem Schlafengehen zu einer Teambesprechung am nächsten Morgen einladen?"
>
> *Martin Schulz (EU-Parlamentspräsident 2014) in FAZ vom 06.02.2014*

Wie beurteilen Sie die Meinung von Martin Schulz?

2 Betriebsorganisatorischer Wandel

Die rasante Entwicklung der Informations- und Kommunikationstechnologien zwingt Unternehmen, sich auf immer neue Marktanforderungen einzustellen. Die Unternehmensstruktur und -organisation passen sich der Entwicklung auf den Weltmärkten an.

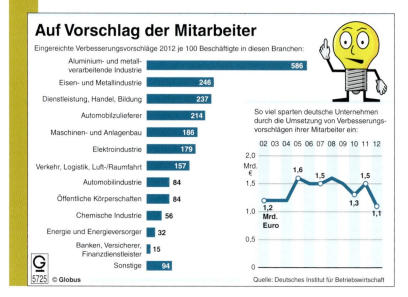

Notieren Sie Gemeinsamkeiten der Branchen, in denen eine hohe Zahl von Verbesserungsvorschlägen eingereicht wurde.

> Unser Kopf ist rund, damit das Denken die Richtung wechseln kann.
>
> (Volksweisheit)

Auf Dauer wird sich nur die teamorientierte, lernende Organisation behaupten können. Sie begreift Veränderung als permanente Herausforderung und Chance. Kreativität und Eigenverantwortung der Mitarbeiter sind gefordert. Um die Arbeit innerhalb eines Betriebes zu beschleunigen und zu verbessern, müssen **Hierarchien** aufgelöst werden.

Hierarchie: Rangfolge

Outsourcing

Betriebsaufgaben werden aus dem eigenen Betrieb ausgelagert und fremden Betrieben übertragen. Bestimmte Schritte im laufenden Produktionsprozess eines Betriebes werden ganz oder teilweise von Zulieferbetrieben übernommen.

> Als Cloud Computing lässt sich jeder Ansatz verstehen, die informationstechnische Infrastruktur nicht am Arbeitsplatz aufzubauen, sondern in ein Netzwerk zu verlagern; in aller Regel in auswärtige Rechenzentren und Serverparks. Cloud-Speicher können eine schlichte Back-up-Lösung sein, aber auch die komplette Arbeitsumgebung inklusive der laufenden Software beheimaten. Auch die Arten der Wolken sind grundlegend verschieden. Bekannte Angebote von … werden als Public Clouds bezeichnet – Nutzer erreichen die Server über das Internet. Wer flächendeckende Überwachung oder Industriespionage befürchtet, der kann Private Clouds nutzen. Sie sind nicht an das offene Internet angeschlossen, die Verbindung vom Rechenzentrum zur Firma ist verschlüsselt.
>
> Frankfurter Allgemeine Zeitung vom 31.10.2013

Leanproduction

Dies ist eine aus Japan stammende Unternehmensphilosophie. Die Arbeitsgänge in der Produktion werden immer wieder hinterfragt und überprüft. Ziel ist, alle überflüssigen Kosten abzubauen und einen optimalen Produktionsablauf zu schaffen. Die Verschlankung der Verwaltung und Unternehmensführung nennt man Leanmanagement.

Just-in-time

Just-in-time (engl.):
„Exakt in der Zeit", „auf Abruf"

> **Von der Straße abhängig**
> Es geschah vor ein paar Tagen im Bayerischen Wald. Lkw von Zulieferern auf dem Weg zum BMW-Werk Regensburg blieben irgendwo auf halber Strecke im Schnee stecken und kamen erst mit ein paar Stunden Verspätung ans Ziel. Schnell gab es im Werk einen Lieferengpass, den man jedoch rasch auffangen konnte. Schlimmer lief es Mitte der Woche bei Ford: Weil schwere Lastwagen aus Luxemburg, Belgien und Teilen Frankreichs wegen der starken Schneefälle nicht fahren durften, fehlten im Kölner Ford-Werk Instrumententafeln, Sitze und Heizungen. Folge: Einige Hundert Kleinwagen der Marken Fiesta und Fusion konnten nicht gebaut werden – die Bänder standen still.
>
> SZ vom 22.12.2010

Die Grundidee dieses in japanischen Unternehmen entwickelten Verfahrens ist es, die Materialbeschaffung an die Fertigung anzupassen. Zur Produktion benötigtes Material soll genau in dem Moment geliefert werden, in dem es gebraucht wird. Dadurch sollen die Lagerbestände und somit die Kosten reduziert werden. Just-in-time-Verfahren sind vor allem in der Großserienfertigung weit entwickelt, z.B. in der Automobilindustrie.

Einerseits erhoffen sich die Menschen, dass der technologische und betriebsorganisatorische Wandel die Arbeitsbedingungen verbessert und das Leben erleichtert. Andererseits besteht die Gefahr, dass immer wirkungsvollere Produktionsverfahren die Arbeitsplätze der Menschen gefährden. Hiervon sind besonders gering qualifizierte Arbeitnehmer betroffen.

3 Globalisierung – Auswirkungen auf den Arbeitsmarkt

„Globalisierung – da hängt doch die Wirtschaft irgendwie weltweit zusammen und wenn die Löhne hier bei uns zu hoch sind, dann gehe ich mit meinem Unternehmen eben nach Bangladesch, wo die Leute froh sind, für ein paar Euro arbeiten zu können."
Aussage eines Unternehmers in der Textilbranche

3.1 Arbeitsplatzverlagerung

Arbeitsplätze werden in andere Länder verlagert, weil dort

- Steuern und Löhne wesentlich niedriger sind,
- Sozialleistungen meist unbekannt sind,
- Schutzbestimmungen für Arbeitskräfte oder die Umwelt kaum vorhanden sind.

Damit versuchen die Unternehmen, die Kosten der Produktion niedrig zu halten. Ein Beispiel ist die Verlagerung großer Teile der Bekleidungsindustrie aus Deutschland nach Indien. Die Globalisierung führt zu einem Konkurrenzkampf um die Ansiedlung der Produktionsstandorte. Staaten wie die Bundesrepublik Deutschland haben dabei Probleme, mit Ländern mitzuhalten, die unsere Mindeststandards beim Arbeitsschutz unterbieten und deren Lohnniveau deutlich niedriger ist.

> Im Januar 2008 gab der finnische Handyhersteller Nokia bekannt, dass das bislang in Bochum ansässige Werk nach Rumänien verlagert wird. Dadurch gingen in Deutschland 2.300 Arbeitsplätze bei Nokia und weitere 2.000 Arbeitsplätze bei Zulieferern und Leiharbeitern verloren. Für die Schaffung von Arbeitsplätzen in Bochum hatte Nokia in den vergangenen Jahren 60 Millionen Euro an Subventionen vom Bund und dem Land Nordrhein-Westfalen erhalten. Die Unternehmensleitung von Nokia begründete die Produktionsverlagerung mit einer zu erwartenden Steigerung der Gewinnmarge auf 16 Prozent. Die Produktion in dem Bochumer Werk erbrachte eine Rendite von 13 Prozent. Politiker aller Parteien kritisierten die Entscheidung scharf. Einige teilten mit, dass sie ihr Nokia-Handy zurückgeben wollten. Auch in der Bevölkerung gab es große Sympathien für einen Boykott des finnischen Herstellers. Im Herbst 2011 schloss Nokia auch das Werk in Rumänien.
>
> www.spiegelonline.de vom 29.09.2011

Die Arbeitsplatzverlagerung aus Deutschland führt zu einem geringeren Steueraufkommen und geringeren Volkseinkommen. Dies kann zu Sozialabbau in Deutschland führen.

Nehmen Sie Stellung zu dieser Aussage.

3.2 Arbeitsplatzabbau durch Unternehmenszusammenschlüsse

Unternehmen können sich zu größeren Einheiten zusammenschließen. Sie wollen auf diese Weise Kapital, Know-how und Markteinfluss koppeln, um sich auf den Märkten behaupten zu können. Oft führen solche Zusammenschlüsse zum Abbau von Arbeitsplätzen, weil dadurch bestimmte Arbeitsabläufe zusammengelegt werden können. Bekannte Beispiele für große **Fusionen** sind die Zusammenschlüsse der Automobilfirmen Daimler Benz und Chrysler und der Chemiefirmen Hoechst und Rhône-Poulenc.

Fusion:
Unternehmenszusammenschluss

Erleichtert und vereinfacht werden die Arbeitsplatzverlagerung und der Arbeitsplatzabbau durch Prozesse der Liberalisierung, Deregulierung und Privatisierung.

- Liberalisierung meint in diesem Zusammenhang den möglichst uneingeschränkten und kostenfreien Austausch von Waren, Dienstleistungen und Transaktionen.
- Deregulierung bezeichnet den Abbau von staatlichen Auflagen und Vorschriften.
- Privatisierung liegt vor, wenn Staatsvermögen in private Hände übergeht. Bekannte Beispiele in Deutschland sind die Privatisierung der Deutschen Bundespost (jetzt Telekom bzw. Deutsche Post AG) und der Deutschen Bundesbahn (jetzt Deutsche Bahn AG).

Grafik: Dave Vaughan

4 Veränderung in der Form der Arbeitsverhältnisse

Atypische Beschäftigung

Zahl der Zeitarbeitnehmer, Minijobber, in Teilzeit und befristet Beschäftigten in Deutschland in Millionen

Jahr	Anzahl	in Prozent aller Arbeitnehmer
1992	4,6 Mio.	13,4 %
2002	6,1 Mio.	18,1 %
2012	7,9 Mio.	21,8 %

davon im Jahr 2012 beschäftigt in Tausend
(einschl. Mehrfachzählungen)

in Teilzeit (max. 20 Stunden)	5.017
befristet	2.735
geringfügig	2.548
in Zeitarbeit	745

Quelle: Stat. Bundesamt

> Überlegen Sie sich, welche Vor- und Nachteile atypische Beschäftigung mit sich bringt.

4.1 Häufiger Berufs- und Arbeitsplatzwechsel

Arbeitnehmer werden heutzutage immer häufiger veranlasst, sich einen neuen Arbeitsplatz oder gar Beruf zu suchen. **„Lifelong Employment"** ist eher die Ausnahme als die Regel.

Die Gründe sind unterschiedlich. Arbeitnehmer suchen immer mehr nach anspruchsvollen, erfüllenden Tätigkeiten. Ein weiterer Grund für einen Berufs- oder Arbeitsplatzwechsel kann eine finanzielle Verbesserung sein. Darüber hinaus hat die soziale Anbindung an Familie, Wohnort und Freundeskreise abgenommen, was die Bereitschaft steigen lässt, sich beruflich zu verändern.

Lifelong Employment (engl.):
Lebenslange Anstellung

Einen besonders hohen Anteil von Berufswechslern gibt es bei Arbeitnehmern ohne Ausbildung.

Facharbeiter und Meister wechseln weniger häufig den Arbeitsplatz oder Beruf. Die gründliche Berufsausbildung und umfangreiche Qualifizierung dieser Fachkräfte sichert den Arbeitsplatz und erleichtert den innerbetrieblichen Aufstieg.

4.2 Geringfügige Beschäftigung – „Mini-Jobs"

Mini-Jobs bieten für Arbeitnehmer und Arbeitgeber die Möglichkeit begünstigte Beschäftigungsverhältnisse zu schließen. Der Arbeitnehmer muss bis zu einer bestimmten Lohnhöhe keine Steuern und Sozialabgaben zahlen.

Die meisten Mini-Jobs sind im Handel, der Gastronomie- und der Tourismusbranche entstanden. In vielen Fällen bewältigt die Industrie Produktionsspitzen mit Mini-Jobbern. Unternehmen werden durch Mini-Jobs in ihrer Personalplanung flexibler. Für die Arbeitnehmer entsteht die Möglichkeit eines zusätzlichen Verdienstes. Wer keine Vollzeitbeschäftigung annehmen kann, dem bieten Mini-Jobs ebenfalls Vorteile.

Worin liegen die Nachteile der Mini-Jobs?

4.3 Zeitarbeitnehmer (Leiharbeiter)

Zeitarbeitsfirma wirbt um Arbeitskräfte.

Mobilität:
Beweglichkeit, hier: Bereitschaft zum Arbeitseinsatz an verschiedenen Orten

1. Was versteht der Chef in der Karikatur unter Zeitarbeit?
2. Fertigen Sie einen Stichwortzettel an, um dem Chef erklären zu können, was Zeitarbeit bedeutet.

Zeitarbeitsfirmen sind Unternehmen, die Arbeitnehmer für eine bestimmte Zeit an andere Unternehmen ausleihen. Die entleihenden Unternehmen können somit flexibler auf Entwicklungen am Markt reagieren. Der Arbeitnehmer wird durch die Zeitarbeit vor Arbeitslosigkeit geschützt. Er muss jedoch **Mobilität** zeigen. Das Zeitarbeits-Unternehmen hat sämtliche Arbeitgeberpflichten zu erfüllen. Die Arbeitnehmer bekommen Urlaub. Das Unternehmen bezahlt Sozialversicherungsbeiträge und Lohnsteuer und ist an sämtliche bestehenden Arbeits- und Sozialgesetze gebunden. Zeitarbeitsverträge werden zwischen dem Zeitarbeits-Unternehmen und dem Entleiher geschlossen. Im Vertrag sind Dauer und Arbeitsleistung des Zeitarbeitnehmers festgelegt. Das Modell der Zeitarbeit wird verschiedentlich kritisiert, weil die Zeitarbeitnehmer zur dauernden Billigkonkurrenz für die eigene Belegschaft missbraucht wurden.

Dagegen handelt es sich bei Leiharbeitern um Arbeitnehmer, die ein Unternehmen einem anderen für eine bestimmte Zeit überlässt (Arbeitnehmerüberlassung), weil sie derzeit im eigenen Betrieb nicht benötigt werden.

Gleicher Lohn – aber ab wann?

Leiharbeitnehmer mit einem Vollzeitjob verdienen im Schnitt nur etwa halb so viel wie Vollzeitbeschäftigte in der Wirtschaft insgesamt. Das ist das Ergebnis einer Studie des Deutschen Gewerkschaftsbundes, der seit Jahren eine Gleichstellung („Equal Pay") der Gehälter fordert. Theoretisch steht Zeitarbeitnehmern zwar auch jetzt schon das gleiche Einkommen zu wie Festangestellten. Hiervon darf aber abgewichen werden, wenn ein eigens für die Zeitarbeit abgeschlossener Tarifvertrag angewendet wird. Von dieser Möglichkeit machen die meisten Zeitarbeitsfirmen Gebrauch.

Süddeutsche Zeitung vom 12./13.02.2011

4.4 Schattenwirtschaft

Mit „Schattenwirtschaft" werden verschiedene wirtschaftliche Tätigkeiten bezeichnet, für die keine Steuern und Sozialabgaben gezahlt werden. Sie werden von keiner Statistik erfasst und bleiben somit im „Schatten". Eine Form der Schattenwirtschaft ist die **Schwarzarbeit**.

Schwarzarbeit:
Illegale Beschäftigungsverhältnisse, für die weder Steuern noch Sozialabgaben gezahlt werden

Schwarzarbeit in Deutschland
Umsatz der Schattenwirtschaft in Milliarden Euro (Schätzungen)

Jahr	1990	1995	2000	2005	2010	2013
Mrd. €	148	241	322	346	348	340
in % der Wirtschaftsleistung*	12,2	13,9	16,0	15,4	13,9	13,2

*Bruttoinlandsprodukt
Quelle: IAW / Prof. Schneider
5513 © Globus

1. Diskutieren Sie mögliche Ursachen für das rasante Ansteigen der Schwarzarbeit bis 2005.
2. Worauf führen Sie die Abnahme in den folgenden Jahren zurück?

Illegale Beschäftigung schädigt in erheblichem Maße die Volkswirtschaft. Durch den unfairen Wettbewerb werden viele Unternehmen in ihrer Existenz bedroht. Sie können im Preiskampf gegen die erheblich preiswerteren Anbieter, die illegal Arbeitnehmer beschäftigen, nicht bestehen.

Unternehmer, die gegen das Verbot von illegaler Beschäftigung und Schwarzarbeit verstoßen, können bis zu drei Jahre von der Vergabe öffentlicher Aufträge ausgeschlossen werden. Zudem müssen diese Unternehmen mit Bußgeldern von bis zu 500.000 Euro rechnen.

5 Arbeitslosigkeit

Arbeitslosigkeit kann jeden Arbeitnehmer treffen – vom Firmenmanager bis zum Hilfsarbeiter. Die Arbeitslosigkeit kann schwer wiegende Probleme für den Einzelnen und die Gesellschaft nach sich ziehen. Arbeitslosigkeit entsteht dann, wenn das Angebot an Arbeitskräften die Nachfrage übersteigt.

Häufige Formen der Arbeitslosigkeit sind:

- Konjunkturelle Arbeitslosigkeit: Zeitweise fehlt die Nachfrage nach Gütern und Dienstleistungen.
- Strukturelle Arbeitslosigkeit: Durch technologische Veränderungen (z.B. bessere Maschinen) bedingt sinkt der Bedarf an Arbeitskräften.
- Mismatch-Arbeitslosigkeit: Die Merkmale der Arbeitslosen entsprechen nicht den Anforderungen der offenen Stellen.
- Saisonale Arbeitslosigkeit: Jahreszeitlich bedingt werden weniger Arbeitskräfte benötigt (Baugewerbe, Gastronomie).
- Friktionelle Arbeitslosigkeit: Sie tritt auf, wenn Arbeitskräfte kündigen oder entlassen werden und kurzfristig bis zum Antritt der neuen Stelle nicht beschäftigt sind.

Grafik: R. A. Drude

1. Welche Form der Arbeitslosigkeit kann sich aus der dargestellten Situation ergeben?
2. In welchen Branchen gab es in der Vergangenheit strukturelle Arbeitslosigkeit?

5 Arbeitslosigkeit

5.1 Arbeitslosigkeit – Folgen für den Einzelnen

Arbeitslosigkeit ist nicht nur eine Belastung in materieller Hinsicht. Auch gesundheitliche Probleme können die Folge sein. Bei vielen Arbeitslosen treten **psychosoziale** und **psychosomatische** Symptome auf.

Arbeitslose Menschen – besonders Langzeitarbeitslose – zeigen oft

- körperliche Inaktivität,
- geistige Trägheit,
- seelische Instabilität, z.B. Depressionen,
- geringe Kontaktfähigkeit und Selbstachtung.

Psychosozial:
Seelische Probleme aufgrund der sozialen Situation

Psychosomatisch:
Unverarbeitete seelische Probleme äußern sich körperlich

5.2 Arbeitslosigkeit – Auswirkungen in der Gesellschaft

Arbeitslosigkeit ist eines der größten gesellschaftlichen Probleme unserer Zeit. Insbesondere ist sie eine Ursache für die folgenden Probleme:

- vermehrte Jugendkriminalität,
- Schwierigkeiten bei der Finanzierung der Sozialversicherungssysteme,
- zunehmende Kinderarmut,
- soziale Spannungen,
- sozialer Abstieg der Arbeitslosen,
- Verlust an beruflichen Qualifikationen.

5.3 Bekämpfung der Arbeitslosigkeit

„Zwei von drei Arbeitslosen sind nicht oder nur gering Qualifizierte.

Gute Ausbildung ist die Vitamin- und Energiezufuhr für die Wirtschafts- und Exportnation Deutschland. Die jungen Menschen müssen bereits in der Schule (...) die Einstellung gewinnen, ständig und selbstständig weiteren Proviant – Wissen und Bildung – aufzunehmen."

Dr. Dieter Hundt, Präsident der Bundesvereinigung der Deutschen Arbeitgeberverbände, 2003

Arbeitslosenquote

Ein Ziel der Wirtschaftspolitik ist Vollbeschäftigung. Sie gilt als erreicht bei einer Arbeitslosenquote von ca. 3–4 Prozent. In Deutschland lag die Arbeitslosenquote in den vergangenen Jahren stets über dieser Quote.

Arbeitslosenquote:
Prozentanteil der Arbeitslosen an den abhängigen Erwerbspersonen

Sie ist das Maß für die Höhe des Beschäftigungsstandes in einer Volkswirtschaft

Berechnung Arbeitslosenquote:

$$\text{Arbeitslosenquote} = \frac{\text{Arbeitslose} \cdot 100}{\text{Erwerbspersonen}}$$

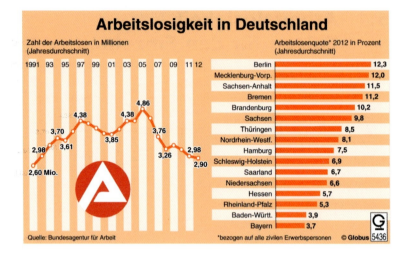

Diskutieren Sie, wie sich die Arbeitslosigkeit in den nächsten Jahren entwickeln könnte.

Bundesagentur für Arbeit (BA)

Die Arbeitsmarktpolitik bündelt alle Maßnahmen zur Beeinflussung des Arbeitsmarktes, vor allem zur Bekämpfung der Arbeitslosigkeit. In Deutschland ist die Bundesagentur für Arbeit (Nürnberg) für die Umsetzung der arbeitsmarktpolitischen Maßnahmen zuständig.

Alle Maßnahmen der Arbeitsförderung sind darauf gerichtet,

- einen hohen Beschäftigungsstand zu gewährleisten,
- die Beschäftigungsstruktur laufend zu verbessern,
- die berufliche Eingliederung körperlich oder geistig Behinderter und älterer Arbeitnehmer zu fördern,
- nachteilige Folgen, die sich für die Erwerbstätigen aus der technischen Entwicklung oder aus wirtschaftlichen Strukturwandlungen ergeben, zu vermeiden oder zu beseitigen.

Wichtige Aufgaben und Leistungen der BA:

- Arbeitsvermittlung und -beratung
- Förderung beruflicher Wiedereingliederung und der Aufnahme einer selbstständigen Tätigkeit
- Förderung der Berufsausbildung
- Weiterbildung
- berufliche Eingliederung Behinderter
- Mobilitätshilfen
- finanzielle Absicherung (Arbeitslosengeld, Kurzarbeitergeld, Unterhalts- u. Übergangsgeld)

Arbeitsmarktpolitische Konzepte und Maßnahmen

Neben den Maßnahmen der BA zur Arbeitsförderung gibt es weitere Bemühungen, den angespannten Arbeitsmarkt zu entlasten.

Staatliche Subventionen

Direkte Subventionen

Subventionen sind gezielte, direkte finanzielle Hilfen für einzelne Betriebe oder ganze Branchen. Mit den Geldern sollen Arbeitsplätze gesichert und die Wettbewerbsfähigkeit erhöht werden.

Indirekte Subventionen (Steuervergünstigungen)

Steuervergünstigungen sind indirekte finanzielle Hilfen. Unter bestimmten Voraussetzungen werden zu zahlende Steuern ganz oder teilweise erlassen. Dadurch soll die wirtschaftliche Entwicklung positiv beeinflusst werden.

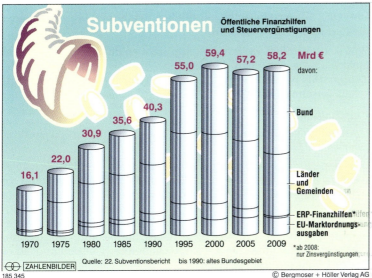

1. Wer gewährt Subventionen?
2. Welche Vorteile bringt eine Kürzung der Subventionen mit sich?
3. Ermitteln Sie die Funktionsweise der sog. Umweltprämie.

Öffentliche Aufträge

Öffentliche Aufträge sind Aufträge, die von Bund, Ländern oder Gemeinden öffentlich ausgeschrieben werden (z.B. zur Schaffung von **Infrastruktur**). Interessierte Unternehmen können Angebote abgeben. In der Regel erhält der billigste Anbieter den Auftrag.

Die Vergabe kann auch gezielt erfolgen, um die wirtschaftliche Lage bestimmter Branchen zu verbessern oder **regionale Arbeitslosigkeit** zu bekämpfen. Beispielsweise wurde durch Vergabe öffentlicher Aufträge im Rahmen des „Wiederaufbaus-Ost" versucht, die Baubranche zu stabilisieren.

Infrastruktur:
Wirtschaftlicher und organisatorischer Unterbau einer Gesellschaft (z. B. Verkehrsnetz, Schulen, Krankenhäuser)

Regionale Arbeitslosigkeit:
Arbeitslosigkeit durch Arbeitsplatzmangel in einem bestimmten Gebiet

1. Überlegen Sie, welche Betriebe und Branchen möglicherweise vom Wiederaufbau-Ost profitiert haben oder noch profitieren.
2. Notieren Sie aktuelle Beispiele für öffentliche Aufträge aus Ihrer Region.

Qualifizierungsmaßnahmen

Berufliche Qualifizierung

Berufliche Qualifizierung:
Alle Maßnahmen, die eine erfolgreiche Berufsausübung ermöglichen

Grundsätzlich sind Arbeitnehmer offen für neues Wissen, die Bereitschaft zur Weiterbildung steigt sogar mit der Höhe der Qualifikation. Immerhin nehmen jährlich rund 20 Prozent der Erwerbstätigen und Arbeitslosen an einer Weiterbildung teil – Tendenz steigend.

Über die Förderung einer beruflichen Weiterbildung entscheidet die zuständige Arbeitsagentur.

Wer sich beruflich weiterbildet, verdient später bis zu 12 Prozent mehr als Kollegen, die auf eine entsprechende Weiterbildung verzichten. Das belegt eine Studie des Zentrums für Europäische Wirtschaftsforschung.

Umschulung

Umschulungsmaßnahmen müssen je nach Lage des Arbeitsmarktes zweckmäßig sein.

Das bedeutet: Umschulungen für Arbeitslose werden bewilligt, wenn zu erwarten ist, dass nach der Qualifizierungsmaßnahme die Arbeitslosigkeit endet. Die Teilnehmer erwerben Kenntnisse und Fähigkeiten, die von ihrer bisherigen Ausbildung oder Berufstätigkeit abweichen. Die Umschulung qualifiziert für eine andere geeignete berufliche Tätigkeit (z.B. Umschulung eines Karosserie- und Fahrzeugbaumechanikers mit Ölallergie, Umschulung eines Bäckers mit Mehlstauballergie).

Fortbildung

Sie dient der höheren Qualifizierung im erlernten Beruf (z.B. zum Maurermeister, zum staatlich geprüften Techniker – Fachrichtung Elektrotechnik).

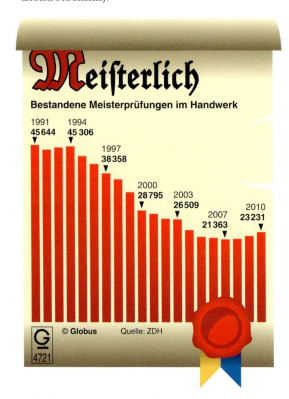

5 Arbeitslosigkeit

Arbeitsbeschaffungsmaßnahmen (ABM)

ABM werden aus Mitteln der Bundesagentur für Arbeit gefördert. In der Regel werden für ein Jahr Arbeitsplätze für Arbeitslose geschaffen. Bevorzugt werden schwer vermittelbare Arbeitslose in ABM aufgenommen. Ziel ist die Umwandlung in Dauerarbeitsplätze bzw. die Erhaltung der Qualifikation der Beschäftigten.

Finanzierung von beruflichen Qualifizierungsmaßnahmen

Das Angebot an Maßnahmen zur Wiedereingliederung von Arbeitslosen ist je nach Bundesland oder Wirtschaftsregion sehr unterschiedlich. Entsprechend der Arbeitsmarktsituation vor Ort können von der Arbeitsagentur verschiedenste Maßnahmen gefördert werden. Grundsätzlich werden spezielle Programme für Berufsrückkehrer, Arbeitsbeschaffungsmaßnahmen, Umschulung und Kurse zur beruflichen Qualifizierung angeboten. Förderungen zur beruflichen Wiedereingliederung sind keine Pflichtleistungen, sondern Kann-Leistungen. Es gibt keinen Rechtsanspruch auf die Förderung oder die Erstattung von Kosten bzw. Unterhaltsgeld. Die zuständige Arbeitsagentur entscheidet über die Bewilligung der Förderung. Arbeitslosengeld wird während der Fortbildung oder Umschulung nicht gezahlt, da die Teilnehmer an einer solchen längerfristigen Maßnahme dem Arbeitsmarkt nicht zur Verfügung stehen.

Arbeitsbeschaffungsmaßnahmen:
Träger:
- Gemeinden
- Verbände
- Vereine
- kirchliche Einrichtungen
- Qualifizierungs- und Beschäftigungsgesellschaften

Die Agenda 2010
Arbeitsmarkt – der Aufreger Hartz IV

Im Zentrum der Agenda 2010 standen die Arbeitsmarktreformen. Auf dem Papier ein Erfolg: 2005 schnellte die Zahl der Arbeitslosen noch auf über 5 Millionen – aktuell sind es nur noch 3,15 Millionen. Ging das Konzept also auf? Zentraler Punkt der Reformen war die Zusammenlegung der Arbeitslosenhilfe und der Sozialhilfe zum Arbeitslosengeld II. Der Regelsatz für Hartz IV liegt seit Januar 2013 für Alleinstehende bei 382 Euro. ... Einer der Kernpunkte der Hartz-IV-Reform: Mehr Druck auf Arbeitslose – „Fördern und Fordern". So müssen Arbeitslose auch gering bezahlte Jobs annehmen. Der Druck scheint zu wirken. „Gerade schwer vermittelbaren Arbeitslosen ist der Wiedereinstieg ins Berufsleben geglückt", sagt der Ex-Präsident des Deutschen Instituts für Wirtschaftsforschung, Klaus Zimmermann. Doch er kritisiert: „Dennoch liegen wir mit rund zwei Millionen Langzeitarbeitslosen weiterhin an der Spitze." Auch bei den Geringverdienern sieht es nicht rosig aus. Rund jeder fünfte arbeitet in Deutschland im Niedriglohnbereich ...

Der Riss geht quer durch die Gesellschaft: 44 Prozent der Deutschen meinen, die Agenda 2010 sei „eher gut" gewesen. 43 Prozent glauben genau das Gegenteil. Das ergab eine repräsentative Umfrage ...

Abendzeitung vom 13.03.2013

> Welchen Nachteil sehen Sie in der bundesweiten Vermittlung von Arbeitlosen für eine begrenzte Zeit?

Förderung von Unternehmensgründungen durch Arbeitslose

Arbeitslose erhalten eine staatliche, finanzielle Unterstützung, wenn sie sich selbstständig machen (z. B. als Hausmeister, Putzhilfe, Kellner oder Gärtner). Auf diese Weise sollen Arbeitslosigkeit und Schwarzarbeit bekämpft werden.

Anforderungen an den Einzelnen

Bereitschaft zum lebenslangen Lernen

Die Bereitschaft zum lebenslangen Lernen ist Grundvoraussetzung für einen erfolgreichen beruflichen Werdegang. Das Bildungsangebot müssen Jugendliche und Erwachsene selbstständig und eigenverantwortlich nutzen.

Wer eine berufliche Ausbildung abgeschlossen hat, wird seltener arbeitslos.

Unqualifizierte haben dagegen mit Abstand die größten Schwierigkeiten bei der Stellensuche.

Erfreulich ist, dass die Zahl junger Menschen ohne Berufsabschluss in Deutschland spürbar gesunken ist, wie eine Studie des Instituts der deutschen Wirtschaft zeigt. Demnach hatten im Jahr 2011 13,4 Prozent aller Deutschen im Alter von 20 bis 29 Jahren (die keiner Ausbildung oder einem Studium nachgingen) keinen beruflichen Abschluss. 2005 hatte der Anteil 16,5 Prozent betragen.

Frankfurter Allgemeine Zeitung vom 03.12.2013

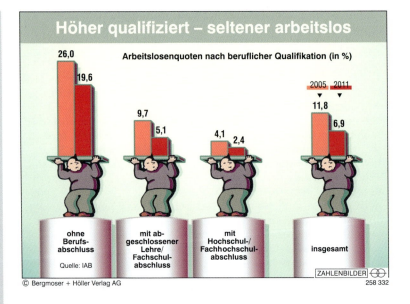

Halbwertszeit:
Begriff aus der Atomphysik

Der beste Schutz gegen Arbeitslosigkeit ist Bildung – je mehr, desto besser. Nur etwa 2 Prozent der Hochschulabgänger in Deutschland sind arbeitslos gemeldet. Facharbeiter und Meister mit einer soliden beruflichen Ausbildung haben beste Chancen einen geeigneten Arbeitsplatz zu finden. Arbeitslosigkeit wird zunehmend ein Problem gering qualifizierter Personen.

Die abgeschlossene Erstausbildung reicht in Zeiten des schnellen technologischen Wandels nicht mehr aus. Ständige Weiterbildung ist nötig, um das fachliche Wissen auf dem aktuellen Stand zu halten. Die **Halbwertszeit** des Wissens nimmt ständig ab. Beispielsweise veralten 50 Prozent des Fachwissens in der Informations- und Telekommunikationsbranche innerhalb von zwei Jahren.

Die wechselnden Anforderungen an den Arbeitnehmer in den Betrieben durch Umstrukturierungsprozesse und Produktwechsel erfordern **berufliche Mobilität.**

Unternehmen engagieren sich immer stärker in Nachbarstaaten bzw. weltweit (Global Player). Wesentliche Qualifikationen der Arbeitnehmer sind für viele Firmen deshalb

- Fremdsprachenkenntnisse,
- Toleranz anderen Kulturen gegenüber und
- **regionale Mobilität**.

Berufliche Mobilität:
Bereitschaft, neue Tätigkeiten auszuführen bzw. sich qualifizieren oder umschulen zu lassen

Regionale Mobilität:
Bereitschaft, auch weiter entfernt vom Wohnort zu arbeiten bzw. den Wohnort zu wechseln

> Recherchieren Sie im Internet, welche Qualifizierungsangebote es für Ihren Beruf gibt.

Erwerb von Schlüsselqualifikationen

Soziales Zusammenleben und erfolgreiches, leistungsorientiertes Arbeiten sind ohne bestimmte Eigenschaften der Menschen nicht denkbar. Der erfolgreiche Arbeitnehmer verfügt über Wissen und Können, Fertigkeiten und Fähigkeiten, **personale** und **soziale** Kompetenzen. Diese so genannten Schlüsselqualifikationen sind besonders wichtig, weil man sich durch sie neues Wissen schnell erschließen kann. Schlüsselqualifikationen veralten langsamer als fachliche Qualifikationen. Das sichere Beherrschen der **Kulturtechniken** fördert den Erwerb von Schlüsselqualifikationen.

Personale Kompetenzen:
- Belastbarkeit und Durchhaltevermögen
- Zuverlässigkeit und Selbstdisziplin
- Leistungsbereitschaft und Initiative
- Selbstständigkeit und Verantwortungsbewusstsein

Soziale Kompetenzen:
- Fleiß, Lern- und Leistungsbereitschaft
- Urteils-, Kritik- und Selbstkritikfähigkeit
- Initiative und Engagement
- Flexibilität des Denkens
- Problemlösungs-, Kommunikations- und Teamfähigkeit
- Ehrlichkeit, Ordnung, Zuverlässigkeit, Gründlichkeit, Pünktlichkeit und Selbstdisziplin
- Mitmenschlichkeit, Hilfsbereitschaft, Verlässlichkeit und Höflichkeit

Lernen im Ausland

Die Europäische Union bietet gemeinschaftliche Aktionsprogramme wie SOKRATES (für die allgemeine Bildung) oder LEONARDO DA VINCI (für die berufliche Bildung) an. Verschiedenste Bildungsprojekte werden auf Antrag finanziell gefördert.

Ziel des Aktionsprogramms SOKRATES ist es, lebenslanges Lernen zu fördern durch

- die Verbesserung der Fremdsprachenkenntnisse,
- die Unterstützung der Mobilität und
- die zunehmende Verwendung neuer Technologien im Bildungsbereich.

Das Aktionsprogramm LEONARDO DA VINCI fördert

- grenzüberschreitende Mobilität von Personen, die in Europa eine Berufsausbildung absolvieren,
- Qualitätssteigerung bei der Berufsbildung,
- Sprachenkompetenz,
- das Verständnis für andere Kulturen im Zusammenhang mit der Berufsbildung.

Kulturtechniken:
Rechnen, Schreiben, Lesen, Medienkompetenz

Gemeinsames Logo von Sokrates und Leonardo da Vinci

Zusammenfassung

Der Wandel zur Informations- und Kommunikationsgesellschaft wird als dritte industrielle Revolution bezeichnet.

Die veränderte Betriebsorganisation zeigt sich z.B. an Phänomenen wie Outsourcing, Leanproduction und Just-in-Time-Verfahren. Um kostengünstiger produzieren zu können, werden Arbeitsplätze ins Ausland verlagert oder abgebaut.

Schwarzarbeiter sind illegal Beschäftigte, für die keine Steuern und Sozialabgaben gezahlt werden.

Man unterscheidet konjunkturelle, strukturelle, saisonale und friktionelle Arbeitslosigkeit. Der Staat kann durch Subventionen, Steuervergünstigungen und Vergabe öffentlicher Aufträge den Arbeitsmarkt positiv beeinflussen. Berufliche Qualifizierung schützt weitgehend vor Arbeitslosigkeit.

Lebenslanges Lernen sowie berufliche und regionale Mobilität sind Vorraussetzung für einen sicheren Arbeitsplatz. Der erfolgreiche Arbeitnehmer verfügt über Wissen und Können, Fertigkeiten und Fähigkeiten, personale und soziale Kompetenzen.

Wissens-Check

1. Nennen Sie Gründe für den betriebsorganisatorischen Wandel.
2. Erklären Sie den Unterschied zwischen Arbeitsplatz- und Produktionsverlagerung.
3. Erklären Sie den Unterschied zwischen Zeit- und Leiharbeiter.
4. Herr Murr ist Dachdeckergeselle bei einem großen Hochbau-Unternehmen. Geben Sie jeweils die Form der Arbeitslosigkeit an:

    a) Jedes Jahr verliert Herr Murr über die Wintermonate seinen Arbeitsplatz.

    b) Herr Murr wird entlassen, weil das Unternehmen nur noch Fertighäuser mit maschinell eingedeckten Dächern vertreibt.
5. Frau Karg ist Bäckerin. Aufgrund einer Mehlstauballergie kann sie ihren Beruf nicht mehr ausüben. Welche berufliche Qualifizierungsmaßnahme empfehlen Sie Frau Karg, um eine dauerhafte Arbeitslosigkeit zu vermeiden?
6. Welche Möglichkeiten gibt es, um sich vor Arbeitslosigkeit zu schützen?

C Soziale Sicherung

Jahrgangsstufe 10

Sozialversicherung

Private Vorsorge

Individuelle Versicherung

1 Geschichtliche Entwicklung und Bedeutung der sozialen Sicherung

Die soziale Sicherheit war in früheren Zeiten durch die Familie garantiert. Die Kinder wurden aufgezogen, ausgebildet. Sie arbeiteten und sorgten dann später für die Alten. Auch bei Krankheit oder einem Unfall musste die Familie einspringen.

1.1 Ursprung der Sozialversicherung

Mitte des 19. Jahrhunders schlossen sich Arbeiter zu Organisationen zusammen. Sie wollten als Gemeinschaft den Arbeitgebern gegenübertreten und ihre Interessen durchsetzen. Vor dem Hintergrund dieser politischen Entwicklung erließ Kaiser Wilhelm I. im Jahr 1881 die „Kaiserliche Botschaft".

Er forderte darin den deutschen Reichstag auf, Gesetze zum Schutze der Arbeiter im Falle von Krankheit (1883), Unfall (1884), Invalidität und Alter (1889) zu beschließen. Dies wird als die Geburtsstunde der deutschen Sozialversicherung angesehen. Reichskanzler, und damit Regierungschef, war zu dieser Zeit Graf Otto von Bismarck. Unter seiner Regie entstand in Deutschland die damals weltweit vorbildliche Sozialversicherung.

Zu Beginn der Weltwirtschaftskrise mit der hohen Arbeitslosigkeit wurde im Jahre 1927 die Arbeitslosenversicherung eingeführt.

Seit 1995 gilt in Deutschland die Pflichtmitgliedschaft in der Pflegeversicherung.

Otto von Bismarck, Reichskanzler 1871 – 1890

1.2 Die damaligen Leistungen

Tatsächlich war das deutsche Sozialversicherungssystem damals wegweisend für Europa und die Welt. Die Leistungen waren jedoch verglichen mit der heutigen Zeit eher bescheiden:

▶ Krankengeld ab dem 3. Tag, 50 Prozent des Lohnes bis zu 26 Wochen

▶ Unfallrente ab der 14. Woche

▶ Altersrenten ab dem 70. Lebensjahr (bei einer durchschnittlichen Lebenserwartung von etwa 50 Jahren)

▶ Arbeitslosengeld anfangs 1 Reichsmark pro Tag

1.3 Die Entwicklung in Deutschland seit dem 2. Weltkrieg

Das Grundgesetz von 1949 legt in Artikel 20 fest, dass die Bundesrepublik Deutschland ein „demokratischer und sozialer Bundesstaat" ist. Dieses sogenannte Sozialstaatsgebot ist gesetzliche Verpflichtung für die Politik. Der Staat sorgt ganz allgemein für einen Ausgleich zwischen den sozial Schwachen und den sozial Starken. Außerdem sichert er die Existenzgrundlage seiner Bürger.

Die Sozialversicherung ist heute eine auf dem **Solidaritätsprinzip** beruhende Pflichtversicherung, die nach dem Grundsatz der Selbstverwaltung aufgebaut ist und unter staatlicher Aufsicht steht. Der deutsche Sozialstaat ist eine Mischung aus den Organisationsformen Versicherung, Versorgung und Fürsorge.

Solidarität:
Prinzip der gegenseitigen Hilfe
Ohne sie kann die Familie, der Freundeskreis oder eine staatliche Gemeinschaft nicht existieren.

Die fünf Säulen der gesetzlichen Sozialversicherung

Alle Berufstätigen sind normalerweise in der Sozialversicherung pflichtversichert. Der Arbeitgeber meldet sie dort an und beschafft in der Regel auch den **Sozialversicherungsausweis**. Der Arbeitnehmeranteil zur Sozialversicherung wird gleich vom Lohn abgezogen. Den anderen Teil zahlt der Arbeitgeber, ohne dass dies auf der Gehaltsabrechnung erkennbar ist. Die Unfallversicherung wird vom Arbeitgeber alleine bezahlt. Für Beamte, Selbstständige und Freiberufler gelten besondere Regelungen. Leistungen aus der Sozialversicherung erhalten nur deren Mitglieder, teilweise auch deren Ehepartner und Kinder. Die Mitglieder bekommen die Leistungen aber nur dann, wenn sie **Vorsorge** leisten.

Sozialversicherungsausweis:
Er wird von den Trägern der Rentenversicherung ausgestellt. In bestimmten Branchen wird er mit einem Foto versehen und muss bei der Arbeit mitgeführt werden. Er ist ein wirksames Instrument im Kampf gegen die Schwarzarbeit.

Vorsorge:
Nur wer Vorsorge geleistet hat, also innerhalb der Solidargemeinschaft Beiträge entrichtet hat, kann mit Versicherungsleistungen rechnen.

DIE FÜNF SÄULEN DER GESETZLICHEN SOZIALVERSICHERUNG

KRANKENVERSICHERUNG | RENTENVERSICHERUNG | ARBEITSFÖRDERUNG | UNFALLVERSICHERUNG | PFLEGEVERSICHERUNG

Alle Arbeitnehmer sind pflichtversichert

Grafik: R. A. Drude

Diese fünf Säulen sorgen für eine elementare Sicherung eines jeden Bürgers.

2 Krankenversicherung

Die gesetzliche Krankenversicherung sichert in Deutschland den Großteil der Bevölkerung für den Krankheitsfall ab. Niemand muss sich damit um die teilweise sehr hohen Kosten für ärztliche Leistungen, einen Krankenhausaufenthalt und Medikamente Sorgen machen.

Die gesetzliche Krankenversicherung kommt nicht für Leistungen auf, die nach einem Arbeitsunfall oder als Folge einer Berufskrankheit erforderlich sind. Dann ist man über die Unfallversicherung abgesichert.

Träger der gesetzlichen Krankenversicherung

Die Krankenkassen sorgen für die finanzielle Abwicklung im Krankheitsfall. Jeder kann sich selbst die Krankenkasse aussuchen, bei der er krankenversichert und damit auch pflegeversichert sein will. Wichtige Kriterien für die Wahl der Krankenkasse sind: Erreichbarkeit am Wohnort und Umfang der Serviceleistungen. Die gewählte Krankenkasse kann den Versicherten nicht ablehnen. Anders als in einer Privatversicherung darf die Krankenkasse einen Antragsteller auch dann nicht ablehnen, wenn bereits Vorerkrankungen bekannt sind.

Der Gesundheitsfonds

Im System des Gesundheitsfonds gilt für alle Krankenkassen ein einheitlicher Beitragssatz. Die Beiträge fließen zunächst in den Gesundheitsfonds. Je nach Zusammensetzung (z.B. Alter, Geschlecht, Gesundheitszustand der Mitglieder) der einzelnen Krankenkassen erhalten diese aus dem Gesundheitsfonds unterschiedlich hohe Finanzmittel. Die einzelnen Krankenkassen können am Jahresende Zusatzbeiträge von ihren Mitgliedern verlangen bzw. an sie Rückerstattungen leisten.

Der Patient kann sich aussuchen, wo er sich versichert und behandeln lässt.

2.1 Die Leistungen der gesetzlichen Krankenversicherung

Generell werden alle medizinisch notwendigen Maßnahmen zur Wiederherstellung der Gesundheit bezahlt. Hinzu kommen:

▸ Krankengeld: Normalerweise zahlt der Arbeitgeber im Krankheitsfall für sechs Wochen das Entgelt weiter. Anschließend zahlt die Krankenkasse 70 Prozent des regelmäßig erzielten Bruttoarbeitsentgelts, für höchstens 78 Wochen innerhalb von drei Jahren.

▶ Mutterschaftsgeld: Es wird der Arbeitnehmerin für sechs Wochen vor und acht Wochen nach der Geburt gezahlt, maximal 13 Euro je Kalendertag. Der Arbeitgeber zahlt für die Zeit der Schutzfrist den Differenzbetrag zum Nettolohn dazu.

1. Durch Risiko-Sportarten entstehen viele Unfälle. Die Kosten werden durch die gesetzliche Krankenversicherung und damit durch Ihre Beiträge bezahlt. Halten Sie dies für richtig? Oder sollten sich solche Sportler extra versichern?
2. Es ist statistisch nachgewiesen, dass Raucher ein erhöhtes Gesundheitsrisiko haben. Sollten in Zukunft Raucher höhere Krankenkassenbeiträge zahlen? Bisher übernehmen auch Nichtraucher durch ihre Beiträge die Krankheitskosten der Raucher.

Höhere Beiträge zur Krankenversicherung für Extremsportler?

2.2 Wer ist versichert?

Alle Arbeitnehmer sind pflichtversichert. Bei hohem Jahresarbeitsentgelt kann man einer privaten Krankenversicherung beitreten.

In der gesetzlichen Krankenversicherung sind im Rahmen der Familienhilfe Ehepartner (wenn sie nicht selbst arbeiten) und Kinder bis zu bestimmten Alters- und Einkommensgrenzen mitversichert.

2.3 Was kostet die Krankenversicherung?

Der monatliche Beitrag hängt vom Bruttoeinkommen, vom allgemeinen Beitragssatz sowie vom gewählten Tarif ab. Vom Beitragssatz tragen Arbeitnehmer zunächst 0,9 Prozent selbst. Den Rest übernehmen Arbeitnehmer und -geber jeweils zur Hälfte bis zur **Beitragsbemessungsgrenze**. Sie wird jährlich angepasst. Wenn das Einkommen über diese Grenze hinausgeht, steigt der Krankenkassenbeitrag nicht mehr.

Beitragsbemessungsgrenze: Ab dieser Grenze steigen die Beiträge zur Sozialversicherung, auch bei höherem Einkommen, nicht mehr an. Der Betrag wird in der Regel jährlich neu festgelegt.

Er ist für die Kranken- und Rentenversicherung unterschiedlich hoch.

Recherchieren Sie im Internet, wie hoch die diesjährige Beitragsbemessungsgrenze für die Beiträge zur Krankenversicherung ist.

2.4 Die Probleme der Krankenversicherung

Die Gesamtausgaben der Krankenkassen werden immer höher. Das hat verschiedene Ursachen:

▶ Heute können Kranke geheilt werden, für die es früher keine Behandlungsmöglichkeit gab (Organtransplantation, Krebsbehandlung).

▶ Die Arzneimittelforschung wird teurer und aufwändiger, was sich in den Preisen für Arzneimittel niederschlägt.

- Die Lebenserwartung unserer Bevölkerung steigt; im Alter braucht man mehr ärztliche Hilfe.
- In Deutschland gehen die Menschen häufig zum Arzt (18 Besuche/Jahr; Schweden: 3 Besuche/Jahr).

Die Sozialpolitik hat die Aufgabe, die notwendige medizinische Versorgung zu sichern. Allerdings sollen die Beiträge für die Krankenkassen nicht weiter steigen. Vereinzelt erwirtschaften die Krankenkassen auch hohe Überschüsse (4 Mrd. in den Jahren 2012 und 2013). Die Finanzlage der gesetzlichen Krankenversicherung ist stets stark von der konjunkturellen Entwicklung abhängig.

1. Welche weiteren Ursachen sehen Sie für die steigenden Ausgaben im Gesundheitswesen?
2. Was kann der Einzelne tun, damit die Ausgaben gesenkt werden?
3. In der Kfz-Versicherung gibt es einen „Schadensfreiheitsrabatt" für unfallfreies Fahren. Wie beurteilen Sie eine ähnliche Lösung in der Krankenversicherung („Wer nicht zum Arzt geht, zahlt weniger")?

Jeden Patienten optimal zu behandeln, ist teuer.

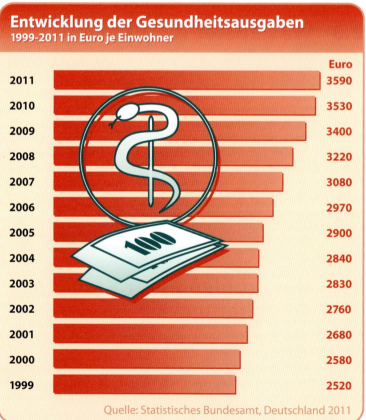

Entwicklung der Gesundheitsausgaben
1999-2011 in Euro je Einwohner

Jahr	Euro
2011	3590
2010	3530
2009	3400
2008	3220
2007	3080
2006	2970
2005	2900
2004	2840
2003	2830
2002	2760
2001	2680
2000	2580
1999	2520

Quelle: Statistisches Bundesamt, Deutschland 2011

Mit jedem Jahr steigen die Ausgaben für die Gesundheit.

Rentenversicherung

Soziale Sicherheit ist untrennbar mit der Rentenversicherung verbunden. Sie sorgt seit vielen Jahrzehnten dafür, dass die Versicherten auch im Alter finanziell versorgt sind. Durch die Entwicklung der letzten Jahre steht die gesetzliche Rentenversicherung vor drei großen Herausforderungen:

- Sie muss dafür sorgen, dass die Beitragshöhe nicht weiter steigt.
- Sie muss sich auf die bereits eingetretenen und in Zukunft zu erwartenden **demografischen Veränderungen** einstellen.
- Sie muss in der Lage sein, den **Generationenvertrag** der Entwicklung anzupassen.

Demografische Veränderungen: Entwicklung der Bevölkerung nach Zahl, Geburten, Alter, Lebenserwartung usw.

Generationenvertrag: Prinzip, nach dem sich die Generationen unterstützen

Die deutsche Rentenversicherung ist im Umlageverfahren organisiert: Die Beiträge, die vom Bruttolohn einbehalten und an den **Träger der Rentenversicherung** überwiesen werden, werden sofort als Rente an die Rentner ausgezahlt. Wenn die Zahl der Arbeitsplätze zurückgeht, sinken die Einnahmen der Rentenversicherung und damit das Geld, das für die Rentner zur Verfügung steht. Auf der anderen Seite steigen bei einer Lohnerhöhung in einer großen Branche auch die Einnahmen der Rentenversicherung.

Träger der Rentenversicherung: Die Deutsche Rentenversicherung. Sie entstand aus der Zusammenlegung der Bundesanstalt für Angestelltenversicherung (BfA) in Berlin und der Landesversicherungsanstalten

3.1 Die Leistungen der Rentenversicherung

Alle Arbeitnehmer sind in der gesetzlichen Rentenversicherung pflichtversichert. Für Beamte, Selbstständige, Künstler und Landwirte gelten besondere Bestimmungen.

Um eine Rente zu bekommen, müssen – wie bei jeder anderen Versicherung auch – vorher Beiträge gezahlt worden sein.

Altersrente und Rente wegen Erwerbsminderung

Die Altersrente beginnt im Normalfall mit dem vollendeten 65. Lebensjahr. In den Jahren 2012 bis 2029 wird der Beginn schrittweise auf 67 Jahre erhöht. Die Anhebung des gesetzlichen Renteneintrittsalters ist politisch umstritten.

Schwerbehinderte und Bergleute können auch früher die Altersrente beziehen.

Auch **teilweise-** oder **volle Erwerbsminderung** kann zu einem vorzeitigen Rentenbezug führen.

Teilweise Erwerbsminderung: Teilweise erwerbsgemindert sind Versicherte, die wegen Krankheit oder Behinderung auf nicht absehbare Zeit außerstande sind, mindestens sechs Stunden täglich erwerbstätig zu sein.

Volle Erwerbsminderung: Voll erwerbsgemindert ist ein Versicherter, der wegen Krankheit oder Behinderung auf nicht absehbare Zeit nicht in der Lage ist, mindestens drei Stunden täglich erwerbstätig zu sein.

Renten im Todesfall

Durch diese Renten erhalten die Hinterbliebenen eines Rentenberechtigten einen Ersatz für den entgangenen Unterhalt:

▶ **Witwen-/Witwerrente**
Hinterbliebene erhalten nach dem Tod des Ehepartners einen Teil der Rente des/r Verstorbenen.

▶ **Rentensplitting**
Ehegatten in einer neu geschlossenen Ehe können sich zu einer eigenständigen Sicherung entscheiden. Die von ihnen in der Ehezeit erworbenen Rentenansprüche werden als gemeinschaftliche Lebensleistung betrachtet. Später fließen die Renten aus dieser Zeit beiden Partnern je zur Hälfte zu.

▶ **Waisenrente**
Waisen erhalten einen Anteil der Rente des verstorbenen Elternteils. Die Waisenrente verringert sich bei eigenem Einkommen und wird höchstens bis zum 27. Lebensjahr bezahlt.

Die Rente ihres Mannes wird zum größten Teil an sie weiterbezahlt.

Die Rentenberechnung

Grundsätzlich ist man erst nach einer **Wartezeit** von fünf Jahren rentenberechtigt. Die Höhe einer späteren Rente hängt von unterschiedlichen Faktoren ab:

▶ **Höhe der Beitragszahlungen**

Wer während seines Arbeitslebens gut verdient und deswegen auch hohe monatliche Beiträge an die Rentenversicherung zahlt, erhält später eine höhere Rente.

▶ **Dauer der Beitragszahlungen**

Je länger man in die Rentenversicherung einbezahlt, desto höher ist später die Rente.

▶ **Zusätzliche rentensteigernde Zeiten**

Das sind Zeiträume, in denen die Versicherten keine Beiträge entrichten konnten, die aber dennoch rentenwirksam sind. Zu diesen Zeiten gehören z.B.:

- Kindererziehungszeiten
- Zeiten der Arbeitslosigkeit
- Zeiten der schulischen Ausbildung

Sie werden jedoch nur bis zu bestimmten Höchstgrenzen angerechnet.

Wartezeit:
Zeit, die jemand der Versicherung angehören muss, um einen Anspruch auf die Versicherungsleistung zu haben

Die Erziehung von Kindern wirkt sich rentensteigernd aus.

Rentenanpassung

Die Renten sollen sich so entwickeln, wie die Bruttolöhne der aktiv Beschäftigten im Vorjahr gestiegen sind. Eine Rentenkürzung ist gesetzlich ausgeschlossen.

3.2 Der Beitragssatz zur Rentenversicherung

Der Beitragssatz zur Rentenversicherung wird jährlich festgelegt und bezieht sich auf den Bruttolohn. Der Betrag wird vom Bruttolohn abgezogen. Der Arbeitgeber zahlt die Hälfte der Beiträge. Auch in der Rentenversicherung gibt es eine Beitragsbemessungsgrenze.

> Ermitteln Sie den aktuellen Beitragssatz und die Beitragsbemessungsgrenze zur Rentenversicherung im Internet.

3.3 Probleme der Rentenversicherung

Die Deutschen werden immer älter und damit steigt die Zahl der Rentner und die Rentenbezugsdauer. Außerdem gingen die Menschen noch vor einigen Jahren früher in Rente und beziehen daher länger Rente. Gleichzeitig geht durch die weiterhin niedrige **Geburtenrate** die Zahl der Personen im erwerbsfähigen Alter zurück und damit auch die Zahl der Beitragszahler. Dadurch ist der Beitragssatz etwas angestiegen.

Geburtenrate:
Zahl der lebend Geborenen pro tausend Einwohner

Zusätzlich zahlt der Staat einen **Bundeszuschuss.** Auch die Rentenkasse hängt von der Konjunkturlage ab.

Bundeszuschuss:
Etwa 28 Prozent der Rentenausgaben werden aus Steuermitteln (z.B. Ökosteuer) bezahlt.
Im Jahr 2012 betrug er 80,9 Mrd. Euro.

> Es gibt die Meinung, dass Ehepaare, die keine Kinder bekommen haben, später eine geringere Rente bekommen sollen als Ehepaare, die Kinder erzogen haben.
> Wie beurteilen Sie diesen Vorschlag?

Grafik: Wolfgang Herzig

4 Arbeitsförderung

Arbeitsförderung:
So wird die Arbeitslosenversicherung seit 1998 offiziell bezeichnet. Sie ist ein eigenständiger Zweig der Sozialversicherung. Ihr obliegen speziell die Arbeitsplatzsicherung und finanzielle Leistungen an Arbeitslose. Träger ist die Bundesagentur für Arbeit mit Sitz in Nürnberg. Örtlich zuständige Dienststellen sind die Agenturen für Arbeit.

*Jeder Bürger hat das Recht auf freie Berufswahl, aber nicht immer findet sich auch ein Arbeitsplatz in dem erlernten Beruf. Hier kann die staatliche **Arbeitsförderung** (früher Arbeitslosenversicherung) Hilfe bieten.*

Aufgabe der Agentur für Arbeit (frühere Bezeichnung: Arbeitsamt) ist es, die Erwerbschancen von Arbeitslosen zu verbessern und durch Beratung die Stellensuche am Arbeitsmarkt zu erleichtern. Diese Maßnahmen sind jedoch vergeblich, wenn der oder die Arbeitslose selbst die gebotenen Chancen nicht nutzt. Diejenigen, die von der Solidarität einer großen Gemeinschaft profitieren, müssen ihren Anteil dazu beitragen, damit das soziale Netz keine „soziale Hängematte" wird.

Träger der Arbeitsförderung sind die Bundesagentur für Arbeit und vor Ort die einzelnen Agenturen für Arbeit

4.1 Hilfen der Agentur für Arbeit

Was tun, wenn aber trotz aller Bemühungen ein Arbeitsplatz nicht zu finden ist? Wichtig ist: Sofort bei der Agentur für Arbeit melden. Denn erst von diesem Tag an kann die Agentur aktiv werden. Ab dann werden auch die Leistungen frühestens fällig.

Arbeitslosengeld I

Voraussetzung für den Bezug von Arbeitslosengeld I ist, dass in den letzten zwei Jahren vor der Arbeitslosmeldung mindestens zwölf Monate Beiträge bezahlt wurden. Das Arbeitslosengeld beträgt für Arbeitslose ohne Kinder 60 Prozent, für Arbeitslose mit Kindern 67 Prozent des letzten Nettoarbeitslohns. Für Arbeitslose unter 50 Jahren wird höchstens für ein Jahr Arbeitslosengeld bezahlt. Wer älter als 50 Jahre ist, kann Arbeitslosengeld I über einen längeren Zeitraum beziehen. Die maximale Bezugsdauer beträgt 24 Monate.

Arbeitslosengeld II

Wenn kein oder sehr wenig Arbeitslosengeld I gezahlt wird, setzt bei Bedürftigkeit das Arbeitslosengeld II (Grundsicherung für Arbeitssuchende) ein. Das Gleiche gilt für Bezieher geringer Einkommen. Es wird ein monatlicher Regelsatz gezahlt – die Kosten für eine angemessene Unterkunft und Heizung werden zusätzlich erstattet. Die Jobcenter als ein Zusammenschluss der Agentur für Arbeit und der Landkreise bzw. kreisfreien Städte prüfen zunächst, ob der Antragsteller bzw. dessen Ehe- oder Lebenspartner noch andere Einkünfte oder Vermögen haben. Bei vorhandenem Vermögen oberhalb bestimmter **Freigrenzen** entfällt das Arbeitslosengeld II.

Weiterhin sozialversichert

Auch während einer Arbeitslosigkeit geht der Sozialversicherungsschutz nicht verloren: Die Bundesagentur für Arbeit zahlt für den Arbeitslosen Beiträge zur Kranken- und Pflegeversicherung. Die Zeiten der Arbeitslosigkeit zählen bei der späteren Rente mit, allerdings in vermindertem Umfang.

Kurzarbeitergeld

Wenn die Aufträge in den Unternehmen zurückgehen, wollen sie häufig nicht sofort Personal entlassen. Die Fachkräfte müssten erst wieder gesucht werden, falls die Lage der Unternehmen sich wieder bessert. Weiterhin will der Staat Arbeitslosigkeit vermeiden. Hier hilft das Kurzarbeitergeld der Arbeitsagentur. Es ist ein Zuschuss zum verringerten Arbeitsentgelt, das entsteht, weil die regelmäßige betriebsübliche wöchentliche Arbeitszeit der Arbeitnehmer verkürzt wurde. Kurzarbeitergeld wird auch häufig bei einem saisonalen Rückgang der Beschäftigung gezahlt.

Der Beitragssatz für die Arbeitsförderung

Wie bei der Rentenversicherung zahlt auch hier der Arbeitgeber die Hälfte der Beiträge. Der Beitragssatz bezieht sich auf den Bruttolohn. Die Beitragsbemessungsgrenze entspricht jener der Rentenversicherung.

> Ermitteln Sie den aktuellen Beitragssatz und die Beitragsbemessungsgrenze für die Arbeitsförderung im Internet.

Freigrenzen:

150 Euro pro Lebensjahr

Beispielsweise darf ein alleinstehender 50-Jähriger 50-mal 150 Euro Sparvermögen haben (7.500 Euro), ohne dass sein Arbeitslosengeld II entfällt.

Für notwendige Anschaffungen steht ihm zusätzlich ein Freibetrag in Höhe von 750 Euro zu.

4.2 Gründe für Arbeitslosigkeit

In der Bundesrepublik ist die Arbeitslosigkeit regional sehr unterschiedlich. In Bayern und Baden-Württemberg spricht man von Vollbeschäftigung. In einigen östlichen Bundesländern werden dringend Arbeitsplätze gesucht. Je nach politischem Standpunkt werden unterschiedliche Gründe für hohe Arbeitslosigkeit gesehen.

Lohnnebenkosten

Für 1.000 Euro Bruttolohn liegen die Lohnnebenkosten je nach Branche des Arbeitgebers bei etwa 800 Euro. Diesen Betrag muss er zusätzlich zum Bruttolohn aufbringen für

- Arbeitgeberanteile zur Sozialversicherung,
- Unfallversicherung,
- Lohnfortzahlung im Krankheitsfall,
- vermögenswirksame Leistungen,
- Mutterschutz,
- Weihnachtsgeld.

Lohnnebenkosten:

Personalaufwendungen des Arbeitgebers, die nicht auf dem Lohnzettel erscheinen

Es wird behauptet, dass die Lohnnebenkosten ein Grund dafür seien, warum Arbeitsplätze in Länder mit geringeren Lohnnebenkosten verlagert werden.

> Nennen Sie Beispiele, wo deutsche Unternehmen Teile eines Produktes im Ausland fertigen lassen. Das Gesamtprodukt wird dann als deutsches High-Tech-Produkt auf dem Weltmarkt verkauft.

Kündigungsschutz

Bei allen Beteiligten ist die Notwendigkeit des Kündigungsschutzes unbestritten. Ein zu eng gefasster Kündigungsschutz kann aber dazu führen, dass keine neuen Arbeitsplätze entstehen. Hat ein Unternehmen kurzfristig einen höheren Auftragseingang, wird es versuchen, die Arbeit mit Überstunden statt mit Neueinstellungen zu bewältigen.

> Nennen Sie Personengruppen, die einen besonderen Kündigungsschutz genießen.

Arbeitszeit

Wenn alle Arbeitnehmer 10 Prozent weniger arbeiten würden, müssten rechnerisch 10 Prozent mehr Beschäftigte eingestellt werden. In der Praxis funktioniert dies jedoch nicht so einfach. Es gibt Branchen, in denen Arbeitskräfte gesucht werden. Außerdem zeigt die Erfahrung früherer Jahre, dass eine Arbeitszeitverkürzung meist durch höhere **Produktivität**, aber kaum durch Neueinstellung von weiteren Mitarbeitern ausgeglichen wurde.

Produktivität:
So bezeichnet man den Wert der Güter und Dienstleistungen, die in einer Arbeitsstunde im Schnitt produziert werden. Die Betriebe ermitteln sie meist, indem sie den Umsatz durch die Arbeitsstunden teilen.

Überstunden

Mehr als die Hälfte aller Beschäftigten leisten an ihrer Arbeitsstelle immer wieder Überstunden. Würden diese Überstunden in reguläre Arbeitsplätze verwandelt, wären das rechnerisch etwa 1,1 Millionen neue Beschäftigte.

Überstunden keine Spielmasse für neue Jobs

Im Durchschnitt arbeitete ein Beschäftigter im Laufe des vergangenen Jahres 46,7 Stunden mehr, als er musste. Bei diesen Dimensionen rechnen Kritiker gerne vor, wie viele Arbeitslose beschäftigt werden könnten, wenn Überstunden verboten wären. Rein theoretisch wären das 1,1 Millionen neue Jobs.

Doch so einfach ist die Arbeitslosigkeit leider nicht zu senken.

1. **Arbeit ist nicht gleich Arbeit.** Nicht jeder Arbeitsuchende kann die Aufgaben desjenigen erfüllen, der reichlich Überstunden schiebt. Überdies sind es zumeist die höher qualifizierten Mitarbeiter, die länger als tariflich vorgesehen arbeiten.

   Vorarbeiter und Meister leisten etwa doppelt so viele Überstunden wie Hilfsarbeiter.

2. **Überstunden machen den Betrieb flexibel.** Unerwartete Großaufträge oder Kunden, die kurz vor Feierabend mit dringenden Problemen kommen, machen Überstunden unumgänglich. Extraschichten sind aber in der Regel nicht nur fällig, wenn die Auftragsbücher überquellen. Auch bei Normalgeschäft kann plötzlich ein Kollege erkranken. Ein anderer übernimmt die Arbeit dann für eine Weile mit.

Iwd: Informationsdienst des Instituts der deutschen Wirtschaft

1. Nennen Sie aus Ihrer betrieblichen Erfahrung Beispiele für Situationen, in denen Überstunden gemacht werden mussten.
2. Hätten die Überstunden gegebenenfalls vermieden werden können?
3. Wäre es sinnvoll und möglich gewesen neue Mitarbeiter einzustellen?

Berufliche Qualifikation

An den Daten der Agentur für Arbeit zeigt sich, dass Personen ohne Berufsausbildung häufiger und länger arbeitslos sind als Personen mit Ausbildung. Da viele Arbeitsplätze hohe Qualifikationen verlangen, wird es für gering qualifizierte Langzeitarbeitslose schwer, ins Berufsleben zurückzukehren. Darum bemüht sich die Agentur für Arbeit mit Programmen zur Berufsausbildung und Umschulung, die berufliche Qualifikation der Arbeitsuchenden zu verbessern.

Umschulung und Weiterbildung fördern die berufliche Qualifikation.

1. Welche weiteren Gründe für Arbeitslosigkeit kennen Sie?
2. Welchen Zusammenhang sehen Sie zwischen der Globalisierung unserer Wirtschaft und der Arbeitslosenquote in Deutschland?
3. Welche Lösungsansätze zur Senkung der Arbeitslosenquote halten Sie für sinnvoll?

5 Unfallversicherung

Wegeunfall:
Im Sinne der Unfallversicherung ist dies jeder Unfall, der sich auf dem direkten Weg zur oder von der Arbeit ereignet.

Fahrgemeinschaften sind auch dann versichert, wenn sich dadurch Umwege ergeben.

Berufskrankheit:
Dies ist eine Krankheit, die ausschließlich oder stark überwiegend durch berufliche Tätigkeit oder anlässlich der Ausübung des Berufs durch schädigende Stoffe oder bestimmte Arbeiten verursacht wurde.

*Die gesetzliche Unfallversicherung sichert gegen die Folgen von Arbeitsunfällen, **Wegeunfällen** und **Berufskrankheiten** ab. Jeder, der in einem Arbeits- oder Ausbildungsverhältnis steht, ist über den Arbeitgeber automatisch versichert.*

5.1 Die Kosten der Unfallversicherung

Die Beiträge zur Unfallversicherung werden vom Arbeitgeber alleine übernommen. Sie hängen von der Unfallhäufigkeit der Branche ab. Der Beitragssatz bezieht sich auf die Lohnsumme des Betriebes. In der Baubranche, z.B. bei Gerüstbauern oder Dachdeckern, ist die Gefahr eines Unfalls höher als in einer Bank oder Versicherung.

Gefährliche Jobs
Meldepflichtige Arbeitsunfälle 2008 insgesamt 1,06 Millionen
Die unfallträchtigsten Wirtschaftszweige

Wirtschaftszweig	Unfälle
Metallerzeugung, -bearbeitung	14 960
Gebäudebetreuung, Garten- u. Landschaftsbau	14 980
Sozialwesen	16 580
Heime	17 830
Tiefbau	20 600
Hochbau	23 230
Gastronomie	27 670
Kfz-Handel, -reparatur	29 990
Gesundheitswesen	34 570
Einzelhandel	35 670
Nahrungs- u. Futtermittelherstellung	37 800
Erziehung, Unterricht	38 150
Maschinenbau	39 770
Landverkehr	40 680
Großhandel	41 430
Vermittlung von Leiharbeitern	50 150
Herstellung von Metallerzeugnissen	51 610
öffentl. Verwaltung, Verteidigung	68 710
vorbereitende Baustellenarbeiten u. Ä.	83 680
Landwirtschaft, Jagd	87 870

Quelle: BAuA

5.2 Die Leistungen der Unfallversicherung

- Heilbehandlung: Kostenübernahme für die ärztliche Behandlung sowie für Aufenthalte im Krankenhaus
- Verletztengeld: während der Arbeitsunfähigkeit 80 Prozent des Bruttoentgelts, aber erst, wenn die Lohnfortzahlung des Arbeitgebers ausgelaufen ist
- Berufsförderung: Leistungen zur Umschulung
- Verletztenrente: wird gezahlt, wenn sich die Erwerbsfähigkeit vermindert
- Hinterbliebenen- und Waisenrente: Sollte ein Ehepartner durch einen Arbeitsunfall oder eine Berufskrankheit sterben, zahlt die Unfallversicherung eine Hinterbliebenenrente. Kinder unter 18 Jahren erhalten eine Waisenrente.

Nach einem Arbeitsunfall ist man ordentlich versichert.

Auf dem Weg zur Arbeit ist jeder unfallversichert

Problematisch wird's, wenn man einen kleinen Umweg einlegt.

Angesichts der erheblichen finanziellen Auswirkungen wird oft gestritten, ob ein Unfall tatsächlich ein Arbeitsunfall ist, oder vielmehr ein „normaler" Unfall, für den die Krankenkasse gerade stehen muss. In der vergangenen Woche beschäftigte sich das Bundessozialgericht in Kassel mit einem entsprechenden Streitfall. Dabei ging es um einen Mopedfahrer, der auf dem Heimweg von der Arbeit Geld bei der Bank abholen wollte. Dafür nahm er einen Umweg von gerade 100 Metern in Kauf. Um diese Distanz lag der Geldautomat vom eigentlichen Arbeitsweg entfernt. Und gerade auf dieser Ministrecke verunglückte der Zweiradfahrer schwer.

Kein Arbeitsunfall, urteilte der Zweite Senat (AZ: B 2 U 40/02 R). Schließlich habe der Mann aus privaten Gründen seinen unmittelbaren Arbeitsweg verlassen.

Also am besten morgens direkt zum Chef und abends ohne Umwege nach Hause.

Frankfurter Allgemeine Sonntagszeitung

1. Ist die Zahl der Arbeitsunfälle in Deutschland steigend oder rückläufig?
2. Warum zahlt die Berufsgenossenschaft auch sehr teure Reha-Maßnahmen?
3. Welches Gericht ist für Streitfälle im Rahmen der Sozialversicherung zuständig?

Träger der Unfallversicherung sind die Berufsgenossenschaften. Es gibt gewerbliche und landwirtschaftliche Berufsgenossenschaften sowie für den öffentlichen Dienst Gemeindeunfallversicherungsverbände.

Da die Berufsgenossenschaften bei Arbeitsunfällen zahlen müssen, sind sie besonders an der Arbeitssicherheit im Betrieb interessiert:

▸ Sie erlassen Sicherheitsvorschriften.

▸ Sie führen Schulungen durch.

▸ Sie kontrollieren in den Betrieben.

Nennen Sie drei Vorschriften zur Arbeitssicherheit, die speziell für die Branche Ihres Ausbildungsbetriebes gelten.

Unfallversichert in der Berufsschule

Alle Schüler sind in der Berufsschule und auf dem Schulweg unfallversichert. Allerdings nicht durch die Berufsgenossenschaft des Betriebes, sondern durch die Versicherung der Schule.

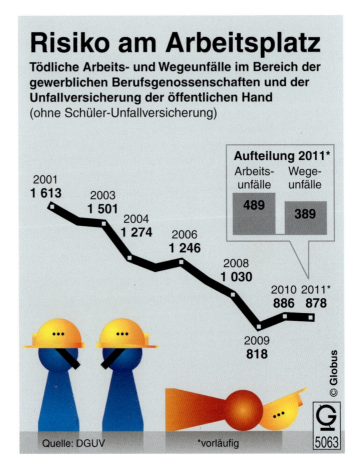

Pflegeversicherung

Der medizinische Fortschritt macht es möglich: Die Menschen leben immer länger. Längere Lebenserwartung bedeutet aber auch mehr Pflegefälle. Viele Menschen sind gegen Ende ihres Lebens pflegebedürftig und auf fremde Hilfe angewiesen. Aber Angehörige sind häufig nicht bereit zu pflegen und selbst eine gute Rente reicht nicht immer aus für die Bezahlung der Unterbringung in einem Pflegeheim. Früher mussten dann die Sozialhilfe oder die Kinder mit finanziellen Leistungen einspringen.

6.1 Die Leistungen der Pflegeversicherung

Als fünfte Säule der Sozialversicherung sieht die Pflegeversicherung Leistungen unterschiedlicher Art für Pflegebedürftige vor.

Die Kosten der täglich erforderlichen Hilfeleistungen bei der Körperpflege, der Ernährung oder der Mobilität werden von der Pflegeversicherung nach Pauschalsätzen übernommen.

Manchmal wird die häusliche Pflege ganz oder teilweise auch von nahen Angehörigen übernommen. In diesem Fall kann der Pflegebedürftige ein Pflegegeld beantragen, mit dem die Angehörigen entschädigt werden. Um die Höhe der Leistungen zu bestimmen, werden die pflegebedürftigen Personen nach einem medizinischen Gutachten drei **Pflegestufen** zugeordnet. Die Pflegeversicherung leistet auch Zuzahlungen für technische Hilfsmittel wie z.B. Pflegebetten oder Gehwagen. Zu pflegebedingten Umbaumaßnahmen in der Wohnung können Zuschüsse gezahlt werden.

Jeder kann in die Situation kommen, pflegebedürftig zu werden.

Pflegestufen:
Stufe I: einmal täglich Hilfe
Stufe II: dreimal täglich Hilfe
Stufe III: Hilfe rund um die Uhr

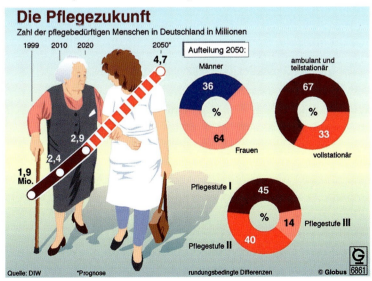

Träger der Pflegeversicherung sind die Pflegekassen, die bei den Krankenkassen eingerichtet sind.

6.2 Der Beitrag zur Pflegeversicherung

Mitglied einer Pflegeversicherung wird man automatisch durch die Mitgliedschaft in einer Krankenversicherung. Das gilt auch für Rentner oder mitversicherte Familienangehörige.

Der Beitrag zur Pflegeversicherung wird vom Bruttolohn abgezogen. Arbeitgeber und Arbeitnehmer zahlen jeweils die Hälfte. Kinderlose zahlen ab dem 23. Lebensjahr zusätzlich 0,25 Prozentpunkte mehr. Die Beitragsbemessungsgrenze ist so hoch wie die der Krankenversicherung.

Zusammenfassung

Jeder Arbeitnehmer wird vom Arbeitgeber bei der Krankenkasse und den Sozialversicherungen angemeldet.

Die Beiträge für die Sozialversicherung werden direkt vom Lohn abgezogen.

Die Beiträge werden vom Arbeitgeber und Arbeitnehmer je zur Hälfte bezahlt. Bei der Krankenkasse zahlt der Arbeitnehmer 0,9 Prozent mehr als der Arbeitgeber. Die Unfallversicherung zahlt der Arbeitgeber alleine.

Die Probleme der Sozialversicherung sind entstanden durch:

- wachsende Kosten des Gesundheitssystems
- steigende Zahl von Rentnern
- höhere Lebenserwartung
- hohe Arbeitslosenquote
- geringe Geburtenrate

In Zukunft werden die Leistungen der Sozialversicherung geringer. Das bedeutet für den Einzelnen, dass er in gewissem Maße selbst vorsorgen muss.

Wissens-Check

1. Nennen Sie fünf Leistungen der gesetzlichen Krankenversicherung.
2. Erklären Sie den Begriff „Beitragsbemessungsgrenze".
3. Nennen Sie drei Gründe für das stetige Ansteigen der Krankenversicherungsbeiträge.
4. Welche Aufgaben haben die Berufsgenossenschaften im Bereich der Arbeitssicherheit?
5. Was versteht man unter dem Begriff „Lohnnebenkosten"? Wie hoch sind sie im Durchschnitt in Prozent vom Bruttolohn?
6. Warum wird eventuell die Höhe der Renten in Zukunft geringer sein als heute?

Transferleistungen des Staates

Neben den fünf Säulen der Sozialversicherung gibt es ein weitgespanntes soziales Netz für alle Bürger. Nahezu jeder kommt im Laufe seines Lebens in den Genuss staatlicher Hilfe.

7.1 Kindergeld

Wer Kinder hat und in Deutschland wohnt, bekommt Kindergeld. Bei der Agentur für Arbeit wird es beantragt und monatlich ausbezahlt.

▸ Für die ersten zwei Kinder erhalten die Eltern jeweils 184 Euro, für das dritte Kind 190 Euro (Stand 2014).
▸ Im Normalfall wird das Kindergeld bis zum 18. Lebensjahr bezahlt, bei längerem Schulbesuch oder Studium bis zum 25. Lebensjahr.

> Eine Familie hat drei Kinder.
> Wie viel Kindergeld hat der Staat (nach heutigem Stand, ohne Zinsen) für alle drei Kinder bezahlt, bis sie 18 Jahre alt sind? Bevor Sie rechnen, schätzen Sie!

7.2 Elterngeld

Mütter oder Väter können nach der Geburt des Kindes ihre Erwerbstätigkeit unterbrechen. Sie bekommen dann ein Jahr lang ein monatliches Elterngeld in Höhe von 65–67 Prozent des letzten Nettogehaltes desjenigen, der zu Hause bleibt. Mindestens werden 300 Euro, höchstens 1.800 Euro pro Monat geleistet. Wer mehr als 250.000 Euro Jahreseinkommen verdient, erhält kein Elterngeld. Wer Arbeitslosengeld II oder Sozialhilfe bezieht, muss sich das Elterngeld als Einkommen anrechnen lassen. Dadurch verringert sich die Sozialhilfe bzw. das Arbeitslosengeld II. Wenn der zweite Elternteil zwei weitere Monate zu Hause bleibt, wird es 14 Monate gezahlt. Elterngeld kann beim Zentrum Bayern Familie und Soziales (ZBFS) beantragt werden.

Bayerisches Landeserziehungsgeld

Wenn das Elterngeld nach 12 bzw. 14 Monaten nicht mehr geleistet wird, unterstützt der Freistaat Bayern die Kindererziehung. Falls nur ein geringes Einkommen vorliegt, wird maximal für ein Jahr Landeserziehungsgeld gezahlt. Allerdings muss der Antragsteller seit einem Jahr in Bayern wohnen und den Nachweis erbringen, dass mit dem Kind die Früherkennungsuntersuchung U6 bzw. U7 durchgeführt wurde.

Bei Studium und Ausbildung zahlt der Staat bis zum 25. Lebensjahr Kindergeld.

Das Elterngeld ermöglicht es, das erste Jahr des Kindes gemeinsam zu verbringen.

Kindergeld plus Elterngeld

Kindergeld und Elterngeld können gleichzeitig und unabhängig voneinander bezogen werden.

> Wie viel Geld erhält ein Elternteil in einem Jahr, wenn man Kindergeld und erhöhtes Erziehungsgeld zusammenzählt?

7.3 Betreuungsgeld

Wenn das Elterngeld nicht mehr geleistet wird, können die Eltern für Kinder im zweiten und dritten Lebensjahr Betreuungsgeld beziehen. Dies gilt nicht, wenn die Eltern öffentliche Angebote der Kinderbetreuung wie etwa Kinderkrippen in Anspruch nehmen. Betreuungsgeld wird unabhängig davon gezahlt, ob die Eltern erwerbstätig sind oder nicht. Es wird 100 Euro/Monat gezahlt (ab 01.08.2014: 150 Euro). Das Betreuungsgeld ist politisch umstritten.

BAföG:
Abkürzung für Bundesausbildungsförderungsgesetz

7.4 Ausbildungsförderung (BAföG)

Jeder soll die Chance haben, eine Ausbildung zu erhalten, die seinen Neigungen entspricht. Die finanziellen Möglichkeiten der Eltern sollen dabei kein Hindernis sein. So können bereits Schüler ab der 10. Klasse sowie Studenten gefördert werden.

- Der Höchstbetrag liegt bei 670 Euro (Stand 2014) pro Monat.
- Studierende bekommen die Hälfte als Zuschuss, die andere Hälfte muss nach dem Studium zurückgezahlt werden.
- Je nach Höhe des eigenen Einkommens oder Vermögens oder des Einkommens der Eltern kann sich die Förderung verringern.

„Meister-BAföG" (umgangssprachlich):
Amtlich: Aufstiegsfortbildungsförderungsgesetz

> Sabine F. hat die BOS erfolgreich abgeschlossen und möchte nun Maschinenbau studieren. Die Eltern von Sabine können das Studium, das acht Semester (vier Jahre) dauert, nicht finanzieren. Wie viel erhält sie insgesamt höchstens an BAföG-Förderung? Wie viel davon muss sie zurückzahlen, wie viel darf sie behalten?

Meister-BAföG

Nicht nur Studierende, sondern auch Berufstätige mit einer abgeschlossenen Berufsausbildung erhalten staatliche Unterstützung für die Fortbildung. Beispielsweise gehören Handwerker, die eine Meisterprüfung ablegen wollen, zu den Berechtigten. Die Förderung wird sowohl für Teilzeit- als auch für Vollzeitmaßnahmen gewährt.

7.5 Wohngeld

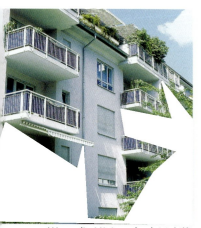

Wenn die Miete zu hoch ist, hilft der Staat.

Für manche Bürger ist die Miete für eine angemessene Wohnung einfach zu hoch. Besonders in Großstädten sind die Wohnungspreise meist höher als auf dem Land. Wenn die Mietkosten die Leistungsfähigkeit eines Haushalts übersteigen, hilft ein staatlicher Zuschuss.

Die Höhe des Wohngeldes ist vom Familieneinkommen, der Zahl der Kinder, besonders aber von den örtlichen Mietpreisen abhängig. Natürlich wird nur normaler Wohnraum bezuschusst. Luxusvillen fördert der Staat nicht.

7.6 Vermögensbildung

Oft zahlt der Arbeitgeber aufgrund tarifvertraglicher Vereinbarungen zusätzlich zum Gehalt **vermögenswirksame Leistungen.** Wenn der Arbeitgeber diesen Betrag für den Arbeitnehmer vermögenswirksam anlegt, erhält er eine Arbeitnehmer-Sparzulage von bis zu 20 Prozent. Diese Zulage gilt jedoch nur für mittlere und geringe Einkommen.

Vermögenswirksame Leistungen: Zusätzlicher Entgeltbestandteil, der aber nicht ausbezahlt wird, sondern angelegt werden muss.

Es gibt viele Möglichkeiten, vermögenswirksam zu sparen. Sie können z.B. einzahlen in

- einen Bausparvertrag,
- einen **Investmentfonds**,
- einen Wertpapier-Sparvertrag.

Investmentfonds: Sammlung von verschiedenen Aktien, um so das Risiko geringer zu halten

Die Laufzeit solcher Verträge beträgt meist mehrere Jahre. Nach dieser Zeit steht das angesparte Vermögen inklusive Arbeitnehmerzulage zur Verfügung. Dazu kommen die sonst üblichen Zinsen oder Wertsteigerungen.

7.7 Sozialhilfe

Wer in Deutschland in Not gerät, weil er zum Beispiel vorübergehend voll erwerbsgemindert ist, soll dennoch ein menschenwürdiges Leben führen können. Dafür sorgt die Sozialhilfe in Form der Hilfe zum Lebensunterhalt. Dies ist eine **Fürsorge**leistung des Staates.

Allerdings sind die Hürden für den Bezug von Sozialhilfe recht hoch. Zunächst muss das eigene Vermögen und das des Ehepartners bis auf einen geringen Betrag verbraucht werden. Eigenes Einkommen wird ganz oder teilweise angerechnet. Wenn Kinder dazu in der Lage sind, müssen sie ihre Eltern unterstützen. Wer Arbeitslosengeld II (Grundsicherung für Arbeitssuchende) beziehen kann, erhält keine Sozialhilfe.

Wer spart, erhält neben den Zinsen noch staatliche Prämien.

Fürsorge: Der Staat leistet Hilfe ohne Vorleistung oder Gegenleistung. Die Bedürftigkeit ist Voraussetzung für eine Fürsorgeleistung.

Der Regelsatz für den notwendigen Lebensbedarf entspricht dem Regelsatz des Arbeitslosengeldes II. Zusätzlich werden die Kosten für Unterkunft und Heizung erstattet.

> **Mehr Menschen beziehen Sozialhilfe**
>
> 342.640 Menschen in Deutschland haben Ende vergangenen Jahres Sozialhilfe als Hilfe zum Lebensunterhalt bezogen. Das waren laut Statistischem Bundesamt 3,3 Prozent mehr als ein Jahr zuvor... Verglichen mit den 6,04 Millionen Beziehern der Grundsicherung für Arbeitssuchende (Hartz IV) bleibt die Zahl der Sozialhilfebezieher allerdings überschaubar...
>
> Frankfurter Allgemeine vom 29.10.2013

7.8 Grundsicherung im Alter

Grundsicherung erhalten mittellose Personen mit gewöhnlichem Aufenthalt in der Bundesrepublik Deutschland,

- die das 65. Lebensjahr vollendet haben oder
- die das 18. Lebensjahr vollendet und unabhängig von der jeweiligen Lage des Arbeitsmarktes aus medizinischen Gründen dauerhaft voll erwerbsgemindert sind.

> **§ 19 Sozialgesetzbuch XII**
>
> (2) Grundsicherung im Alter und bei Erwerbsminderung ist (…) Personen zu leisten (…), sofern sie ihren notwendigen Lebensunterhalt nicht oder nicht ausreichend aus eigenen Kräften und Mitteln, insbesondere aus ihrem Einkommen und Vermögen, beschaffen können.

Diese Personen erhalten wie Empfänger der Sozialhilfe oder des Arbeitslosengeldes II einen Regelsatz pro Monat zuzüglich den Kosten für Unterkunft und Heizung einer angemessenen Wohnung. Bei Behinderung oder Erkrankung sind Zulagen möglich. Es gibt Personen, die nur eine sehr geringe Rente beziehen. Sie können sich diese durch die Grundsicherung im Alter „aufstocken" lassen. Das Sozialamt zahlt dann den Differenzbetrag zwischen dem Rentenbetrag und dem Betrag, der durch die Grundsicherung im Alter maximal geleistet würde.

Wer Grundsicherung beziehen könnte, hat möglicherweise Unterhaltsansprüche gegenüber seinen Kindern oder seinen Eltern. Keine Grundsicherung kann bezogen werden, wenn die Kinder oder Eltern finanzielle Unterstützung leisten können. Der Gesetzgeber sieht dies aber erst ab einem jährlichen Gesamteinkommen von 100.000 Euro vor.

7.9 Versorgungsleistungen des Staates

Versorgung:
Für den Dienst an der Gemeinschaft wird ein finanzieller Ausgleich gewährt.

Bestimmte Personengruppen haben ein Anrecht auf **Versorgung**. Darunter fallen Kriegs- und Wehrdienstopfer oder politisch Verfolgte des Nationalsozialismus. Beamte haben bei Krankheit und im Alter Anspruch auf Versorgung.

> **Gesetz über die Versorgung für die ehemaligen Soldaten der Bundeswehr und ihre Hinterbliebenen (Soldatenversorgungsgesetz – SVG)**

Die Krise des Generationenvertrages aufgrund des demografischen Wandels

Unsere Gesellschaft kann nur existieren, wenn die Eltern für ihre Kinder sorgen, materiell und durch ihre Erziehung. Später benötigen die Eltern, wenn sie alt sind und nicht mehr arbeiten können, die Unterstützung ihrer Kinder. Diese Übereinkunft nennt man Generationenvertrag. Dies ist kein Vertrag im rechtlichen Sinne, sondern ein Prinzip, nach dem sich die Generationen unterstützen. Dieses Prinzip, übertragen auf den Sozialstaat, funktionierte bislang in Deutschland für alle Beteiligten zufrieden stellend. Mehr und mehr gerät dieses Prinzip aber nun in die Krise.

Im Generationenvertrag hilft die stärkere der schwächeren Generation.

Die Bevölkerungsentwicklung in Deutschland

Wie bei den meisten europäischen Nachbarn auch sterben in Deutschland mehr Personen als Neugeborene hinzukommen. Nur die Zuwanderung von Ausländern hat bisher verhindert, dass die Bevölkerungszahl in Deutschland zurückgegangen ist. Der Anteil der Jüngeren und der Anteil der Älteren verändert sich merklich.

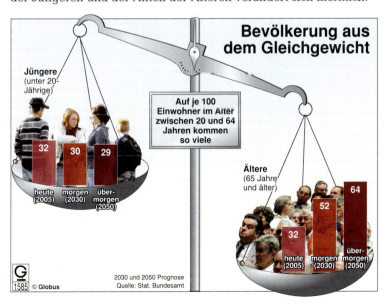

Beim Geburtenrückgang handelt es sich um einen Trend, der seit etwa 100 Jahren zu beobachten ist. Er hat sich allerdings seit Mitte der 60er Jahre erheblich verstärkt. So betrug das **Geburtendefizit** bei der deutschen Bevölkerung Mitte der 80er-Jahre über 150.000

Geburtendefizit:
Die Differenz zwischen Geborenen und Sterbefällen

Personen pro Jahr. Bis Anfang der 90er Jahre ist dann wieder ein Anstieg der Geburten zu beobachten, der sich in den letzten Jahren jedoch wieder abgeflacht hat. In den neuen Ländern kamen 1994 aufgrund des Geburtenrückgangs seit der Wende nur noch fünf Geburten auf 1.000 Einwohner. Im Jahr 2012 lag dieser Wert für Deutschland bei 8,33. Damit war Deutschland Schlusslicht in der EU.

1. Welche Gründe könnten dazu geführt haben, dass die Geburtenzahl in den letzten 30 Jahren so gesunken ist?
2. Diskutieren Sie die Folgen, die eine sinkende Bevölkerungszahl in Deutschland haben kann für Mieten und Grundstückskosten, Schulen und Lehrkräfte, Altenheime und Pflegeberufe.

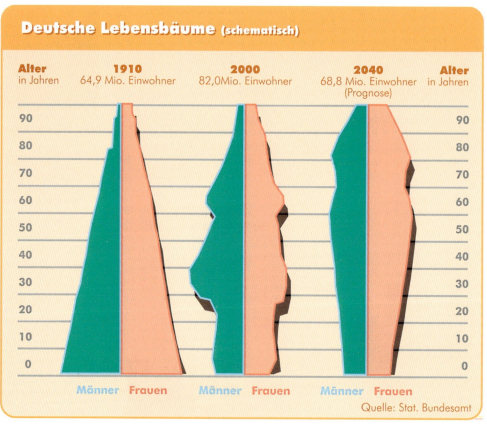

Deutsche Lebensbäume (schematisch)

Quelle: Stat. Bundesamt

Grafik: R. A. Drude

8 Die Krise des Generationenvertrages durch den demografischen Wandel

Die Alterspyramide der Bevölkerung Deutschlands zeigte 1910 einen idealen Aufbau. Die ursprüngliche Pyramidenform hat sich als Folge fallender Geburtenraten und zunehmender Lebenserwartung im Verlauf des 20. Jahrhunderts deutlich verändert. Schätzungen gehen davon aus, dass die Gesamtbevölkerung Deutschlands von 80,2 Mio. (im Jahr 2011) bis 2050 kontinuierlich auf rund 75 Millionen absinken wird. Je nach Höhe der Zuwanderung können es auch nur 68 Millionen sein.

Folgenreicher als die Gesamtzahl der Bevölkerung ist im Hinblick auf die soziale Sicherung deren altersmäßige Zusammensetzung. Die Zahl der aktiv Erwerbstätigen wird geringer werden, die Zahl der Rentenempfänger wird demgegenüber steigen. Ähnlich werden die Auswirkungen für die Krankenkassen sein. Auf der einen Seite wird es zahlreiche Rentner mit hohen Leistungsansprüchen und geringen Beiträgen geben. Auf der anderen Seite wird die Zahl der jungen Menschen mit hohen Beiträgen und geringen Leistungsansprüchen abnehmen, wodurch die Einnahmen der Krankenkassen sinken.

Karikatur: R. A. Drude

Erläutern und bewerten Sie die Aussage der Karikatur.

9 Lösungsansätze in einer sich wandelnden Gesellschaft

Immigrant:
Person, die in ein Land einwandert

Ein Emigrant wandert aus seinem Land aus.

UN-Experte: Nur Zuwanderung kann Rente sichern

New York (dpa) – Nur massive Zuwanderung kann nach Ansicht des UN-Bevölkerungsexperten Joseph Chamie langfristig das Rentensystem in Deutschland sichern.

„Um zu vermeiden, dass das Heer der Berufstätigen weiter schrumpft, sind mindestens 487 000 Zuwanderer im Jahr erforderlich", sagte er in einem Gespräch mit der Deutschen Presse-Agentur (dpa) zum Weltbevölkerungstag an diesem Freitag.

Solle das Verhältnis zwischen der Zahl der Beschäftigten und der Rentner auf dem Niveau von 1995 (von 4,4 zu 1) gehalten werden, dann müssten sogar 3,6 Millionen Immigranten pro Jahr kommen, sagte Chamie. Die UN räumen ein, dass ein solcher Strom von Einwanderern unrealistisch ist. Theoretisch würde er jedoch vermeiden, dass zu wenige Arbeitnehmer zu viele Rentner miternähren müssen oder letztlich kein Ausweg bleibt, als das Rentenalter zu erhöhen und die Rente zu kürzen. Unter den gegebenen Bedingungen sagen die UN-Experten der Bundesrepublik für das Jahr 2050 ein Verhältnis von statistisch 1,8 Beschäftigten je Rentner voraus.

Mindestens 344 000 Einwanderer pro Jahr seien notwendig, um die deutsche Bevölkerungszahl von jetzt 82,5 Millionen in etwa konstant zu halten. Derzeit liegt der Bevölkerungsanteil von Ausländern in Deutschland laut UN bei 9 Prozent, in Schweden bei 11 Prozent, den USA bei 13 und der Schweiz sogar bei 25 Prozent.

Ohne gleich bleibenden Zustrom von Einwanderern würden 2050 nach UN-Berechnungen nur noch 65 Millionen Menschen in der Bundesrepublik leben.

Süddeutsche Zeitung

1. Wie viele Ausländer leben derzeit in Deutschland?
2. Der Bevölkerungsexperte erklärt, dass mehr Menschen zuwandern müssten, damit sie in die Rentenversicherung einbezahlen. Welche Voraussetzung auf dem Arbeitsmarkt muss dazu aber vorher erfüllt sein?
3. Diskutieren Sie in der Klasse, welche Eigenschaften Zuwanderer haben sollten in Bezug auf:
   - Berufsausbildung
   - Alter
   - Herkunftsland
   - Familienstand
   - Sprachkenntnisse

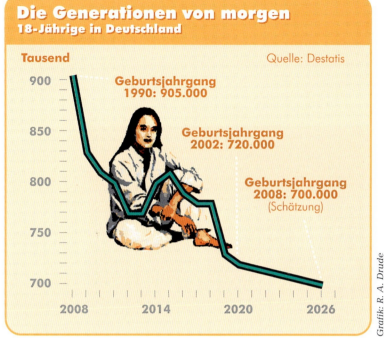

Jetzt schon steht fest, wie viele Jugendliche in den nächsten Jahren in die Schulen oder auf den Arbeitsmarkt kommen werden.

Deutschland vergreist

Die Senioren sind auf dem Vormarsch. Im Jahr 2050 wird jeder dritte Bundesbürger älter als 60 Jahre sein.

Die Politik muss daher schleunigst die Sozialsysteme demografiefest machen. Wie das gehen könnte, hat das Statistische Bundesamt in seiner jüngsten Bevölkerungsvorausberechnung schon mal skizziert: Die Wiesbadener Statistiker schätzen, dass ein höheres Renteneintrittsalter einigen Druck aus der Sozialversicherung lässt.

Werfen die Deutschen erst mit durchschnittlich 65 Jahren das berufliche Handtuch, kämen auf 100 Personen im Erwerbsalter im Jahr 2050 nur 54 Rentner – statt 78.

Bei einem tatsächlichen Renteneintrittsalter von 67 Jahren müssten 2050 besagte 100 Erwerbsfähige sogar nur für 47 Ruheständler aufkommen. Die Berechnungen bestätigen viele Experten, die schon seit langem ein Ende der großzügigen Frühverrentungspraxis und eine Verlängerung des Arbeitslebens fordern.

Ältere Belegschaften. Auch die Unternehmen sind gefragt. Sie müssen dafür sorgen, dass in die Jahre gekommene Mitarbeiter länger produktiv bleiben. Denn die Alten werden bald die stärkste Fraktion am Arbeitsmarkt sein:

Im Jahr 2020 stellt die Gruppe der 50- bis 64-Jährigen mit fast 20 Millionen Menschen rund 40 Prozent der Menschen im erwerbsfähigen Alter.

In Deutschland wird es zukünftig mehr Senioren geben.

Daher schlagen viele Fachleute vor, dass die älteren Kollegen noch stärker in den Blick der Personalplanungen rücken sollten. Beispielsweise könnten spezielle Weiterbildungsangebote und eine altersspezifische Arbeitsumwelt den Senioren die Tätigkeit im Büro oder in der Werkhalle erleichtern.

Frankfurter Allgemeine Zeitung

Familien mit mehreren Kindern werden seltener.

„Weniger Kinder, später in den Beruf, früher raus, länger leben, länger Rente zahlen: Wenn man das nebeneinander legt, muss man kein Mathematiker sein, da reicht Volksschule Sauerland, um zu wissen: Das kann nicht gehen."

(ehemaliger) Arbeitsminister Franz Müntefering (31.01.2006)

1. Diskutieren Sie, inwiefern folgende Vorschläge die Probleme der Rentenversicherung lösen könnten:

   a) Nicht das Renteneintrittsalter, sondern die Lebensarbeitszeit wird erhöht. Die volle Rente bekommt nur, wer 45 Jahre gearbeitet hat. Wer weniger Jahre gearbeitet hat, muss prozentuale Abzüge hinnehmen.

   b) Der Beitrag zur Rentenversicherung wird auf 19 Prozent festgesetzt. Es herrscht das strenge Umlageverfahren: Nur das Geld, das eingeht, kann als Rente ausbezahlt werden.

   c) Jeder Deutsche erhält in Zukunft eine geringe Grundrente, die das Überleben sichert. Alles andere muss er sich im Laufe seines Arbeitslebens ersparen.

2. Diskutieren Sie in der Klasse die Aussage des ehemaligen Arbeitsministers.

Private Vorsorge zur sozialen Sicherheit

Die Ausgaben des Staates für die soziale Sicherung werden so hoch, dass deswegen andere wichtige Investitionen, z. B. für Bildung, Forschung, Ausbau des Straßennetzes und der Verkehrswege, verringert werden müssen. Die Leistungsfähigkeit des Staates ist begrenzt. Er kann nicht für alle Wechselfälle im Leben des Einzelnen sorgen. Eigeninitiative ist notwendig.

10.1 Riester-Rente

Es ist damit zu rechnen, dass in Zukunft die Rente nicht mehr in der gewohnten Höhe zur Verfügung steht. Unter dem Begriff **„Riester-Rente"** wurde deswegen eine staatlich geförderte, freiwillige, betriebliche und private Altersvorsorge eingeführt. Jeder, der in jungen Jahren Geld spart für eine spätere Rentenaufbesserung, erhält zusätzliche Prämien vom Staat.

Riester-Rente:
Benannt nach einem früheren Bundesminister für Arbeit und Soziales.

Er führte die staatliche Förderung privater Renten ein.

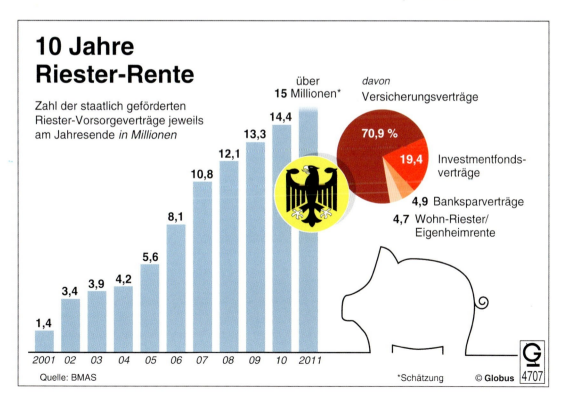

10.2 Absicherung durch Immobilien

Ein Eigenheim oder eine Eigentumswohnung ist nicht nur im Alter eine solide Absicherung. Auch in jungen Jahren wohnt es sich sehr beruhigend in den eigenen vier Wänden. Keine Kündigungen drohen und an Stelle der Mietzahlungen schafft man sich ein kleines Vermögen.

Mit Kind und Kegel in das eigene Häuschen

Bauen ist billig wie nie. Niedrige Zinsen und Bausparvertrag erleichtern die Finanzierung. Doch das lohnt sich nur für den, der die Schulden schnell abbezahlt.

Geschafft! Nicko Berger hat gerade den Kaufvertrag unterschrieben. „Die Kinder sollen einen Garten haben und nicht in der Stadt aufwachsen." Deshalb zieht der 44-jährige Ingenieur nun mit Frau Hanni sowie Kiri und Mike aus der Vier-Zimmer-Wohnung in den Grüngürtel von Regensburg. Hanni fährt nun zwar länger zu ihrer Arbeitsstelle. Doch das zählte für das Doppelverdiener-Paar nicht. „Der kleine, ruhige Ort war entscheidend", sagt Nicko. Alles in allem kostet das 400.000 Euro. Kein Pappenstiel, doch da das Paar 150.000 Euro Eigenkapital mitbringt, einen mit 60 Prozent einbezahlten und zugeteilten Bausparvertrag von 100.000 Euro hat, sind Kredite kein großes Problem. Ein Teil kommt von der Kreditanstalt für Wiederaufbau (KfW), ein anderer Teil von einer örtlichen Bank.

Ihr Ziel ist, die Kredite so schnell wie möglich abzubezahlen. „Wir wollen nicht ewig hoch verschuldet sein", sagt Nicko. Daher sieht der Vertrag jährliche Sondertilgungen von 5.000 Euro vor. Außerdem vereinbarte Familie Berger eine laufende Tilgung von 3,5 Prozent für die ersten zehn Jahre. Standardmäßig sieht die Bank häufig nur ein Prozent Tilgung vor. Das sei „irrsinnig gering", urteilt Stefan Jokl vom Verband der privaten Bausparkassen. Die Gefahr: Wenn der Vertrag so weiterläuft, zahlen die Schuldner auch noch in 30 oder 35 Jahren ihr Darlehen ab, also im Ruhestand. Das sollten Käufer vermeiden. Im Rentenalter sei mit einem Einkommensverlust von 30 bis 40 Prozent zu rechnen. Den könne der Eigenheimbesitzer durch mietfreies Wohnen auffangen. Spätestens bis zur Rente sollte daher das eigene Häuschen abbezahlt sein.

Frankfurter Allgemeine Sonntagszeitung

Das eigene Haus ist die ideale Absicherung für das Alter.

1. Wie viel Geld muss sich Familie Berger insgesamt leihen?
2. Bis zu welchem Zeitpunkt sollten die Kredite getilgt sein?
3. Informieren Sie sich, wie hoch der Zinssatz für Immobilienkredite derzeit ist.

10.3 Lebensversicherung als Polster für sich und die Angehörigen

Bei der Kapital bildenden Lebensversicherung wird nicht nur das Todesfallrisiko abgesichert, sondern gleichzeitig auch Kapital zur Altersvorsorge angespart. Stirbt der Versicherungsnehmer während der Laufzeit, so erhalten die Hinterbliebenen die vertraglich vereinbarte Versicherungssumme. Erlebt er das Vertragsende, wird das Kapital (also die Versicherungssumme, Zinsen und Überschussanteil) nach Ablauf der Vertragszeit an den Versicherten ausgezahlt. Das kann je nach Vereinbarung einmal in einer Summe erfolgen oder als monatliche Rente bis ans Lebensende oder bis zu einem bestimmten Alter.

> Den Abschluss einer Lebensversicherung sollte man sich genau überlegen. Auf jeden Fall sollte man verschiedene Angebote prüfen. Eine Kündigung dieses langfristigen Vertrages ist meist nur mit hohen Verlusten möglich.
>
> Informieren Sie sich in einer Verbraucherschutzzentrale oder im Internet über verschiedene Angebote.

Lebensversicherung mit dynamischen Beiträgen

In der Regel werden Lebensversicherungen mit festen monatlichen Beiträgen abgeschlossen. Anders die dynamische Lebensversicherung: Beitrag und Versicherungssumme werden in regelmäßigen Abständen erhöht. Maßstab dafür ist meistens die Entwicklung des Höchstbeitrags in der gesetzlichen Rentenversicherung.

Vor Abschluss einer Lebensversicherung sollte man verschiedene Angebote prüfen.

Einige Lebensversicherer verwenden für die Dynamisierung auch feste Prozentsätze. So können sich beispielsweise jedes Jahr Beitrag und Versicherungssumme um 7 Prozent erhöhen. Das erscheint zunächst recht gering. Statt 100 Euro pro Monat zahlt man im nächsten Jahr 7 Euro mehr. Im Folgejahr aber 7 Prozent von 107 Euro und so weiter. Da Lebensversicherungen in der Regel langfristige Verträge sind, kommen nach 20 oder 30 Jahren Laufzeit erhebliche monatliche Beiträge zusammen. Allerdings wird die Auszahlungssumme am Ende der Laufzeit entsprechend hoch sein.

> Wie hoch ist der monatliche Beitrag im 10./20./30. Jahr bei einer jährlichen Steigerung von 7 Prozent, wenn der anfängliche Beitrag 100 Euro war?

11 Individualversicherung zum Schutz vor allgemeinen Risiken

> Der Staat kann unmöglich alle Risiken des Lebens absichern. Darum muss sich jeder selbst kümmern und entscheiden, was ihm wichtig ist.
>
> Die Bundesbürger legen sehr viel Wert auf die Absicherung privater Risiken. Um sich finanziell abzusichern, besitzen über drei Viertel der Haushalte eine Hausratversicherung und mehr als zwei Drittel eine private Haftpflicht. Auch die Alters- und Hinterbliebenenvorsorge wird immer wichtiger. Die Kosten für juristische Streitereien sind noch bei gut 45 Prozent per Versicherung abgedeckt. Eine Unfallversicherung findet sich in über 40 Prozent der Haushalte, eine private Krankenversicherung dagegen nur etwa in jedem zehnten.
>
> Individualversicherungen werden in die Zweige **Personenversicherung**, **Vermögensversicherung** und **Sachversicherung** eingeteilt.

Personenversicherung:
Deckt die Risiken, die in der Person des Versicherten liegen

Vermögensversicherung:
Schützt den Versicherten vor Vermögenseinbußen bei Schäden, die er zu verantworten hat

Sachversicherung:
Deckt den Schaden bei Verlust oder Beschädigung einer Sache des Versicherten

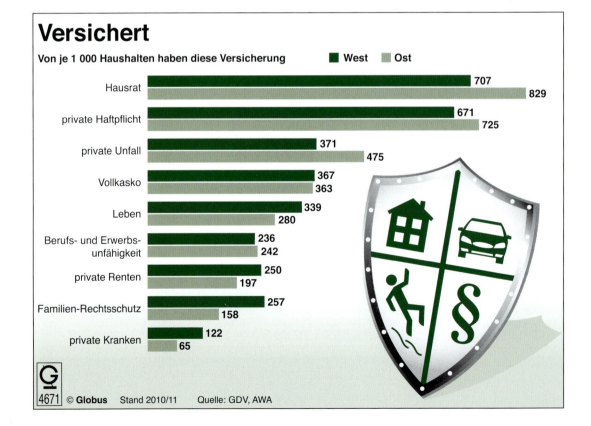

Versichert
Von je 1 000 Haushalten haben diese Versicherung — West / Ost

Versicherung	West	Ost
Hausrat	707	829
private Haftpflicht	671	725
private Unfall	371	475
Vollkasko	367	363
Leben	339	280
Berufs- und Erwerbsunfähigkeit	236	242
private Renten	250	197
Familien-Rechtsschutz	257	158
private Kranken	122	65

© Globus Stand 2010/11 Quelle: GDV, AWA

11.1 Berufsunfähigkeitsversicherung

Bei Erkrankungen wird der Lohn noch eine bestimmte Zeit vom Arbeitgeber gezahlt. Ist man dann immer noch arbeitsunfähig, zahlt die Krankenkasse für einen gewissen Zeitraum weiter, aber weniger als den vorherigen Lohn. Bald ist man ohne Einkommen. Wenn dann noch eine Familie zu versorgen ist, steht man schnell vor dem Nichts.

> Wie lange und in welcher Höhe zahlen der Arbeitgeber und die Krankenkasse den Lohn bei Arbeitsunfähigkeit durch Krankheit? Recherchieren Sie bei Ihrer Krankenkasse oder im Internet.

Bei Erwerbsminderung zahlt die gesetzliche Rentenversicherung unter bestimmten Voraussetzungen eine Rente. Deren Höhe richtet sich nach den bisherigen Beitragszahlungen. In jungen Jahren wird man also nur mit einer äußerst geringen Rente rechnen können.

Mit dem Abschluss einer Berufsunfähigkeitsversicherung schützt man sich gegen die finanziellen Folgen einer Berufsunfähigkeit. Im Versicherungsfall wird ohne weitere Beitragzahlungen eine Rente in der vereinbarten Höhe gezahlt.

Bei Erwerbsminderung in jungen Jahren ist die staatliche Rente nur gering.

11.2 Private Unfallversicherung

Die gesetzliche Unfallversicherung tritt in Kraft, sofern einem Arbeitnehmer im beruflichen Bereich etwas zustößt. Dagegen zahlt die private Unfallversicherung unabhängig davon, wo und wann ein Unfall passiert ist. Sie zahlt in der Regel einen einmaligen Betrag aus, dessen Höhe von der vereinbarten Versicherungssumme und vom Grad der Invalidität abhängt. Rund 70 Prozent aller Unfälle ereignen sich in der Freizeit oder zu Hause – hier schützt nur die private Unfallversicherung.

11.3 Risikolebensversicherung

Mit dieser Versicherung werden die Hinterbliebenen abgesichert. Sie dient vor allem der Abtragung finanzieller Verpflichtungen wie z.B. Hypotheken- oder Ratenzahlungen. Stirbt die versicherte Person, zahlt die Versicherung die vertraglich vereinbarte Summe aus. Da bei dieser Form der Lebensversicherung kein Kapital zur späteren Altersvorsorge aufgebaut wird, sind die Beiträge wesentlich günstiger als bei der Kapital bildenden Lebensversicherung.

11.4 Haftpflichtversicherung

Die private Haftpflichtversicherung ist eine der wichtigsten Versicherungen überhaupt. Für den Schaden, den man anderen Menschen zufügt, haftet man mit dem gesamten Vermögen und bis zur Pfändungsgrenze auch mit dem Gehalt – im Extremfall für den

Bei Sachbeschädigung an fremdem Eigentum hilft eine private Haftpflichtversicherung.

Rest des Lebens. Die Haftpflichtversicherung ist daher für jeden ein Muss. Sie deckt die alltäglichen Risiken des Privatlebens ab. Mitversichert ist automatisch die ganze Familie. Der Versicherungsschutz für Kinder in Schul- oder Berufsausbildung gilt bis zur Beendigung der Erstausbildung, aber mindestens bis zur Vollendung des 18. Lebensjahres. Unverheiratete Partner, die zusammen wohnen, können eine gemeinsame Haftpflichtversicherung abschließen.

11.5 Hausratversicherung

Wer in der eigenen Wohnung lebt, egal ob als Mieter oder Eigentümer, benötigt eine Hausratversicherung. Sie sollte dem Neuwert des **Hausrates** entsprechen. Die Hausratversicherung leistet Ersatz, wenn durch Feuer, Einbruch, Raub, **Vandalismus,** Leitungswasser, Sturm oder Hagel Schäden entstehen.

Hausrat:
Inneneinrichtung (Möbel, Haushaltsgeräte usw.)

Vandalismus:
Mutwillige, sinnlose Verwüstung, z. B. einer Wohnungseinrichtung

Zusammenfassung

Fast alle Deutschen werden im Laufe ihres Lebens in irgendeiner Form durch den Staat finanziell unterstützt, z.B. durch:

- Kindergeld
- Elterngeld
- BAföG, Meister-BAföG
- Wohngeld
- Sparzulagen zur Vermögensbildung (Bausparverträge)
- Sozialhilfe

Die Absicherung der normalen Risiken des Lebens muss jeder selbst übernehmen.

Empfehlenswerte Versicherungen sind:

- Haftpflichtversicherung, um Schadenersatzansprüche abzudecken
- Berufsunfähigkeitsversicherung oder Lebensversicherung, besonders wenn Angehörige zu versorgen sind
- Hausratversicherung, um Verluste am Hausrat durch Diebstahl, Brand, Wasser abzudecken

Wissens-Check

1. Welche Hilfe bietet der Staat an, um die gesetzliche Rente aufzubessern?
2. Nennen Sie vier staatliche Geldleistungen an die Bürger außerhalb der Sozialversicherung.
3. Nennen Sie vier private Versicherungen, die zwar nicht Pflicht, aber empfehlenswert sind.

D
Recht

Jahrgangsstufe 10

- Gerechtigkeit
- Ordnung
- Menschenrechte
- Gerichte
- Mediation
- Geschäftsfähigkeit
- Strafmündigkeit
- Strafverfahren
- Jugendstrafe

1 Das Recht im Rechtsstaat

Recht und Gerechtigkeit
von Rechts wegen
Alles was Recht ist!
nach Recht und Gewissen
Das Recht mit Füßen treten
Recht sprechen
Das geschieht ihm recht!
nach dem Rechten sehen
an Gesetz und Recht gebunden
Recht muss Recht bleiben
nach Recht und Ordnung

Grafik: Dave Vaughan

Recht ist ein Teil unseres alltäglichen Lebens. Die Werte in einer Gesellschaft, die vorherrschende Religion und die Sitten beeinflussen das Rechtssystem. Es wird anerkannt, wenn es unserem Gerechtigkeitsgefühl entspricht. Ein demokratischer Rechtsstaat bedarf besonderer Rechtsnormen.

1.1 Die Aufgaben des Rechts

Wenn Recht von den Menschen angenommen werden soll, dann muss es vor allem gerecht sein. Jene, die Recht anwenden, müssen unparteiisch und differenziert entscheiden. Den **Gleichbehandlungsgrundsatz** des Grundgesetzes hat das Bundesverfassungsgericht folgendermaßen ausgelegt:

Gleichbehandlungsgrundsatz des Grundgesetzes:
Art. 3 Abs. 1 GG: Alle Menschen sind vor dem Gesetz gleich.

„Wesentlich Gleiches darf nicht willkürlich ungleich behandelt werden; wesentlich Ungleiches darf nicht willkürlich gleich behandelt werden."

1. Warum wäre eine einheitliche Note für unterschiedliche Schülerleistungen ungerecht?
2. Warum ist es gerecht, wenn ein Schüler mit eingeschränkter **Feinmotorik** bei Schulaufgaben eine Arbeitszeitverlängerung bekommt?

Feinmotorik:
Geschicklichkeit der Hände

Vergewaltigung der Schwester blutig gerächt – Haftstrafe

Wegen versuchten Mordes und gefährlicher Körperverletzung ist der 23-jährige Volkan K. zu elf Jahren und drei Monaten Haft verurteilt worden. Volkan K. hatte aus Rache für die Vergewaltigung seiner Schwester dem Cousin Ausuman K. fünf Kugeln in den Unterleib geschossen. Damit sollte offensichtlich die Familienehre wiederhergestellt werden. „Es ging nicht darum, jemandem einen Denkzettel zu verpassen, das war eine Hinrichtung", unterstrich der Vorsitzende Richter des Schwurgerichts, Jürgen Hanreich, die Entscheidung. „Wer aus nächster Nähe fünf Kugeln in das Körperzentrum abgibt, weiß, dass er ihn tötet."

Süddeutsche Zeitung

Warum musste diese Tat mit einem Urteil geahndet werden?

In welchem Zustand befände sich unsere Gesellschaft, wenn der Staat nicht durch das Recht für Ordnung sorgen würde? Das Recht des Stärkeren und die **Anarchie** wären an der Tagesordnung. Recht muss also Ordnung, Sicherheit und Frieden herstellen. Wer mit einem Urteil nicht zufrieden ist, kann **Rechtsmittel** einlegen. Rache ist unzulässig. Nur der Staat hat das **Gewaltmonopol**. Mit Sanktionen wie Geld- und Freiheitsstrafen erzwingt er die Einhaltung des Rechts. Neben dem Recht trägt auch die Erziehung dazu bei, dass die Menschen eine Ordnung respektieren.

In Diktaturen wird dieses Gewaltmonopol des Staates missbraucht, wie es z.B. während des Nationalsozialismus in Deutschland der Fall war.

Die Bürger bzw. bestimmte Gruppen sind in Diktaturen Diskriminierung, Unfreiheit, Folter und sogar dem Tod ausgesetzt.

Anarchie:
Zustand der Gesetzlosigkeit

Rechtsmittel:
Möglichkeit der Prozessparteien, sich gegen eine gerichtliche Entscheidung zu wehren

Dies erfolgt bei einem ranghöheren Gericht. Rechtsmittel sind Berufung, Revision und Beschwerde.

Gewaltmonopol:
Nur der Staat darf zur Durchsetzung des Rechts Gewalt anwenden.

Mit Boykottaufrufen gegenüber jüdischen Geschäften, Berufsverboten für Juden und der Errichtung von Konzentrationslagern begann die nationalsozialistische Diktatur.

Die Freiheitsrechte des GG als Abwehrrechte

In einem demokratischen Rechtsstaat muss das Recht die individuellen Freiheiten und die körperliche Unversehrtheit der Bürger sichern – auch gegenüber staatlichen Organen. Dies geschieht im Rahmen der Gewaltenteilung durch unabhängige Gerichte. Die Freiheitsrechte des Grundgesetzes sind in diesem Rechtsverständnis als Abwehrrechte des Einzelnen gegenüber dem Staat zu betrachten. Neben den Freiheitsrechten sind in der Rechtsordnung der Bundesrepublik Deutschland durch das Prinzip der Sozialstaatlichkeit dem Einzelnen Ansprüche zugesichert.

> Art. 20 GG
>
> (1) Die Bundesrepublik Deutschland ist ein demokratischer und sozialer Bundesstaat.
>
> § 1 Bundeselterngeld- und Elternzeitgesetz
>
> (1) Anspruch auf Elterngeld hat, wer (...)

Freiheitliche und soziale Grundrechte unterscheiden sich in einem wesentlichen Punkt: Freiheitsrechte verbieten es dem Staat, in die persönliche Freiheit einzugreifen. Dagegen verlangt das Sozialstaatsprinzip das Eingreifen des Staates.

Freiheiten und Ansprüchen stehen Begrenzungen und Verpflichtungen gegenüber. Ein **Gemeinwesen** muss seinen Bürgern Einschränkungen und Verpflichtungen abverlangen. Unbeschränkte Freiheitsrechte könnten die Ordnungsaufgabe des Rechts gefährden. Ansprüche ohne Verpflichtungen untergraben das Verantwortungsgefühl.

Gemeinwesen:
Veraltete Bezeichnung für Staat

> Art. 5 GG
>
> (3) Kunst und Wissenschaft, Forschung und Lehre sind frei. Die Freiheit der Lehre entbindet nicht von der Treue zur Verfassung.
>
> Art. 6 GG
>
> (2) Pflege und Erziehung der Kinder sind das natürliche Recht der Eltern und die zuvörderst ihnen obliegende Pflicht. (…)
>
> Art. 12a GG
>
> (1) Männer können vom vollendeten achtzehnten Lebensjahr an zum Dienst in den Streitkräften, im Bundesgrenzschutz oder in einem Zivilschutzverband verpflichtet werden.
>
> § 309 Sozialgesetzbuch III – Arbeitsförderung
>
> (1) Der Arbeitslose hat sich während der Zeit, für die er Anspruch auf Arbeitslosengeld erhebt, bei der Agentur für Arbeit oder einer sonstigen Dienststelle der Bundesagentur persönlich zu melden.

Worin erkennen Sie in diesen Rechtsvorschriften Einschränkungen und Verpflichtungen?

1.2 Die Bindung des Staates an das Recht

Die harte Seite des Rechtsstaats

Es war der Stoff, aus dem die ganz alltäglichen Albträume sind: Ein Mann mischt sich ein, als zwei Jugendliche in der S-Bahn Kinder bedrohen; keiner hilft ihm, die Sache eskaliert, am Ende liegt er tot auf einem Bahnsteig. Kaum eine Gewalttat hat die Republik so aufgewühlt wie der Mord an Dominik Brunner in München. Es war ein furchtbares, sinnloses Verbrechen, das die Menschen so beschäftigt, weil es überall und jederzeit geschehen und jeder das Opfer sein könnte. Nun hat das Münchner Landgericht die beiden Täter zu sieben und fast zehn Jahren nach Jugendstrafrecht verurteilt – und damit genau so, wie es Innenminister oder Polizeiverbände gern fordern: mit „der ganzen Härte des Gesetzes". Es hat dies aus sehr guten Gründen getan. (…)
Die Justiz, so lautet ein beliebter Vorwurf von konservativer Seite, sei „täterfreundlich". Das Münchner Urteil beweist das Gegenteil. Die Justiz kann sehr hart sein, wenn sie hart sein muss; dazu braucht sie keine schärferen Gesetze, wie sie nach jedem spektakulären Verbrechen und auch nach diesem reflexhaft verlangt werden. Und es ist Ausdruck einer schlichten Weisheit, die in dieser Gesellschaft gern einmal vergessen wird: Menschen sind verantwortlich für ihr Handeln. Und manchmal gibt es nichts, das mildernde Umstände rechtfertigt.

Süddeutsche Zeitung

Auch wenn das Recht nicht immer als gerecht empfunden wird – die Rechtsprechung ist an das jeweilige Gesetz gebunden. Ein Richter kann keine Strafe über dem gesetzlichen Strafmaß verhängen. Ebenso müssen sich die Behörden als vollziehende Gewalt bei ihrer Verwaltungstätigkeit an das Gesetz halten. Der Grundsatz der Gesetzmäßigkeit verlangt von der Verwaltung für ihr Handeln eine Rechtsgrundlage und verbietet es ihr, gegen das Gesetz zu verstoßen. So darf das Finanzamt nicht mehr Lohnsteuer von den Arbeitnehmern verlangen, als dies gesetzlich geregelt ist, auch wenn der Staat hoch verschuldet ist. Die Gesetze ändern können nur die Parlamente als gesetzgebende Gewalt. Das Jugendgerichtsgesetz könnten nur der Bundestag und der Bundesrat verschärfen. Allerdings dürfen Gesetzesänderungen nie gegen das Grundgesetz verstoßen.

Urteilsverkündung

> Art. 20 GG
>
> (3) Die Gesetzgebung ist an die verfassungsmäßige Ordnung, die vollziehende Gewalt und die Rechtsprechung sind an Gesetz und Recht gebunden.

1. Welcher Vorteil für den Einzelnen ergibt sich aus der Bindung des Staates an das Recht?
2. Betrachten Sie es als nachteilig, dass Richter keine Urteile über dem gesetzlichen Strafmaß fällen dürfen?

1.3 Die Grundlagen des Rechts

Antike:
griechisch-römisches Altertum bis ca. 600 n. Chr.

Philosoph:
Jemand, der nach dem letzten Sinn, den Ursprüngen des Seins, dem Wesen der Welt und der Stellung des Menschen fragt.

Die Wurzeln unserer Rechtsordnung reichen bis in die **Antike** zurück. Der griechische **Philosoph** Aristoteles vertrat die Meinung, dass es natürliche Rechte gibt, die jedem Menschen von Natur aus eigen sind. Dieses Naturrecht beinhaltet die Freiheit eines jeden Menschen sowie seine persönliche Würde.

> Artikel 1 Allgemeine Erklärung der Menschenrechte der UNO-Kommission für Menschenrechte von 1948
>
> Alle Menschen sind frei und gleich an Würde und Rechten geboren. Sie sind mit Vernunft und Gewissen begabt und sollen einander im Geiste der Brüderlichkeit begegnen.

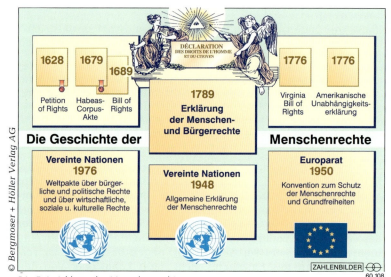

Die Entwicklung der Menschenrechte

Absolutismus:
Regierungsform, in der alle Gewalt unumschränkt in der Hand des Monarchen liegt

Als Lehre aus dem **Absolutismus** und den Schrecken des Nationalsozialismus wurde die Naturrechtsidee in Form der Menschenrechte im GG verankert.

In Artikel 1 des Grundgesetzes bekennt sich das deutsche Volk zu den unverletzlichen und unveräußerlichen Menschenrechten. Sie stehen über allen Vorschriften unserer Rechtsordnung. Artikel 1 des Grundgesetzes kann nicht verändert werden.

Die Rechtsprechung

Die Rechtsordnung in unserem Land räumt dem Einzelnen eine Vielzahl von Rechtsansprüchen ein. Daneben gewährt ihm unser Rechtsstaat die Möglichkeit, sich gegen Maßnahmen der öffentlichen Gewalt zu wehren. Die technische Entwicklung (z. B. Internet) und gesellschaftliche Veränderungen (z. B. neue Formen der Partnerschaft) bedürfen rechtlicher Regelungen. Die Gerichte müssen sich also mit vielen komplizierten Fragen beschäftigen.

2.1 Die Gerichtsbarkeiten

Unter der Gerichtsbarkeit versteht man die Organe der Rechtsprechung. Es lassen sich die ordentliche und die besondere Gerichtsbarkeit sowie die Verfassungsgerichtsbarkeit unterscheiden.

In der ordentlichen Gerichtsbarkeit werden in den Strafgerichten Strafrechtssachen entschieden. Fahren ohne Fahrerlaubnis, Diebstahl, Verstöße gegen das Betäubungsmittelgesetz und Körperverletzung sind z.B. Gegenstände einer Gerichtsverhandlung. Die ordentliche Gerichtsbarkeit beschäftigt sich darüber hinaus auch mit bürgerlichen Rechtsstreitigkeiten. Dies sind Konflikte wie etwa Nachbarschaftsstreitigkeiten oder Probleme bei der Erfüllung eines Kaufvertrages. Sie werden in Zivilgerichten entschieden. Die ordentliche Gerichtsbarkeit ist in vier Stufen aufgebaut:

Amtsgericht	Landgericht	Oberlandesgericht	Bundesgerichtshof in Karlsruhe

Amtsgericht

Leichte Fälle werden zunächst vor dem Amtsgericht verhandelt, bedeutendere vor höheren **Instanzen**. Gegen Urteile kann unter Umständen Revision oder Berufung eingelegt werden. In einem Strafverfahren werden in einer Berufungsverhandlung alle Beweismittel nochmals geprüft, auch die Zeugen müssen wieder aussagen. In der Revision dagegen wird das Urteil nur auf logische oder auf rechtliche Fehler überprüft. Der Bundesgerichtshof handelt nur als **Revisionsinstanz**.

Instanz:
Zuständiges Gericht

Arbeitsgericht Augsburg
Arbeitsgericht

Oberverwaltungsgericht:
In Bayern trägt dieses Gericht die Bezeichnung „Bayerischer Verwaltungsgerichtshof".

Augsburg
Verwaltungsgericht

Verfassungsgerichte der Länder:
In Bayern trägt das Verfassungsgericht die Bezeichnung „Bayerischer Verfassungsgerichtshof". Er hat auf Landesebene ähnliche Aufgaben wie das Bundesverfassungsgericht auf Bundesebene. Die Grundlage für seine Gerichtsentscheidungen ist die Bayerische Verfassung.

Mediation:
Ursprünglich Vermittlung eines Staates in einem Streit zwischen anderen Mächten

Mediator:
Vermittler, Schiedsmann

Unsere komplizierte und umfangreiche Rechtsordnung hat die besondere Gerichtsbarkeit notwendig gemacht. Ihre wichtigsten Zweige sind die

- Arbeitsgerichtsbarkeit für Streitigkeiten zwischen Arbeitnehmer und Arbeitgeber, z.B. Klage gegen eine ungerechtfertigte Kündigung,
- Verwaltungsgerichtsbarkeit für Klagen des Bürgers gegen Maßnahmen der Behörden der öffentlichen Verwaltung, z.B. Klage gegen nicht genehmigten Bauantrag,
- Sozialgerichtsbarkeit für Streitfälle der Sozialversicherungen, z.B. Klage gegen Nichtgewährung von Arbeitslosengeld.
- Finanzgerichtsbarkeit für gerichtliche Auseinandersetzungen zwischen den Finanzbehörden und dem Steuerpflichtigen, z.B. Klage gegen Einkommensteuerbescheid.

Die besondere Gerichtsbarkeit ist mehrstufig aufgebaut:

Die Verfassungsgerichtsbarkeit wird vom Bundesverfassungsgericht mit seinen hervorgehobenen Aufgaben und von den **Verfassungsgerichten der Länder** verkörpert.

2.2 Außergerichtliche Einigung – Mediation

In der Gerichtsbarkeit in der Bundesrepublik Deutschland werden sachgerechte und angemessene Gerichtsentscheidungen getroffen. Die Gerichte sind in Deutschland allerdings vielfach überlastet. Prozesse kosten häufig viel Zeit und Nervenkraft. Zivilrechtliche Streitigkeiten lassen sich außerhalb eines Gerichtsverfahrens im Rahmen der Schlichtung und **Mediation** lösen.

Claus: Herr Rechtsanwalt, welche Streitigkeiten werden in einer Schlichtung behandelt?

Rechtsanwalt A: Da sind zum einen bestimmte nachbarschaftsrechtliche Streitigkeiten wie z.B. der Überwuchs einer Hecke, dann aber auch kleinere vermögensrechtliche Streitigkeiten. Weiterhin Ansprüche aus bestimmten Ehrverletzungen etwa einer Beleidigung. In all diesen Fällen verlangt sogar das Bayerische Schlichtungsgesetz vor der Klageerhebung eine Schlichtung. Schlichtung kann aber auch freiwillig erfolgen.

Claus: Welche Vorteile hat die Schlichtung und wie endet sie?

Rechtsanwalt A: Schlichten ist besser als Prozessieren! Bei der Schlichtung gibt es keine Gewinner oder Verlierer. Wenn sie erfolgreich ist, endet sie mit einem Vergleich. Aus der Schlichtungsvereinbarung einer anerkannten Gütestelle kann **vollstreckt** werden – wie aus einem Gerichtsurteil.

Claus: Wer sind denn z.B. anerkannte Gütestellen?

Rechtsanwalt A: Alle Notare und dann speziell für die Schlichtung zugelassene Rechtsanwälte.

Claus: In welchen Bereichen findet die Mediation statt?

Rechtsanwalt A: Mediation findet vielfach bei familienrechtlichen Streitigkeiten statt, also bei Fragen der Trennung, Betreuungsregelungen für die Kinder, aber auch bei Erbstreitigkeiten. Hier werden neben Juristen auch Psychologen und Sozialpädagogen tätig.

Claus: Welche Chance geben Sie der Schlichtung und Mediation in der Zukunft?

Rechtsanwalt A: Bei allem Respekt vor unserer Justiz, aber nicht alle Spannungen müssen gerichtlich geklärt werden. Durch Schlichtung und Mediation können die Beteiligten unter Hilfestellung ihre Entscheidungen selbst aushandeln anstatt sie einem Gericht zu überlassen.

Vollstreckung: Durchsetzung eines zivilrechtlichen Anspruchs mithilfe des Gerichtsvollziehers oder des Vollstreckungsgerichts

1. In welchen Bereichen ist die Schlichtung zwingend vorgeschrieben?
2. In welchem Bereich findet häufig Mediation statt?
3. Worin liegt der Sinn dieser Konfliktlösungsmöglichkeit?

Zusammenfassung

Recht soll der Gerechtigkeit dienen und die Ordnung in einem Gemeinwesen aufrechterhalten.

In einem demokratischen Rechtsstaat sichert die Rechtsordnung die Freiheitsrechte und Ansprüche des Einzelnen gegenüber dem Staat.

Die Rechtsprechung und die ausführende Gewalt sind an Recht und Gesetz gebunden.

Die Gesetzgebung muss sich an die verfassungsmäßige Ordnung halten.

Jeder Einzelne ist durch das Naturrecht und die Menschenrechte mit Freiheitsrechten und Menschenwürde ausgestattet.

Naturrecht und Menschenrechte stehen über der staatlichen Rechtsordnung.

Die Gerichtsbarkeit wird in die ordentliche und die besondere Gerichtsbarkeit sowie die Verfassungsgerichtsbarkeit unterteilt.

Strafsachen und Streitigkeiten zwischen Bürgern werden in einem Gericht der ordentlichen Gerichtsbarkeit verhandelt.

Die Arbeitsgerichtsbarkeit, die Verwaltungsgerichtsbarkeit, die Sozialgerichtsbarkeit und die Finanzgerichtsbarkeit sind Zweige der besonderen Gerichtsbarkeit.

Schlichtung und Mediation wollen außerhalb des Gerichtes Konflikte durch einen Vergleich lösen.

Wissens-Check

1. Welche Aufgaben muss eine Rechtsordnung erfüllen?
2. Wie wird in der Darstellung der Justitia (siehe Seite 107) die Gerechtigkeit ausgedrückt?
3. Welche Möglichkeiten hat der Einzelne im Rechtsstaat, sich gegen ein Urteil zu wehren?
4. In welchen Regierungssystemen bietet das Recht zwar Ordnung, aber keine individuellen Freiheitsrechte?

Folter in Deutschland?

Die Wogen schlagen hoch – Frankfurts Polizei-Vizepräsident Wolfgang Daschner hat dem mutmaßlichen Entführer Jakob von Metzlers mit „massiven Schmerzen" gedroht, um von ihm das Versteck des Entführten zu erfahren. Zu diesem Zeitpunkt ging der Ermittler davon aus, dass der Junge noch leben könnte.

Hamburger Morgenpost

5. Darf eine Polizeibehörde durch physische Einwirkungen auf einen Kindesentführer erfahren, wo sich das Kind befindet? Wie würden Sie entscheiden?
6. Unter welche Gerichtsbarkeit fallen die folgenden Streitigkeiten?
    - Herr M erhält nicht die gewünschte Baugenehmigung. Er will klagen.
    - Herr M will seinen Rentenbescheid nicht akzeptieren. Er zieht vor Gericht.
    - Frau B wird ertappt, als sie im Kaufhaus eine Bluse stiehlt. Die Polizei erhebt Strafantrag.
    - Die Opposition will ein neues Steuergesetz auf die verfassungsmäßige Übereinstimmung überprüfen lassen.
    - Frau A will mit allen rechtsstaatlichen Mitteln gegen den Verkäufer ihres Autos vorgehen. Er hat sie arglistig getäuscht.
7. Welche Art von Streitigkeiten wird in einer Schlichtung behandelt?
8. Warum hat der Gesetzgeber durch das Bayerische Schlichtungsgesetz diese Art der Konfliktlösung vorgeschrieben?

Rechtliche Verantwortung und Alter

Kinder und Jugendliche können nicht wie die Erwachsenen für ihre Handlungen zur Verantwortung gezogen werden. Unsere Rechtsordnung überträgt jungen Menschen in abgestufter Weise Rechte, Pflichten und Verantwortung.

3.1 Rechtsfähigkeit

Rechtsfähigkeit bedeutet **Rechte** und **Pflichten** zu haben. Die Rechtsfähigkeit beginnt bei **natürlichen Personen** mit Vollendung der Geburt und endet mit dem Tod.

Rechte:
z. B. Eigentumsrecht, Erbrecht

Pflichten:
z. B. Steuerpflicht

Natürliche Personen:
Alle Menschen sind natürliche Personen

> § 1 BGB
>
> Die Rechtsfähigkeit des Menschen beginnt mit der Vollendung der Geburt.
>
> § 21 BGB
>
> Ein Verein, dessen Zweck nicht auf einen wirtschaftlichen Geschäftsbetrieb gerichtet ist, erlangt Rechtsfähigkeit durch Eintragung in das Vereinsregister des zuständigen Amtsgerichts.
>
> *Anmerkung: Vereine gelten als juristische Personen des Privatrechts.*
>
> § 90 BGB
>
> Sachen im Sinne des Gesetzes sind nur körperliche Gegenstände.
>
> § 90a BGB
>
> Tiere sind keine Sachen. Sie werden durch besondere Gesetze geschützt.

Auch Babys sind rechtsfähig.
Foto: Manuela Schellenberger

Überprüfen Sie folgende Aussagen zur Rechtsfähigkeit und geben Sie an, ob die Aussagen richtig oder falsch sind:
- Ein drei Wochen altes Kind kann nicht steuerpflichtig sein.
- Die Rechtsfähigkeit beginnt bei natürlichen Personen mit Vollendung der Geburt.

3.2 Geschäftsfähigkeit

Fall: Der Schreinerauszubildende Max (15 Jahre) kauft ohne Wissen seiner Eltern von seinen Ersparnissen einen DVD-Player für 150 Euro. Seine Schwester (6 Jahre alt) ist beim Kauf dabei. Sie kauft sich selbst eine Märchen-DVD für 5 Euro. Als die Mutter davon erfährt, ist sie entsetzt und bringt die gekauften Sachen zum Händler zurück. Der Händler weigert sich, die Sachen zurückzunehmen.

> Prüfen Sie die Rechtslage anhand des folgenden Gesetzesauszugs.

Kinder sind bis zum 7. Lebensjahr geschäftsunfähig. Über eigenes Geld können sie nicht verfügen.

§ 104 BGB
Geschäftsunfähig ist:
1. wer nicht das siebente Lebensjahr vollendet hat;

§ 105 BGB
(1) Die Willenserklärung eines Geschäftsunfähigen ist nichtig.

§ 106 BGB
Ein Minderjähriger, der das siebente Lebensjahr vollendet hat, ist nach Maßgabe der §§ 107 bis 113 in der Geschäftsfähigkeit beschränkt.

§ 107 BGB
Der Minderjährige bedarf zu einer Willenserklärung, durch die er nicht lediglich einen rechtlichen Vorteil erlangt, der Einwilligung seines gesetzlichen Vertreters.

§ 108 BGB
(1) Schließt der Minderjährige einen Vertrag ohne die erforderliche Einwilligung des gesetzlichen Vertreters, so hängt die Wirksamkeit des Vertrags von der Genehmigung des Vertreters ab.

Jugendliche wollen allein entscheiden, was sie sich kaufen, wie sie ihr Geld ausgeben. Das bedeutet aber noch nicht, dass sie über ihr Geld uneingeschränkt verfügen können. Ein Fünfjähriger kann als rechtsfähige Person Eigentümer eines Vermögens sein. Ob er allerdings darüber rechtswirksam verfügen kann, muss im Rahmen der Geschäftsfähigkeit beurteilt werden.

Begriff der Geschäftsfähigkeit

Geschäftsfähig ist eine Person, die ohne fremde Hilfe **Rechtsgeschäfte** wirksam vornehmen kann.

Geschäftsunfähigkeit

Nicht geschäftsfähig sind Kinder, die das siebente Lebensjahr noch nicht vollendet haben. Sie können selbst keine wirksamen Rechtsgeschäfte vornehmen, da ihre Willenserklärungen nichtig sind. Für sie handeln im Rechtsverkehr ihre Eltern.

Beschränkte Geschäftsfähigkeit

Die beschränkte Geschäftsfähigkeit beginnt mit vollendetem siebenten Lebensjahr. Beschränkt geschäftsfähige Personen können nur im Rahmen der ihnen zur freien Verfügung überlassenen Mittel (z.B. Taschengeld) Geschäfte tätigen.

Beispiel: Die 11-jährige Manuela kauft sich mit ihrem Taschengeld drei Dosen Cola und fünf Tüten Chips. Manuela muss nicht die Zustimmung ihrer Eltern einholen, da sie alles mit ihrem Taschengeld bezahlt hat **(§ 110 BGB).**

Wenn der beschränkt Geschäftsfähige etwas geschenkt bekommt, braucht er die Eltern normalerweise nicht zu fragen. Bei allen anderen Geschäften müssen die Eltern zustimmen. Solange die Eltern sich zum Vertrag nicht äußern, ist er schwebend unwirksam. Wenn die Eltern zustimmen, ist der Vertrag wirksam. Lehnen sie ab, kommt er nicht zustande. Der beschränkt Geschäftsfähige muss dann nichts zahlen. Er genießt damit bei solchen Verträgen einen besonderen Schutz.

Rechtsgeschäfte:
Dies sind alle Handlungen mit denen eine rechtliche Wirkung erzielt wird (z. B. Abschluss eines Kaufvertrags, Schenkung, Mietvertrag). Rechtsgeschäfte bedürfen einer oder mehrerer Willenserklärungen. Für die Rechtswirksamkeit z. B. eines Vertrages sind zwei übereinstimmende Willenserklärungen erforderlich. Diese können entweder ausdrücklich (schriftlich oder mündlich) oder durch schlüssiges Handeln (z. B. Einsteigen in einen Bus) erfolgen.

§ 110 BGB:
Taschengeldparagraf
Ein von dem Minderjährigen ohne Zustimmung des gesetzlichen Vertreters geschlossener Vertrag gilt als wirksam (…), wenn der Minderjährige die (…) Leistung mit Mitteln bewirkt hat, die ihm zu diesem Zweck oder zur freien Verfügung von dem Vertreter (…) überlassen worden sind.

Grafik: R. A. Drude

Beschreiben und interpretieren Sie die Karikatur.

Volle Geschäftsfähigkeit

Nach vollendetem 18. Lebensjahr ist man geschäftsfähig und kann voll wirksame Verträge ohne Genehmigung abschließen.

3.3 Deliktsfähigkeit und Strafmündigkeit

Fall: Andreas (19 J.), Johannes (17 J.) und Michael (13 J.) betrinken sich. Im leicht alkoholisierten Zustand brechen sie auf dem Heimweg einen Kiosk auf und stehlen Bier und Zigaretten. Die Polizei erwischt sie auf frischer Tat.

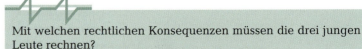

Mit welchen rechtlichen Konsequenzen müssen die drei jungen Leute rechnen?

Grafik: Dave Vaughan

Begriff der Deliktsfähigkeit

Unter „Deliktsfähigkeit" versteht man die Verpflichtung, für einen verursachten Schaden einzustehen. Dieser kann im Zusammenhang mit einer Straftat entstanden sein. Es ist aber auch möglich, dass sich der Schaden durch eine Unachtsamkeit ergeben hat.

Deliktsunfähigkeit

Personen, die das siebente Lebensjahr noch nicht vollendet haben, können für einen Schaden, den sie einem anderen zugefügt haben, rechtlich nicht zur Verantwortung gezogen werden. Wer das zehnte Lebensjahr noch nicht vollendet hat, haftet für den Schaden aus einem Verkehrsunfall nicht. Dies gilt aber nur, wenn der Unfall nicht vorsätzlich herbeigeführt wurde. Schäden, die deliktsunfähige Personen verursacht haben, müssen zumeist deren Eltern wegen unterlassener **Aufsichtspflicht** ersetzen.

Aufsichtspflicht:
Sie beinhaltet, die aufsichtsbedürftige Person zu beobachten, zu belehren, aufzuklären, zu leiten und auf ihr Verhalten Einfluss zu nehmen. Eltern und Lehrer sind aufsichtspflichtige Personen.

Beschränkte Deliktsfähigkeit

Minderjährige zwischen dem siebenten und achtzehnten Lebensjahr tragen die Verantwortung für einen Schaden unter einer bestimmten Voraussetzung: Sie müssen bei Begehung der Tat die nötige Einsicht erlangt haben, dass diese unrecht ist. Liegt sie nicht vor, muss normalerweise die aufsichtspflichtige Person haften.

Kinder bis zum vollendeten 10. Lebensjahr haften bei Verkehrsunfällen nur, wenn sie vorsätzlich handelten.

> Wer muss bei dem Einbruch in den Kiosk für den Schaden haften? Nehmen Sie bitte eine normale Entwicklung der jungen Leute an!

Volle Deliktsfähigkeit

Für Personen, die das 18. Lebensjahr vollendet haben, regelt das Bürgerliche Gesetzbuch Folgendes:

> **§ 823 BGB**
>
> (1) Wer vorsätzlich oder fahrlässig das Leben, den Körper, die Gesundheit, die Freiheit, das Eigentum oder ein sonstiges Recht eines anderen widerrechtlich verletzt, ist dem anderen zum Ersatze des daraus entstandenen Schadens verantwortlich.

Vorsatz:
Bewusst und gewollt etwas tun

Fahrlässigkeit:
Es wird die im Verkehr erforderliche Sorgfalt außer Acht gelassen.

Grafik: Dave Vaughan

> Wer haftet für den Schaden in der obigen Situation?

Strafmündigkeit

Die Strafmündigkeit legt fest, ab welchem Alter jemand für eine rechtswidrige Handlung eine Strafe erhalten kann.

Strafunmündige Personen

Kinder können nicht strafrechtlich zur Verantwortung gezogen werden.

> § 19 Strafgesetzbuch
>
> Schuldunfähig ist, wer bei Begehung der Tat noch nicht vierzehn Jahre alt ist.

Der Anteil der Kinder an allen Tatverdächtigen hat sich von 5,3 % im Jahr 2001 über 4,2 % im Jahr 2006 auf 4,0 % im Jahr 2010 verringert.

1. Diskutieren Sie darüber, ob die Altersgrenze für die Strafunmündigkeit angesichts der Kriminalitätsrate von Kindern angemessen ist!
2. Wer wird bei dem Einbruch in den Kiosk straffrei bleiben?

Bedingt strafmündige Personen

Unter diesen Personenkreis fallen Jugendliche (14<18 Jahre). Sie können nur unter bestimmten Voraussetzungen strafrechtlich belangt werden.

> § 3 Jugendgerichtsgesetz
>
> Ein Jugendlicher ist strafrechtlich verantwortlich, wenn er zur Zeit der Tat nach seiner sittlichen und geistigen Entwicklung reif genug ist, das Unrecht der Tat einzusehen und nach dieser Einsicht zu handeln.

Ein Richter kann für Heranwachsende (18<21 Jahre) das Jugendstrafrecht anwenden, wenn der Täter in seiner Entwicklung einem Jugendlichen gleichstand. Dasselbe gilt, wenn der Heranwachsende eine typische Jugendverfehlung begangen hat.

Betrachten Sie den Einbruch in einen Kiosk als Jugendverfehlung?

Strafmündigkeit in Europa

Straf**unmündig** sind Personen in:

Großbritannien	bis zum 10. Lebensjahr
Frankreich	bis zum 13. Lebensjahr
Österreich	bis zum 14. Lebensjahr
Italien	bis zum 14. Lebensjahr
Niederlande	bis zum 12. Lebensjahr
Schweiz	bis zum 10. Lebensjahr

Jugendkriminalität:

Vergleicht man die Kriminalität junger Menschen mit der von Erwachsenen, so kann man Unterschiede entdecken. Junge Menschen begehen vor allem Diebstähle, Sachbeschädigungen, Körperverletzungen und Raubdelikte und dies auffälliger und sichtbarer als Erwachsene. Junge Menschen haben ein anderes Freizeitverhalten und begehen Straftaten beispielsweise als Mutprobe und häufig (unter Gruppendruck) aus der Gruppe heraus. Oft sind sie sich des „kriminellen" Gehalts ihrer Verhaltensweisen und deren Folgen gar nicht (völlig) bewusst.

Voll strafmündige Personen

Dies sind Personen, die das 21. Lebensjahr vollendet haben, und Heranwachsende, auf die der Richter nicht das Jugendstrafrecht anwendet.

Zusammenfassung

Bestimmte Rechte erwirbt man erst mit dem Erreichen bestimmter Altersstufen.

Die Rechtsfähigkeit ist die Fähigkeit, Träger von Rechten und Pflichten zu sein.

Die Geschäftsfähigkeit steigert sich stufenweise in Abhängigkeit vom Alter.

Mit Erreichen des 18. Lebensjahres wird die volle Geschäftsfähigkeit erlangt.

Die zunehmende Verantwortung des Einzelnen für unerlaubte Handlungen und Straftaten drückt sich durch die Stufen der Deliktsfähigkeit und Strafmündigkeit aus.

Die Deliktsfähigkeit bezieht sich auf die Ersatzpflicht für verschuldete Schäden.

Die Strafmündigkeit drückt aus, inwieweit eine Person für eine Straftat bestraft werden kann.

Jugendliche – und unter bestimmten Voraussetzungen auch Heranwachsende – werden nach dem Jugendstrafrecht verurteilt.

Wissens-Check

1. Bearbeiten Sie mit Hilfe der Gesetzesauszüge auf den vorigen Seiten die nachfolgenden Fälle:

   a) Martina (6 Jahre) ist auf „Shopping-Tour" im Laden neben dem elterlichen Haus. An einer besonders niedlichen Stoffpuppe kommt sie nicht vorbei und ersteht sie zu einem Sonderpreis von 13,50 Euro. Ihre Mutter ist nicht begeistert und verlangt von der Verkäuferin, die Stoffpuppe zurückzunehmen. Diese ist froh, den Ladenhüter endlich verkauft zu haben und will die Puppe nicht zurückhaben. Wer ist im Recht?

   b) Der fünf Jahre alte Thomas erbt von seiner Großmutter 5.000 Euro. Wird Thomas Eigentümer des Geldes?

   c) Monika (17 Jahre) erhält zum Weihnachtsfest von ihrer Tante eine Katze geschenkt. Die Eltern sind dagegen. Darf Monika die Katze behalten?

   d) Martin (14 Jahre) kauft sich von seinem Taschengeld eine neue Armbanduhr für 29,00 Euro. Handelt es sich um ein wirksames Rechtsgeschäft?

2. Folgenreicher Freinacht-Streich

   Der 13-jährige Moritz, sein 15-jähriger Freund Alfred sowie der 18-jährige Helmut wollen die Freinacht vom 30. April auf den 1. Mai für einen Schabernack nutzen. Sie werfen rohe Eier an die Hauswände. Das Eigelb rinnt in Streifen an der Hausfassade entlang und hinterlässt starke Flecken. Ein Hausbesitzer identifiziert die drei jungen Leute und möchte, dass sie zur Verantwortung gezogen werden. Er schaltet auch die Polizei ein.

   a) Mit welchen Konsequenzen müssen Moritz, Alfred und Helmut jeweils rechnen?

   b) Sehen Sie eine Verletzung der Aufsichtspflicht der Eltern gegeben?

4 Das Strafverfahren

Herr Meier fährt mit seinem Auto in angetrunkenem Zustand vom Biergarten nach Hause. An einer Kreuzung übersieht er das Rotsignal und prallt auf das vor ihm stehende Auto, dessen Fahrer erheblich verletzt wird. Beide Autos haben einen Totalschaden. Nach wenigen Minuten ist ein Notarzt zur Stelle. Unmittelbar danach erscheint die Polizei und nimmt den Unfall auf. Herr Meier war bisher ein unbescholtener Bürger. Was wird nun auf ihn zukommen?

Herr Meier wird in ein Strafverfahren verwickelt, das empfindliche Konsequenzen für ihn haben kann.

4.1 Merkmale einer Straftat

Eine Straftat vereinigt drei Merkmale in sich:

▸ Erfüllung eines Straftatbestandes.

Man kann allerdings nur bestraft werden, wenn die Strafbarkeit gesetzlich bestimmt war, bevor die Tat begangen wurde (**Rückwirkungsverbot**).

▸ Die Schuldfähigkeit.

Der Täter muss vorsätzlich oder fahrlässig gehandelt haben. Kinder sind schuldunfähig.

▸ Die Rechtswidrigkeit.

Sie ist nur dann nicht gegeben, wenn ein Rechtfertigungsgrund vorliegt, wie etwa bei Notwehr.

Für Herrn Meier sind alle Merkmale erfüllt. Als Straftatbestände fallen u. a. Sachbeschädigung, Trunkenheit am Steuer und fahrlässige Körperverletzung an. Er handelte fahrlässig und es gibt keinen Rechtfertigungsgrund.

Rückwirkungsverbot:
Art. 103 Abs. 2 GG

4.2 Das Ermittlungsverfahren

Das Ermittlungsverfahren beginnt **von Amts wegen**. Die Polizei und die **Staatsanwaltschaft** sind verpflichtet, allen ihr durch Strafanzeige oder anderweitig bekannt gewordenen Straftaten nachzugehen. Bei Bagatelldelikten (z.B. Schwarzfahren) kann die Staatsanwaltschaft unter bestimmten Voraussetzungen von einer Strafverfolgung absehen und das Verfahren einstellen. Herr Meier wird mit einer Strafanzeige durch die Polizei rechnen müssen, wodurch ein Ermittlungsverfahren eingeleitet wird.

Von Amts wegen:
Die (Polizei-)Behörde wird selbstständig tätig (Offizialprinzip). Im Gegensatz dazu handelt die Polizei bei Antragsdelikten (Hausfriedensbruch) nur auf Strafantrag.

Staatsanwaltschaft:
Strafverfolgungsbehörde im Strafprozess, die das Ermittlungsverfahren leitet
Die Polizisten sind Hilfsbeamte der Staatsanwaltschaft.

Schüler droht mit Gewalt

Erding – Ein 15-jähriger Schüler hat an seiner Schule mit Gewalttaten gedroht (...) Der Junge schrie Mitschüler und den Rektor an, er werde in die Schule kommen und mit seiner Luftpistole „aufräumen". Der Schulleiter alarmierte aus Angst vor einem Amoklauf die Polizei, die den Jugendlichen am Freitagmorgen vorübergehend festgenommen hat. Gegen ihn läuft zurzeit ein Ermittlungsverfahren, weil er zusammen mit Freunden vor etwa zwei Wochen einen Jugendlichen zusammengeschlagen haben soll.

Süddeutsche Zeitung

1. Welche strafbaren Handlungen beging der 15-jährige Schüler?
2. Wodurch wird erkenntlich, dass gegen den 15-Jährigen bereits die Staatsanwaltschaft tätig wurde?

Im Ermittlungsverfahren werden die Staatsanwaltschaft und die Polizei mit allen **rechtsstaatlichen Mitteln** versuchen, den Sachverhalt zu erforschen. Der Beschuldigte, die Zeugen und evtl. Sachverständige werden vernommen, Spuren werden gesichert. Auch den Verdächtigen entlastende Umstände sind zu ermitteln.

Rechtsstaatliche Mittel:
Festgehaltene Personen dürfen weder seelisch noch körperlich misshandelt werden.
(Art. 104 Abs. 1 GG)

Welche Ermittlungen werden bei Herrn Meier anfallen?

Bei besonders wichtigen Ermittlungshandlungen benötigt die Staatsanwaltschaft eine richterliche Verfügung. Telefonüberwachung, Hausdurchsuchungen und einen **Haftbefehl** kann nur ein Richter anordnen. Sind die Ermittlungen abgeschlossen, entscheidet die Staatsanwaltschaft, ob sie öffentliche Anklage beim zuständigen Gericht erhebt oder das Verfahren einstellt. Das Gericht entscheidet, ob es die Anklage zur Hauptverhandlung zulässt oder nicht. Herr Meier wird mit einer Hauptverhandlung rechnen müssen.

Haftbefehl:
Mit einem schriftlichen Haftbefehl ordnet der Richter die Untersuchungshaft an. Dies ist nur möglich, wenn der Beschuldigte der Tat dringend verdächtig ist und ein Haftgrund vorliegt. Dieser liegt beispielsweise vor, wenn der Beschuldigte flüchtig ist oder sich verborgen hält. Wenn das Verhalten des Beschuldigten erwarten lässt, dass er die Ermittlung der Wahrheit erschwert (Verdunkelungsgefahr), kann auch ein Haftbefehl ausgesprochen werden.

4.3 Die Hauptverhandlung

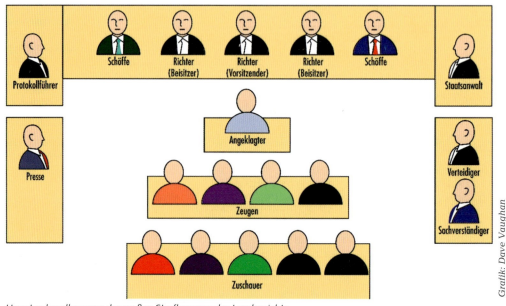

Hauptverhandlung vor der großen Strafkammer des Landgerichts

Schöffen:
Ehrenamtliche Richter, die keine juristische Ausbildung haben
Sie werden auch Laienrichter genannt. Mindestalter: 25 Lebensjahre, Höchstalter: 75 Lebensjahre

Aussageverweigerungsrecht:
Der Angeklagte und nahe Angehörige haben vor Gericht ein Aussageverweigerungsrecht. Zeugen und Sachverständige müssen die Wahrheit sagen.

„Deal" im Strafprozess:
Richter und Staatsanwalt verständigen sich mit dem Angeklagten und seinem Verteidiger auf ein Geständnis, das mit einem Strafnachlass belohnt wird.

Die Hauptverhandlung folgt in der Regel einem festen Ablaufschema:

▸ Aufruf der Sache – der Richter ruft den Fall auf
▸ Feststellung der Anwesenheit der geladenen Personen
▸ Vernehmung des Angeklagten zur Person
▸ Verlesung der Anklageschrift durch den Staatsanwalt
▸ Vernehmung des Angeklagten zur Sache
▸ Beweisaufnahme – Zeugen und Sachverständige sagen aus
▸ Plädoyer des Staatsanwaltes und des Verteidigers
▸ Möglichkeit des Angeklagten zur Äußerung
▸ Urteilsberatung, Urteilsverkündigung, evtl. Urteilsbegründung
▸ Rechtsmittelbelehrung

Der Staatsanwalt vertritt den Staat vor Gericht. Der Angeklagte hat einen Anspruch auf rechtliches Gehör und darf sich verteidigen. Er kann dabei von seinem Verteidiger unterstützt werden. Das Gericht entscheidet unabhängig. Es kann das Verfahren auch einstellen. Für dieselbe Straftat darf niemand mehrmals bestraft werden (Art. 103 Abs. 3 GG).

> Versuchen Sie, in einem Rollenspiel die Gerichtsverhandlung zum Fall Meier nachzuspielen!

4.4 Zweck der Strafe

Die Ziele, die man mit der Bestrafung erreichen will, haben sich im Vergleich zu früheren Jahrhunderten erweitert. Strafe soll heutzutage

- abschrecken,
- sühnen,
- Sicherheit vor neuen Straftaten bieten,
- Resozialisierung leisten.

Nehmen wir an, dass Herr Meier eine Bewährungsstrafe auf sechs Monate erhält. Welchen Strafzweck sehen Sie gegeben?

Innenansicht der Justizvollzugsanstalt Landsberg/Lech

Zusammenfassung

Schuldfähigkeit, Rechtswidrigkeit und ein Straftatbestand müssen gegeben sein, damit eine Straftat vorliegt.

Im Ermittlungsverfahren erforschen die Polizei und die Staatsanwaltschaft den Sachverhalt.

Ermittlungshandlungen mit einem schwerwiegenden Eingriff in die Rechte des Einzelnen bedürfen einer richterlichen Genehmigung.

In der Hauptverhandlung wird für eine Straftat eine Gerichtsentscheidung gefällt. Dabei werden der Staatsanwalt, der Angeklagte, der Verteidiger und evtl. Zeugen und Sachverständige gehört.

Die Hauptverhandlung folgt einem Ablaufschema.

Die Strafe hat unterschiedliche Ziele.

Wissens-Check

1. Die 13-jährige Elvira Klug stiehlt im Kaufhaus eine CD. Liegt eine Straftat vor?
2. Helmut verteidigt sich in der Disko gegen den Angriff eines anderen Besuchers und zerreißt ihm dabei das T-Shirt. Liegt eine strafbare Handlung vor?
3. Wer bestimmt den Ablauf des Ermittlungsverfahrens?
4. Womit endet das Ermittlungsverfahren?
5. Wer ist im Regelfall bei einer Hauptverhandlung anwesend?
6. Womit endet die Hauptverhandlung?
7. Welcher Zweck einer Strafe ist für Sie am wichtigsten? Begründen Sie Ihre Meinung!
8. In welchen Elementen des Strafverfahrens in der Bundesrepublik Deutschland drückt sich der Rechtsstaat aus?

5 Jugendstrafrecht

Jugendarrest für Schuss auf eine Lehrerin

Neubrandenburg (dpa) – Ein 17-jähriger Schüler muss wegen des Schusses aus einer Spielzeugpistole auf seine Lehrerin zwei Wochen in den Jugendarrest. Das Amtsgericht Neubrandenburg verurteilte ihn wegen **Bedrohung** und einiger bereits älterer Drogendelikte. „Der Schüler war voll geständig, das Urteil ist bereits rechtskräftig", sagte der Jugendrichter. Der Berufsschüler hatte im Unterricht mit der täuschend echt aussehenden Pistole aus zehn Metern Entfernung auf die 57-Jährige geschossen.

Augsburger Allgemeine Zeitung

Bedrohung:
Wer einen anderen mit der Begehung eines gegen ihn oder eine ihm nahe stehende Person gerichteten Verbrechens bedroht, wird mit Freiheitsstrafe bis zu einem Jahr oder mit Geldstrafe bestraft. (§ 241 StGB)

1. Welche Begriffe lassen erkennen, dass in diesem Verfahren das Jugendstrafrecht angewendet wurde?
2. Empfinden Sie die Strafe als gerecht?

Verbrechen:
Verbrechen sind rechtswidrige Taten, die im Mindestmaß mit Freiheitsstrafe von einem Jahr oder darüber bedroht sind.

Vergehen:
Vergehen sind rechtswidrige Taten, die im Mindestmaß mit einer geringeren Freiheitsstrafe als Verbrechen oder die lediglich mit Geldstrafe bedroht sind.

Das Jugendstrafrecht gilt für Jugendliche und Heranwachsende. Ob eine rechtswidrige Tat als **Verbrechen** oder **Vergehen** anzusehen ist, richtet sich nach dem allgemeinen Strafrecht.

Das Jugendstrafverfahren und die Folgen einer Jugendstraftat unterscheiden sich von den Regelungen für voll strafmündige Personen.

5.1 Das Jugendstrafverfahren

Im Jugendstrafverfahren wird berücksichtigt, dass der Straftäter seine Persönlichkeitsentwicklung noch nicht abgeschlossen hat. Die Straftat soll im Zusammenhang der Lebensverhältnisse gesehen werden. Aus diesen Gründen enthält das Jugendgerichtsgesetz (JGG) spezielle Regelungen:

▸ Die Richter, Schöffen und Staatsanwälte bei den Jugendgerichten sollen erzieherisch befähigt und in der Jugenderziehung erfahren sein.

▸ Vor der Gerichtsverhandlung werden der Lebensweg und die Lebens- und Familienverhältnisse des Beschuldigten ermittelt.

▸ Die Verhandlung in einem Jugendstrafverfahren ist nicht öffentlich. Heranwachsende müssen dagegen eine öffentliche Verhandlung hinnehmen.

Angeklagter in einem Jugendstrafverfahren

Foto: dpa

- Jugendgerichtshelfer sorgen dafür, dass die erzieherischen, sozialen und fürsorglichen Gesichtspunkte des Straftäters berücksichtigt werden.
- Der Vollzug einer Jugendstrafe findet in einer Jugendstrafanstalt statt und wird jugendspezifisch gestaltet.
- Jugendstrafverfahren können leichter bereits vor der Hauptverhandlung eingestellt werden. Dies gilt insbesondere für kleinere Straftaten.

1. Weshalb wird in einer Gerichtsverhandlung eines Jugendlichen die Öffentlichkeit ausgeschlossen?
2. Weshalb ist es sinnvoll, dass eine Jugendstrafe in einer gesonderten Strafanstalt abgeleistet werden muss?

Wie man in Deutschland kriminell wird

Bei den Jugendlichen ist das Geschlechterphänomen besonders frappant. 95 Prozent aller männlichen Jugendlichen werden mindestens einmal kriminell, sagt die Dunkelforschung. Die wenigsten werden allerdings erwischt, und das ist gut so. Denn Jugendkriminalität ist fast immer eine „Krankheit", die sich selber heilt.

Die Zeit

5.2 Die Folgen der Jugendstraftat

Jugendlichen begegnet der Staat mit Nachsicht. Erziehung, nicht Vergeltung gilt als Maßregel bei der Bestrafung. Die **Resozialisierung** der Straftäter hat Vorrang.

Das Jugendstrafrecht bietet die Möglichkeit, ein Verfahren einzustellen. Es kommt dann nicht zu einer Verurteilung des Straftäters. Dies geschieht, wenn anzunehmen ist, dass eine erzieherische Maßnahme ausreicht, um den Jugendlichen zu einem straffreien Leben zu bewegen. Das Gericht kann bei einer solchen Einstellung Auflagen erteilen, die von der **Jugendgerichtshilfe** begleitet werden. Diese können gemeinnütziger Sozialdienst oder die Bereitschaft zu einer Therapie sein.

Ergeht ein Urteil, sind Erziehungsmaßregeln, Zuchtmittel oder eine Jugendstrafe als Strafe denkbar.

Resozialisierung:
Schrittweise Wiedereingliederung von Straffälligen in die Gesellschaft

Jugendgerichtshilfe:
Die Jugendgerichtshilfe wird von den Jugendämtern und Vereinigungen der Jugendhilfe ausgeübt (z. B. „Die Brücke"). Zumeist werden Sozialarbeiter tätig.

Arbeitsleistungen im Jugendgerichtsgesetz:
Sie werden bei gemeinnützigen Einrichtungen ohne Entgelt geleistet. Dies kann bei Naturschutzaktionen erfolgen. Die Arbeit kann auch in der Küche von Krankenhäusern und Altenpflegeeinrichtungen, bei Jugendeinrichtungen, in Tierheimen oder beim Roten Kreuz abgeleistet werden.

Erziehungsmaßregeln

Als Erziehungsmaßregeln kommen Weisungen in Betracht. Dem Jugendlichen kann vorgeschrieben werden, bei einer Familie oder in einem Heim zu wohnen. Lokal- und Umgangsverbote sind ebenso möglich. Auch die Erbringung von **Arbeitsleistungen** sowie die Betreuung und Aufsicht durch einen Betreuungshelfer gelten als Erziehungsmaßregeln.

Zuchtmittel

Als Zuchtmittel sieht das Jugendgerichtsgesetz die Verwarnung, die Erteilung von Auflagen und den Jugendarrest vor. Zuchtmittel führen nicht zu einer Vorstrafe. Der Jugendrichter kann dem Straftäter in einer Verwarnung das Unrecht der Tat eindringlich vorhalten. Das Gericht kann dies mit den Auflagen verbinden, den Schaden wieder gutzumachen oder eine Geldzahlung zu leisten. Der Jugendarrest wird als Freizeitarrest (48 Stunden), Kurzarrest (3 – 5 Tage) oder Dauerarrest (1 – 4 Wochen) verhängt.

Warnschussarrest:
Jugendliche können neben einer zur Bewährung ausgesetzten Strafe für mehrere Wochen in Haft genommen werden. Die Jugendlichen werden dabei sozialpädagogisch betreut.

Jugendstrafe

Die Jugendstrafe bedeutet für den Jugendlichen Freiheitsentzug in einer Jugendstrafanstalt. Der Richter verhängt Jugendstrafe, wenn Erziehungsmaßregeln und Zuchtmittel nicht mehr ausreichen. Die Jugendstrafe kann auch wegen der Schwere der Schuld erforderlich sein. Sie beträgt mindestens sechs Monate, höchstens fünf Jahre. Bei besonders schweren Verbrechen gelten als Höchstmaß 15 Jahre. Der Jugendliche ist dann vorbestraft.

Freiheitsentzug – ein Jugendlicher wird aus dem Gericht geführt.

Foto: dpa

Mörder von Vanessa zu zehn Jahren Jugendhaft verurteilt

Augsburg (dpa) – Urteil im Mordfall Vanessa: Wegen Mordes an der Zwölfjährigen hat das Landgericht Augsburg den angeklagten Metallbau-Lehrling zu zehn Jahren Jugendhaft verurteilt. Die Kammer verhängte gegen den 20-Jährigen damit die im Jugendstrafrecht vorgesehene Höchststrafe. Der Angeklagte war zur Faschingszeit vergangenen Jahres mit einer Totenkopfmaske in Vanessas Elternhaus in Gersthofen bei Augsburg eingedrungen und hatte das im Bett liegende Mädchen mit einem Messer erstochen.

Augsburger Allgemeine

Der Mörder der zwölfjährigen Vanessa aus Bayern bleibt in Sicherungsverwahrung. Der Bundesgerichtshof verwarf die Revision des Angeklagten als offensichtlich unbegründet. Damit ist das Urteil des Landgerichts Augsburg nun rechtskräftig …

Süddeutsche Zeitung vom 20.08.2013

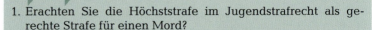

1. Erachten Sie die Höchststrafe im Jugendstrafrecht als gerechte Strafe für einen Mord?
2. Wie muss das Gericht die Persönlichkeit des 20-jährigen Täters eingestuft haben?

Zusammenfassung

Das Jugendstrafverfahren ist geprägt vom Erziehungsgedanken und berücksichtigt das Milieu und den Lebensweg des Täters.

Das Jugendstrafrecht will die Zukunft des Straftäters nicht erschweren und geht von einer Wiedereingliederung in die Gesellschaft aus.

Das Jugendgericht kann im Urteil Erziehungsmaßregeln, Zuchtmittel oder Jugendstrafen aussprechen.

Wissens-Check

1. Welche grundsätzliche Art der Jugendstrafe hat der 17-jährige Berufsschüler (siehe Ausgangsfall) erhalten?
2. Worin lässt sich der Erziehungsgedanke in den Besonderheiten des Jugendgerichtsgesetzes erkennen?
3. Welche grundsätzlichen Arten einer Jugendstrafe kann ein Jugendlicher in einem Gerichtsurteil für eine Straftat erhalten?

E Soziale Beziehungen

Jahrgangsstufe 10

- Rollen
- Gruppe
- Familie
- Familienrecht
- Familienpolitik

1 Persönlichkeitsentwicklung durch soziale Kontakte (Interaktion)

Interaktion:
Aufeinander bezogenes Handeln zweier oder mehrerer Personen

Der Mensch ist ein soziales Wesen: Er lebt in Gesellschaft mit anderen Menschen und ist auf diese angewiesen. Zu diesen Personen kann er persönliche Beziehungen aufbauen. Dabei übt er auf andere Menschen Einfluss aus und wird gleichfalls von diesen beeinflusst.

Durch diese Bindungen entwickelt der Mensch seine Persönlichkeit und sein Wesen weiter. Hier erwirbt er seelische Kräfte und gesellschaftliche Wertvorstellungen. Außerdem werden seine geistigen Fähigkeiten trainiert.

Als Sozialisation bezeichnet man den Prozess, durch den Menschen zu vollwertigen, handlungsfähigen Mitgliedern der Gesellschaft werden. Durch direkte und indirekte Einflüsse lernt der Mensch soziales Verhalten. Er übernimmt verschiedene Rollen und entwickelt seine Persönlichkeit. Die Sozialisation gilt als lebenslanger Prozess.

Das Verhalten des Menschen ist wesentlich geprägt durch sein soziales Umfeld.

Einfluss der Medien:
Internet und Fernsehen tragen ebenfalls zur Sozialisation bei. Ihre tägliche, oft mehrstündige Inanspruchnahme übt einen starken Einfluss auf die Persönlichkeitsentwicklung aus.

Der Mensch in seinem sozialen Umfeld

Der Mensch ist in viele verschiedene Umgebungen eingebunden, die alle auf ihn einwirken. Weil dort jeweils mehrere Personen vertreten sein können, sprechen die **Soziologen** von „Sozialen Gruppen".

Soziologen:
Wissenschaftler, deren Untersuchungsgegenstand die Gesellschaft ist

1. Welchen sozialen Gruppen gehören Sie an?
2. Welche Unterschiede gibt es zwischen diesen Gruppen?

1 Persönlichkeitsentwicklung durch soziale Kontakte (Interaktion)

Soziale Gruppen können sich durch verschiedene Merkmale unterscheiden, z.B.:

- Überzeugungen
- Zusammengehörigkeitsgefühl (Wir-Gefühl)
- Regeln (Satzung/Statut)
- Ziele

Nicht immer sind diese Merkmale gleich stark ausgeprägt.

Die Menschen sind nicht immer freiwillig Mitglieder bestimmter Gruppen.

> 1. Wie stark sind die erwähnten Merkmale in Gruppen, denen Sie angehören, ausgeprägt?
> 2. Haben diese unterschiedlichen Merkmale für die Gruppen eine Bedeutung? (Welche?)

1.1 Primärgruppen

In den meisten Kulturen der Welt wird der Mensch in Familien hineingeboren. Die Familie ist eine Primärgruppe. In der BRD steht die Familie unter dem besonderen Schutz des Staates.

Primärgruppen:
Familie, Spielgruppe u. a.

Die Familie hilft ihren Mitgliedern, in die Gesellschaft hineinzuwachsen (Sozialisation). Hier lernen sie die Kultur und die Normen der Gesellschaft kennen, in der die Familie lebt. Weil die Familie eine Primärgruppe ist, heißt diese Form der Sozialisation „Primärsozialisation".

Die Mitglieder von Primärgruppen haben engen Kontakt zueinander, sie kennen sich gut. Deshalb prägen sich die Mitglieder dieser Gruppen gegenseitig stark im Wesen und in der Persönlichkeit. Die Gruppen sind klein, die Bindung an die Gruppe ist intensiv. Für eine Primärgruppe ist gegenseitiges Vertrauen von größter Bedeutung.

Primär:
Zuerst vorhanden, ursprünglich; an erster Stelle stehend, vorrangig

Primärgruppe Seilschaft: Das Überleben kann vom Verhalten der Partner abhängig sein.

Die „Peer-group" oder die „Clique"

Eine besondere Form der Primärgruppe ist die „Peer-group". Sie ist die Bezugsgruppe eines Individuums mit Personen, die ungefähr im gleichen Alter sind. Die Interessen der Mitglieder sind ähnlich gelagert und sie entstammen der gleichen sozialen Schicht. In Bezug auf das eigene Handeln und Urteilen sind die Mitglieder stark von der Gruppe beeinflusst. Ihr Geschmack stimmt überein in Kleidung, Musik und „Outfit". Die Größe dieser Gruppen kann sehr unterschiedlich sein.

1. Nicht in jeder Primärgruppe findet Primärsozialisation statt. Nennen Sie solche Primärgruppen und begründen Sie Ihre Meinung.
2. Welche Peer-group kennen Sie und was sind deren Merkmale und Anliegen?

1.2 Sekundärgruppen

Sekundär:
An zweiter Stelle stehend, zweitrangig

Die Familie ist nicht die einzige Gruppe, die die Sozialisation des Menschen prägt. Ab einem bestimmten Alter gehen Menschen in den Kindergarten, die Schule, in eine Jugendgruppe, einen Sportverein, zur Arbeit oder zur Universität.

Alle diese Gruppen sind Sekundärgruppen. Sie sind gekennzeichnet durch eine große Zahl von Mitgliedern. Die persönlichen Bindungen sind schwächer ausgeprägt.

Auf Klassenfahrt – auch die Mitschüler prägen das Verhalten

Foto: Dietrich Claus

Motorradclub „Munich Riders"

-Satzung-

§ 1: Toleranz
Die Mitglieder verpflichten sich, andere Menschen zu respektieren. Aggressivität zur Durchsetzung eigener Interessen ist ausgeschlossen.

§ 2: Alkoholverbot
Beim Steuern von Kfz aller Art ist jeglicher Alkoholkonsum ausgeschlossen.

§ 3: Hilfsversprechen
„Einer für alle, alle für einen": Die Mitglieder leisten sich gegenseitige Hilfe in allen Lebenslagen.

Sind Ziele und **Satzungen** festgelegt, ebenso wie Verhaltensvorschriften und Normen, so spricht man von „formellen Gruppen". Fehlen diese, handelt es sich um „informelle Gruppen".

1 Persönlichkeitsentwicklung durch soziale Kontakte (Interaktion)

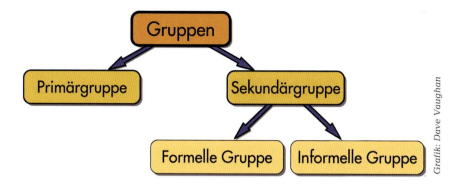

Grafik: Dave Vaughan

1. Nennen Sie Sekundärgruppen, in denen Sie Mitglied sind.
2. Ordnen Sie diese in obiges Schema ein und begründen Sie die Zuordnung.
3. Warum lässt sich zwischen Primär- und Sekundärgruppe nicht immer scharf trennen?

Zusammenfassung

Persönlichkeitsentwicklung findet in sozialen Gruppen statt.

Man unterscheidet zwischen Primärgruppen (z.B. Familie, Spielgruppe) und Sekundärgruppen (z.B. Verein, Partei, Berufsschulklasse).

Sekundärgruppen können formelle Gruppen (mit Regeln, Verhaltensweisen) oder informelle Gruppen (loser Zusammenhalt) sein. Sekundärgruppen haben in der Regel mehr Mitglieder als Primärgruppen.

Wissens-Check

1. Welche Unterschiede bestehen zwischen Primär- und Sekundärgruppen?
2. Was sind formelle Gruppen, was informelle Gruppen? Geben sie Beispiele.

2 Rollen und Rollenerwartungen

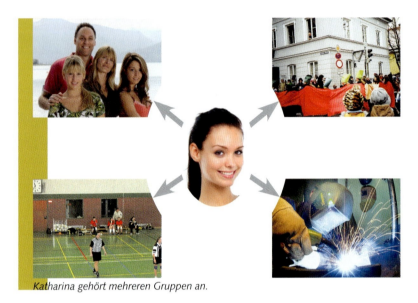

Katharina gehört mehreren Gruppen an.

Ist Katharinas Verhalten in allen Gruppen gleich? Zeigen Sie Unterschiede auf.

Das Leben wäre eintönig, wenn die Menschen jeweils nur einer Gruppe angehörten. Die Verschiedenartigkeit der Anforderungen an den Einzelnen in den unterschiedlichen Situationen hat ihren besonderen Reiz.

2.1 Rollenvielfalt

Die Menschen sind Mitglieder verschiedener Gruppen. Dort haben sie bestimmte Aufgaben zu erfüllen und es werden unterschiedliche Erwartungen daran geknüpft. Der Sozialwissenschaftler spricht von Rollen, die in den Gruppen übernommen werden. Auch in der Familie, der wichtigsten sozialen Primärgruppe, gibt es unterschiedliche Rollen zu erfüllen. Folgende Rollenausprägungen sind denkbar:

Vaterrolle:
- Materielle Sorge für die Familie
- Erziehung der Kinder
- Verpflichtung gegenüber dem Ehepartner
- Pflege der Kinder

§ 1631 BGB

(1) Die Personensorge umfasst insbesondere die Pflicht und das Recht, das Kind zu pflegen, zu erziehen, zu beaufsichtigen und seinen Aufenthalt zu bestimmen.

(2) Kinder haben ein Recht auf gewaltfreie Erziehung. Körperliche Bestrafungen, seelische Verletzungen und andere entwürdigende Maßnahmen sind unzulässig.

§ 1619 BGB

Das Kind ist, solange es dem elterlichen Hausstand angehört und von den Eltern erzogen und unterhalten wird, verpflichtet, in einer seinen Kräften und seiner Lebensstellung entsprechenden Weise den Eltern in ihrem Hauswesen und Geschäfte Dienste zu leisten.

Mutterrolle:
- Erziehung der Kinder
- Verpflichtung gegenüber dem Ehepartner
- Emotionelle Stütze für die Kinder
- Pflege der Kinder
- Materielle Sorge für die Familie

Rolle des Kindes:
- Gehorsam gegenüber den Eltern

Ist die im BGB festgeschriebene Rollenverteilung noch zeitgemäß? Begründen sie Ihre Meinung.

Die Rollen von Vater und Mutter haben sich im Laufe der Zeit immer mehr angeglichen. Das liegt zum großen Teil daran, dass die Rolle des Ernährers immer häufiger auf beide Elternteile übergegangen ist. Hat in früheren Zeiten der Mann die bestimmende Rolle in der Familie gehabt, so ist dies heutzutage einem partnerschaftlichen Rollenverständnis gewichen.

Art. 2 BayEUG

(1) Die Schulen haben insbesondere die Aufgabe

… insbesondere Buben und junge Männer zu ermutigen, ihre künftige Vaterrolle verantwortlich anzunehmen sowie Familien- und Hausarbeit partnerschaftlich zu teilen,

… insbesondere Mädchen und Frauen zu ermutigen, ihr Berufsspektrum zu erweitern, …

2.2 Rollenerwartungen

Je nach der persönlichen Stellung in einer Gruppe (Gruppenposition) sind die Erwartungen an die Gruppenmitglieder unterschiedlich. Die Aufgaben eines Vereinspräsidenten sind andere als die eines einfachen Mitgliedes. Dementsprechend werden auch andere Erwartungen an die unterschiedlichen Rolleninhaber gestellt.

Je nach Intensität/Stärke der Erwartung unterscheidet man zwischen

- Muss-Erwartungen,
- Soll-Erwartungen,
- Kann-Erwartungen.

Notarzt im Einsatz: Eile ist geboten.

Sanktion: Zwangsmaßnahme

> **Muss-Erwartungen** sind rechtlich vorgeschrieben. Der Arzt ist verpflichtet Unfallhilfe zu leisten.
>
> **Soll-Erwartungen** beruhen auf üblichen Verhaltensweisen. Es gibt Ärzte, die in normaler Kleidung ihre Sprechstunden halten. Viele Ärzte tragen aber einen weißen Arzt-Kittel, weil das so üblich ist.
>
> **Kann-Erwartungen:** Weil ein bekannter Arzt viel Geld verdienen kann, geht man davon aus, dass er in einem luxuriösen Haus wohnt und in seiner Freizeit gut gekleidet ist.

2.3 Rollenkonflikte

Die Gruppen erwarten von ihren Mitgliedern, dass sie ihren Rollen gerecht werden. Verstößt ein Mitglied dagegen, muss es mit **Sanktionen** rechnen.

Es können Mitglieder aus einer Gruppe ausgeschlossen, Vereinspräsidenten abgesetzt oder Schüler mit einem Verweis bestraft werden.

Da der Mensch mehreren Gruppen angehört, kann es zum „Rollenkonflikt" kommen.

Zwischen zwei Konfliktarten wird unterschieden:

- Interrollenkonflikt und
- Intrarollenkonflikt.

Interrollenkonflikt

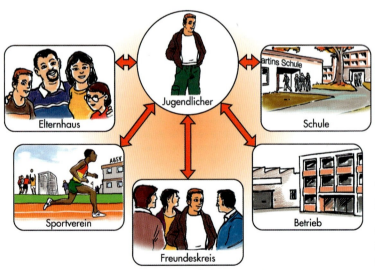

In den jeweiligen Gruppen wird Unterschiedliches erwartet.

Die Erwartungen an ein Gruppenmitglied können sehr unterschiedlich sein. Im Elternhaus wird von dem Jugendlichen erwartet, dass er sich den Eltern unterordnet und gehorcht.

Als Schülersprecher soll er energisch gegenüber der Schulleitung und den Lehrern die Interessen seiner Mitschüler durchsetzen.

Wenn er noch Vorsitzender der örtlichen Parteijugendgruppe ist, muss er dort über anstehende Aktivitäten verantwortlich entscheiden.

Dabei muss er sich gegenüber Minderheitsinteressen durchsetzen.

Diese aus verschiedenen Rollen entstehenden Erwartungen widersprechen sich. Die Soziologen sprechen deshalb von einem Interrollenkonflikt.

Intrarollenkonflikt

Wenn von einem Rolleninhaber unterschiedliches Verhalten in ein und derselben Rolle erwartet wird, kann es ebenfalls zu Konflikten kommen.

Ein Azubi erwartet von seinem Ausbilder etwas anderes als der Geschäftsinhaber. Während der Azubi Hilfe und Verständnis in allen Situationen für sich beansprucht, kann der Geschäftsführer Wert auf äußerste Disziplin legen. Der Ausbilder soll beiden Interessen gerecht werden, was nicht immer möglich ist.

Die Rolle des Schülersprechers birgt ebenfalls Intrarollenkonflikte in sich. Die Erwartungen, die seine Mitschüler an ihn stellen, sind andere als die der Lehrkräfte. Wenn seine Mitschüler während des Unterrichts essen wollen, erwarten sie, dass der Schülersprecher dies beim Lehrer durchsetzt. Der Lehrer kann gleichzeitig erwarten, dass der Schülersprecher seinen Klassenkameraden deutlich macht, dass essen während der Stunden nicht zulässig ist.

Bei unterschiedlichen Erwartungen an seine Rolle muss der Schülersprecher eine Entscheidung treffen, um den Konflikt zu lösen.

Solche Konflikte, die in der Rolle begründet liegen, heißen Intrarollenkonflikte.

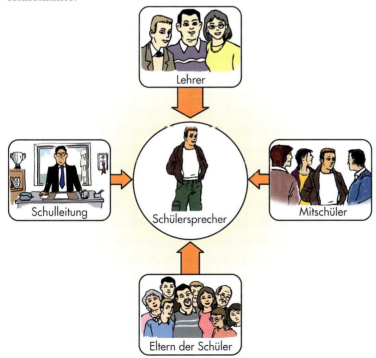

Grafik: Dave Vaughan

Die Erwartungen an den Schülersprecher sind unterschiedlich.

1. In welchen Rollenkonflikten haben Sie sich schon befunden?
2. Waren es Interrollenkonflikte oder Intrarollenkonflikte?
3. Wie haben Sie die Probleme gelöst?

2.4 Möglichkeiten und Modelle der Konfliktlösung

Eine Gesellschaft ohne Konflikte gibt es nicht. Ohne Konflikte gäbe es weniger Veränderungen in Gesellschaften, sozialer Wandel fände nur bedingt statt. Nicht der Konflikt ist gut oder schlecht, sondern die Form der Konfliktaustragung.

Ursache für die meisten Konflikte ist die Vielzahl unterschiedlicher Interessen (**Interessenkonflikt**). Konflikte in der am besten bekannten und von den meisten Menschen erlebten Primärgruppe – der Familie – belegen dies.

Interessenkonflikt:
Dies kann eine Auseinandersetzung um materielle Dinge, aber auch um Macht und Einfluss sein.

Wertekonflikt:
Dies sind Konflikte über verschieden moralische/religiöse Auffassungen (z. B. ja oder nein zur Todesstrafe).

Auch unterschiedliche Wertvorstellungen können zu Konflikten führen (**Wertekonflikt**). Die viel diskutierte Problematik über den Schwangerschaftsabbruch ist ein Beispiel hierfür. Dabei stehen sich die Positionen der katholischen Kirche und vieler Frauenbewegungen unversöhnlich gegenüber. Für die katholische Kirche steht das Recht auf Leben im Vordergrund („Tötung ungeborenen Lebens"), für die Frauenbewegung die Rechte der Frau („Mein Bauch gehört mir").

Zur Lösung der Konflikte stehen den Parteien mehrere Möglichkeiten offen. Die folgenden Modelle sind nicht immer eindeutig anwendbar. In der Realität kommen häufig Mischformen vor. Die Soziologie kennt eine Vielzahl von Konfliktlösungsmodellen. Diese wurden zum Teil von der Politikwissenschaft und der Psychologie übernommen.

Man kann drei grundlegende Modelle der Konfliktlösung unterscheiden:

▸ Konfliktregelung durch Macht/Zwang
▸ Konfliktregelung durch bestimmte Verfahrensweisen (Auslosen, Stimmenmehrheit)
▸ Konfliktregelung durch Kompromiss/Übereinkunft

Beispiele:

> Der 16-jährige Willi möchte ein moderneres, schnelleres Mountainbike. Dazu braucht er Geld. Sein Vater ist dagegen, weil Willi schon ein gutes Mountainbike hat. Willi hat schon 1.000 Euro gespart, ihm fehlen noch 300 Euro. Weil Willi bald einen Sparvertrag ausgezahlt bekommt, leiht der Vater ihm bis dahin 200 Euro.

2 Rollen und Rollenerwartungen

Die Schüler einer Abschlussklasse planen ihre Abschlussfahrt. Fünf Ziele werden immer wieder genannt: Rom, Paris, London, Brüssel und Berlin. Sie lassen das Los entscheiden.

Der Besitzer des Biergartens „Zur letzten Instanz" hat immer Mühe, zur Sperrstunde seine letzten Gäste zum Aufbruch zu bewegen. Da dies die Anwohner in ihrer Ruhe stört, melden sie den Fall dem Ordnungsamt.

Fröhlicher Zecher

1. Welchen Konfliktregelungsmodellen würden Sie die Beispiele zuordnen?
2. Welche Möglichkeit schlagen Sie für das zweite Beispiel vor? Warum?
3. Wie könnte man die Probleme anders lösen?
4. Welche Lösungen halten Sie für die besten?

Einige Konflikte ließen sich vermeiden. In vielen Fällen wäre es hilfreich, wenn sich die Konfliktparteien gegenseitig vorurteilsfrei hören würden. Häufig liegt der Grund für Auseinandersetzungen darin, dass man die Argumente der Gegenseite nicht richtig zur Kenntnis genommen hat.

Bei Gegenargumenten sollte man prüfen, ob man sie respektieren und akzeptieren kann. Dabei kann es sehr hilfreich sein, sich in die Lage des anderen zu versetzen. Mit etwas Großzügigkeit und Toleranz lassen sich einige Konflikte vermeiden. Der größte Feind der Toleranz sind Vorurteile. Bei Problemen, die kompliziert zu beurteilen sind, neigen viele Menschen zu einfachen Antworten. Dies führt unweigerlich zu Fehlbeurteilungen und falschen Schlussfolgerungen.

Häufig sind Vorurteile bei Aussagen über bestimmte Volksgruppen und Randgruppen in der Gesellschaft zu hören:

„Die Arbeitslosen sind Drückeberger. Wer Arbeit will, findet immer eine."

„Alle Deutschen sind Rassisten."

Diese Vorurteile sind ebenso falsch wie die heute häufig zu hörende Meinung über die Jugendlichen:

„Die Jugend von heute wird immer dümmer und fauler. Sie will nichts mehr arbeiten und nur Spaß haben. Früher war das alles anders."

Philosoph

Dass dieses Vorurteil fest verwurzelt ist, zeigt der Ausspruch von **Sokrates:**

„Unsere Jugend liebt den Luxus. Sie hat schlechte Manieren, missachtet die Autorität und hat keinen Respekt vor dem Alter."

Sokrates:
Griechischer Philosoph, 470 – 399 v. Christus

Die schlechteste und untauglichste Form der Konfliktlösung ist die Gewaltanwendung.

Sie wird im privaten Bereich und auch in zwischenstaatlichen Auseinandersetzungen (Kriegen) eingesetzt.

Gewalt kann sowohl physisch (körperlich) als auch psychisch (seelisch) ausgeübt werden.

In der Familie kann der Vater sein Kind schlagen oder seelisch unter Druck setzen, um einen (Rollen-)Konflikt zu lösen. Beide Methoden der Gewaltanwendung sind untauglich. Mag es vielleicht auch zum schnellen Ende des Konflikts führen, dem Kind würde Schaden zugefügt.

Gewaltanwendung in der Schule durch die Lehrkräfte ist nicht mehr erlaubt. Die Anwendung körperlicher Gewalt („Prügelstrafe") war in vergangenen Zeiten aber durchaus als **„Zuchtmittel"** der Lehrer üblich.

In jüngerer Zeit ist es an Schulen zu verheerenden Gewaltanwendungen von Schülerseite gekommen. Schüler haben in Erfurt, Freising, Winnenden und Ansbach wahllos Mitschüler und Lehrkräfte getötet oder schwer verletzt. Was auch immer die Gründe der Schüler gewesen sein mögen: Sie haben jegliche Hoffnung auf eine Konfliktlösung zunichte gemacht.

Zuchtmittel der Lehrer:
Auszug aus Artikel 86 des Bayerischen Erziehungs- und Unterrichtsgesetzes: „Körperliche Züchtigung ist nicht zulässig."

Zusammenfassung

Im täglichen Leben übernimmt der mündige Bürger verschiedene Rollen (z.B. Schüler, Spielführer, Parteimitglied).

An diese Rollen werden unterschiedliche Erwartungen geknüpft (Muss-, Kann-, Soll-Erwartungen).

Dabei kann es zu Interrollenkonflikten und Intrarollenkonflikten kommen.

(Rollen-)Konflikte können durch Macht/Zwang, Los/Stimmenmehrheit oder Kompromiss/Übereinkunft gelöst werden.

Wissens-Check

1. Was sind soziale Rollen?
2. Welche Rollenerwartungen kennen Sie?
3. Worin besteht der Unterschied zwischen Interrollenkonflikten und Intrarollenkonflikten?
4. Nennen Sie Möglichkeiten der Konfliktlösung.

Die Familie

Bauernfamilie (19. Jhd.)

Beschreiben Sie die Unterschiede zwischen den Familien auf den Fotos (Zusammensetzung, Größe, Lebensverhältnisse).

Viele Menschen leben in einer Familie. Sie ist die Primärgruppe, in der die Menschen ihre erste Sozialisation erfahren.

Die Familie besteht nach heutigem Verständnis mindestens aus Mutter, Vater und einem Kind.

In der Gesellschaft werden der Familie verschiedene Aufgaben zugedacht. Die folgenden Merkmale sind nicht ausschließlich auf Familien beschränkt. Es gibt auch andere Lebensgemeinschaften, die die gleichen Leistungen erbringen. Wenn diese Merkmale hier Familien zugeschrieben werden, so ist darin keine Wertung zu sehen. Die Familie ist jedoch die am häufigsten praktizierte Lebensgemeinschaft.

Arbeiterfamilie (19. Jhd.)

3.1 Aufgaben der Familie

Familien erfüllen eine Vielzahl wichtiger Aufgaben für ihre Mitglieder und für die Gesellschaft. Diese Aufgaben beziehen sich auf die persönliche, gesellschaftliche und wirtschaftliche Ebene. Im Verlaufe des familiären Zusammenlebens sind diese Aufgaben verschieden stark ausgeprägt.

Moderne Familie

Die gesellschaftlichen Aufgaben der Familie lassen sich drei Bereichen zuordnen:

- Sorge für die Erhaltung der Gesellschaft/Reproduktion von Nachkommen
- Erziehung der Kinder (Sozialisation)
- Befriedigung menschlicher Grundbedürfnisse

Heute sind wichtige Aufgaben der Familie auf den Staat übergegangen. Andererseits sind Aufgaben des Staates auf die Familien verlagert worden.

1. Welche Aufgaben der Familie hat der Staat übernommen?
2. Welche Aufgaben hat die Familie vom Staat übernommen?
3. Kann man von einem „Funktionsverlust der Familie" sprechen?

Reproduktion

Eine bedeutende Aufgabe der Familie ist die Reproduktion, das heißt die Zeugung neuer Familien- und Gesellschaftsmitglieder. Auch heute halten ca. 50 Prozent der Bevölkerung Ehen mit Kindern für glücklicher. Dennoch geht die Zahl der Ehen mit Kindern ständig zurück. Das wird in Zukunft Auswirkungen auf den Arbeitsmarkt und die Rentenkassen haben. Schon heute ist absehbar, dass in der Mitte dieses Jahrhunderts die BRD auf Zuwanderer angewiesen sein wird.

Der Verzicht auf Kinder wird von manchen Ehepaaren damit erklärt, dass Kinder Zeit und Geld kosten. Generell nimmt die Größe der Familie mit zunehmender Erwerbstätigkeit der Frauen ab.

Die Familiengröße nimmt auch mit zunehmendem Ausbildungsabschluss der Frauen ab. Frauen, die nach dem 26. Lebensjahr heiraten, haben im Durchschnitt weniger Kinder. Die Familiengrößen sind im Freistaat Bayern und in Niedersachsen am höchsten. In den **Stadtstaaten** – insbesondere in Berlin – sind sie am niedrigsten. Familien auf dem Lande haben generell mehr Kinder als solche in der Stadt.

In den vergangenen Jahren ist die Geburtenrate bei ärmeren Familien und denen mit mittlerem Einkommen gesunken. Dennoch sind Familien von Arbeitern und Landwirten im Durchschnitt größer als die von Angestellten und Beamten. Die Kinderzahl von Familien mit Migrationshintergrund und religiös gesinnten Ehepartnern ist größer als die der Durchschnittsfamilie.

Stadtstaaten:
Berlin, Bremen, Hamburg

1. Warum hat die Anzahl der Kinder eine wesentliche Bedeutung für die Erhaltung des Staates?
2. Sollten Frauen zugunsten von Kindern auf eine Berufstätigkeit verzichten?
Begründen Sie Ihre Meinung.

Erziehung und Erziehungsstile

Menschliche Neugeborene und kleine Kinder können nicht alleine überleben: Zunächst bedürfen sie der Pflege, später müssen sie erzogen werden.

Unter Erziehung versteht man soziale Handlungen, durch die die Eltern versuchen, die Persönlichkeitsentwicklung ihrer Kinder zu beeinflussen.

Die Erziehung ist immer an bestimmten Zielen, Idealen, Leitbildern und Normen ausgerichtet. War die Erziehung früher an Strenge und Gehorsam ausgerichtet (autoritärer Erziehungsstil), so hat sich dies im Laufe der Zeit zu Toleranz und Verständnis geändert (partnerschaftlicher/demokratischer Stil).

Eltern verfügen über verschiedene Arten von Erziehungsmitteln. Eine nicht repräsentative Umfrage unter Eltern im Freistaat Bayern ergab, dass erzieherische Maßnahmen in folgender Reihenfolge bevorzugt werden:

- Beispiel, Vorbild sein
- verständnisvolle Erziehungsgestaltung
- erklären, argumentieren, beraten
- Konsequenz, Festigkeit, Stetigkeit, Ruhe
- Bestätigung
- Härte, Strenge, Strafe

Grafik: Dave Vaughan

Befriedigung menschlicher Grundbedürfnisse

Die Erhaltung der innerfamiliären Harmonie ist eine weitere wichtige Aufgabe der Familie. Die Familienmitglieder unterstützen sich bei der Verarbeitung von außen kommender Belastungen. Der Abbau von Stress ist in der Familie leichter möglich. Außerdem findet der Mensch hier Unterstützung bei Krankheit und im Alter.

Menschliche Grundbedürfnisse:
Hierzu zählen u.a.
- Nahrung,
- Kleidung,
- Sicherheit,
- Vertrauen,
- Anerkennung,
- Zuwendung.

1. Welche Gründe sprechen für die Gründung einer Familie?
2. Warum hat die Familie Ihrer Meinung nach eine Zukunft?
3. Was spricht für einen toleranten Erziehungsstil?

Die Familie spielt als primäre Sozialisationsinstanz und als Ort der Bildung eine zentrale Rolle für den Verlauf der Bildungsbiografie. Dies trifft in besonderer Weise auf die frühe Kindheit zu, gilt aber für das gesamte Kindes- und Jugendalter. In der Familie werden nicht nur wesentliche basale Kompetenzen und Vorläuferfähigkeiten vermittelt, es finden – überwiegend alltagsintegriert und spielerisch – auch unterschiedliche Bildungsprozesse statt, die langfristig die Bildungsmotivation und -chancen der Kinder erheblich beeinflussen. Eltern geben ihren Kindern Orientierungshilfen, eröffnen wichtige Entfaltungsmöglichkeiten und treffen zudem stellvertretend bedeutsame Bildungsentscheidungen.

Bildungsbericht 2012, S. 48

3.2 Rechtsstellung der Familie

Die Stellung von Ehe und Familie im Grundgesetz

Hochzeitsbrauch in einem schwäbischen Dorf

Obwohl sich durch die gesellschaftliche Entwicklung weitere Formen des Zusammenlebens ergeben haben, bleibt die Ehe und Familie die häufigste Form der **Lebensgemeinschaft.** Sie wird im Grundgesetz und in den Verfassungen der Bundesländer hervorgehoben und unterstützt.

Lebensgemeinschaft:
Laut einer Erhebung des Statistischen Bundesamtes aus dem Jahre 2010 gab es 2009 in Deutschland rund 18 Mio. Ehepaare und gut 2,6 Mio. nichteheliche Lebensgemeinschaften. In der Shellstudie 2010 waren 92 Prozent der Jugendlichen der Meinung, dass ein gutes Familienleben wichtig sei.

> Art. 6 GG
>
> (1) Ehe und Familie stehen unter dem besonderen Schutz der staatlichen Ordnung.
>
> Art. 124 BV
>
> (1) Ehe und Familie sind die natürliche und sittliche Grundlage menschlicher Gemeinschaft und stehen unter dem besonderen Schutz des Staates.

Der verfassungsmäßige Schutz von Ehe und Familie wird in unterschiedlichen Rechtsbereichen deutlich. Ehepaare genießen unter anderem Vorteile

▸ im Steuerrecht (z.B. günstigere Lohnsteuerklasse/**Ehegattensplitting**),

▸ in der gesetzlichen Kranken- und Pflegeversicherung durch die Mitversicherung des nicht berufstätigen Ehegatten und der Kinder,

▸ in der gesetzlichen Rentenversicherung durch die Witwen-/Witwerrente.

Ehegattensplitting:
Das gesamte Einkommen in einer Ehe wird steuerlich auf den Ehemann und die Ehefrau in gleicher Höhe aufgeteilt. Damit ergibt sich häufig ein geringerer Steuersatz für die beiden Hälften als der Steuersatz für das gesamte Einkommen. Insbesondere bei Ehen mit nur einem berufstätigen Ehegatten wirkt sich das Ehegattensplitting steuermindernd aus. Das Ehegattensplitting begünstigt auch kinderlose Ehen.

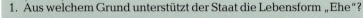

1. Aus welchem Grund unterstützt der Staat die Lebensform „Ehe"?
2. Diskutieren Sie darüber, ob andere Lebensformen (z.B. nichteheliche Lebensgemeinschaften, gleichgeschlechtliche Lebenspartnerschaften) ebenso staatliche Unterstützung erhalten sollten.
3. Halten Sie die steuerliche Begünstigung einer kinderlosen Ehe für gerechtfertigt?

Rechtsbeziehungen in Ehe und Familie

Die Eheschließung zieht durch das Familienrecht im Bürgerlichen Gesetzbuch eine Reihe von Wirkungen nach sich.

Wenn z.B. Helmut Treu und Petra Fröhlich heiraten, werden sich die beiden über einen Ehenamen Gedanken machen.

Die Eheleute sollen einen gemeinsamen Familien- bzw. Ehenamen tragen. Diese Vorschrift ist aber nicht zwingend. Ehemann und Ehefrau können auch ihren Geburtsnamen beibehalten. Alle ihre Kinder erhalten als Geburtsnamen den Namen des Vaters oder der Mutter. Hier müssen sich die Eheleute entscheiden.

Häufig entscheidet sich das Ehepaar dazu, dass als Ehename der Geburtsname des Mannes oder der Frau gelten soll. Die Kinder tragen dann auch diesen Namen.

Ein Ehepartner, dessen Geburtsname nicht Familienname wurde, kann dem gewählten Familiennamen seinen Geburtsnamen voranstellen oder anfügen. Die Kinder aus einer solchen Ehe bekommen den Familiennamen.

Petra Fröhlich und Helmut Treu haben folgende Möglichkeiten:

> Petra Fröhlich und Helmut Fröhlich
> Petra Fröhlich und Helmut Fröhlich-Treu oder Helmut Treu-Fröhlich
> (Kinder: Fröhlich)
> Petra Treu und Helmut Treu
> Petra Treu-Fröhlich oder Petra Fröhlich-Treu und Helmut Treu
> (Kinder: Treu)
> Petra Fröhlich und Helmut Treu
> (Kinder: entweder alle Treu oder alle Fröhlich)

> Heute ist unsere Hochzeit
> **Petra & Helmut Treu**
> Kirchl. Trauung: 14:00 Uhr Stadtpfarrkirche
> Feier: Gasthof Ochsen

Wie viele Schüler/-innen möchten im Falle einer Eheschließung ihren Geburtsnamen auf irgendeine Art beibehalten? Erhebung in der Klasse.

Beendigung der Ehe:
Sie kann durch eine Scheidung, eine Aufhebung der Ehe (z. B. bei widerrechtlich erzwungener Eheschließung) oder durch den Tod eines Ehepartners erfolgen.

Auch die standesamtliche Ehe wird auf Lebenszeit geschlossen. Die Eheleute sind einander zur ehelichen Lebensgemeinschaft verpflichtet. Sie tragen füreinander Verantwortung.

Die Ehe wird vom Staat unterstützt. Die Eheleute sind jedoch einander verpflichtet, durch ihre Arbeit und mit ihrem Vermögen die Familie angemessen zu unterhalten. Wenn ein Ehepartner den Haushalt führt und die Kindererziehung übernommen hat, dann hat er dadurch die Unterhaltspflicht erfüllt.

Persönliche Bedürfnisse des Ehegatten:
Hierunter fällt auch ein Taschengeld für jeden Ehepartner. Die Höhe richtet sich nach dem Vermögen, Einkommen und Lebensstil der Eheleute.

> § 1360a BGB
>
> (1) Der angemessene Unterhalt der Familie umfasst alles, was nach den Verhältnissen der Ehegatten erforderlich ist, um die Kosten des Haushalts zu bestreiten und die persönlichen Bedürfnisse der Ehegatten und den Lebensbedarf der gemeinsam unterhaltsberechtigten Kinder zu befriedigen.

E Soziale Beziehungen

Eheliches Güterrecht

Die Ehepartner besitzen häufig vor der Eheschließung schon ein Vermögen oder Vermögensgegenstände. Wem dieses Vermögen in der Ehe gehört, richtet sich nach der Art des Güterstandes. Wenn die Eheleute nichts vereinbaren, leben sie im gesetzlichen Güterstand, der sogenannten Zugewinngemeinschaft. Während der Ehe ist dieser Güterstand fast identisch mit dem **vertraglichen Güterstand** der Gütertrennung. Das heißt:

▸ Vermögen, das ein Ehepartner in die Ehe gebracht hat, bleibt sein bzw. ihr Vermögen.

▸ Vermögen, das ein Ehepartner während der Ehe erwirbt, gehört ihm bzw. ihr.

Wird die Ehe geschieden, muss in der Zugewinngemeinschaft der Vermögenszuwachs, der Zugewinn, zwischen den beiden Eheleuten ausgeglichen werden.

Beispiel: Petra hat in der Ehe einen Vermögenszuwachs von 50.000 Euro, Helmut von 10.000 Euro. Im Falle einer Scheidung hätte Helmut einen Anspruch auf Zugewinnausgleich in Höhe von 20.000 Euro an Petra.

Vertraglicher Güterstand:
Wenn den Eheleuten die Regelungen des gesetzlich vorgeschriebenen Güterstandes nicht gefallen, können sie bei einem Notar einen so genannten Ehevertrag abschließen. In ihm wird der Güterstand festgelegt. Es gibt zwei Typen: Gütergemeinschaft und Gütertrennung.

> Ist es gerecht, dass bei einer Scheidung jener Ehepartner, der weniger Vermögenszuwachs während der Ehe hatte, einen Zugewinnausgleich vom anderen erhält?
> Begründen Sie Ihre Meinung.

Will ein Ehepartner in einer Zugewinngemeinschaft über sein gesamtes Vermögen verfügen, muss der andere Ehepartner einwilligen.

Beispiel: Helmut Treu verwendet sein ganzes Vermögen zum Kauf eines Sportwagens. Hier muss die Ehefrau ihre Zustimmung geben.

Dies gilt auch, wenn ein Ehepartner einen Haushaltsgegenstand, der ihm gehört, verkauft. Häufig müssen solche Haushaltsgegenstände ersetzt werden, weil sie alt und wertlos wurden. Der

Ersatzgegenstand gehört dann auch jenem Ehepartner, der Eigentümer des ehemaligen Haushaltsgegenstandes war.

Beispiel: Petra verkauft ihre Waschmaschine. Zu diesem Geschäft muss ihr Ehemann einwilligen. Wenn Petras Waschmaschine ersetzt werden muss, wird sie auch Eigentümerin der neuen Waschmaschine.

Ist es sinnvoll, dass beim Verkauf von Haushaltsgegenständen der Ehepartner, dem der Gegenstand gehört, den anderen Ehepartner fragen muss? Begründen Sie Ihre Meinung.

Nach kurzer Krankheit verschied am Mittwochmittag mein lieber Ehemann, unser fürsorglicher Vater

Helmut Treu
* 28.03.1964   † 15.12.2009

Augsburg, den 17.12.2009

In tiefer Trauer:
Petra Treu, geb. Fröhlich
Erwin Treu, Sohn
Elvira Treu, Tochter

Der Trauergottesdienst findet am 18.12.2009 um 9:15 Uhr auf dem Westfriedhof statt. Von Beileidsbezeugungen am Grabe bitten wir abzusehen.

Wenn ein Ehepartner stirbt, endet die Ehe. Das Erbrecht im BGB verschafft dem überlebenden Ehepartner einen besonderen Erbanteil. Dieser erhält die Hälfte der Erbschaft, wenn die Eheleute im gesetzlichen Güterstand lebten. Die andere Hälfte fällt zu gleichen Teilen an die **Kinder.** Hatte der verstorbene Ehepartner keine Kinder, bekommt der andere Ehepartner drei Viertel der Erbschaft. Den Rest erhalten die **Eltern** des Verstorbenen.

Kinder in der gesetzlichen Erbfolge:
Sie gelten als Erben der ersten Ordnung. An die Stelle verstorbener Kinder treten deren Kinder.

Eltern in der gesetzlichen Erbfolge:
Sie gelten als Erben der zweiten Ordnung. Anstelle verstorbener Eltern treten deren Kinder, also die Geschwister des Verstorbenen.

Quelle: R. A. Drude

Testament:
Ein eigenhändiges Testament muss eigenhändig geschrieben und unterschrieben werden, damit es gültig ist. Das öffentliche Testament wird mit Hilfe eines Notars gemacht.

In der Gütertrennung bekommt der überlebende Ehepartner mindestens ein Viertel und höchstens die Hälfte der Erbschaft. Mit einem Testament legen die Ehepartner häufig den überlebenden Ehepartner als Alleinerben fest. Das **Testament** hat Vorrang vor den gesetzlichen Regelungen.

Ist es gerecht, dass in einer Ehe mit Kindern der überlebende Ehegatte weniger erhält als in einer kinderlosen Ehe?

3.3 Herausforderungen an Familie und Gesellschaft

Die Familie steht als Keimzelle im Zentrum der Gesellschaft. Dies hat zur Folge, dass sie von gesellschaftlichen Entwicklungen beeinflusst wird. Dabei kann sich die innere Struktur der Familie verändern.

Veränderte Geschlechterrollen

Die Familienmitglieder übernehmen je nach Alter und Geschlecht bestimmte Rollen in der Familie: Ehepartner, Mutter, Kind, Bruder, Schwester usw. Diesen Rollen sind unterschiedliche Rechte und Pflichten zugeordnet.

In der traditionellen Rollenverteilung war der Frau in erster Linie die Rolle der Ehepartnerin, Hausfrau und Mutter zugedacht. Sie galt als passiv, erduldend, sensibel, emotional und musste offen für alle Familienprobleme sein. Das Umsorgen der anderen Familienmitglieder sollte im Mittelpunkt ihres Lebens stehen.

Der Mann war dagegen der „Herr im Haus". Er wurde überwiegend in seiner Berufsrolle gesehen, als Ernährer der Familie. Eigenschaften wie Leistungsbereitschaft, Tatkraft und Härte wurden ihm zugeschrieben. Vom Mann wurde die Familie nach außen hin verteidigt und vertreten.

Die Männer wurden bei dieser Rollenverteilung als höherwertig eingestuft.

Dieses traditionelle Rollenbild wurde in den 60er- und 70er-Jahren des vorigen Jahrhunderts kritisch hinterfragt. Die damaligen Studenten- und Frauenbewegungen haben eine Änderung dieses Schemas bewirkt.

Foto: Manuela Schellenberger

Heutzutage werden nur noch wenige Eigenschaften und Fähigkeiten einem bestimmten Geschlecht zugeordnet. Zärtlichkeit, Kinderliebe und Empfindsamkeit werden als gleich wichtig für Männer und Frauen genannt.

Das traditionelle Familienbild wirkt dennoch nach. Es erschwert den Frauen die Entfaltung im Beruf und führt zu unterschiedlichen Aufstiegsmöglichkeiten von Männern und Frauen. Die emanzipierte Frau wird von der Gesellschaft nicht nur positiv gesehen.

Der Mann, der als „Hausmann" Aufgaben in der Familie übernimmt, wird noch häufig belächelt.

1. Welche Vorteile bietet die traditionelle Rollenaufteilung in der Familie?
2. Kann die Kindererziehung bei der modernen Rollenaufteilung leiden?
3. Warum bezeichnen einige Menschen moderne Frauen als „Emanzen" und Hausmänner als „Weicheier"?

Kaum Männer am Bügelbrett
-Rollenbild wenig verändert-
Wiesbaden(dpa)
Wer hätte das anno 2004 gedacht: Männer verbringen ihre Freizeit auf dem Fußballplatz, in der Küche stehen dafür meist die Frauen. Das klingt nach 50er Jahre, ist nach der jüngsten „Zeitbudgeterhebung" des Statistischen Bundesamtes aber in vielen Fällen nach wie vor Realität.
Münchener Merkur

Vereinbarkeit von Beruf und Familie

Bei vielen Mitbürgern herrscht die Meinung vor, dass die Berufstätigkeit beider Elternteile negative Auswirkungen auf die Familie habe.

Beklagt wird, dass die Eltern zu wenig daheim wären: Sie würden an Überarbeitung leiden und hätten zu wenig Zeit für die Familie. Negativ könne sich besonders Nacht-, Schicht- und Feiertagsarbeit auswirken.

Fest steht, dass sich bei gleitender Arbeitszeit die Familienbelange mit dem Beruf besser vereinbaren lassen.

Dem trägt auch der Gesetzgeber Rechnung:

> Art. 10 BayGlG
> Soweit dienstliche Belange nicht entgegenstehen, soll im Rahmen der gesetzlichen, tarifvertraglichen und sonstigen Regelungen der Arbeitszeit im Einzelfall Beschäftigten mit Familienpflichten bei Notwendigkeit über die gleitende Arbeitszeit hinaus eine flexible Gestaltung der Arbeitszeit ermöglicht werden.

BayGlG: Bayerisches Gleichstellungsgesetz

Einrichtungen wie Kindertagesstätten, Kindergärten und Ganztagsbetreuung in den Schulen erleichtern die Vereinbarkeit von Familie und Beruf.

Für das Familienleben ist es von großer Bedeutung, ob die erwerbstätigen Familienmitglieder mit ihrem Beruf zufrieden sind. Negativ ist es, wenn sie erschöpft, verärgert, gestresst oder gereizt nach Hause zurückkommen. Dann erleben sie Kinderbetreuung als zusätzliche Belastung.

Umgekehrt wirkt sich das Familienklima auf das berufliche Engagement aus. Ein gutes Familienklima fördert die berufliche Leistungsfähigkeit.

Kinderreiche Familie

1. Nennen Sie Gründe, die gegen die Vereinbarkeit von Beruf und Familie sprechen.
2. Welche Gründe sprechen dafür?
3. Wie würden Sie sich entscheiden? Warum?

Kinder als Armutsrisiko

Familien mit mehreren Kindern sind häufig finanziell schlechter gestellt als Kleinfamilien. Viele große Familien sind auf die Hilfe des Staates angewiesen.

Der Staat zahlt Kindergeld und unterstützt Familien, die unter dem Existenzminimum leben müssen. Kinder aus sozial schwachen Familien können Leistungen für Bildung und Teilhabe erhalten. Diese Leistungen werden umgangssprachlich als **Bildungspaket** bezeichnet.

In vielen deutschen Städten und Gemeinden mangelt es an großen, kostengünstigen Wohnungen. Zudem stoßen Mehrkindfamilien bei Vermietern mitunter auf Vorbehalte. Deshalb muss sich ein Teil dieser Familien mit teuren und zu kleinen Wohnungen abfinden. Sozialwohnungen sind gerade in großen Gemeinden nicht immer ausreichend vorhanden. Durch die hohe Miete bedingt, fehlt es an Geld für Freizeitaktivitäten, Urlaub und Bildung.

Mehrere Kinder zu betreuen hat häufig zur Folge, dass nur ein Elternteil berufstätig sein kann. Dies bedeutet einen weiteren Verlust an verfügbarem Einkommen und kann zu **Armut** führen.

Bildungspaket:
Ersetzt werden die Kosten für:
- Mittagsverpflegung in Hort oder Schule
- Ausflüge und Klassenfahrten
- Schulbedarf
- Nachhilfeunterricht
- Sport- und Kulturangebote

Armut:
Als arm gilt, wer mit weniger als der Hälfte des durchschnittlichen Pro-Kopf-Einkommens leben muss. Diesen Personen steht in der Regel Sozialhilfe zu.

> Sollte der Staat die Großfamilie stärker fördern? Warum? Wie könnte dies geschehen?

Neue Formen der Partnerschaft und des Zusammenlebens

Wohngemeinschaft (WG) in den 70er Jahren

Verhandlungsfamilie:
Die Aufgaben in der Familie werden in bestimmten Zeitabständen neu ausgehandelt.

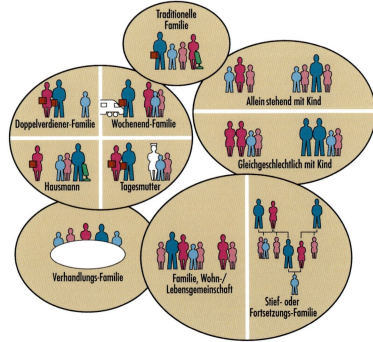

Neue Formen des Zusammenlebens setzen sich immer mehr durch.

Grafik: Dave Vaughan

1. Welche Vor- oder Nachteile sehen Sie in diesen Lebensformen für die Kinder?
2. Welche für die Erwachsenen?

Begründen sie Ihre Meinung.

In den 60er und 70er Jahren des vorigen Jahrhunderts haben sich junge Menschen zuweilen zu Wohngemeinschaften zusammengeschlossen. Hier wollten sie ihre politischen Ideen schmieden und umsetzen. Das „freie Leben" und die „freie Sexualität" standen dabei im Vordergrund. Wohngemeinschaften junger Leute gibt es auch heute noch. Dabei steht jetzt aber im Vordergrund, für eine bestimmte Zeit einen preiswerten Wohnraum zu haben. Es sind Zweckgemeinschaften, die innere Bindung dieser Gemeinschaften ist nicht so intensiv ausgeprägt.

Neben der klassischen Ehe gibt es weitere, staatlich anerkannte Möglichkeiten des Zusammenlebens.

Heute ist es gleichgeschlechtlichen Paaren möglich, sich vor dem Notar als „Lebensgemeinschaft" eintragen zu lassen. Eingetragene Lebensgemeinschaften haben ähnliche Rechte und Pflichten wie Ehepaare.

Eine vollständige Gleichstellung zwischen Ehe und gleichgeschlechtlichen Lebensgemeinschaften ist nicht vorgesehen. Ein wichtiger Grund dafür ist, dass gleichgeschlechtliche Lebensgemeinschaften miteinander keine Kinder bekommen können.

Gleichgeschlechtliche Lebensgemeinschaft

1. Welche Gründe sprechen für, welche gegen die staatliche Aufwertung gleichgeschlechtlicher Lebensgemeinschaften?
2. Sollten gleichgeschlechtliche Lebensgemeinschaften Kinder adoptieren dürfen? Begründen Sie Ihre Meinung.
3. Wie beurteilen Sie die zurückhaltende Position vieler Menschen zu dieser Regelung?

3.4 Maßnahmen staatlicher Familienpolitik

Der besondere Schutz von Ehe und Familie im Grundgesetz drückt sich neben der Bevorzugung der Ehe insbesondere in der finanziellen Unterstützung der Familien aus. Die meisten dieser **Transferleistungen** stehen auch allein erziehenden Personen zu.

Transferleistungen:
Zahlungen des Staates in Form von Kindergeld, Elterngeld, Ausbildungsförderung

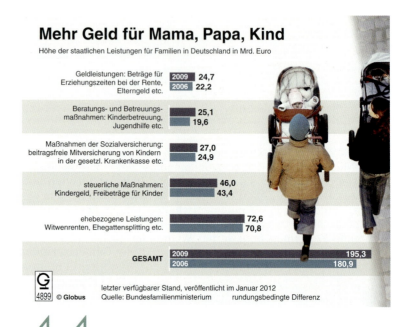

Mehr Geld für Mama, Papa, Kind
Höhe der staatlichen Leistungen für Familien in Deutschland in Mrd. Euro

	2009	2006
Geldleistungen: Beträge für Erziehungszeiten bei der Rente, Elterngeld etc.	24,7	22,2
Beratungs- und Betreuungsmaßnahmen: Kinderbetreuung, Jugendhilfe etc.	25,1	19,6
Maßnahmen der Sozialversicherung: beitragsfreie Mitversicherung von Kindern in der gesetzl. Krankenkasse etc.	27,0	24,9
steuerliche Maßnahmen: Kindergeld, Freibeträge für Kinder	46,0	43,4
ehebezogene Leistungen: Witwenrenten, Ehegattensplitting etc.	72,6	70,8
GESAMT	195,3	180,9

letzter verfügbarer Stand, veröffentlicht im Januar 2012
© Globus Quelle: Bundesfamilienministerium rundungsbedingte Differenz

---

Sind Ihrer Meinung nach die Leistungen des Staates zum Schutz von Ehe und Familie ausreichend? Vergleichen Sie hierzu mit weiteren Zahlen aus dem Jahr 2009: Gesundheitsausgaben 263,2 Mrd., Rentenausgaben (ohne Pensionen) 233,6 Mrd., Ausgaben der Pflegeversicherung 19,14 Mrd.

Nur zehn Prozent der Fünf- und Sechsjährigen besuchen keinen Kindergarten. 60 Prozent der Eltern wünschen sich für das dritte Lebensjahr ihres Kindes einen Kindergartenplatz.

Foto: Dietrich Claus

Wer betreut Deutschlands Kinder?
Seit Einführung des Rechtsanspruchs auf einen Kindergartenplatz besuchen nahezu alle Kinder ab vier Jahren den Kindergarten. Nur zehn Prozent des Altersjahrgangs der Fünf- bis Sechsjährigen erreicht dieses Angebot nicht. Darunter sind häufiger Kinder aus benachteiligten Familien. Auch Kinder mit Migrationshintergrund sind recht gut in den Kindergarten integriert. Die, die nicht hingehen, kommen aus bildungsfernen Familien. (…) Problematisch sieht es (…) für den Altersbereich der zwei- bis vierjährigen Kinder aus. Eltern wünschen sich mehr Betreuungsangebote, die früher zur Verfügung stehen: Nach der Elterngeldphase, d.h. nach dem ersten Lebensjahr des Kindes steigt der Bedarf nach außerhäuslicher Betreuung. 31 Prozent der befragten Eltern wünschen sich einen Betreuungsplatz für das zweite Lebensjahr und 60 Prozent für das dritte Lebensjahr der Kinder.

Quelle: Deutsches Jugendinstitut e.V.: DJI-Kinderbetreuungsstudie

Viele Ehepaare wünschen sich Kinder und wollen bzw. müssen zugleich langfristig beruflich tätig bleiben. Staatliche Zahlungen an die Eltern reichen hier nicht aus. Der Staat muss sie in der Kindererziehung unterstützen. In der staatlichen Familienpolitik wurden hierfür folgende Maßnahmen entwickelt:
- Elternzeit
- Kinderbetreuung
- Ganztagsschulen

Der frühere Erziehungsurlaub heißt jetzt Elternzeit: Väter und/oder Mütter widmen sich im eigenen Haushalt der Betreuung und Erziehung des Kindes, ohne dass sie zugleich in Vollzeit ihren Beruf ausüben. Die Elternzeit beträgt höchstens drei Jahre und endet grundsätzlich mit der Vollendung des dritten Lebensjahres des Kindes. Während der Gesamtdauer der Elternzeit besteht Kündigungsschutz. Das Arbeitsverhältnis bleibt also erhalten. Die Elternzeit ist im Bundeselterngeld- und Elternzeitgesetz geregelt.

> Warum wird den Eltern „unbezahlter Urlaub von der Arbeit" nur in den ersten drei Lebensjahren des Kindes angeboten?

Kindergärten unterstützen die Familien.

Wer keine Elternzeit nehmen will oder kann, erhält vom Staat Hilfe bei der Erziehung und Betreuung der eigenen Kinder. Kinder unter drei Jahren können in **Kinderkrippen,** Kindergärten und in der **Tagespflege** betreut werden. Dies erfolgt im Freistaat Bayern im Rahmen der Kinderbetreuung. Die Kinderbetreuung kann sich bis zum 16. Lebensjahr eines Kindes fortsetzen. Die meisten Drei- bis Sechsjährigen gehen heutzutage in einen Kindergarten. Die Gemeinden sind für deren Bau und Betrieb verantwortlich. Für die Betreuung ihrer Kinder von sechs bis zehn Jahren steht den Eltern oft ein Hort zur Verfügung. Viele Grundschulen bieten eine Mittagsbetreuung an. 10- bis 16-jährige Schüler können im Rahmen der Kinderbetreuung Ganztagsbetreuungseinrichtungen besuchen.

Eltern, die für ihr Kleinkind kein öffentlich gefördertes Betreuungsangebot in Anspruch nehmen, können für ihr zwei- bis dreijähriges Kind Betreuungsgeld beziehen.

Kinderkrippen:
Seit dem 1. August 2013 besteht ein einklagbarer Anspruch auf einen Krippenplatz.

Tagespflege:
Eine vom Jugendamt ausgewählte Person (Tagesmutter, Tagesvater) betreut fremde Kinder.

Kindertagesbetreuung: Wunsch und Wirklichkeit

Anteil der Kinder unter drei Jahren in Kindertagesbetreuung (Betreuungsquote) und der tatsächliche Betreuungsbedarf in Deutschland

	Quote* in Prozent	Bedarf** in Prozent	Differenz in Prozentpunkten
Deutschland gesamt	27,6	39,4	- 11,8
Westdeutschland	22,3	35,3	- 13,0
Ostdeutschland	49,0	56,1	- 7,1
Bremen	21,2	40,7	- 19,5
Nordrhein-Westfalen	18,1	33,9	- 15,8
Hessen	23,7	37,9	- 14,2
Baden-Württemberg	23,1	36,8	- 13,7
Berlin	42,6	55,9	- 13,3
Niedersachsen	22,1	35,3	- 13,2
Rheinland-Pfalz	27,0	40,1	- 13,1
Saarland	22,1	35,0	- 12,9
Schleswig-Holstein	24,2	34,8	- 10,6
Hamburg	35,8	45,2	- 9,4
Bayern	23,0	31,6	- 8,6
Meckl.-Vorpommern	53,6	60,4	- 6,8
Sachsen	46,4	52,5	- 6,1
Brandenburg	53,4	57,5	- 4,1
Thüringen	49,8	53,6	- 3,8
Sachsen-Anhalt	57,5	60,8	- 3,3

Stand 2012, *Stichtag 1. März **Umfrage unter Eltern
Quelle: Statistisches Bundesamt, Deutsches Jugendinstitut, Bundesfamilienministerium
© Globus 5337

1. Welche Betreuungsmaßnahmen bietet der Staat in Deutschland für Kinder unter drei Jahren?
2. Wie können sich die staatlichen Betreuungsangebote auf die Bevölkerungsentwicklung auswirken? Begründen Sie Ihre Meinung.
3. Diskutieren Sie darüber, welche Faktoren die Geburtenrate beeinflussen.

Angebote der Schulen am Nachmittag entlasten Familien.

Eine obligatorische Ganztagsschule ist in Bayern nicht vorhanden. Es gibt zwei Formen von Ganztagsschulen in Bayern: In der so genannten gebundenen Ganztagsschule wird der Pflichtunterricht auf den Vormittag und den Nachmittag verteilt. Über den ganzen Tag hinweg wechseln Unterrichtsstunden mit Übungs- und Studierzeiten und sportlichen, musischen oder künstlerisch orientierten Fördermaßnahmen. Selbstverständlich werden auch Freizeitaktivitäten angeboten. Schüler und Schülerinnen, die Schwierigkeiten beim Lernen haben, erhalten in dieser Ganztagsschule mehr Lernzeit. Es werden überwiegend Lehrer und Förderlehrer eingesetzt. Hausaufgabenhilfe wird angeboten.

In der offenen Ganztagsschule findet der stundenplanmäßige Unterricht vormittags statt. Im Anschluss daran bietet die Schule an vier bis fünf Tagen ein betreutes Mittagessen und ein Nachmittagsangebot mit Freizeitaktivitäten und Hausaufgabenbetreuung an. Die Angebote am Nachmittag werden in erster Linie von externen Kräften wie z. B. Sozialpädagogen betreut.

In Frankreich haben Ganztagsschulen eine lange Tradition, in Schweden ist dieser Schultyp der Normalfall. In der Bundesrepublik Deutschland sind Ganztagsschulen noch nicht flächendeckend vorhanden.

1. Warum ist die Ganztagsschule eine Unterstützung für die Familien?
2. Worin sehen Sie als Schülerin bzw. Schüler Vorteile und Nachteile der Ganztagsschule?
3. Wie stehen Sie zur Ganztagsschule als Pflichtschule?

Zusammenfassung

Die meisten Menschen leben in Familien. Diese helfen den Kindern, in die Gesellschaft hineinzuwachsen (Primärsozialisation).

Im Laufe der Zeit hat sich die Familie von der Großfamilie (Großeltern, Eltern, Kinder, Gesinde) zur Kleinfamilie (Vater, Mutter, ein bis drei Kinder) entwickelt.

Entsprechend haben sich die Aufgaben in der Familie verändert. Ernährer/Verdiener sind häufig Vater und Mutter. Die Aufgaben im Haushalt und die Kindererziehung werden von beiden Elternteilen erfüllt.

Die Erziehungsstile haben sich verändert: Vom strengen, autoritären Erziehungsstil wurde zum vorbildhaften, liberalen Erziehungsstil gewechselt.

Das Grundgesetz und die Bayerische Verfassung schützen ausdrücklich Ehe und Familie.

Das Namensrecht des BGB ermöglicht den Eheleuten mehrere Kombinationsmöglichkeiten.

Durch die Eheschließung sind die Ehepartner zum Unterhalt der Familie verpflichtet.

Die Vermögensverhältnisse in einer Ehe richten sich nach dem Güterstand.

Der gesetzliche Güterstand heißt Zugewinngemeinschaft.

Die vertraglichen Güterstände sind die Gütergemeinschaft und die Gütertrennung.

Im Güterstand der Zugewinngemeinschaft bleibt das Vermögen der einzelnen Ehegatten getrennt.

Wird die Ehe geschieden, so findet in der Zugewinngemeinschaft ein Vermögensausgleich statt.

Das gesetzliche Erbrecht sieht für den überlebenden Ehepartner einen Erbanteil vor.

Die Vereinbarkeit von Beruf und Familie ist weiterhin problematisch. Sie kann sich negativ auf die Kinder auswirken (Stress, Zeitmangel).

Viele Kinder können Armut in die Familie bringen.

Die rechtliche Position gleichgeschlechtlicher Partnerschaften wurde verbessert. Eine Gleichstellung mit der Familie hat nicht stattgefunden.

Der staatliche Schutz von Ehe und Familie erfolgt unter anderem durch Steuererleichterungen, Transferleistungen (z. B. Kindergeld), Elternzeit sowie Einrichtungen, in denen Erziehung und Betreuung der Kinder gewährleistet werden (z. B. Kindergärten, Kinderkrippen).

Wissens-Check

1. Die Aufgaben der Familie haben sich im Laufe der Zeit geändert. Nennen sie Beispiele.
2. Nennen sie Vor- und Nachteile verschiedener Erziehungsstile.
3. Situation: Sigrun Kurz und Johannes Müller heiraten.
   a) Bei der Eheschließung möchte Sigrun die Ehe zunächst für die Dauer von zehn Jahren schließen. Eine Verlängerung könnte sich ja noch anschließen. Was wird der Standesbeamte zu dieser Idee sagen?
   b) Welche Namenskombinationen sind für die beiden Eheleute denkbar?
   c) Die beiden Ehepartner vereinbaren keinen Güterstand. In welchem Güterstand leben sie dann?
   d) Sigrun bringt unter anderem einen Kühlschrank mit in die Ehe. Johannes hat ein Aktiendepot im Wert von 50.000 Euro. Wem gehören die Vermögensgegenstände nach der Eheschließung?
   e) Sigrun möchte ihren Kühlschrank verkaufen. Johannes will sein Aktiendepot auflösen. Was müssen die Eheleute bei ihren Verfügungen beachten?
4. Welche Probleme bei der Vereinbarkeit von Beruf und Familie kennen Sie?
5. Warum können Kinder ein Armutsrisiko sein?
6. Warum sind gleichgeschlechtliche Lebensgemeinschaft und Ehe vor dem Gesetz nicht vollständig gleichgestellt?
7. Mit welchen Maßnahmen schützt der Staat Ehe und Familie?
8. Welche staatlichen Hilfen für Familien wirken sich finanziell aus?
9. Welche Unterstützungen für Familien dienen der Erziehung und Betreuung der Kinder?

A
Staatsziele und Staatsordnung

Staatsaufgaben

Gewaltenteilung – Machtkontrolle

Grundrechte

Innere und äußere Sicherheit

Extremismus – abwehrbereite Demokratie

Strukturprinzipien

freiheitlich-demokratische Grundordnung

Jahrgangsstufe 11

1 Die Bedeutung des Staates

Failed State:
Zerfallener Staat, in dem staatliche Institutionen nicht mehr existieren. Folglich sind dort politische Entscheidungen und Rechtsstaatlichkeit nicht durchsetzbar.

Unter Warlords und Piraten

Fast täglich begegnen uns Berichte dieser Art: Somalische Piraten kapern internationale Handelsschiffe im Golf von Aden, Taliban steinigen Frauen in den afghanischen Provinzen, mexikanische Drogenkartelle kontrollieren durch Erpressung und Mord zahlreiche Dörfer und Städte des Landes. Die Konflikte in diesen Regionen sind sehr unterschiedlich, und dennoch haben sie eines gemeinsam: die Handelnden bewegen sich in rechtsfreien Räumen, in denen die offiziellen Regierungen ihr Gewaltmonopol nicht durchsetzen können. De facto haben dort Kriegsherren, islamistische Gruppen, Drogenbarone oder andere nichtstaatliche Mächte das Sagen.

Amnesty Journal 08/09 2009

Thomas Hobbes (1588 – 1679):
Englischer Staatsphilosoph, dessen Idee zur Entwicklung eines mächtigen Staates von einem negativen Menschenbild ausgeht

Hobbes sagt: „Homo homini Lupus." (Der Mensch ist des Menschen Wolf.)

Schreckliche Bürgerkriege können aufgrund einer fehlenden staatlichen Ordnung entstehen. Ohne einen Staat herrscht der jeweils Stärkere. **Thomas Hobbes** begründet die Notwendigkeit eines Staates damit, dass ansonsten ein ständiger Krieg jeder gegen jeden drohe. Die Bedeutung einer staatlichen Ordnung wird heutzutage von niemandem in Frage gestellt. Diskutiert wird allenfalls darüber, wie stark der Staat in verschiedene Gesellschaftsbereiche, z.B. in die Marktwirtschaft, eingreifen soll.

Kalter Krieg:
Zeitepoche nach dem Zweiten Weltkrieg bis Ende der 60er-Jahre

Westeuropa und die USA standen dem kommunistischen Osteuropa gegenüber. Beide Machtblöcke waren hochgerüstet, eine direkte gewaltsame Auseinandersetzung fand aber nie statt.

1.1 Äußere Sicherheit

Den Menschen eines Landes droht der Verlust des Friedens und der Freiheit nicht nur durch kriminelle Aktivitäten im Inneren, sondern auch durch kriegerische Handlungen von außen. Zur Wahrung der äußeren Sicherheit dienen Armeen und Verteidigungsbündnisse.

Für die Bundesrepublik Deutschland spielte die äußere Sicherheit lange Zeit eine herausragende Rolle. Der Grund dafür war der Ost-West-Konflikt bzw. der **Kalte Krieg**. In dieser Zeit wurde deutlich, dass durch ausreichende Bewaffnung und Bündnisbildung Kriege verhindert werden können.

Um den Missbrauch der Bundeswehr zu Angriffszwecken zu verhindern, wurde im Grundgesetz Artikel 26 verankert.

Foto: dpa

Die Bundeswehr trägt zur äußeren Sicherheit bei.

> **Art. 26 GG**
>
> (1) Handlungen, die geeignet sind und in der Absicht vorgenommen werden, das friedliche Zusammenleben der Völker zu stören, insbesondere die Führung eines Angriffskrieges vorzubereiten, sind verfassungswidrig. Sie sind unter Strafe zu stellen.

1.2 Innere Sicherheit und Ordnung

Der Wunsch der Menschen nach friedvollem Zusammenleben verlangt einen Staat, der die Sicherheit im Inneren gewährleistet. Dies erfolgt durch die Tätigkeit der Polizei und der Gerichte. Die Berechtigung, **physische Gewalt** anzuwenden, liegt dabei grundsätzlich beim Staat. Dies wird als Gewaltmonopol des Staates bezeichnet. Lediglich in Notwehrsituationen darf sich der Einzelne mit Gewalt wehren.

Physische Gewalt:
Körperliche Gewalt

> Die Innere Sicherheit ist ein soziales Grundrecht, das zu gewähren der Staat gegenüber den Bürgern in der Pflicht steht. Nach den Terroranschlägen vom 11. September 2001 sind die Herausforderungen für die Sicherheitsbehörden wegen der seither erhöhten abstrakten Gefährdungslage nochmals deutlich gestiegen. Die Innere Verwaltung im Freistaat nimmt diese großen Herausforderungen an.
>
> Bayerisches Staatsministerium des Innern
> Pressestelle

Die Polizei trägt zur inneren Sicherheit bei.

1. Inwiefern wird die Freiheit in einer Gesellschaft durch die Gewährleistung der inneren Sicherheit gegeben?
2. Welche staatlichen Institutionen sorgen für die innere Sicherheit?

1.3 Die Wahrung und Entwicklung der Rechtsordnung

Eng verbunden mit der inneren Sicherheit und Ordnung ist die Rechtsordnung eines Staates. In ihr werden das Zusammenleben der Personen und deren Verhältnis zum Staat festgelegt. Das Recht soll Gerechtigkeit stiften. Wichtige Rechtsgrundlagen stellen in Deutschland das **BGB** und das **StGB** dar. Weil sich die Gesellschaft wandelt, muss sich auch die Rechtsordnung weiterentwickeln. So hat sich z.B. das Namensrecht im § 1355 BGB folgendermaßen geändert:

BGB (Bürgerliches Gesetzbuch):
Es regelt die Rechtsbeziehungen der Bürger untereinander.

StGB (Strafgesetzbuch):
Es legt fest, welche Handlungen in der Bundesrepublik strafbar sind.

> § 1355 BGB (Auszug aus der alten Fassung)
>
> (2) Zum Ehenamen können die Ehegatten bei der Eheschließung durch Erklärung gegenüber dem Standesbeamten den Geburtsnamen des Mannes oder den Geburtsnamen der Frau bestimmen. Treffen sie keine Bestimmung, so ist Ehename der Geburtsname des Mannes.

§ 1355 BGB (Auszug aus der derzeitigen Fassung)

(1) Die Ehegatten sollen einen gemeinsamen Familiennamen (Ehenamen) bestimmen (…) Bestimmen die Ehegatten keinen Ehenamen, so führen sie ihren zur Zeit der Eheschließung geführten Namen auch nach der Eheschließung.

(2) Zum Ehenamen können die Ehegatten durch Erklärung gegenüber dem Standesbeamten den Geburtsnamen des Mannes oder den Geburtsnamen der Frau bestimmen.

Welche Unterschiede können Sie erkennen?

Foto: dpa

Krankenhäuser gehören zur Daseinsvorsorge des Staates.

1.4 Daseinsvorsorge

Hoch entwickelte Staaten bieten ihren Bürgern zur Daseinsvorsorge eine Vielzahl an öffentlichen Einrichtungen. Straßen, die Wasserversorgung und Abwasserentsorgung, Krankenhäuser, Schulen, Kindergärten, Altersheime, Museen, Theater usw. leisten einen wichtigen Beitrag zur Lebensqualität. Die Kosten hierfür werden in der Bundesrepublik Deutschland vielfach von den Gemeinden getragen.

Art. 57 Gemeindeordnung

(1) Im eigenen Wirkungskreis sollen die Gemeinden (…) die öffentlichen Einrichtungen schaffen und erhalten, die (…) für das wirtschaftliche, soziale und kulturelle Wohl (…) ihrer Einwohner erforderlich sind.

Der Sozialstaat gewährt bedürftigen Personen Wohngeld.

1.5 Die soziale Sicherheit

Die Staatsvorstellung im 19. Jahrhundert wurde von den Kritikern als **Nachtwächterstaat** bezeichnet. Nach einer modernen Staatsvorstellung soll der Staat seinen Bürgern auch ein menschenwürdiges Leben ermöglichen. Wie stark der so genannte Sozialstaat ausgeprägt sein soll, hängt von der jeweiligen Sozialpolitik einer Regierung ab. Mindestansprüche ergeben sich aus dem Grundgesetz.

Nachtwächterstaat:
Seine Aufgaben erschöpften sich darin, die innere und äußere Sicherheit zu gewährleisten und eine Rechtsordnung herzustellen. Die soziale Lage der Bürger hat in dieser Staatsvorstellung den Staat nicht zu interessieren.

Art. 1 GG

(1) Die Würde des Menschen ist unantastbar.

Art. 20 GG

(1) Die Bundesrepublik Deutschland in ein demokratischer und sozialer Bundesstaat.

1.6 Förderung der wirtschaftlichen Entwicklung

Die soziale Situation der Bürger eines Landes ist vielfach von der wirtschaftlichen Entwicklung abhängig. Daher bemüht sich der Staat die Wirtschaft zu fördern. Dies kann z. B. durch Subventionen geschehen oder durch **Konjunkturprogramme**.

Konjunkturprogramme:
Sämtliche staatlichen Ausgaben, um die Wirtschaft „anzukurbeln" (z. B. verstärkte Vergabe öffentlicher Aufträge)

> Bundesregierung beschließt zweites Konjunkturpaket: Mit 50 Milliarden Euro sollen Wirtschaft und Beschäftigung trotz weltweiter Krise angekurbelt werden. Einige Maßnahmen sind umstritten.
>
> **Steuererleichterung, Kinderbonus, Abwrackprämie**
>
> **Wo Verbraucher und Industrie in den nächsten zwei Jahren vom Geld des Staates profitieren**
>
> Süddeutsche Zeitung

1.7 Schutz der natürlichen Lebensgrundlagen

Die Lebensweise der Menschen in den Industrienationen hat in den vergangenen Jahrzehnten zunehmend Umweltprobleme hervorgerufen. Diese können den Staat nicht unberührt lassen. Daher betreibt er aktive Umweltpolitik. Ihre Bedeutung wird auch durch ihre verfassungsmäßige Verankerung deutlich.

Mit Müllsammelstellen betreibt der Staat Umweltschutz.

> Art. 20a GG:
>
> Der Staat schützt auch in Verantwortung für die künftigen Generationen die natürlichen Lebensgrundlagen und die Tiere im Rahmen der verfassungsmäßigen Ordnung durch die Gesetze und nach Maßgabe von Gesetz und Recht durch die vollziehende Gewalt und die Rechtsprechung.

1.8 Funktionierende Verwaltung

Alle genannten Staatsaufgaben müssen für die Bürger umgesetzt werden. Dies geschieht durch die öffentliche Verwaltung im Bund, den Ländern und Kommunen. Sie handelt als **Leistungsverwaltung**, wenn sie z. B. Sozialhilfe und Wirtschaftsförderung zahlt oder einen Kindergartenplatz bereitstellt. Dagegen handelt es sich um **Eingriffsverwaltung**, wenn die öffentliche Verwaltung beispielsweise Bürgern Bußgelder auferlegt, von ihnen Steuern eintreibt oder eine Fahrerlaubnis entzieht.

Leistungsverwaltung:
Hier gewährt die öffentliche Verwaltung dem Bürger Rechte oder verschafft ihm Vorteile. Sie können sich direkt finanziell auswirken. Es können aber auch Rechte ohne direkte finanzielle Wirkungen eingeräumt werden (z. B. Baugenehmigung).

Eingriffsverwaltung:
Hier greift die öffentliche Verwaltung in die Rechte des Bürgers ein. Er verliert eine Berechtigung oder muss Zahlungen leisten, ohne hierfür eine Gegenleistung zu erhalten.

2 Die wertgebundene Ordnung der Bundesrepublik Deutschland

Präambel:
Feierliche Einleitung einer Verfassung oder eines Staatsvertrages

Grundgesetz:
Bezeichnung für die Verfassung der Bundesrepublik Deutschland

> In der **Präambel** des **Grundgesetzes** haben sich die Väter und Mütter des Grundgesetzes zur Verantwortung vor Gott und den Menschen verpflichtet. Die Verfassung der Bundesrepublik Deutschland beinhaltet eine bewusst festgelegte Werteordnung. Viele Grundrechte entstanden aus Abscheu vor den Verbrechen des Nationalsozialismus. Mit dem Bekenntnis zu einem friedvollen Europa und der Verantwortung für den Erhalt der natürlichen Lebensgrundlagen sind weitere Wertvorstellungen hinzugekommen.

2.1 Das Menschenbild des Grundgesetzes

Sozialbindung des Eigentums:
Umschreibung des Art. 14 Abs. 2 GG

Damit ist gemeint, dass sich die Nutzung des Privateigentums am Gemeinwohl orientieren soll.

> Art. 2 GG
>
> (1) Jeder hat das Recht auf die freie Entfaltung seiner Persönlichkeit, soweit er nicht die Rechte anderer verletzt und nicht gegen die verfassungsmäßige Ordnung oder das Sittengesetz verstößt.
>
> Art. 14 GG
>
> (1) Das Eigentum und das Erbrecht werden gewährleistet, Inhalt und Schranken werden durch Gesetze bestimmt.
>
> (2) Eigentum verpflichtet. Sein Gebrauch soll zum Wohl der Allgemeinheit dienen.
>
> Art. 5 GG
>
> (1) Jeder hat das Recht, seine Meinung in Wort, Schrift und Bild frei zu äußern (...)
>
> (2) Diese Rechte finden ihre Schranken in den Vorschriften der allgemeinen Gesetze, den gesetzlichen Bestimmungen zum Schutz der Jugend und in dem Recht der persönlichen Ehre.

1. Welche der oben genannten Grundgesetzartikel stellen den Einzelnen in den Mittelpunkt?
2. Wie wird in diesen Grundgesetzartikeln der Bezug des Einzelnen zur Gemeinschaft erkenntlich?

„Du bist nichts, dein Volk ist alles!"
Parole im Nationalsozialismus

„Die Partei, die Partei, die hat immer Recht!"
Dies ist ein Textauszug aus dem „Lied der Partei" der ehemals herrschenden Sozialistischen Einheitspartei Deutschlands (SED).

1. Welches Menschenbild lag dem Nationalsozialismus zugrunde?
2. Welche Rolle spielte der Einzelne im kommunistischen DDR-System?

Indem das Grundgesetz die Grundrechte an seinen Anfang stellt, misst es dem Einzelnen eine hohe Wertschätzung bei. Dem parlamentarischen Rat als verfassunggebender Versammlung erschien es 1949 als wichtig, dass die Achtung der Menschenwürde und die Freiheitsrechte wieder Geltung erlangen sollten. Damit wurde der Idee des **Kollektivismus** im Nationalsozialismus und Kommunismus bewusst entgegengewirkt. Das Grundgesetz verschafft dem Einzelnen allerdings nicht schrankenlose Freiheiten. Die Allgemeinheit, der Staat und die Mitmenschen können die Rechte des Einzelnen beschränken. Daran wird der Gemeinschaftsbezug des Grundgesetzes erkenntlich.

Foto: Dietrich Claus

Gefängniszellen in der Haftanstalt der Staatssicherheit der DDR in Berlin-Hohenschönhausen

Kollektivismus:
Vorrang der Gesamtheit, der Gesellschaft oder des Volkes vor dem Einzelnen

2.2 Die Grundrechte des Grundgesetzes

Frau muss sich auf Polizeirevier nackt ausziehen

Augsburg (dpa) – Eine 22-jährige Frau aus Augsburg, die bei einer Polizeikontrolle angetroffen wurde, musste sich bei der Überprüfung auf einem Augsburger Polizeirevier nackt ausziehen. Sie wurde von einer Beamtin nach Waffen und Hinweisen auf Rauschgiftsucht untersucht. Die 22-Jährige schleppte in der Augsburger Innenstadt mit ihrem Auto den Wagen eines Bekannten ab, als auf einer Kreuzung das Seil riss. Einer Polizeistreife fiel die Frau auf, bei der Kontrolle stellte sich heraus, dass sie weder Personalausweis noch Führerschein dabeihatte. Die Maßnahme der Polizei, so ein Sprecher am Montag, habe „der Eigensicherung der Frau" gedient. Gleichzeitig räumte er jedoch ein, dass in Augsburg „etwas falsch gelaufen" sei (…) Keinesfalls müsse sich jeder, der zur Personenüberprüfung auf einem Revier sei, nackt ausziehen. Die Polizei, so der Sprecher, habe sich mittlerweile bei der Frau entschuldigt.

Süddeutsche Zeitung

Mit welchen Argumenten würden Sie sich wehren, wenn Sie sich ohne wichtigen Grund bei der Polizei nackt ausziehen müssten?

Die Grundrechte und grundrechtsähnliche Vorschriften des Grundgesetzes

Bedeutung der Grundrechte

Die Grundrechte des Grundgesetzes binden alle Behörden der öffentlichen Verwaltung. Die Gerichte und die Parlamente in Deutschland müssen sich an die Grundrechte halten. Sie sind unmittelbar geltendes Recht und stehen über den anderen Rechtsvorschriften unserer Rechtsordnung.

Beispiele: Die öffentliche Verwaltung darf nicht gegen das Grundrecht auf Gleichbehandlung verstoßen. Der Bundestag dürfte kein Gesetz erlassen, das eine Ungleichbehandlung zwischen Männern und Frauen ermöglichen würde.

Die Grundrechte lassen sich gerichtlich einklagen. Wenn ein Bürger z. B. von einer staatlichen Behörde nachweislich **diskriminiert** wurde, kann er sich vor dem Richter auf den Gleichheitsgrundsatz berufen. Wird eine Demonstration ohne ausreichenden Grund verboten, kann gerichtlich die Versammlungsfreiheit eingeklagt werden. Die hohe Bedeutung der Grundrechte für den Einzelnen wird durch die Möglichkeit der Verfassungsbeschwerde beim Bundesverfassungsgericht erkenntlich.

Diskriminierung:
Unterschiedliche Behandlung zum Nachteil von jemandem

Grundrechte als Menschenrechte:
Grundrechte, die allen Menschen bzw. jedermann zustehen (z. B. Menschenwürde, Freiheit der Person)

Grundrechte als Bürgerrechte:
Grundrechte, die nur deutschen Staatsangehörigen zustehen (z. B. Versammlungsfreiheit, freie Berufswahl, Vereinigungsfreiheit)

> Artikel 12
>
> (1) Alle Deutschen haben das Recht, Beruf, Arbeitsplatz und Ausbildungsstätte frei zu wählen. Die Berufsausübung kann durch Gesetz oder auf Grund eines Gesetzes geregelt werden.

Studenten demonstrieren gegen Kürzungen im Bildungsbereich.

Welche Grundrechte üben diese Personen aus?

Schutz der Grundrechte

Der Parlamentarische Rat hat das Grundgesetz und besonders die Grundrechte mit einem Schutz versehen. So lässt sich das Grundgesetz nur mit einer Zweidrittelmehrheit im Bundestag und Bundesrat verändern. Darüber hinaus darf der in Art. 1 GG festgeschriebene Schutz der Menschenwürde nie verändert oder gar abgeschafft werden **(Ewigkeitsklausel)**.

Schutz der Menschenwürde:
Die Verletzung der Menschenwürde liegt beispielsweise vor bei Folter, Verschleppung, Menschenversuchen sowie unmenschlichen und erniedrigenden Strafen.

> Art. 1 GG
>
> (1) Die Würde des Menschen ist unantastbar.
>
> Art. 79 GG
>
> (3) Eine Änderung dieses Grundgesetzes, durch welche (…) die in den Artikeln 1 und 20 niedergelegten Grundsätze berührt werden, ist unzulässig.

Ewigkeitsklausel:
Art. 79 Absatz 3 GG schützt einzelne Regelungen des Grundgesetzes für immer.

Weil verschiedene Grundrechte mit einem Gesetz eingeschränkt werden können, wurde zum Schutz der Grundrechte ihr Wesensgehalt für unantastbar erklärt. Der Kern eines Grundrechtes muss also unberührt bleiben. So wäre die körperliche Unversehrtheit vor gesetzlich festgelegten Foltermethoden auf jeden Fall geschützt.

> Art. 2 GG
>
> (2) Jeder hat das Recht auf Leben und körperliche Unversehrtheit. Die Freiheit der Person ist unverletzlich. In diese Rechte darf nur auf Grund eines Gesetzes eingegriffen werden.
>
> **Anmerkung:** *Eine polizeiliche Festnahme wäre ein zulässiger Eingriff in die Freiheit der Person.*

Auch die Bürger können sich für den Schutz der Grundrechte einsetzen. Gewaltlose Demonstrationen gegen rechtsradikale Gruppen und Aktionen richten sich gegen Diskriminierung und setzen sich für die Achtung der Menschenwürde ein. Für deren Einhaltung in der ganzen Welt kämpfen Menschenrechtsorganisationen. **Human Rights Watch** ist eine der bekanntesten unter ihnen.

Human Rights Watch:
Human Rights Watch ist die größte Menschenrechtsorganisation mit Sitz in den USA. Sie untersucht Menschenrechtsverletzungen in allen Regionen der Welt. Der Schwerpunkt der Arbeit liegt auf Themen wie außergerichtlichen Hinrichtungen, dem „Verschwinden" von Menschen, Folter, politischen Inhaftierungen, Diskriminierung, ungerechten Gerichtsverfahren und Verletzungen der Meinungsfreiheit, Vereinigungsfreiheit und Religionsfreiheit. Außerdem geht Human Rights Watch Fragen des Frauenrechts sowie Kinderrechtsfragen nach und verfolgt Rüstungslieferungen an Regierungen, die Menschenrechte missachten.

amnesty international:

amnesty international (ai) wurde 1961 gegründet und ist eine weltweite, unabhängige Mitgliederorganisation. Auf der Grundlage der Allgemeinen Erklärung der Menschenrechte wendet sich ai gegen schwer wiegende Verletzungen der Rechte eines jeden Menschen auf Meinungsfreiheit, auf Freiheit von Diskriminierung sowie auf körperliche und geistige Unversehrtheit.

Für ihren Einsatz für politische Häftlinge erhielt die Menschenrechtsorganisation **amnesty international** den Friedensnobelpreis.

Als sie die Kommunisten holten,
sagte ich nichts, ich war ja kein Kommunist.
Als sie die Studenten holten,
sagte ich nichts, ich war ja kein Student.
Als sie die Katholiken holten,
sagte ich nichts, ich war ja kein Katholik.
Als sie die Gewerkschafter holten,
sagte ich nichts, ich war ja kein Gewerkschafter.
Als sie mich holten, war niemand mehr da,
der etwas sagen konnte.

(angelehnt an) Gedicht von Martin Niemöller

1. Welches Grundrecht soll der Leser des Gedichtes ausüben?
2. Welches Grundrecht wurde den verhafteten Personen genommen?

Einteilung der Grundrechte

Die Grundrechte lassen sich ihrem Inhalt nach unterscheiden in:

▸ Freiheitsrechte (z. B. Glaubensfreiheit, Meinungsfreiheit, Pressefreiheit, freie Berufswahl),

▸ Gleichheitsrechte (z. B. staatsbürgerliche Gleichheit aller Deutschen, Diskriminierungsverbot, Wahlstimmengleichheit),

▸ Verfahrensrechte (z. B. Anspruch auf rechtliches Gehör, Garantie des gesetzlichen Richters),

▸ institutionelle Garantien (z. B. Schutz von Ehe und Familie, Schutz des Eigentums).

1. Versetzen Sie sich in die Lebenssituation eines Bürgers der ehemaligen DDR oder des Dritten Reiches. Welche Grundrechte des Grundgesetzes wären Ihnen in dieser Lebenslage verwehrt gewesen? Finden Sie jeweils drei Beispiele.

2 Die wertgebundene Ordnung der Bundesrepublik Deutschland

```
                       Gliederung
                                                          Art.
I.     Die Grundrechte . . . . . . . . . . . . . . . . .  1 bis 19
II.    Der Bund und die Länder . . . . . . . . . . . .   20 bis 37
III.   Der Bundestag . . . . . . . . . . . . . . . . . .  38 bis 49
IV.    Der Bundesrat . . . . . . . . . . . . . . . . . .  50 bis 53
IV.a   Gemeinsamer Ausschuß . . . . . . . . . . . . .         53a
V.     Der Bundespräsident . . . . . . . . . . . . . .    54 bis 61
VI.    Die Bundesregierung . . . . . . . . . . . . . .    62 bis 69
VII.   Die Gesetzgebung des Bundes . . . . . . . . .      70 bis 82
VIII.  Die Ausführung der Bundesgesetze und die Bundesverwal-
       tung . . . . . . . . . . . . . . . . . . . . . .   83 bis 91
VIII.a Gemeinschaftsaufgaben, Verwaltungszusammenarbeit . . 91a bis 91d
IX.    Die Rechtssprechung . . . . . . . . . . . . . .    92 bis 104
X.     Das Finanzwesen . . . . . . . . . . . . . . . .   104a bis 115
X.a    Der Verteidigungsfall . . . . . . . . . . . . .   115a bis 115l
XI.    Übergangs- und Schlußbestimmungen . . . . . . .   116 bis 146
```

Weil dem Verfassungsgeber die Grundrechte so bedeutend erschienen, wurden sie an den Anfang des Grundgesetzes gestellt.

2. Welche Grundrechte werden in den nachfolgenden Fällen berührt?

   a) Einer muslimischen Lehrerin wird verboten, im Unterricht ein Kopftuch zu tragen.

   b) Einem Schüler wird ein Verweis erteilt. Er erhält keinerlei Möglichkeit sich zu rechtfertigen.

   c) Ein Landwirt soll für einen Radweg gegen seinen Willen einen Streifen seines Grundstückes hergeben.

   d) Die Sicherheitsbehörde verbietet ohne ausreichenden Grund eine Demonstration.

   e) Ein Lehrer erteilt vermehrt Verweise an Schüler, weil er der Meinung ist, dass junge Männer streng erzogen werden müssen.

Zusammenfassung

Eine wichtige Aufgabe eines Staates ist die Sicherung des äußeren und inneren Friedens.

Moderne Staaten bemühen sich um die Entwicklung ihrer Rechtsordnung, schaffen ein Mindestmaß an sozialer Sicherheit und schützen die natürlichen Lebensgrundlagen.

Das Menschenbild des Grundgesetzes stellt den Einzelnen in den Mittelpunkt. Die Rechte des einzelnen Menschen sind aber beschränkt.

Die Menschenrechte des Grundgesetzes gelten für jedermann, die Bürgerrechte für alle Deutschen.

Für alle staatlichen Organe sind die Grundrechte verbindlich und können gerichtlich eingeklagt werden.

Nur mit einer Zweidrittelmehrheit des Bundestages und des Bundesrates kann das Grundgesetz geändert werden.

Der Schutz der Menschenwürde ist unveränderbar.

Gesetzlich vorgesehene Einschränkungen der Grundrechte dürfen nicht deren Wesensgehalt antasten.

Das Grundgesetz enthält Freiheitsrechte, Gleichheitsrechte, Verfahrensrechte und institutionelle Garantien.

Wissens-Check

Merkels Programm findet Anklang in der CSU

München – Die CDU-Parteivorsitzende Angela Merkel hat eine stärkere Rolle des Staates in der inneren und äußeren Sicherheit gefordert. Das geht aus einem zwölfseitigen Brief hervor, den Merkel den Bundestagsabgeordneten der Union zukommen ließ. In dem Papier mit dem Titel „Das Verhältnis von Bürger und Staat neu austarieren" skizziert sie die Schwerpunkte der politischen Arbeit (…) Die CDU-Chefin greift in dem Brief ihre Forderung einer „Weiterentwicklung der sozialen Marktwirtschaft" auf. Dazu gehöre, dass der Freiheit des Einzelnen wieder breiterer Raum gegeben werde und staatliche Allmachtsvorstellungen zurückgedrängt würden. Im wirtschaftlichen wie im sozialen Bereich müsse die Rolle des Staates zurückgenommen werden. Allerdings werde dabei dem Staat „an anderer Stelle", nämlich bei der inneren und äußeren Sicherheit, eine wachsende Rolle zukommen.

Süddeutsche Zeitung

1. In welchen Bereichen wünscht die Politikerin einen starken Einfluss des Staates?
2. In welchen Bereichen sollte nach Meinung von Angela Merkel der Staat seinen Einfluss zurücknehmen?
3. In welchen Bereichen wünschen Sie sich einen „starken Staat"? Diskutieren Sie in der Klasse!

„Nach einer Zeit fortgesetzter Bedrückung und schwerster Missachtung der Menschenwürde musste es als unerlässlich erscheinen, die Achtung vor der Menschenwürde und – als eine der notwendigsten Grundlagen dafür – die alten Freiheitsrechte zuzusichern."

Bericht des Parlamentarischen Rates zum Grundgesetz 1949

4. Vor welchem geschichtlichen Hintergrund wurde diese Aussage formuliert?
5. Warum ist diese Forderung mit dem Kollektivismus nicht vereinbar?
6. Für wen gelten die Grundrechte unmittelbar?
7. Dürfte ein Gastwirt von den Gästen unterschiedliche Preise verlangen oder ist er an den Gleichbehandlungsgrundsatz gebunden?
8. Wie können die Bürger sich ihre Grundrechte einfordern?
9. Wie sind die Grundrechte geschützt?
10. Nennen Sie jeweils zwei Freiheits- und Gleichheitsrechte aus dem Grundgesetz.

Die freiheitlich-demokratische Grundordnung in der Bundesrepublik Deutschland

Die freiheitlich-demokratische Grundordnung gehört zum Kern der Demokratie in Deutschland. Im Grundgesetz wird dieser Begriff mehrfach erwähnt.

3.1 Die Gewaltenteilung

Gericht: Elefanten dürfen importiert werden

Köln (dpa) – Vier für die Zoos von Dresden und Erfurt bestimmte Elefanten aus Südafrika können nach Deutschland kommen. Das hat das Verwaltungsgericht Köln entschieden. Die Tiergärten wehrten sich mit Erfolg gegen die Rücknahme der Einfuhrgenehmigung für die Jungelefanten (…) Das Bundesamt für Naturschutz hatte (…) die Einfuhr der Tiere genehmigt. Nach Protesten von Naturschützern hatte der Bundesumweltminister (…) die Einfuhr per Erlass gestoppt. Die Zoos setzten sich dagegen mit Eilanträgen zur Wehr. Das Gericht teilte mit, die Vorwürfe der Tierquälerei in den Elefantenstationen in Südafrika hätten sich nach neuerlicher Prüfung durch die deutsche Botschaft „weitgehend als haltlos" erwiesen.

Süddeutsche Zeitung

1. Wer sind die Streitparteien im obigen Fall?
2. Wieso kann ein Gericht den Erlass eines Bundesministers aufheben?

Die unumschränkte Machtfülle der Herrscher im **Absolutismus** hat dazu geführt, dass Philosophen der **Aufklärung** eine Kontrolle und Begrenzung der Macht gefordert haben. **John Locke** forderte, dass die Staatsgewalt von den Bürgern kontrolliert werden sollte. **Charles de Montesquieu** gilt als Begründer der klassischen bzw. **horizontalen** Gewaltenteilung. Er teilt die Staatsgewalt auf in:

▸ Legislative – gesetzgebende Gewalt (Parlament)

▸ Exekutive – ausführende Gewalt (z. B. Polizei)

▸ Judikative – Recht sprechende Gewalt (Gerichte)

Im Grundgesetz wird die Gewaltenteilung im Artikel 20 festgelegt und über die Ewigkeitsklausel des Artikels 79 jeder Veränderung entzogen.

Absolutismus:
Zeitepoche von Mitte des 17. Jahrhunderts bis Ende des 18. Jahrhunderts, in der den Monarchen in den europäischen Staaten alle politische Macht zukam

Aufklärung:
(Philosophische) Gegenbewegung zum Absolutismus

John Locke (1632 – 1704):
Berater des englischen Parlaments in Verfassungsfragen

Charles de Montesquieu (1689 – 1755):
Französischer Staatsphilosoph

Horizontal:
Waagerecht

A Staatsziele und Staatsordnung

> Art. 20 GG
>
> (2) Alle Staatsgewalt geht vom Volke aus. Sie wird vom Volk in Wahlen und Abstimmungen und durch besondere Organe der Gesetzgebung, der vollziehenden Gewalt und der Rechtsprechung ausgeübt.

In einer parlamentarischen Demokratie müssen die Aufgaben der einzelnen Gewalten auf Staatsorgane übertragen werden. In der Bundesrepublik Deutschland sind dies die **obersten Bundesorgane**. Sie sind für unterschiedliche Aufgaben zuständig, hinsichtlich der Gewaltenverteilung gilt im Wesentlichen Folgendes:

- **Legislative:** Bundestag und Bundesrat

- **Exekutive:** Bundesregierung und ihr untergeordnete Behörden (z. B. Bundesamt für Wehrtechnik, Bundeskriminalamt) sowie der Bundespräsident

- **Judikative:** Bundesverfassungsgericht

Oberste Bundesorgane:
- Bundestag
- Bundespräsident
- Bundesversammlung
- Bundesrat
- Bundesregierung
- Bundesverfassungsgericht

3.2 Machtkontrolle

Die Gewaltenteilung regelt nicht nur Zuständigkeiten, sondern dient auch der Machtkontrolle. Die Bundesregierung verkörpert das Machtzentrum in der BRD. Sie wird im Bundestag durch die jeweilige **Opposition** kontrolliert. Nur in einem Mehrparteiensystem, wie in der BRD, kann eine wirkungsvolle parlamentarische Opposition entstehen. Sie kann in der Regel beim Bundesverfassungsgericht einen Antrag auf Normenkontrolle stellen. Dabei werden umstrittene Gesetze, welche die Bundesregierung durch den Bundestag gebracht hat, von der Justiz überprüft. Auch nachgeordnete Gerichte können Entscheidungen der Bundesregierung und ihrer Behörden aufheben.

Opposition:
Diejenigen im Parlament vertretenen Parteien, die nicht die Regierung stellen

3 Die freiheitlich-demokratische Grundordnung in der Bundesrepublik Deutschland

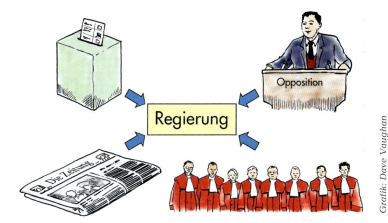

Regierung und Machtkontrolle

Neben den drei Gewalten Legislative, Exekutive und Judikative spricht man von den **Medien** als der vierten Gewalt im Staat. Sie informieren die Bürger, kommentieren politische Entscheidungen und beeinflussen stark die öffentliche Meinung. Diese wird von der Bundesregierung in ihrer Politik berücksichtigt, da jede Regierung eine Wiederwahl anstrebt.

Medien:
Presse, Rundfunk, Fernsehen, Internet
Sie haben einen großen Einfluss auf die Gesellschaft.

Iran verbietet die letzten kritischen Zeitungen

Paris – Die iranische Reformpolitik ist derzeit stimmlos. Alle 16 Zeitungen, die entscheidend zur Herausbildung einer kritischen öffentlichen Meinung beigetragen hatten, sind verboten (…)

Süddeutsche Zeitung

Gericht in Iran verbietet größte Oppositionspartei

Teheran (AP) – Das iranische Revolutionsgericht hat die größte Oppositionspartei des Landes verboten und führende Funktionäre der reformorientierten Freiheitsbewegung zu Haftstrafen bis zu zehn Jahren verurteilt (…)

Süddeutsche Zeitung

Beurteilen Sie die beiden Vorgänge im Zusammenhang mit der Gewaltenteilung und Machtkontrolle der freiheitlich-demokratischen Ordnung.

Durch die Bundesstaatlichkeit (Art. 20 GG) wird Machtkonzentration verhindert. Zum einen muss der Bundesrat bestimmten Gesetzen zustimmen. Zum anderen haben in bestimmten Bereichen (z.B. Unterricht) nur die Bundesländer das Recht, Gesetze zu erlassen. Man spricht dabei auch von der Länderhoheit. Den Gemeinden wurde im Grundgesetz das Recht gewährt, alle **Angelegenheiten der örtlichen Gemeinschaft** im Rahmen der Gesetze in eigener Ver-

Angelegenheiten der örtlichen Gemeinschaft:
Hierzu zählen in Bayern z. B. der Bau von Kindergärten, Turnhallen, Jugendheimen, Krankenhäusern sowie der Erlass von Gemeindesatzungen.

Vertikal:
Senkrecht

antwortung zu regeln. Dies wird als kommunale Selbstverwaltung bezeichnet. Die Aufteilung der Macht auf Bund, Länder und Gemeinden nennt man die **vertikale** Gewaltenteilung.

3.3 Die abwehrbereite Demokratie

> **Düsseldorf verbietet rechtsextreme Vereinigungen**
>
> ... Rund 900 Polizisten hatten am Donnerstag in 146 Objekten in 32 nordrhein-westfälischen Städten mit Durchsuchungen begonnen, nachdem Innenminister Jäger am Morgen die drei Vereinigungen „Nationaler Widerstand Dortmund", „Kameradschaft Hamm" und „Kameradschaft Aachener Land" verboten hatte. Bei den drei Kameradschaften habe es sich um die aktivsten rechtsextremen Gruppierungen gehandelt, sagte Jäger. Die Mitglieder und Unterstützer der Kameradschaften lehnten die Demokratie ab, ihre aggressiv kämpferische Haltung richte sich gegen elementare Grundsätze der Verfassung. „Sie bekennen sich offen zum verbrecherischen Nationalsozialismus und zu den führenden Personen dieses menschenverachtenden Systems", sagte Jäger. Immer wieder hätten Mitglieder der nun verbotenen Gruppierungen auch mit Gewalt versucht, ihre Ziele durchzusetzen. „Mit Faustschlägen und Messerstichen gehen sie gegen politische Gegner vor." ...
>
> Quelle: FAZ, 24.08.2012

Welche Grundrechte des Grundgesetzes sehen Sie durch das Verbot betroffen?

Liberal:
Freiheitlich, für die Rechte des Einzelnen eintretend

Der deutsche Staat ist einerseits **liberal**, kann sich andererseits aber gegen Verfassungsfeinde wehren. Es wird daher von einer wehrhaften oder abwehrbereiten Demokratie gesprochen. Das Grundgesetz sieht mehrere Abwehrmöglichkeiten gegen Verfassungsfeinde vor.

> Art. 9 GG
>
> (2) Vereinigungen, deren Zweck oder deren Tätigkeit den Strafgesetzen zuwiderlaufen oder die sich gegen die verfassungsmäßige Ordnung oder gegen den Gedanken der Völkerverständigung richten, sind verboten.
>
> Art. 21 GG
>
> (2) Parteien, die nach ihren Zielen oder nach dem Verhalten ihrer Anhänger darauf ausgehen, die freiheitliche demokratische Grundordnung zu beeinträchtigen oder zu beseitigen oder den Bestand der Bundesrepublik Deutschland zu gefährden, sind verfassungswidrig. Über die Frage der Verfassungswidrigkeit entscheidet das Bundesverfassungsgericht.

1. Welche Regelung des Grundgesetzes lag dem Verbot der rechtsextremen Vereinigungen zu Grunde?
2. Warum kann die Bundesregierung keine Partei verbieten?
3. Warum dient die Ewigkeitsklausel (Art. 79 Abs. 3) des Grundgesetzes der abwehrbereiten Demokratie?

Die Erkenntnisse über verfassungswidrige Vereinigungen und Parteien beschaffen die Behörden des Verfassungsschutzes der einzelnen Bundesländer und des Bundes.

Als das Bundesverfassungsgericht die Sozialistische Reichspartei 1952 verboten hat, musste es festlegen, was unter der freiheitlich-demokratischen Grundordnung zu verstehen ist. Die damals festgelegten Prinzipien haben bis heute Geltung.

Verfassungsschutzbericht:
Das Bundesministerium des Inneren sowie die Innenminister der Länder geben jedes Jahr einen Verfassungsschutzbericht heraus. Er zeigt die Aktivitäten der extremistischen Vereinigungen und Parteien auf.

Freiheitlich-demokratische Grundordnung

Achtung der Menschenrechte	Volkssouveränität	Gewaltenteilung
Verantwortlichkeit der Regierung	Gesetzmäßigkeit der Verwaltung	Unabhängigkeit der Gerichte
Mehrparteiensystem	Chancengleichheit der Parteien	Recht auf Ausübung einer Opposition

Grafik: Dave Vaughan

Insbesondere die **Volkssouveränität,** die Gewaltenteilung, das Mehrparteiensystem und das Recht auf Ausübung und Bildung einer verfassungsmäßigen Opposition sind Elemente der Machtkontrolle. Für Beamte stellt die freiheitlich-demokratische Grundordnung eine besondere Verpflichtung dar. Sie müssen dem Staat die sogenannte Verfassungstreue halten. Beamte, die gegen die freiheitlich-demokratische Grundordnung eintreten, können aus dem Dienst entlassen werden.

Volkssouveränität:
Alle Staatsgewalt geht vom Volke aus.

4 Strukturprinzipien des Grundgesetzes

Frau Elvira Klug wohnt seit vier Monaten in Augsburg und hat dort ihr drittes Kind geboren. Ihre vier- und ihre sechsjährige Tochter besuchen einen städtischen Kindergarten. Frau Klug möchte sich ganz der Erziehung ihres Sohnes widmen und nimmt daher keine Beschäftigung auf. Sie erhält Elterngeld nach dem Bundeselterngeldgesetz. Frau Klug erfährt, dass sie auch unter Umständen Landeserziehungsgeld des Freistaates Bayern bekommen kann. Ihr Antrag wird jedoch abgelehnt, weil sie erst vor kurzem zugezogen ist und ihr Kind zu jung ist. Frau Klug erhebt gegen den Bescheid Klage beim Sozialgericht. Sie hofft, dass ein unabhängiges Gericht ihr Recht gibt. In einem Leserbrief in der Zeitung kritisiert sie die Regelungen des Landeserziehungsgesetzes. Bei der nächsten Wahl will sie auf jeden Fall ihren Ärger in die Entscheidung einfließen lassen.

1. Welche Sozialleistungen bekommt Familie Klug?
2. Wodurch wird in dem Fall erkenntlich, dass Frau Klug in einem Bundesstaat lebt?
3. Welche demokratischen Handlungsmöglichkeiten hat Frau Klug?
4. Inwieweit wird in diesem Fall deutlich, dass Frau Klug sich auf die Gewaltenteilung verlassen will?

Art. 20 GG

(1) Die Bundesrepublik Deutschland ist ein demokratischer und sozialer Bundesstaat.

(2) Alle Staatsgewalt geht vom Volke aus. Sie wird vom Volke in Wahlen und Abstimmungen und durch besondere Organe der Gesetzgebung, der vollziehenden Gewalt und der Rechtsprechung ausgeübt.

(3) Die Gesetzgebung ist an die verfassungsmäßige Ordnung, die vollziehende Gewalt und die Rechtsprechung sind an Gesetz und Recht gebunden.

Art. 28 GG

(1) Die verfassungsmäßige Ordnung in den Ländern muss den Grundsätzen des republikanischen, demokratischen und sozialen Rechtsstaates im Sinne dieses Grundgesetzes entsprechen (…)

4 Strukturprinzipen des Grundgesetzes

Im Grundgesetz wird die Struktur der Bundesrepublik Deutschland mit wenigen Regelungen festgelegt.

Als Strukturprinzipien des Grundgesetzes gelten

- die Republik,
- der Sozialstaat,
- der Bundesstaat,
- die Demokratie,
- der Rechtsstaat.

Die große Bedeutung dieser Grundsätze drückt sich im **Homogenitätsprinzip** des Art. 28 Abs.1 Satz 1 GG aus. Es verlangt, dass die staatliche Ordnung in den Bundesländern jener der Bundesrepublik entspricht.

Homogen: Gleichartig, gleichmäßig aufgebaut, einheitlich

4.1 Die Republik

Eine Republik ist eine Staatsform, in der niemals ein Monarch Staatsoberhaupt sein kann. Die Bundes*republik* Deutschland schützt sich somit vor einer Besetzung des Staatsoberhaupts durch Erbfolge, wie es in einer Monarchie üblich ist.

Das Staatsoberhaupt kann nur durch einen Staatspräsidenten verkörpert werden. Für die Bundesrepublik ist dies der Bundespräsident. Für den Freistaat Bayern ist der Ministerpräsident das Staatsoberhaupt.

Monarch: König, Fürst

4.2 Der Sozialstaat

Der Sozialstaat bietet den Bürgern unterschiedliche Sozialleistungen, z.B. jene der Sozialversicherungen. Der Umfang der Sozialleistungen ist von den wirtschaftlichen und den finanziellen Bedingungen des Staates abhängig. Sozial schwache Bürger können bei Bedarf Leistungen beziehen, z.B. Wohngeld. Im Grundgesetz unterstreichen folgende Artikel den Sozialstaatsgedanken:

- Schutz von Ehe und Familie (Art. 6 GG)
- Gleichheitsgrundsatz (Art. 3 GG)
- **Sozialpflichtigkeit des Eigentums** (Art. 14 Abs. 2 GG)
- **Schutz der Menschenwürde** (Art. 1 GG)

Sozialpflichtigkeit des Eigentums:
Dieser Grundsatz hat eine besondere Bedeutung im Mietrecht. Mieten können z. B. nicht beliebig erhöht werden.

Schutz der Menschenwürde:
Ein Leben, das der Würde des Menschen entspricht, sollen die Sozialhilfe und das Arbeitslosengeld II ermöglichen. Der notwendige Lebensunterhalt umfasst insbesondere Ernährung, Unterkunft, Kleidung, Körperpflege, Hausrat, Heizung und persönliche Bedürfnisse des täglichen Lebens. Der Umfang wird vom kulturellen Standard in Deutschland bestimmt.

Grafik:Dave Vaughan

4.3 Der Bundesstaat

Föderalismus:
Staatsprinzip, bei dem sich mehr oder weniger selbstständige Gliedstaaten politisch und organisatorisch zu einem Gesamtstaat zusammenschließen. Ein enger Zusammenschluss ergibt den Bundesstaat, ein lockerer den Staatenbund.

Kaiserreich:
Bezeichnung für die Monarchie in Deutschland (1871 – 1918) mit dem Kaiser als Staatsoberhaupt

Weimarer Republik:
Deutschland von 1919 bis zur Übernahme der Staatsgewalt durch Adolf Hitler im Jahre 1933

1. Wie heißen die südlichen Bundesländer?
2. Welches Bundesland liegt am nördlichsten?
3. Welche Bundesländer grenzen an Polen?

Die sechzehn Länder der Bundesrepublik Deutschland bilden einen Bundesstaat. Ein derartiger Staatsaufbau wird als **Föderalismus** bezeichnet. Die Bundesrepublik ist ein föderalistischer Staat, weil den Bundesländern (Gliedstaaten) eigene politische Gestaltungsmöglichkeiten zustehen (z.B. Kulturhoheit). Der Bundesstaat hat in der deutschen Geschichte eine lange Tradition. Auch das **Kaiserreich** und die **Weimarer Republik** kannten eigenständige Länder. Die Vorteile des Bundesstaates sind u. a.

▸ Problem- und Bürgernähe sowie
▸ mehr Demokratie, weil es Wahlen zu den Landtagen gibt.

Als Nachteile des Bundesstaates gelten
- höhere Kosten, da Landtage, Landesregierungen vorhanden sind,
- Uneinheitlichkeit, z. B. im Schulwesen.

Der Bundesrat ist das Organ der Länder bei der Gesetzgebung und Verwaltung des Bundes (Art. 50 GG). Darüber hinaus räumt das Grundgesetz den Ländern das Recht zur eigenen Gesetzgebung ein (Art. 70 GG). Eine besondere Bedeutung haben die Länder, weil ihre Behörden die Bundesgesetze ausführen (Art. 83 GG). So wird in Bayern das Bundesnaturschutzgesetz in vielen Fällen vom Landratsamt durchgeführt.

Die Gliederung des Bundes in Länder und deren Mitwirkung bei der Gesetzgebung sind durch die Ewigkeitsklausel des Grundgesetzes unveränderbar.

Plenarsaal des Bayerischen Landtages

4.4 Die Demokratie

> Art. 20 GG
>
> (2) Alle Staatsgewalt geht vom Volke aus. Sie wird vom Volke in Wahlen und Abstimmungen (...) ausgeübt.

Mit dieser Festlegung hat sich der Parlamentarische Rat 1949 für eine **repräsentative** bzw. mittelbare Demokratie entschieden. Das Volk ist der **Souverän**. Es trifft aber nicht unmittelbar die politischen Entscheidungen, sondern bestimmt dazu in Wahlen seine Vertreter im Parlament, dem Bundestag. Diese sind an keine Aufträge und Weisungen gebunden, müssen sich aber an die verfassungsmäßige Ordnung halten. Die Möglichkeit des Volkes durch Abstimmungen mitzuwirken ist bislang nur sehr beschränkt gegeben. Bei Bundesgesetzen gibt es keine direkte Beteiligungsmöglichkeit der Bürger.

Als weitere Grundgesetzartikel, die den demokratischen Gedanken im Grundgesetz ausdrücken, sind zu nennen:
- Allgemeine, unmittelbare, freie, gleiche und geheime Wahlen (Art. 38 Abs. 1 GG)
- Meinungsfreiheit und Freiheit der Berichterstattung (Art. 5 GG)
- Freie Betätigung und Entfaltung politischer Parteien (Art. 21 Abs. 1 GG)
- Gleichheitsgrundsatz (Art. 3 GG)
- Mitwirkungsmöglichkeiten für die **Interessenvereinigungen** (Art. 9 GG)

Repräsentative Demokratie:
Form der Demokratie, in der die Staatsbürger politische Entscheidungen nicht direkt selbst treffen, sondern sie gewählten Vertretern überlassen.

Souverän:
Herrscher

Interessenvereinigungen:
Vereine (z. B. Sportvereine, Musikvereine) und Verbände (z. B. Gewerkschaften, Arbeitgeberverbände, ADAC, Bauernverband, Sportverbände)

> Wenn Du Dich nicht entscheidest, verlasse ich Dich!
>
> *Deine Demokratie*

Auf welches Kernelement unserer Demokratie bezieht sich die Aussage?

Foto: Dietrich Claus

Der Weg zum Gericht muss in einem Rechtsstaat jedermann offenstehen.

4.5 Der Rechtsstaat

Die Gewaltenteilung und die besondere Bedeutung der Grundrechte stellen Grundpfeiler des Rechtsstaates dar. Wenn Bürger Freiheitsrechte ausüben können und sie vor dem Gesetz gleich behandelt werden, verdanken sie dies der Verwirklichung des Rechtsstaatsgedankens. Die Verwaltungsbehörden müssen sich in ihrer Tätigkeit an Recht und Gesetz halten. Auch die folgenden Grundgesetzartikel, die im Rahmen eines Gerichtsverfahrens wichtig sind, zählen zum Rechtsstaatsgedanken:

▸ Unabhängigkeit der Richter (Art. 97 GG)

▸ Garantie des Rechtsweges, also die Möglichkeit zur Klage (Art. 19 Abs. 4 GG)

▸ Anspruch auf rechtliches Gehör vor Gericht (Art. 103 Abs. 1 GG)

▸ Verbot einer Doppelbestrafung (Art. 103 Ab. 3 GG)

▸ Verbot einer Strafe ohne entsprechendes Gesetz (Art. 103 Abs. 2 GG)

▸ Verbot der körperlichen und seelischen Misshandlung festgehaltener Personen (Art. 104 Abs. 1 GG)

Beispiel: Ein Hundehalter erhält von der Gemeindeverwaltung einen Bußgeldbescheid, weil er seinen Schäferhund im Stadtpark frei umherlaufen ließ. Die Gemeinde begründet ihre Entscheidung mit einer Regelung, die seit dem 1. Juli gilt und eine Geldbuße erlaubt. Wenn der Hundehalter den Bußgeldbescheid nicht akzeptieren will, kann er klagen. Vor Gericht hat er die Möglichkeit, sich zu dem Vorgang zu äußern. Falls er vor dem Stichtag seinen Hund frei im Stadtpark umherlaufen ließ, darf er deswegen nicht zu einer Geldbuße verpflichtet werden.

Grafik: Dave Vaughan

Was soll durch die Darstellung ausgedrückt werden?

Grundzüge der Weimarer Reichsverfassung 5

Im Jahre 1918 hatte das Deutsche Reich den ersten Weltkrieg verloren. Kaiser Wilhelm II. musste abdanken und ging ins **Exil**. Damit war der Weg frei für eine Republik, die Weimarer Republik.

1919 wurden alle über 20 Jahre alten Deutschen zur Wahl einer Nationalversammlung aufgefordert.

Jeder Bürger hatte eine Stimme. In Preußen galt vorher das **Dreiklassenwahlrecht**. Zum ersten Mal durften auch Frauen wählen.

Die gewählten Volksvertreter versammelten sich in Weimar. Dort erarbeiteten sie die erste Verfassung für eine parlamentarische Demokratie in Deutschland, die Weimarer Reichsverfassung (WRV).

Wilhelm II., der letzte deutsche Kaiser

Wie war die Stellung der Frauen im Kaiserreich, wenn sie erst 1919 das Wahlrecht erhielten?

Exil:
Flucht aus politischen Gründen in ein aufnahmebereites Land.

5.1 Stellung von Reichspräsident, Reichskanzler und Reichstag

Dreiklassenwahlrecht:
Die Wähler haben je nach Höhe der bezahlten Steuern unterschiedliches Stimmgewicht.

Der Reichspräsident

Durch die Machtverteilung in der Verfassung wurde der Reichspräsident zur entscheidenden politischen Kraft.

Er wurde direkt vom Volk für sieben Jahre gewählt, seine unbegrenzte Wiederwahl war möglich. Den Reichstag konnte er aus triftigem Grund auflösen.

Der Reichspräsident ernannte den Reichskanzler ohne Beteiligung des Parlamentes. So konnte es vorkommen, dass der Reichskanzler keine Mehrheit im Parlament hatte. Der Reichspräsident war Oberbefehlshaber der Reichswehr.

Durch die sogenannte Notverordnung (Art. 48 WRV) konnte der Reichspräsident Grundrechte außer Kraft setzen und mit Hilfe der Reichswehr einschreiten.

Art. 48 WRV

... Der Reichspräsident kann, wenn im Deutschen Reiche die öffentliche Sicherheit und Ordnung erheblich gestört oder gefährdet wird, die zur Wiederherstellung der öffentlichen Sicherheit und Ordnung nötigen Maßnahmen treffen, erforderlichenfalls mit Hilfe der bewaffneten Macht einschreiten. Zu diesem Zwecke darf er vorübergehend die in den Artikeln 114, 115, 117, 118, 123, 124 und 153 festgesetzten Grundrechte ganz oder zum Teil außer Kraft setzen...

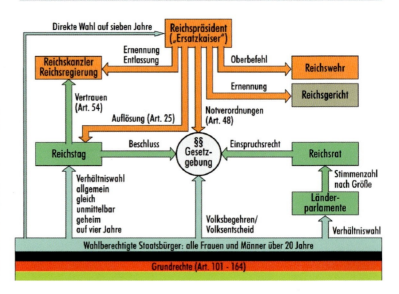

Friedrich Ebert, Reichspräsident von 1919 bis 1925

Der Reichskanzler

In den 14 Jahren der Weimarer Republik wurde 14-mal ein Reichskanzler ernannt. Es konnten sich Koalitionen im Reichstag zu einer Abwahl des Kanzlers vereinen, ohne jedoch einen eigenen Kandidaten vorzuschlagen. Auch die oftmals mangelnde Unterstützung durch die eigenen, die Regierung tragenden Fraktionen verhinderten eine berechenbare Politik.

Durch das Verhältniswahlrecht (ohne Sperrklausel) bedingt, waren zeitweise bis zu 15 Parteien im Reichstag. So war es sehr schwierig, eine stabile Regierung zu bilden. Damit wurden den republikfeindlichen Kräften Argumente geliefert, die Parteien- und Parlamentsherrschaft als unfähig darzustellen.

Der Reichstag

Der Reichstag beschloss die Reichsgesetze und war zuständig für den Haushaltsplan. Er wurde alle vier Jahre in allgemeiner, gleicher, geheimer und unmittelbarer Wahl nach dem Verhältniswahlrecht gewählt. Die Zahl der Abgeordneten veränderte sich nach jeder Wahl, denn für 60 000 abgegebene Stimmen konnte ein Abgeordneter in den Reichstag ziehen. Bei hoher Wahlbeteiligung war die Zahl der Abgeordneten entsprechend hoch. 463 Abgeordnete wurden 1920 gewählt, 1932 waren es 608 Abgeordnete.

Acht Wahlen in 13 Jahren, das bedeutete einen andauernden Wahlkampf.

In den Jahren von 1919 bis 1932 wurde die Bevölkerung achtmal zur Reichstagswahl aufgerufen. Die Sozialdemokratische Partei (SPD) hatte bis 1932 immer die meisten Abgeordneten, musste aber mit anderen Parteien zum Teil unsichere Koalitionen bilden. Im Juli 1932 bekam die NSDAP, die Partei Hitlers, mit 37 Prozent der Wählerstimmen erstmals die meisten Sitze, konnte aber auch nicht alleine regieren.

5.2 Grundrechte in der Weimarer Reichsverfassung

In der Weimarer Reichsverfassung erschien der Abschnitt „Grundrechte und Grundpflichten der Deutschen" erst ab Art. 109. Zunächst wurden die klassischen Bürgerrechte, wie Gleichheit vor dem Gesetz, Freiheit der Person, Meinungs- und Pressefreiheit, aufgeführt. Danach wurden weitere soziale Grundrechte und Pflichten genannt, die das Leben im wirtschaftlichen, kulturellen und religiösen Bereich regelten. Die Grundrechte wurden als Zielvorstellungen gesehen. Der Staat war verpflichtet, sie nach Möglichkeit zu verwirklichen. Die Grundrechte waren nicht unmittelbar bindendes Recht und waren für den Bürger nicht einklagbar.

Briefmarke von 1969

An welcher Stelle unseres Grundgesetzes stehen die Grundrechte, im Gegensatz zur Weimarer Reichsverfassung?

Nach dem Zweiten Weltkrieg trat der Parlamentarische Rat zusammen (1948/49), um ein Grundgesetz für die Bundesrepublik Deutschland zu erarbeiten. Sehr genau achtete man darauf, die Fehler der Weimarer Reichsverfassung zu vermeiden.

	Weimarer Reichsverfassung (WRV)	Grundgesetz (GG)
Wahlrecht	Verhältniswahl	Mischung aus Verhältniswahl und Mehrheitswahl (5-Prozent-Klausel)
Kanzler	wird vom Reichspräsidenten ernannt	wird vom Bundestag gewählt und dann vom Bundespräsidenten ernannt
Gesetzgebung	im Wesentlichen durch den Reichstag oder durch Volksbegehren/Volksentscheid	durch den Bundestag und den Bundesrat
Verfassungsänderung	mit einfacher Mehrheit	Art. 1 GG und 20 GG sind nicht veränderbar. Andere Artikel sind mit Zweidrittelmehrheit veränderbar
Reichs-/Bundespräsident	wird vom Volk direkt auf 7 Jahre gewählt, Wiederwahl möglich	Bundesversammlung wählt auf 5 Jahre, anschließende Wiederwahl einmal möglich
Reichs-/Bundespräsident	kann ohne Parlament Notverordnungen (Gesetze) erlassen	kann ohne Parlament keine Gesetze erlassen
Reichs-/Bundespräsident	kann den Kanzler entlassen und einen anderen ernennen	kann den (alten) Kanzler nur entlassen, wenn ein neuer Kanzler (Misstrauensvotum) gewählt ist
Reichs-/Bundespräsident	hat den Oberbefehl über die Reichswehr	jeder Bundeswehreinsatz muss vom Parlament beschlossen werden
Todesstrafe	möglich	ist abgeschafft

1. Wer hat mehr Kompetenzen, wessen Macht ist eher geringer geworden?
2. Was waren die Gründe für die Abschaffung der Todesstrafe im Grundgesetz?

Zusammenfassung

Die Weimarer Reichsverfassung von 1919 war die erste Verfassung für eine parlamentarische Demokratie in Deutschland.

Jeder Bürger über 20 Jahre hatte eine Stimme, erstmals durften auch Frauen wählen.

Der Reichspräsident wurde für sieben Jahre gewählt. Er hatte eine besonders starke Stellung und konnte den Reichskanzler ohne Beteiligung des Parlaments ernennen oder entlassen. Durch Notverordnungen konnte er Grundrechte außer Kraft setzen.

Der Reichskanzler musste wegen des reinen Verhältniswahlrechts oft Koalitionen mit vielen Parteien eingehen. Das schwächte seine Position.

Der Reichstag wurde alle vier Jahre in allgemeiner, gleicher, geheimer und unmittelbarer Wahl gewählt.

Die Weimarer Reichsverfassung enthält ähnlich formulierte Grundrechte wie unser Grundgesetz. Sie galten aber als Zielvorstellung und waren nicht einklagbar.

Wissens-Check

1. Welches Ereignis führte zur Weimarer Reichsverfassung?
2. Welche Position hatte der Reichspräsident in der Weimarer Reichsverfassung im Gegensatz zum Bundespräsidenten im Grundgesetz?
3. Warum sind zeitweise 14 verschiedene Parteien in den Reichstag gewählt worden?
4. Warum hatte der Reichskanzler eine eher schwache Position im Vergleich zum heutigen Bundeskanzler?
5. Welche Bedeutung hatten die Grundrechte der Weimarer Verfassung im Vergleich zu den Grundrechten im Grundgesetz?

Die Nationalsozialistische Diktatur (1933–1945)

In diesem Abschnitt soll an Beispielen gezeigt werden, mit welchen Mitteln die Diktatur durch Rassenwahn und autoritäre Herrschaft Deutschland ins Verderben führte.

6.1 Weltanschauliche Grundlagen

Rassenmythos

Der **Antisemitismus** war zentraler Bestandteil des nationalsozialistischen Rassenmythos. Weite Teile der Bevölkerung hatten die Existenzunsicherheit nach dem Krieg und in der Weltwirtschaftskrise erfahren. Sie wird in Aggressivität gegen eine angebliche „Weltverschwörung der Juden und Bolschewisten" umgemünzt. Hitler selbst war ein fanatischer Rassist und Antisemit.

Antisemitismus:
Gegnerschaft und Verfolgung von Personen jüdischen Glaubens.

> Bewegende Prinzipien der Geschichte sind für Hitler der Selbsterhaltungstrieb der Völker und Rassen und ihr immerwährender Kampf ums Dasein. Der Stärkere hat das Recht zu beherrschen, die Bestimmung des Schwächeren ist, zu Grunde zu gehen. Voraussetzungen für das Überleben der Rassen und für die höhere Entwicklung des Lebens sind die Reinhaltung der Rasse und die Bekämpfung der Rassenmischung. Geradezu zwanghaft wird Hitler umgetrieben von Angst vor blutmäßiger Degeneration und Geburtenrückgang. Dabei kommt der „nordisch-germanisch-arischen Herrenrasse" als „kulturschöpferisch" eine grundsätzliche höhere Wertigkeit gegenüber anderen Rassen zu, insbesondere gegenüber der „jüdischen Rasse" als „kulturzersetzend" und „parasitär" in den „arischen Wirtsvölkern".
>
> B. J. Wendt, Das nationalsozialistische Deutschland, Hrsg. Landeszentrale für politische Bildungsarbeit, 1999, S. 22 (gekürzt)

Mit einer Reihe von Gesetzen und Verordnungen begann eine Phase der systematischen Entrechtung deutscher Bürgerinnen und Bürger, die jüdischen Glaubens oder jüdischer Abstammung waren. Ihnen wurde am Ende jede Existenzmöglichkeit geraubt. Zum Beispiel durften sie

▸ als Lehrer nicht mehr unterrichten,
▸ als Richter nicht mehr urteilen,
▸ als Arzt keine Deutschen mehr behandeln.

Später durften sie nicht mehr mit der U-Bahn oder Straßenbahn fahren und auch kein Telefon oder Radio besitzen.

Die Kleidung der Juden musste mit einem Judenstern gekennzeichnet sein.

Stelenfeld in Berlin zum Gedenken an die Holocaustopfer

Mit dem Angriff gegen die Sowjetunion im Jahre 1941 begann der Übergang von der Verfolgung und Vertreibung der Juden hin zu ihrer gezielten physischen Vernichtung. Durch Einsatzgruppen der SS und der Gestapo kam es in eroberten Gebieten zu Massenerschießungen. Dann erfolgte die systematische Deportation aller Juden in den besetzten europäischen Ländern und im Reichsgebiet in eigens eingerichtete Vernichtungslager. Dort wurden sie nach vorangegangener „Selektion" durch Gas oder durch Zwangsarbeit ermordet. Auch Sinti und Roma wurden als „minderwertige Fremdrasse" verfolgt.

Holocaust:
griech.: „vollständig verbrannt", Sammelbegriff für die Ermordung der Opfer der NS-Diktatur

Dem **Holocaust** fielen insgesamt mehr als sechs Millionen Menschen zum Opfer.

1. Suchen Sie im Grundgesetz Artikel, die eine Judenverfolgung unmöglich machen.
2. Wo und wie ist Ihnen schon einmal Antisemitismus begegnet?
3. Wie kann man dem wirkungsvoll begegnen?

Paul von Hindenburg war im 1. Weltkrieg einer der bestimmenden Generäle. Ab 1925 war er Reichspräsident.

Führerprinzip

Hindenburg starb im August 1934, Hitler übernahm sogleich dessen Amt und war gleichzeitig Reichskanzler und Reichspräsident. Zugleich war er oberster Befehlshaber der Wehrmacht, oberster Gerichtsherr und Führer der Staatspartei NSDAP. Es galt das „Führerprinzip".

> Die Formel „unser Führer" oder einfach „der Führer" sollte unter den „Volksgenossen" das Gefühl der „verschworenen Gefolgschaft" und der „Volksgemeinschaft" festigen. „Heil Hitler!" wurde nach 1933 zum „deutschen Gruß". Auf den „Führer" orientierte sich alles hin.
>
> Parteisymbole und -rituale oft mit pseudoreligiösem Anstrich wie „Standartenweihen" und feierliche Parteitage und Feste, Gedenken an „Blutzeugen" und „Märtyrer" der „Kampfzeit", Musik und Massenaufmärsche, Uniformen und das knallige Rot der Hakenkreuzfahne hatten den Zweck, den „Führerkult" zu inszenieren. Sie sollten Hitler mit der Aura des Außergewöhnlichen, Geheimnisumwitterten und des Heilbringers umgeben. Der „Führermythos" wurde zum Dreh- und Angelpunkt der nationalsozialistischen Herrschaft.
>
> B. J. Wendt, Das nationalsozialistische Deutschland, Hrsg. Landeszentrale für politische Bildungsarbeit, 1999, S. 15 (gekürzt)

Ablehnung demokratischer Prinzipien

Der Reichstag war ein bedeutungsloses Parlament. Dieses Herrschaftssystem benötigte kein Parlament mehr zur Gesetzgebung. Ab November 1933 wurde der Reichstag ausschließlich nach NSDAP-Einheitslisten „gewählt". Hitler benutzte ihn in erster Linie als scheinbar demokratische Institution, die seine Regierungserklärungen einstimmig entgegennahm und auf diese Weise dem Ausland die viel beschworene „Einheit von Volk und Führer" vor Augen führen sollte. In den zwölf Jahren Nazi-Herrschaft trat der Reichstag nur 19-mal zusammen und verabschiedete insgesamt sieben Gesetze. Dagegen wurden 989 Gesetze allein durch die Regierung beschlossen. Hinzu kam eine unübersehbare Menge von Führererlassen oder Führerbefehlen, die sich oft widersprachen, aber unmittelbare Gesetzeskraft hatten.

Eine Überprüfung von Entscheidungen der Exekutive durch eine unabhängige juristische Instanz gab es nicht. Der Staatsgerichtshof, vergleichbar mit dem Bundesverfassungsgericht, stellte seine Arbeit ein.

Eine demokratische Gewaltenteilung in Legislative, Judikative und Exekutive gab es nicht.

Autoritäre Herrschaft

Die Ernennung Hitlers zum Reichskanzler am 30. Januar 1933 gab den Nationalsozialisten die Möglichkeit, die demokratische Verfassungsordnung binnen Kurzem vollständig zu beseitigen. Wenige Tage nach dem Reichstagsbrand, am 5. März 1933, fand in einer von höchster politischer Erregung, äußerster Rechtsunsicherheit und offener Gewalt erfüllten Atmosphäre die Neuwahl des Reichstags statt.

Foto: Edgar Kalis

Gedenksteine, in den Bürgersteig eingelassen vor den Häusern ermordeter Juden.

Foto: Bundesarchiv

Der Brand des Reichstages war Anlass, politische Gegner zu verfolgen.

Immunität:
Parlamentsabgeordnete dürfen nicht verhaftet oder angeklagt werden ohne vorherige Zustimmung des Parlaments.

Die NSDAP gewann bei dieser Reichstagswahl 340 der 647 Parlamentssitze. Mit der Verhaftung der weitaus meisten KPD-Abgeordneten und mehrerer sozialdemokratischer Parlamentarier verstießen die NS-Machthaber gegen geltendes **Immunitätsrecht**. Insofern war der Reichstag, der am 23. März allein gegen die Stimmen der verbliebenen Sozialdemokraten das „Ermächtigungsgesetz" verabschiedete, auch nicht mehr legal zusammengesetzt. Mit diesem Gesetz, das illegal zustande kam, war Hitler von allen Bindungen an die Verfassung befreit. Er konnte autoritär herrschen.

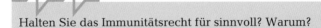

Halten Sie das Immunitätsrecht für sinnvoll? Warum?

6.2 Herrschaftsgewinnung und -ausübung

Im Allgemeinen wurde das „Ermächtigungsgesetz" (wörtlich: „Gesetz zur Behebung der Not von Volk und Staat") als das wichtigste scheinlegale Mittel für Hitlers Herrschaftsentfaltung gesehen.

Auf der Grundlage des Ermächtigungsgesetzes festigten die Nationalsozialisten ihre Herrschaft:

- Politische Parteien wurden verboten. Dadurch war eine Opposition, die durch Wahlen einen politischen Wechsel hätte herbeiführen können, nicht mehr möglich.
- Gewerkschaften wurden verboten, deren Vermögen enteignet. Die Beschäftigten konnten sich nicht mehr frei organisieren, Streiks waren nicht möglich.
- Sondergerichte verurteilten politische Gegner zu Haft in Konzentrationslagern. Die Verhandlungen fanden ohne geordnete Prozessführung und ohne Verteidigung statt. Die Verurteilten waren im Prinzip rechtlos.
- Die Länder wurden gleichgeschaltet. Das Land Bayern war ohne politischen Einfluss in Berlin. Der Reichsrat, der dem heutigen Bundesrat entspricht, wurde aufgelöst.

Bücher von unerwünschten Autoren werden öffentlich verbrannt.

Die Pressefreiheit wurde abgeschafft. Zeitungen von KPD und SPD wurden enteignet, die Druckereien von den Nationalsozialisten für ihre eigenen Propagandazwecke übernommen. Das neu gegründete Propagandaministerium entschied, was mit welcher politischen Tendenz gedruckt werden durfte.

Der Rundfunk und die Filmproduktion werden gleichgeschaltet. Auch hier bestimmte der Propagandaminister, welche Inhalte gesendet oder als Film gedreht werden durften.

Bücherverbrennungen fanden statt, bei denen Bücher von unliebsamen Autoren, z.B. Juden, Kommunisten oder Pazifisten, aus öffentlichen Bibliotheken entfernt und verbrannt wurden. Diese Bücher durften nicht mehr nachgedruckt und auch nicht mehr verkauft werden.

> Der Propagandaminister J. Goebbels verkündete seine Ziele:
> „Ich sehe in der Einrichtung des neuen Ministeriums für Volksaufklärung und Propaganda eine revolutionäre Regierungstat. Es genügt nicht, die Menschen mit unserem Regiment mehr oder weniger auszusöhnen, sondern wir wollen die Menschen so lange bearbeiten, bis sie uns verfallen sind, bis sie einsehen, dass das, was sich heute in Deutschland abspielt, nicht nur hingenommen werden muss, sondern auch hingenommen werden kann."
>
> Dokumente zu Innen und Außenpolitik, Hrsg., W. Michalka, Frankfurt, 1993, S. 78

6.3 Stellung und Alltag des einzelnen Menschen

Im Januar 1933, als Hitler die Macht übernahm, hatte Deutschland 6 Millionen (ca. 30%) Arbeitslose. Im Gegensatz zu heute lag damals die Unterstützung für Arbeitslose weit unter dem Existenzminimum. Die Ankündigung Hitlers, innerhalb von vier Jahren „Brot und Arbeit für alle Deutschen" zu schaffen, galt bei der Bevölkerung als unerreichbares Versprechen. Tatsächlich wurde aber die Arbeitslosenzahl schon nach einem Jahr Regierung halbiert und sie sank jährlich weiter. Gewerkschaften, die Löhne mit den Arbeitgebern hätten vereinbaren können, waren verboten. Staatliche

„Treuhänder der Arbeit" legten den Lohn fest, er stieg langsam, aber fortlaufend an.

> Die Popularität des nationalsozialistischen „Wirtschaftswunders" gründete sich nicht nur auf Fakten, sondern wesentlich auch auf die geschickte massenpsychologische Verpackung. Hitler posierte mit dem ersten Spatenstich beim Autobahnbau als Symbol eines Neuanfangs. Grundsteinlegung in Kleinsiedlungen und Deichbauten wurden als Ausdruck des sozialen Gewissens gefeiert. Pressefotos, Reportagen, Wochenschau und Propagandafilme waren übereinstimmend darauf abgestellt, im ganzen Land eine optimistische Aufbruchstimmung und den Eindruck nationaler Solidarität in der „Volksgemeinschaft" zu verbreiten. Sicherheit des Arbeitsplatzes bei steigendem Lebensstandard wurde in dem motivierenden Gefühl erlebt, dass es sich nach Jahren tiefer Depression und Verzweiflung wieder lohnte, zu schaffen und zu investieren.
>
> B. J. Wendt, Das nationalsozialistische Deutschland, Hrsg. Landeszentrale für politische Bildungsarbeit, 1999, S. 56 (gekürzt)

Die Hitlerjugend war die Jugendorganisation, in der nahezu alle Jugendlichen mit der nationalsozialistischen Ideologie beeinflusst wurden. Ab dem 10. Lebensjahr hatten Jungen und Mädchen mindestens zweimal wöchentlich Dienst. Dabei sollten sie körperlich abgehärtet und langfristig auf den Krieg vorbereitet werden.

Foto: Bundesarchiv

Die Jugend wurde frühzeitig durch die Partei beeinflusst.

> **Ein Hitlerjunge berichtet**
>
> Im Alter von 10 Jahren wurden wir aufgefordert, den Jugendorganisationen der Nazis beizutreten. Die meisten Kinder machten freiwillig mit, denn die Nazis verstanden es meisterhaft, das Interesse der jungen Menschen zu wecken. Man konnte Sport treiben, basteln, das Segelfliegen erlernen, gemeinsame Radtouren machen. Es wurden Geländespiele veranstaltet, Zeltlager abgehalten mit Abkochen und Lagerfeuerromantik. Die Erbsensuppe, die wir da zusammenbrauten, war zwar manchmal angebrannt, schmeckte uns aber dennoch sehr gut. Die allen Jungen innewohnende Abenteuerlust fand hier Möglichkeiten der Verwirklichung. Ja, wir trugen die Uniform als äußeres Zeichen einer Gemeinschaft gern: schwarze Hose, braunes Hemd, schwarzes Halstuch mit einem Lederknoten, Koppel und Schulterriemen. Das Erstrebenswerteste für uns war das sogenannte Fahrtenmesser, das am Koppel getragen wurde. Doch neben die jungenhaften Spiele traten bald vormilitärischer Drill und ideologische Schulung. Dafür aber konnte ich mich nicht begeistern. Dann wollte ich schon lieber im Jungvolk-Spielmannszug Musik machen. Ich wählte Querflöte und Fanfare. Ich fand das Instrument toll: Das blitzende Messing mit dem daran befestigten schwarzen Tuch und der schwarz-weißen Tragekordel beeindruckte mich. Wenn wir dann bei den häufig veranstalteten Umzügen an der Spitze des Zuges marschierten und „Preußens Gloria" pfiffen oder einen Fanfarenmarsch schmetterten, war das schon ein tolles Gefühl.
>
> Wir wurden auf die Dörfer gerufen, um zum Erntedankfest oder zur Kirmes zu spielen. Danach gab es reichlich Kaffee und Kuchen. Also, mir hat's Spaß gemacht.
>
> G. Hätte, Kollektives Gedächtnis, Berlin 2002

Für Mädchen galt die gleiche Dienstpflicht.

1. Mit welchen Mitteln „köderten" die Nazis die Arbeitslosen?
2. Wie versuchten die Nazis die Kinder zu begeistern?
3. Worin liegt der Unterschied zu den Aktivitäten Ihnen bekannter Jugendgruppen in der heutigen Zeit (z.B. Pfadfinder o. Ä.)?

Nach Beendigung der Schul- oder Lehrzeit begann für alle Deutschen der Reichsarbeitsdienst. Den offiziellen Zweck gab § 1 des Gesetzes über den Reichsarbeitsdienst wieder:

§ 1 Reichsarbeitsdienstgesetz vom 26. Juni 1935

„Der Reichsarbeitsdienst ist Ehrendienst am deutschen Volke. Alle jungen Deutschen beiderlei Geschlechts sind verpflichtet, ihrem Volke im Reichsarbeitsdienst zu dienen. Der Reichsarbeitsdienst soll die deutsche Jugend im Geiste des Nationalsozialismus zur Volksgemeinschaft und zur wahren Arbeitsauffassung, vor allem zur gebührenden Achtung der Handarbeit, erziehen. Der Reichsarbeitsdienst ist zur Durchführung gemeinnütziger Arbeiten bestimmt."

Danach begann für jeden männlichen Deutschen der Wehrdienst. Es entwickelte sich eine totale Kontrolle der Bürger.

Das Heimtückegesetz schränkte darüber hinaus das Recht auf freie Meinungsäußerung ein und bestrafte alle kritischen Äußerungen, die angeblich das Wohl des Reiches schwer schädigten. Die Verbreitung von politischen Witzen zählte auch dazu.

Vormilitärischer Drill zur Kriegsvorbereitung

Was ist der Unterschied zwischen Mussolini und Hitler? Mussolini ist leberleidend. Hitler ist leider lebend.

Was ist Brudermord? Wenn Hermann Göring ein Schwein schlachtet. Und was ist Selbstmord? Wenn man diesen Witz in der Öffentlichkeit erzählt.

Ein Wunderrabbi wird von einem Gläubigen gefragt: „Rabbi sag mir, wann wird Hitler sterben?" Der Rabbi denkt lange nach und sagt dann: „Das genaue Datum kann ich dir nicht sagen, aber eins weiß ich – es wird ein Feiertag sein."

Das Auto des Führers fährt den Hund eines Fleischers tot. Adolf schickt den Chauffeur in den Fleischerladen, um sich zu entschuldigen und Schadensersatz anzubieten. Der Chauffeur sagt: „Heil Hitler! Der Hund ist tot..." Da ruft der Fleischer: „Endlich! Hier, nehmen Sie die großen Würste mit!"

H.-J. Gamm: Der Flüsterwitz im Dritten Reich, München, 1972

Das Abhören von „Feindsendern" war verboten. Verbreitung deren Nachrichten konnte sogar mit dem Tode bestraft werden.

Ab 1943 wurden viele kritische Meinungsäußerungen nicht mehr nach dem Heimtückegesetz verfolgt, sondern öfter als Wehrkraftzersetzung ausgelegt und mit der Todesstrafe geahndet.

Welche Funktion und Wirkung kann der politische Witz in Diktaturen haben?

Der Alltag für politische Gegner in den Konzentrationslagern war auf deren physische und psychische Vernichtung angelegt.

Eingangstor der KZ-Gedenkstätte Buchenwald

Foto: Dietrich Claus

> Die Appellplätze aller Konzentrationslager haben viele und schreckliche Tragödien gesehen. Wie oft musste das ganze Lager stehen bleiben, wenn ein Häftling geflohen war! Es konnte Stunden und Stunden dauern, bis die SS ihn wieder hatte. Für den Fall, dass er sich innerhalb des Kommandanturgeländes versteckt hielt, standen auch alle Wachen um den gesamten äußeren Lagerbereich. Die Suchaktionen innerhalb der Postenkette mußten von den Blockältesten, den Kapos, den Vorarbeitern und dem Lagerschutz durchgeführt werden. Beim Abendappell des 14. Dezember 1938 fehlten in Buchenwald zwei Häftlinge. Trotz der Kälte von minus 15 Grad und der ungenügenden Kleidung standen die Häftlinge 19 Stunden hindurch auf dem Appellplatz. Noch in der Nacht erfroren 25, bis zum folgenden Mittag erhöhte sich die Zahl auf über 70. Im Herbst 1939 stand das Lager ebenfalls einmal 18 Stunden hintereinander, weil sich zwei Häftlinge im Schweinestall verborgen hielten.
>
> Eugen Kogon, Der SS-Staat, München, 1965, S. 104

Zusammenfassung

Der Antisemitismus ist zentraler Bestandteil des nationalsozialistischen Rassenmythos. Der irre Glaube, Juden seien die Ursache für Deutschlands Niedergang, führte zum Holocaust.

Grundlagen der Demokratie (Exekutive, Judikative, Legislative) werden durch das Führerprinzip abgelöst. Hitler und seine Gefolgsleute können in autoritärer Herrschaft alles bestimmen.

Durch das Verbot von Parteien, Gewerkschaften, unerwünschten Zeitungen oder freien Schriftstellern wird eine wirksame Opposition unmöglich. Die Bürger dürfen sich nicht mehr frei informieren, selbst politische Witze sind verboten.

Besonders die Jugend wird durch Hitlerjugend, Reichsarbeitsdienst und Wehrmacht lückenlos kontrolliert und nationalsozialistisch geprägt.

Wissens-Check

Was beinhaltet der Begriff „Führerprinzip"?

Mit welchen Maßnahmen haben die Nationalsozialisten die demokratische Ordnung der Weimarer Republik beseitigt?

Was ist der zentrale Bestandteil des nationalsozialistischen Rassenmythos und welche Folgen hatte er?

Mit welchen Mitteln wurde die nationalsozialistische Herrschaft ausgeübt?

Aktuelle Gefahren für die Demokratie

Karikatur von Karl Gerd Striepecke

Die Meinungsfreiheit ist ein Merkmal der freiheitlich-demokratischen Grundordnung. Kritik an der Demokratie ist erlaubt. Die Idee der abwehrbereiten Demokratie sieht aber vor, dass sich der demokratische Staat von seinen Gegnern nicht abschaffen lassen darf.

Die Widersacher der Demokratie kommen als extreme Gruppierungen und Parteien vom rechten und vom linken Meinungsrand. Probleme bereiten auch religiös motivierte **Extremisten** sowie einige Sekten.

Extremisten:
Besonders radikale Personen

7.1 Rechtsextremismus

Rechtsextremistische Jugendliche bei einer verbotenen Demonstration

Ideologie:
Weltanschauung, Grundeinstellung

Die Rechtsextremisten haben zwar keine einheitliche **Ideologie**, bestimmte Grundhaltungen stimmen aber überein Sie lehnen die Demokratie ab. Ein Führerstaat soll an ihre Stelle treten. Besondere Merkmale des Rechtsextremismus sind

- ein übersteigerter, aggressiver Nationalismus,
- Überbewertung einer so genannten Volksgemeinschaft zu Lasten des Einzelnen,
- offener oder verdeckter **Rassismus** und damit verbundene Missachtung der Menschenwürde und des Gleichheitsgrundsatzes,
- Hervorhebung angeblich positiver Leistungen des Dritten Reiches,
- Überbetonung militärischer und soldatischer Werte.

Rassismus:
Form der Fremdenfeindlichkeit, die sich auf tatsächliche oder behauptete Rassenunterschiede stützt

Die eigene Rasse wird dabei als höherwertig eingestuft

Als äußerst rechte Partei trat in der Bundesrepublik Deutschland insbesondere die NPD (Nationaldemokratische Partei Deutschlands) auf. Außerhalb der rechtsradikalen Parteien agieren sogenannte Kameradschaften als neonazistische Organisationen. Rechtsextremistische **Skinheads** sind durch brutale Gewalt aufgefallen. Der Nationalsozialistische Untergrund (NSU), in den Medien auch als Zwickauer Terrorzelle bezeichnet, verübte ab dem Jahr 2000 eine Mordserie an Mitbürgern vor allem ausländischer Herkunft.

Skinheads:
Ursprünglich unpolitische Bewegung arbeitsloser oder sozial benachteiligter Jugendlicher

Sie lebten in den großen Industriestädten Großbritanniens während der 70er Jahre des letzten Jahrhunderts. Den Stolz auf ihre Herkunft drückten ihre Mitglieder mit typischer Arbeiterkleidung und der Glatze aus.

> Als in der Nacht (…) sieben Rechtsradikale zwei Vietnamesen durch die mecklenburgische Stadt Eggesin jagten, da sangen sie ein Lied. Und während sie den beiden Männern mit ihren Springerstiefeln die Schädel eintraten, da sangen sie noch immer, vor allem die Liedzeile „Fidschi, Fidschi – gute Reise". Immer wieder. Und im Takt traten sie auf die Köpfe der Vietnamesen ein. Das Lied, das sie da sangen, stammte von der rechtsradikalen Band ………., gegen die nun Generalbundesanwalt Kay Nehm Anklage erhoben hat.
>
> Süddeutsche Zeitung

Rechtsextremistische Bands versuchen, junge Menschen durch ihre Songtexte zu beeinflussen.

> Da kommt der Paul mit seinem Rollstuhl an,
>
> Ich stech ihm beide Reifen platt.
>
> Da schreit er laut: „Mensch was soll das, Mann?"
>
> Jetzt tret ich zu, jetzt ist er platt.
>
> Deutsches Blut darf nie vergehn auf dieser Welt,
>
> Deutschland muss zusammenstehn,
>
> Ganz egal was auch geschieht,
>
> Deutschland kommt und sieht und siegt.
>
> aus: Politischer Radikalismus bei Jugendlichen, Handreichungen für Schulen in Bayern, herausgegeben vom Bayerischen Staatsministerium für Unterricht, Kultus, Wissenschaft und Kunst, 1996

Welche Gedanken der Rechtsextremisten werden in den Texten ausgedrückt?

7.2 Linksextremismus

Auch die Linksextremisten haben keine einheitliche Ideologie. Es gibt Parteien wie die DKP (Deutsche Kommunistische Partei), die sich auf den **wissenschaftlichen Sozialismus bzw. Kommunismus** beziehen. Er war die Grundlage für die kommunistischen Diktaturen in Osteuropa bis Anfang der 90er-Jahre des 20. Jahrhunderts.

Die **Sozialrevolutionäre** im Linksextremismus wenden sich gegen eine angebliche Ausbeutung der Arbeiter. Jede staatliche Ordnung wird von den Anarchisten verworfen. Gemeinsam ist diesen Gruppen die Ablehnung der bestehenden Staats- und Gesellschaftsordnung. Die Linksextremisten behaupten, die Bundesrepublik Deutschland sei

- kapitalistisch, weil die Macht in den Händen von Reichen läge,
- rassistisch, weil sie **ethnische** Minderheiten verfolge,
- imperialistisch, weil sie weltweit für die kapitalistischen Interessen arbeite.

Einige linksextremistische Gruppen missachten demokratische Mehrheitsentscheidungen und das Gewaltmonopol des Staates. Die Linksextremisten üben Gewalt aus, um ihre politischen Ziele zu erreichen. Einen Höhepunkt hat dies in den 70er-Jahren mit den Aktionen der sogenannten Roten-Armee-Fraktion (RAF) gefunden, einer terroristischen Organisation.

Wissenschaftlicher Sozialismus/Kommunismus:
Ideologie, die sich auf das Gedankengut von K. Marx, F. Engels und W. Lenin bezieht

Sozialrevolutionäre:
Personen, die eine revolutionäre Veränderung der Gesellschaft anstreben
Dabei sollen die Besitzenden zugunsten der sozial Schwachen enteignet werden.

Ethnisch:
Volksgruppen betreffend

Autonome bei einer gewaltsamen Ausschreitung in Berlin-Kreuzberg

Foto: dpa

Autonome:
Sie stellen den weitaus größten Anteil des gesamten gewaltbereiten linksextremistischen Potenzials. Ihr Ziel ist die Überwindung des kapitalistischen Systems.

7.3 Religiös motivierter Extremismus

Der Anschlag auf das World Trade Center am 11. September 2001 gilt als religiös-fundamentalistischer Terror der Al-Qaida. Die Behörden des Verfassungsschutzes sehen islamisch-**fundamentalistische** Gruppierungen in Deutschland in einem Netzwerk von Al-Qaida. Ihr Ziel ist es, in Deutschland einen islamischen Gottesstaat zu errichten. Der islamische Fundamentalismus ist geprägt von Intoleranz gegenüber

Fundamentalismus:
Kompromissloses Festhalten an politischen, ideologischen und religiösen Werten

Muslime:
Anhänger des Islam

Koran:
Glaubenswerk des Islam

Scharia:
Islamische Rechtsordnung

Andersgläubigen. Nur **Muslime** sollen gleiche Rechte haben. Menschenrechte nach westlichem Verständnis werden nur teilweise anerkannt. Die Demokratie wird abgelehnt, wenn sie nicht im Einklang mit der extremen Auslegung des **Koran** und der **Scharia** steht. Als besonders radikale Strömung des Islams sind in Deutschland in jüngerer Vergangenheit die Salafisten aufgetreten. Sie orientieren sich an der islamischen Frühzeit und geben vor, ihre religiöse Praxis und Lebensführung ausschließlich an den Prinzipien des Koran auszurichten.

> **Salafismus und Gewalt**
>
> „Dass jemand, der den Islam verlässt, getötet werden muss, das ist Allahs Urteil, das ist Allahs Gesetz. Islam ist keine Spaßreligion. Ein Christ ist zu einem Gelehrten gekommen und hat ihm gesagt, ich will den Islam annehmen. Der hat ihm gesagt, im Islam, wenn du Alkohol trinkst, wir werden dich auspeitschen. Im Islam, wenn du Zina [Unzucht] begehst und nicht verheiratet bist, wirst du ausgepeitscht werden. Wenn du verheiratet bist und Unzucht begehst, du musst gesteinigt werden. Das ist Islam. Akzeptierst du das, dann nehme den Islam an. Keiner zwingt dich, den Islam anzunehmen. Aber wenn du den Islam annimmst, dann ist es kein Spaß. Dann musst du diese Religion beachten und respektieren und du musst Allahs Wort im Koran ohne wenn und aber befolgen... Mit der Hand abhacken, das ist Allahs Gesetz und Allahs Gesetze sind gekommen für die gesamte Menschheit bis zum jüngsten Tag... Allahs Gesetze müssen respektiert werden. Wir haben mit dem Schöpfer zu tun, wir haben nicht mit Frau Merkel zu tun, oder mit George Bush zu tun. Das sind Allahs Gesetze. Und Allahs Gesetze gelten bis zum jüngsten Tag und für alle Völker dieser Erde."
>
> Bundesamt für Verfassungsschutz: Salafistische Bestrebungen in Deutschland, S. 12, April 2012

7.4 Demokratiefeindliche Sekten

Als kleinere religiöse Gruppen, die von der Lehrmeinung der Großkirchen abweichen, geben Sekten ihren Anhängern ein hohes Maß an Halt und Orientierung. Sekten sind streng **hierarchisch** gegliedert und verlangen von ihren Mitgliedern oft eine spezielle Lebensführung. Hieraus können sich Unfreiheit und Demokratiefeindlichkeit ergeben. In ihrem missionarischen Auftreten gegenüber der Außenwelt geben Sekten vor, im Besitz der einzigen Wahrheit zu sein. Diese Intoleranz steht im Gegensatz zur freiheitlich-demokratischen Grundordnung der Bundesrepublik Deutschland.

Hierarchisch:
Einer Rangordnung folgend, Über- und Unterordnung

Besondere Beachtung hat bei den Behörden des Verfassungsschutzes die **Scientology-Organisation** (SO) gefunden. In ihrem Gesellschaftssystem soll es keine Menschen- und Grundrechte als Abwehrrechte des Bürgers gegenüber dem Staat geben. Im scientologischen Rechtssystem sind keine unabhängigen Gerichte vorgesehen.

Scientology:
Im Jahre 1950 veröffentlichte der Science-Fiction-Autor L. Ron Hubbard seine Technologie zur Heilung psychosomatischer Krankheiten und geistiger Störungen. Die SO erklärte er zur Religion und gründete eine Kirche.

7.5 Extremistische Gruppen: Ursachen und Gemeinsamkeiten

Die Ideen aller Extremisten finden besonders in schwierigen Zeiten einen großen Anklang. So lassen die Wahlergebnisse der NSDAP als rechtsextremistischer Partei und der KPD als linksextremistischer Partei der Weimarer Republik einen Zusammenhang mit dem wirtschaftlichen Niedergang erkennen.

Jahr	1924	1928	1930	1932
KPD-Mandate	45	54	77	100
NSDAP-Mandate	14	12	107	196

In den so genannten „goldenen Zwanzigerjahren" von 1923 bis 1929 erlebten die Deutschen in der Weimarer Republik einen wirtschaftlichen und sozialen Aufschwung. Am „schwarzen Freitag", dem 25. Oktober 1929, begann mit einem **Börsencrash** eine wirtschaftliche Talfahrt, die für mehrere Jahre in Massenarbeitslosigkeit mündete. Auch in der Gegenwart stützen sich Extremisten in ihrer **Propaganda** auf wirtschafts- und sozialpolitische Themen. So versuchen Rechts- und Linksextremisten die Unsicherheit in der Bevölkerung gegenüber den Auswirkungen der Globalisierung für ihre Zwecke auszunützen. Die **Agitation** erfolgt dabei auch im Internet. Aufrufe zur Gewalt und der Kampf gegen die freiheitlich-demokratische Grundordnung sind Merkmale jeglicher Art von Extremismus.

Börsencrash:
Schlagartiger und massiver Rückgang der Börsenkurse

Propaganda:
Verbreitung politischer Ideen und Meinungen

Agitation:
Aggressive Tätigkeit zur Beeinflussung anderer, vor allem in politischer Hinsicht

Zusammenfassung

Die Macht wird in der horizontalen Gewaltenteilung auf die Exekutive, Legislative und Judikative aufgeteilt.

Diese Gewaltenteilung vermeidet Machtmissbrauch und führt zur Kontrolle der Machtausübung.

Die vertikale Gewaltenteilung ist die Verteilung von Zuständigkeiten auf Bund, Länder und Gemeinden.

Die Bundesregierung als Machtzentrum in der Bundesrepublik Deutschland wird vom Bundesverfassungsgericht, von den Medien und der Opposition kontrolliert.

Verfassungswidrige Vereinigungen und Parteien können verboten werden.

Die Demokratie, der Sozial-, Bundes-, und Rechtsstaat sowie die Republik gelten als Strukturprinzipien des Grundgesetzes. Sie gehören zum Wesenskern der Verfassung und dürfen nicht verändert werden.

Extremismus wendet sich auch mit Gewalt gegen die Werte der freiheitlich-demokratischen Grundordnung.

Formen des politischen Extremismus sind der
- Rechtsextremismus, geprägt durch Rassismus und Nationalismus, und der
- Linksextremismus mit dem Antikapitalismus als Hauptziel.

Islamischer Fundamentalismus will einen Gottesstaat an die Stelle der Demokratie setzen.

Sekten haben im Inneren antidemokratische Strukturen.

Extremismus entwickelt sich häufig in Zeiten wirtschaftspolitischer Krisen.

Wissens-Check

„Leider ist es eine ewige Erfahrung, dass jeder Mensch, der Gewalt hat, versucht, diese zu missbrauchen. Er geht so weit, bis er Grenzen findet. Damit man Gewalt nicht missbrauchen kann, ist es notwendig, dass durch die Regelung der Dinge eine Gewalt die andere anhalte (…) Alles wäre verloren, wenn derselbe Mann oder dieselbe Körperschaft von Führern oder des Adels oder des Volkes diese drei Gewalten ausübe: die Gewalt, Gesetze zu geben, die Gewalt, die öffentlichen Beschlüsse auszuführen, und die Gewalt, die Verbrechen und die bürgerlichen Streitigkeiten abzuurteilen." (Charles de Montesquieu)

1. Welches Merkmal einer freiheitlich-demokratischen Grundordnung können Sie dem Text entnehmen? Begründen Sie Ihre Antwort!

„Skinheads Allgäu" und „Blood & Honour" sind verbotene verfassungswidrige Organisationen. Die Mitglieder dieser Vereine zeichneten sich durch rechtsextremistische und rassistische Handlungsweisen aus.

2. Welche Vorstellung einer Demokratie erlaubt das Verbot von Vereinen dieser Richtung?

Angenommene Situation:

In einem Staat übernimmt eine radikale Partei die Macht. Der Parteiführer legt fest, dass er und seine Nachkommen als Fürsten des Landes zukünftig Staatsoberhaupt sein sollen. Die regierende Partei beseitigt nach kurzer Zeit alle Regionalparlamente. Die Macht soll zentral ausgeübt werden. Wahlen finden alle drei Jahre statt. Mitglieder der herrschenden Partei besitzen dabei das doppelte Stimmrecht. Eine Oppositionspartei lässt das Staatsoberhaupt durch ein Gericht verbieten. Die Richter dieses Gerichts hat das Staatsoberhaupt selbst eingesetzt. Wegen der finanziellen Lage des Landes wird die bisherige Unterstützung für sozial Schwache gestrichen.

3. Warum würden die geschilderten Maßnahmen gegen die Strukturprinzipien des Grundgesetzes verstoßen? Begründen Sie im Einzelnen.
4. Welche Freiheiten des Grundgesetzes sind für Extremisten nützlich?
5. Welchen Extremisten ordnen Sie die nachfolgenden Parolen zu? Wie stehen Sie zu diesen Aussagen?

    „Deutschland den Deutschen!"

    „Gegen den alltäglichen Rassismus in der BRD!"

6. Worin sehen Sie den hauptsächlichen Gegensatz des islamischen Fundamentalismus und extremer Sekten zur freiheitlich-demokratischen Grundordnung?
7. Warum können sozialstaatliche Maßnahmen ein Mittel gegen Links- und Rechtsextremismus sein?
8. Welche Freiheitsrechte würden Sie verlieren, wenn Extremisten in der Bundesrepublik die Macht erlangten?

B Der politische Entscheidungsprozess

- Stadtrat/Gemeinderat – Bürgermeister
- Bürgerbegehren
- Föderalismus
- Bundesgesetze – Landesgesetze
- Bundestag
- Bundesrat
- Bundesregierung
- Bundespräsident
- Bundesverfassungsgericht
- Gesetzgebung
- Verbände

Jahrgangsstufe 11

Foto: dpa

1 Die Gemeinde – Grundlage des demokratischen Staates

Infrastruktur:
Hier: Öffentliche Bauten, Einrichtungen wie Straßen und Schulen

*Der Bürger kann politische Entscheidungen in seiner Gemeinde miterleben und mitgestalten. Das Selbstverwaltungsrecht der Gemeinden ermöglicht praxisgerechte Lösungen. Die **Infrastruktur** in einem Wohnort betrifft jeden tagtäglich. Keiner kann auf die Dienstleistungen der kommunalen Verwaltung verzichten.*

Kleinaitingen bekommt einen Kindergarten
Einstimmig hat gestern die CSU-Mehrheit im Gemeinderat der Lechfeldgemeinde Kleinaitingen den Bau des Kindergartens beschlossen.

Überstunden in der Stadtverwaltung
Die Auszählung für die Landtagswahlen zog sich am Sonntagabend bis in die Nachtstunden (...)

Hitzige Diskussionen in der Bürgerversammlung
Mit einem Bürgerbegehren will die Bürgerinitiative „Rettet das Stadttheater" die Absichten des Stadtrates durchkreuzen.

Lechfeld Kurier

Das Rathaus ist oft die Anlaufstelle für den Bürger, wenn er Leistungen der kommunalen Verwaltung will.

1.1 Die Aufgaben der Gemeinden

> Art. 28 GG
> (2) Den Gemeinden muss das Recht gewährleistet sein, alle Angelegenheiten der örtlichen Gemeinschaft im Rahmen der Gesetze in eigener Verantwortung zu regeln.

Aus dem Recht, die örtlichen Angelegenheiten selbst zu regeln, ergeben sich die Aufgaben der Gemeinden. Diese sind beispielsweise der Bau von Sportanlagen, Theatern und Museen. Die Erfüllung dieser Aufgaben ist freiwillig. Daneben gibt es Pflichtaufgaben, die jede Gemeinde erfüllen muss (z.B. Bau von Kindergärten und Gemeindestraßen). Alle diese Aufgabenbereiche gehören zum „eigenen Wirkungskreis" der Gemeinden.

Jede Gemeinde muss eine Feuerwehr haben.

1. Welche Einzelaufgaben des eigenen Wirkungskreises werden in Ihrer Heimatstadt bzw. -gemeinde erfüllt?
2. Wovon hängt es ab, ob eine Gemeinde die freiwilligen Aufgaben übernehmen kann?

1 Die Gemeinde – Grundlage des demokratischen Staates

Daneben werden den Gemeinden viele Verwaltungsaufgaben übertragen. Hier haben die Gemeinden keine Entscheidungsfreiheit. Zu den Aufgaben gehören unter anderem die Ausstellung von Personalausweisen, das Einwohnermeldewesen, Angelegenheiten des Standesamtes und die Abwicklung von Wahlen. Diese Aufgaben gehören zum „übertragenen Wirkungskreis" der Gemeinden.

> Welche der Zeitungsmeldungen im Lechfeld Kurier beziehen sich auf eine Aufgabe der Gemeinden im übertragenen Wirkungskreis?

1.2 Der politische Aufbau der Gemeinde – Entscheidungsprozesse

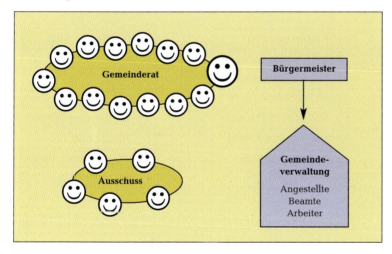

Anzahl der Gemeinderatsmitglieder:
Abhängig von der Anzahl der Einwohner einer Gemeinde

Die wichtigen Projekte einer Gemeinde, wie z. B. der Bau eines Hallenbades, werden vom Stadtrat bzw. Gemeinderat beraten. Er tagt zumeist in öffentlicher Sitzung. Der Gemeinderat setzt sich aus den Gemeinderatsmitgliedern und dem Bürgermeister zusammen. Sie werden von den Bürgern auf sechs Jahre gewählt und sind häufig Mitglieder einer der politischen Parteien der Bundesrepublik Deutschland. Der Gemeinderat ist zuständig für

- Grundsatzentscheidungen,
- Erlass von **Satzungen,**
- Bildung von Ausschüssen.

Entscheidungen mit geringer Tragweite werden in vielen Gemeinden von den Ausschüssen getroffen. Sie verkörpern einen verkleinerten Gemeinderat und sind für unterschiedliche Bereiche zuständig (z.B. Sport, Finanzen, Personal).

Satzungen:
Rechtsvorschriften, die im Gemeindegebiet gelten

Mit der Haushaltssatzung werden die Einnahmen und Ausgaben der Gemeinde eines Jahres rechtlich festgelegt.

Kreisfreie Gemeinden:
Gemeinden, die keinem Landkreis angehören
Dies sind die größeren Städte Bayerns, z. B. München, Augsburg, Nürnberg, Würzburg, Kempten, Bayreuth.

Dem Bürgermeister, in **kreisfreien Gemeinden** dem Oberbürgermeister, weist die Gemeindeordnung folgende Aufgaben zu:
- Vorsitz im Gemeinderat
- Leitung der Gemeindeverwaltung
- Erledigung der laufenden Angelegenheiten (z. B. Kauf von Büromaterial)
- Zuständigkeit für dringliche Anordnungen und unaufschiebbare Geschäfte (z. B. Reparaturauftrag für defekte Telefonanlage im Rathaus)
- Vertretung der Gemeinde nach außen

Stimmzettel zur Wahl des Gemeinderats in Mittelaitingen am 16. März 2014

Jeder Wähler und jede Wählerin hat 8 Stimmen. Kein Bewerber oder keine Bewerberin darf mehr als 3 Stimmen erhalten, auch dann nicht, wenn sie mehrfach aufgeführt sind.

Wahlvorschlag Nr. 1   Wahlvorschlag Nr. 2

	Kennwort: CSU			Kennwort: SPD
	101 Sporer Franz			201 Schäfer Hubert
	102 Kistler Hannelore			202 Seifried Anita
	103 Sailer Markus			203 Heider Josef
	104 Müller Helmut			204 Wagner Jürgen
	105 Wacher Erwin			205 Schmid Peter
	106 Fischer Max			206 Hoffmann Anna
	107 Klug Anita			207 Heller Inge
	108 Kirchner Maria			208 Weiß Michaela

Stimmzettel zu den Kommunalwahlen in einer Gemeinde unter 1.000 Einwohnern und zwei Listen (Berufsangabe der Bewerber fehlt)

Gemeindebürger:
Wahlberechtigte Einwohner der Gemeinde

Bürgerbegehren:
Antrag der Gemeindebürger auf einen Bürgerentscheid

Notwendige Unterschriften:
bis 10.000 Einwohner: 10 %
bis 20.000 Einwohner: 9 %
bis 30.000 Einwohner: 8 %
bis 50.000 Einwohner: 7 %
bis 100.000 Einwohner: 6 %
bis 500.000 Einwohner: 5 %
mehr als 500.000 EW: 3 %

Bürgerentscheid:
Für die gestellte Frage muss mindestens folgende Mehrheit der Stimmberechtigten gestimmt haben:

bis 50.000 EW: 20 %
bis 100.000 EW: 15 %
mehr als 100.000 EW: 10 %

Volljährige Bürger, auch EU-Bürger, sind bei den Kommunalwahlen wahlberechtigt und können kandidieren. Auch junge Bürger haben Chancen, sich im Gemeinderat zu engagieren. Bei den alljährlichen Bürgerversammlungen in den Gemeinden besteht die Möglichkeit, sich in die Kommunalpolitik einzumischen. Alle **Gemeindebürger** dürfen sich hier zu Wort melden. Darüber hinaus können sie in Angelegenheiten des eigenen Wirkungskreises durch ein erfolgreiches **Bürgerbegehren** einen **Bürgerentscheid** herbeiführen. Nicht mehr die „Volksvertreter", sondern die Bürger einer Gemeinde entscheiden dann über eine bestimmte Frage. Statt repräsentativer Demokratie handelt es sich um direkte Demokratie. Mit einem Bürgerantrag können die Gemeindebürger beantragen, dass der Gemeinderat bzw. der Stadtrat eine gemeindliche Angelegenheit behandelt. Der Bürgerantrag muss von mindestens einem Prozent der Gemeindeeinwohner unterschrieben werden. Unterschriftsberechtigt sind die wahlberechtigten Gemeindeeinwohner.

Gemeinde Mittelaitingen

Stimmzettel für den Bürgerentscheid
in der Gemeinde Mittelaitingen
am 20. Januar 2013

„Sind Sie dafür, dass die Gemeinde Mittelaitingen alles unternimmt, um eine Müllverbrennungsanlage auf ihrem Gemeindegebiet zu verhindern?"

Sie haben eine Stimme:

 JA   NEIN

Kommunalwahlen: Parteien und Kandidaten werben um die Gunst der Wähler.

1. Welche Formen der Bürgerbeteiligung in der Gemeinde sind in den eingangs angeführten Zeitungsmeldungen erkenntlich?
2. Wie viele Unterschriften müssten Sie sammeln, so dass Sie in Ihrer Heimatgemeinde durch ein erfolgreiches Bürgerbegehren einen Bürgerentscheid erwirken könnten?
3. Wie viele Stimmen müssten Sie in Ihrer Heimatgemeinde für einen erfolgreichen Bürgerentscheid mindestens bekommen?

2 Föderalismus in der Bundesrepublik Deutschland

Quelle: Süddeutsche Zeitung vom 24.06.2010

Pisaergebnisse 2009 in den Fächern

Deutsch Lesekompetenz		Deutsch Rechtschreibung		Englisch Leseverstehen		Englisch Hörverstehen	
Bayern	509	Bayern	524	Bayern	521	Bayern	521
Sachsen	508	Baden-Württemberg	512	Baden-Württemberg	507	Baden-Württemberg	511
Baden-Württemberg	504	Saarland	507	Rheinland-Pfalz	502	Hamburg	506
Thüringen	497	Hessen	506	Hessen	501	Hessen	504
Rheinland-Pfalz	497	Rheinland-Pfalz	505	**Deutschland**	**500**	**Deutschland**	**500**
Deutschland	**496**	**Deutschland**	**500**	Nordrhein-Westfalen	499	Nordrhein-Westfalen	500
Sachsen-Anhalt	496	Sachsen	492	Schleswig-Holstein	492	Schleswig-Holstein	499
Mecklenb.-Vorpom.	493	Thüringen	492	Hamburg	490	Rheinland-Pfalz	499
Saarland	492	Mecklenb.-Vorpom.	490	Sachsen	490	Berlin	488
Hessen	492	Nordrhein-Westfalen	490	Berlin	487	Niedersachsen	486
Nordrhein-Westfalen	490	Sachsen-Anhalt	488	Thüringen	486	Bremen	480
Niedersachsen	490	Niedersachsen	488	Sachsen-Anhalt	486	Saarland	473
Schleswig-Holstein	488	Schleswig-Holstein	487	Niedersachsen	484	Thüringen	470
Brandenburg	485	Berlin	479	Saarland	483	Sachsen	466
Hamburg	484	Hamburg	474	Mecklenb.-Vorpom.	481	Mecklenb.-Vorpom.	463
Berlin	480	Brandenburg	473	Brandenburg	468	Sachsen-Anhalt	461
Bremen	480	Bremen	461	Bremen	467	Brandenburg	449

Pisa-Studie:
Wissenschaftlicher weltweiter Ländervergleich, in dem die Fähigkeiten der Schüler untersucht wurden.

Kritik an PISA-Studie

Deutsche Schüler belegten nur Platz 20! Insgesamt wurden die Fähigkeiten 15-Jähriger aus 32 Nationen miteinander verglichen. Besonders gut schnitten dagegen Finnland, aber auch Japan und Korea ab. Das schlechte Abschneiden deutscher Schüler im internationalen Vergleich „PISA" ist für Erziehungswissenschaftler Peter Struck nicht sehr aussagekräftig. Schulsysteme verschiedener Länder und Kulturkreise könnten nicht miteinander verglichen werden, betont der Professor der Universität Hamburg. „Man vergleicht Äpfel mit Birnen".

Problematisch in NRW ist der sehr hohe Anteil von Schülern mit Migrationshintergrund. Fast ein Viertel der Schüler haben Eltern, die beide im Ausland geboren wurden. Schüler mit diesem Hintergrund schnitten bei PISA besonders schlecht ab. In Bayern sind es hingegen fast zehn Prozent weniger.

wdr.de

1. Welche Probleme können sich für deutsche Schüler und Schülerinnen ergeben, wenn ihre Eltern innerhalb der Bundesrepublik umziehen?
2. „In Deutschlands Schulen werden die Schüler ungleich behandelt!" Wie stehen Sie zu dieser Behauptung?
3. Welche Chancen sehen Sie darin, dass die Schulpolitik in der Bundesrepublik nicht einheitlich ist?

2.1 Der Sinn einer bundesstaatlichen Ordnung

Die Bundesrepublik Deutschland wird durch die sechzehn deutschen Länder gebildet. Die bundesstaatliche Ordnung bewahrt Vielfalt und erzeugt zugleich Einheit. Auf regionale Unterschiede kann die Politik besser eingehen. Daneben gibt es viele Gemeinsamkeiten wie die verfassungsmäßige Ordnung und die gemeinsame deutsche Geschichte ab **1871.** Der Bundesstaat bietet somit ein gemeinsames Dach der Einheit und ermöglicht den einzelnen Ländern dennoch Verschiedenartigkeit.

1871:
Nach dem deutsch-französischen Krieg schlossen sich unter Kaiser Wilhelm I die deutschen Einzelstaaten zum Deutschen Reich zusammen. Als Gründer des Deutschen Reiches gilt Otto Bismarck.

Foto: ddp / Foto: dpa

Fasnacht in Baden – Karneval im Rheinland

Durch die Unterschiedlichkeit zwischen den Ländern eines Bundesstaates entstehen Wettbewerb und Experimentierfreudigkeit. Einzelne Länder können sich in ihrem Zuständigkeitsbereich etwa bei der Ganztagsschule, der Drogenbekämpfung, in der Hochschulpolitik und im Strafvollzug eigene Ziele setzen.

Vorstoß von zehn Bundesländern
Hafturlaub für Schwerverbrecher nach fünf Jahren
Lebenslang verurteilte Straftäter sollen bereits nach fünf Jahren Hafturlaub bekommen. Zehn Bundesländer wollen sich auf diese Neuregelung einigen. Bisher war Freigang erst nach zehn Jahren möglich. Bayern lehnt den Vorstoß ab.

Zehn Bundesländer wollen die Haftregeln für Schwerverbrecher lockern. So soll lebenslänglich verurteilten Straftätern bereits nach fünf Jahren im Gefängnis ein Langzeitausgang von bis zu 21 Tagen gewährt werden. „Straftäter dürfen nicht vollständig von der Außenwelt isoliert werden", sagte Brandenburgs Justizminister… Die Lockerung diene der besseren Eingliederung der Gefangenen. Bislang galt ein Bundesgesetz, wonach Schwerverbrecher erst nach zehn Jahren Haft Urlaub bekommen dürfen. Seit der Föderalismusreform obliegt nun aber den Ländern die Zuständigkeit. Neben Brandenburg und allen anderen ostdeutschen Ländern befürworten auch Bremen, Rheinland-Pfalz, das Saarland und Schleswig-Holstein eine Neuregelung. Das bayerische Justizministerium lehnt die Forderung nach einem verfrühten Hafturlaub strikt ab. „Vor dem Hintergrund der Sicherheit der Bevölkerung erscheint uns das nicht vertretbar", sagte ein Ministeriumssprecher. Zudem diene der Hafturlaub der Entlassungsvorbereitung, was zehn Jahre vor der Freilassung eines Straftäters nicht in Betracht komme. Die Fluchtgefahr sei dann zu groß. In Bayern ist ein Langzeiturlaub erst nach zwölf Jahren möglich.

Quelle: http://www.spiegel.de/panorama/justiz/0,1518,826555,00.html (12.04.2012)

1. Welche Argumente für und gegen einen frühen Hafturlaub werden genannt?
2. Würden Sie den Strafvollzug bundesweit gleichmäßig regeln? Begründen Sie Ihre Antwort.

Ministerpräsidenten der Länder treten immer wieder als Kanzlerkandidaten bei Bundestagswahlen an. Der Vorteil für das politische System besteht darin, dass sie schon in ihren Ländern Regierungserfahrung sammeln konnten.

Jahr	amtierender Kanzler	Kanzlerkandidat
2002	Gerhard Schröder	E. Stoiber (Ministerpräsident von Bayern)
1998	Helmut Kohl	G. Schröder (Ministerpräsident von Niedersachsen)
1980	Helmut Schmidt	Franz-Josef Strauß (Ministerpräsident von Bayern)

Foto: dpa

Franz-Josef Strauß (links) und Helmut Schmidt

Verordnung:
Rechtliche Regelung aufgrund eines Gesetzes

Mit Verordnungen sollen Detailprobleme gelöst werden. In Bayern können Gemeinden z. B. Verordnungen für die Benutzung von Campingplätzen erlassen.

Massentourismus in den Alpen hinterlässt Spuren
Bayerische Staatsregierung will Gegenmaßnahmen ergreifen. Gemeinden sollen **Verordnungen** erlassen können.

Hochwasserschäden sollen sich nicht mehr wiederholen
Sachsen will das Bauen an Flüssen verbieten.

Worin liegt der Vorteil, wenn die oben genannten Probleme durch das betroffene Bundesland gelöst werden?

Subsidiarität:
Der Staat wird nur unterstützend tätig. Die Verantwortung soll bei kleineren Gemeinschaften liegen.

Probleme lassen sich häufig vor Ort besser lösen. Die betroffenen Bürger haben ein starkes Interesse an einem Ergebnis. Ihre Kenntnisse und Erfahrungen sind dabei wertvoll. Wenn staatliche Entscheidungen auf unteren bzw. untersten Ebenen getroffen werden, spricht man von **Subsidiarität.** In einem Bundesstaat können bestimmte Aufgaben durch die Länder besser gelöst werden.

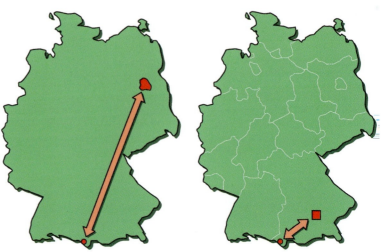

Problemnähe im Zentralstaat und im Bundesstaat

Jahrgangsstufe 11

Die Entscheidungen sind den örtlichen Gegebenheiten angepasst. So verlangt der Massentourismus im Gebirge Bayerns andere Maßnahmen als jener in Berlin.

Indem bestimmte Entscheidungen im föderalistischen Staat auf untere Ebenen, also die Länder, verlagert werden, kommt es zu einer zusätzlichen Gewaltenteilung, die von oben nach unten wirkt. Sie wird als vertikale Gewaltenteilung bezeichnet.

2.2 Strukturen und Aufgaben

Bayerischer Landtag und Bayerische Staatsregierung

Der Föderalismus der Bundesrepublik Deutschland macht es möglich, dass es ein Landesparlament wie den Bayerischen Landtag und eine Landesregierung wie die Bayerische **Staatsregierung** gibt. Das Gleiche gilt für die Gerichtsbarkeiten (z.B. Bayerischer Verwaltungsgerichtshof). Die Bundesländer haben eigene Länderverfassungen wie die **Bayerische Verfassung**.

Staatsregierung:
Die Staatsregierung ist die oberste leitende und vollziehende Behörde in Bayern. Sie besteht aus dem Ministerpräsidenten und bis zu 17 Staatsministern und Staatssekretären.

Staatsgewalt auf verschiedenen Ebenen – vertikale Gewaltenteilung

Bundesregierung mit ihrer Verwaltung (z. B. Bundesamt für Statistik, Bundeskriminalamt)	**Bundestag und Bundesrat**	**Bundesgerichte** (z. B. Bundesverfassungsgericht, Bundesgerichtshof)
Bayerische Staatsregierung mit ihrer Verwaltung (z. B. Landesamt für Denkmalschutz, Landratsämter)	**Bayerischer Landtag**	**Landesgerichte** (z. B. Bayerischer Verwaltungsgerichtshof)

Bayerische Verfassung:
Sie wurde 1946 verkündet. Gemäß Art. 188 Bayerische Verfassung erhält jeder Schüler vor Beendigung der Schulpflicht einen Abdruck der Verfassung.

Ordnen Sie den Bayerischen Landtag, die Bayerische Staatsregierung und den Bayerischen Verwaltungsgerichtshof den klassischen Staatsgewalten zu.

Die einzelnen Bundesländer haben vielfältige Aufgaben zu erfüllen. Die Gesetzgebung wird von den Landesparlamenten übernommen. In welchen Bereichen die Bundesländer Gesetze erlassen können, wird durch das Grundgesetz geregelt.

Ausschließliche Gesetzgebung des Bundes	Konkurrierende Gesetzgebung	Gesetzgebungsrecht der Länder
Nur der Bund erlässt Gesetze.	Die Länder dürfen nur dann Gesetze erlassen, wenn nicht schon der Bund dies getan hat.	Die Länder dürfen Gesetze erlassen.
Artikel 71 GG	Artikel 72 GG	Art. 70 Abs. 1 GG
Beispiele: auswärtige Angelegenheiten, Verteidigung, Passwesen, Ein- und Auswanderung	**Beispiele:** bürgerliches Recht, Strafrecht, Vereinsrecht, Sozialhilferecht, Sozialversicherungsrecht, Arbeitsrecht	**Beispiele:** Schulwesen, Kommunalrecht (Recht der Gemeinden, Landkreise, Bezirke), Polizeirecht, Strafvollzug, Ladenschlussregelungen
Artikel 73 GG	Artikel 74 GG	

für die Länder gilt   für die Länder gilt

Die Gesetzgebungszuständigkeit zwischen Bund und Ländern

Der Bund hat in der konkurrierenden Gesetzgebung sehr viel geregelt. Den Ländern verbleiben damit nur noch wenige Bereiche, in denen sie Regelungen aufstellen können. Sollte es zu entgegengesetzten Rechtsvorschriften kommen, gilt: „Bundesrecht bricht Landesrecht" (Art. 31 GG).

Konsens:
Übereinstimmung

Kultusministerkonferenz:
Die Kultusminister der einzelnen Bundesländer stimmen sich z. B. hinsichtlich der Anforderungen in den Schulen ab.

Verschiedentlich wollen die Länder einen **Konsens** untereinander erreichen. Dies erfolgt in **Konferenzen** der Ministerpräsidenten oder Fachminister der einzelnen Bundesländer. Bei der Gesetzgebung der Bundesgesetze sind die Bundesländer nicht ohne Einfluss. Durch den Bundesrat wirken die Länder bei der Gesetzgebung des Bundes mit.

> Art. 30 GG
> Die Ausübung der staatlichen Befugnisse und die Erfüllung der staatlichen Aufgaben ist Sache der Länder, soweit dieses Grundgesetz keine andere Regelung trifft oder zulässt.

Gesetzesvollzug durch die Länder:
Beispiel: Ausbildungsförderung nach dem Bundesausbildungsförderungsgesetz wird von den Bundesländern erledigt.

Die Ausführung der Länder- und Bundesgesetze erfolgt weitgehend durch die Verwaltung der Länder. Im Freistaat Bayern übernehmen diesen **Gesetzesvollzug** vielfach die Landratsämter. Nur vereinzelte Bundesgesetze werden von den Behörden der Bundesrepublik Deutschland ausgeführt.

Worin liegt der Sinn, dass viele Bundesgesetze durch bereits vorhandene Behörden der Bundesländer vollzogen werden?

Die Staatsgewalt verteilt sich im Föderalismus auf den Bund und die Länder. Die Steuereinnamen müssen sich dementsprechend auch auf die beiden Ebenen verteilen. Dem Bund stehen u. a. Zölle, die Tabak- und Mineralölsteuer zu. Die Länder erhalten die Erbschafts- und Vermögenssteuer. Die Einnahmen der Einkommens-, Körperschafts- und Umsatzsteuer fließen dem Bund und den Ländern gemeinsam zu. Länder mit hoher Finanzkraft (z. B. Baden-Württemberg, Bayern) müssen einen **Finanzausgleich** an finanziell schwächere Länder (z. B. Berlin) leisten.

Finanzausgleich:
Er wird immer wieder von den Geberländern kritisiert, weil sie nicht für Nehmerländer zahlen wollen.

2.3 Bayerns Stellung im Bund

Anteil der bayerischen Bundestagsabgeordneten im Verhältnis zu den Bundestagsmandaten insgesamt

Bayerische Vertretung in Berlin

Claus:
Herr Dr. Ruck, Sie waren Bundestagsabgeordneter für den Wahlkreis Augsburg. Was kann ein bayerischer Bundestagsabgeordneter für Bayern in Berlin bewegen?

Dr. Chr. Ruck:
Wie allen anderen Abgeordneten standen auch den Bayern im Bundestag eine Fülle von Möglichkeiten für parlamentarische Initiativen zur Verfügung. Aus der Sicht eines CSU-Abgeordneten waren die Einflussmöglichkeiten in den letzten Jahrzehnten besonders groß gewesen, weil die (…) kopfstarke **CSU-Landesgruppe** traditionell sehr gut und effizient organisiert war und sich auf die Geschlossenheit und Rückendeckung der Bayerischen Staatsregierung verlassen konnte.

Dr. Chr. Ruck, Mitglied des Deutschen Bundestages (1990–2013)

CSU-Landesgruppe:
Die CSU stellt nur in Bayern Kandidaten bei Wahlen auf. Ihre Bundestagsabgeordneten haben sich zur CSU-Landesgruppe zusammengeschlossen. Die CSU ist im Bundestag eine Fraktionsgemeinschaft mit der CDU eingegangen.

Die CSU beansprucht im Wahlkampf die Vertretung Bayerns in der Bundeshauptstadt Berlin.

Claus:
Bayern ist der größte Flächenstaat in der Bundesrepublik Deutschland und hat nach NRW die meisten Einwohner. Wie wirkt sich dies in der Bundespolitik aus?

Dr. Chr. Ruck:
Durch die bayernspezifische Parteien-Konstellation hatte der Freistaat besonders in unionsgeführten Regierungen in den letzten Jahrzehnten einen überproportional starken Einfluss in der Bundespolitik. Aufgrund von Größe und Einwohnerzahl war Bayern auch besonders repräsentativ von allen politischen Problemen und Themen der Bundesrepublik betroffen und hat sich deshalb in einem besonders breiten Ansatz in die Bundespolitik eingebracht – vom Thema Landwirtschaft über Kommunalpolitik und Einwanderungspolitik bis hin zu einer modernen Wirtschafts- und Technologiepolitik.

Claus:
Welche politischen Gewichte bringt Bayern in die Bundespolitik ein?

Dr. Chr. Ruck:
Die besonderen Gewichte Bayerns für die Bundespolitik lagen insbesondere in der traditionell aktiven Rolle einer starken bayerischen Staatsregierung im Bundesrat.

2.4 Probleme des Föderalismus

Der Föderalismus der Bundesrepublik Deutschland ist nicht unumstritten. Kritik entzündete sich am zu starken Einfluss der Länder an der Bundesgesetzgebung durch den Bundesrat und an der geringen Möglichkeit der Länder, selbst Gesetze zu erlassen. Die konkurrierende Gesetzgebung lasse den Ländern kaum noch Gelegenheit, eigene Gesetze zu verabschieden. Diese Kritikpunkte wurden mit den Bestimmungen der Föderalismusreform gemildert.

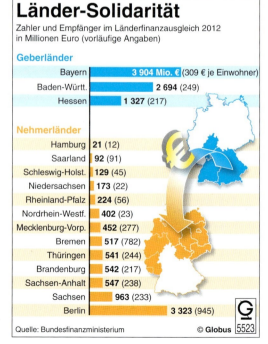

Wenn die Bundesländer in vermehrtem Umfang Gesetze selbst verabschieden können, kann sich eine Uneinheitlichkeit ergeben. Sehen Sie darin einen Nachteil oder Vorteil?

Die Bundesstaatlichkeit ermöglicht Vielfalt. Der Preis dafür sind die Kosten, die sich aus sechzehn Länderregierungen und Länderparlamenten ergeben. Ein weiteres Problem des Bundesstaates liegt darin, dass sich die Wirtschaftskraft in den Bundesländern unterscheidet. Die Lebensverhältnisse der Bundesbürger hängen somit auch davon ab, ob der Einzelne in einem wirtschaftlich schwachen oder starken Bundesland wohnt. Um die Leistungsfähigkeit zu steigern, erlaubt das Grundgesetz einen Zusammenschluss von Bundesländern.

Die Bundesrepublik Deutschland mit drei Bundesländern – theoretisch möglich

Art. 29 GG

Das Bundesgebiet kann neu gegliedert werden, um zu gewährleisten, dass die Länder nach Größe und Leistungsfähigkeit die ihnen obliegenden Aufgaben wirksam erfüllen können.

Neugliederung im Südwesten:
1952 entstand aus einem Zusammenschluss von drei Ländern das Bundesland Baden-Württemberg.

Eine **Neugliederung** des Bundesgebietes verlangt in den betroffenen Bundesländern einen Volksentscheid. Im Jahre 1996 scheiterte eine Fusion der Bundesländer Brandenburg und Berlin.

1. Halten Sie eine Neugliederung der Bundesländer für sinnvoll?
2. Ordnen Sie die Landkarte Deutschlands neu! Welche Bundesländer würden Sie verschmelzen? Begründen Sie Ihre Veränderungen

Zusammenfassung

Gemeinden haben laut Grundgesetz das Recht, ihre Angelegenheiten selbst zu regeln.

Der Gemeinderat und der Bürgermeister sind die Hauptorgane der Gemeinden.

Mit dem Bürgerentscheid haben die Gemeindebürger die Möglichkeit, einzelne Entscheidungen der Gemeinden mitzugestalten.

Die Bundesrepublik Deutschland ist ein Bundesstaat.

Der Bundesstaat ermöglicht seinen Ländern Vielfalt und Wettbewerb untereinander.

Der Föderalismus begünstigt die Subsidiarität und schafft Problembewusstsein sowie Bürgernähe.

In den Ländern der Bundesrepublik Deutschland gibt es Landesregierungen, Landesparlamente und Landesgerichte.

Die Gesetzgebung in der Bundesrepublik Deutschland wird weitgehend vom Bund ausgeübt.

Die Bundesländer übernehmen in der Bundesrepublik Deutschland oft den Gesetzesvollzug.

Es gibt Steuern, die entweder dem Bund oder den Ländern zustehen. Gewisse Steuern sind Gemeinschaftssteuern.

Wissens-Check

1. Eine kleinere Gemeinde baut eine Sporthalle. Wer entscheidet in der Gemeinde über den Bau?
2. In Art. 11 Abs. 3 Bayerische Verfassung heißt es:

   „Die Selbstverwaltung der Gemeinden dient dem Aufbau der Demokratie in Bayern von unten nach oben."

   Erklären Sie diese Aussage! Wie können Sie auf die Selbstverwaltung Einfluss nehmen?
3. Können Sie an der Landkarte Deutschlands erkennen, dass die Bundesrepublik Deutschland ein Bundesstaat ist? Begründen Sie Ihre Antwort.
4. Ein Weg zum Abitur führt in Bayern über das Gymnasium. In anderen Bundesländern machen die Schüler das Abitur auch in Gesamtschulen. Welches Merkmal eines Bundesstaates erkennen Sie darin?
5. Warum bietet ein föderalistischer Staat mehr Bürgernähe als ein Zentralstaat?
6. Wer beschließt Gesetze, die nur in Bayern gelten?
7. Wie heißt die Landesregierung im Freistaat Bayern?
8. Nennen Sie zwei Bereiche, in denen die Bundesländer selbst Gesetze erlassen können.
9. Nennen Sie zwei Bereiche, in denen die Bundesländer in keinem Fall Gesetze erlassen können.
10. Wer ist in der Aufgabenverteilung zwischen Bund und Ländern für den Gesetzesvollzug in der Regel zuständig?
11. Nennen Sie Kritikpunkte am Föderalismus in der Bundesrepublik Deutschland.

Oberste Bundesorgane

Jeder Staat benötigt Staatsorgane, die seine Aufgaben ausführen. In freiheitlichen Staaten werden Staatsorgane durch demokratische Wahlen legitimiert. Das Grundgesetz sieht als Staatsorgane die obersten Bundesorgane vor.

3.1 Der Bundestag

Reichstag in Berlin

Wenn vom Parlament der Bundesrepublik Deutschland gesprochen wird, ist der Bundestag gemeint. Er stellt die Volksvertretung Deutschlands dar und wird vom Volk auf vier Jahre gewählt. Der 18. Deutsche Bundestag hat 631 Abgeordnete.

Die Hauptaufgaben des Bundestages sind die

- **Wahl** des Bundeskanzlers,
- Gesetzgebung,
- Zustimmung zu Staatsverträgen,
- Diskussion wichtiger Fragen der Nation (z. B. Chancen und Risiken der Gentechnik).

Mit der Entscheidungsgewalt über die Entsendung von Bundeswehrsoldaten in Krisenregionen erhielt der Bundestag eine weitere bedeutsame Aufgabe.

Koalitionsfraktionen:
Jene Parteien, welche die Regierung unterstützen; zumeist identisch mit Mehrheitsfraktionen

Oppositionsfraktionen:
Jene im Parlament vertretenen Parteien, die nicht die Regierung unterstützen

Wahlfunktion
Der Bundestag ist an der Wahl des Bundespräsidenten und der Verfassungsrichter beteiligt. Der Bundestag wählt zu Beginn einer Wahlperiode einen Bundestagspräsidenten.

Bundestag schickt „Patriots" in die Türkei

Der Bundestag hat den Einsatz von deutschen „Patriot"-Flugabwehrsystemen in der Türkei genehmigt. Die Bundeswehr entsendet zusammen mit den „Patriots" auch etwa 400 Soldaten. Sie sollen rund 120 Kilometer von der syrischen Grenze entfernt im Südosten der Türkei stationiert werden. Ihr Einsatz soll Anfang 2013 beginnen und wird nach Angaben der Bundesregierung mehr als 25 Millionen Euro kosten. Das Mandat läuft bis zum 31. Januar 2014 …

Für den Einsatz votierten 461 Abgeordnete, 86 lehnten ihn ab. Es gab acht Enthaltungen. Verteidigungsminister Thomas de Maizière bedankte sich beim Bundestag für die „schnelle Beratung und die breite Zustimmung"… Das NATO-Mitglied Türkei hatte um die Flugabwehrsysteme gebeten, um sein Staatsgebiet vor Angriffen aus dem benachbarten Syrien zu schützen. Die NATO hatte die „Patriot"-Stationierung Anfang Dezember beschlossen, nachdem im Zuge des syrischen Bürgerkriegs wiederholt Granaten in der Türkei eingeschlagen waren.

www.tagesschau.de vom 14.12.2012

> Halten Sie es für nötig, dass der Bundestag die Entsendung von Bundeswehrsoldaten beschließen muss?

Eine wichtige Aufgabe des Parlaments ist es, Kritik an der Regierung zu üben und sie zu kontrollieren. Dies erfolgt im Bundestag hauptsächlich durch die Oppositionsfraktionen. Sie können im Bundestag beispielsweise

- beantragen, einen **Untersuchungsausschuss** einzuberufen, der Missstände aufdecken soll;
- in den Lesungen des Gesetzgebungsverfahrens ihre eigene Position vertreten,
- Anfragen stellen, die die Bundesregierung zwingen, Auskunft zu geben.

Untersuchungsausschuss:
Die Einsetzung eines Untersuchungsausschusses muss von einem Viertel der Mitglieder des Bundestages beantragt werden. In Zeiten einer Großen Koalition ist dies für eine einzelne Oppositionsfraktion kaum möglich.

Grafik: Dave Vaughan

> Wodurch werden in der Karikatur die Regierung und die Opposition erkenntlich?

3.2 Der Bundesrat

Der Bundesrat ist die Vertretung der Bundesländer. Über den Bundesrat beeinflussen die Länder den Inhalt der Bundesgesetze. Bei **Zustimmungsgesetzen** kann der Bundesrat ein Bundesgesetz verhindern. Der Bundesrat hat auch das Recht zur Gesetzesinitiative.

Zustimmungsgesetze im Bundesrat:

Der Bundesrat versagt die Zustimmung nur selten:
1994 – 1998: 33 Gesetze bei 328 verkündeten Zustimmungsgesetzen
1998 – 2002: 19 Gesetze bei 299 verkündeten Zustimmungsgesetzen
2002 – 2005: 21 Gesetze bei 196 verkündeten Zustimmungsgesetzen
2005 – 2009: 1 Gesetz bei 255 verkündeten Zustimmungsgesetzen
2009 – 2013: 11 Gesetze bei 150 verkündeten Zustimmungsgesetzen

Plenarsaal des Bundesrates

Der Bundesrat besteht aus den Mitgliedern der Regierungen der Bundesländer. Die **Stimmenanzahl** eines Bundeslandes hängt von seiner Einwohnerzahl ab. Insgesamt gibt es 69 Stimmen. Eine Stimmenthaltung wirkt im Bundesrat wie eine Ablehnung. Die Bundesländer werden im Bundesrat zumeist durch ihre Ministerpräsidenten oder Fachminister vertreten. Die Stimmen eines Landes können nur einheitlich abgegeben werden.

Stimmenanzahl im Bundesrat:

Mindestens 3 Stimmen pro Land;
bei mehr als 2 Mio. Einwohnern: 4 Stimmen,
bei mehr als 6 Mio. Einwohnern: 5 Stimmen,
bei mehr als 7 Mio. Einwohnern: 6 Stimmen

Opposition:
Diejenigen im Parlament vertretenen Parteien, die nicht an der Regierung beteiligt sind

1. Finden Sie ein Bundesland, das drei Stimmen im Bundesrat hat.
2. Wie viele Stimmen hat Bayern im Bundesrat?
3. Wer entscheidet, von wem ein Land im Bundesrat vertreten wird?

Die traditionellen Parteien der Bundesrepublik Deutschland sind meist auch mit Abgeordneten in den Parlamenten der Bundesländer vertreten. Ist die Mehrheit der Abgeordneten von einer Partei, so stellt diese alleine die Landesregierung. Meist müssen die Parteien Bündnisse (Koalitionen) eingehen, um die Mehrheit der Abgeordneten zu erreichen. Die übrigen im Landtag vertretenen Parteien bilden die **Opposition**.

Stellen Sie fest, von welchen Parteien in den Bundesländern Bayern, Nordrhein-Westfalen und Hessen die Regierung gestellt wird und welche Parteien sich dort in der Opposition befinden.

Die Mehrheitsverhältnisse im Bundestag können anders sein als im Bundesrat. So wurde von 1998 bis 2005 die Mehrheit im Bundestag von der SPD und Bündnis 90/Die Grünen gebildet und die Mehrheit im Bundesrat von der CDU, CSU bzw. einer Koalition aus CDU/CSU und der FDP gestellt. Bei Zustimmungsgesetzen kam es daher zu Blockaden durch den Bundesrat.

In der Wahlperiode 2009–2013 ergaben sich im Bundesrat und Bundestag auch divergierende Mehrheitsverhältnisse.

Im Fall einer Großen Koalition entschärft sich der parteipolitisch begründete Konflikt zwischen Bundestag und Bundesrat.

Grafik: Dave Vaughan

3.3 Der Bundespräsident

Theodor Heuss
1. Bundespräsident der Bundesrepublik Deutschland

Schloss Bellevue – Amtssitz des Bundespräsidenten in Berlin

Der Bundespräsident ist das Staatsoberhaupt der Bundesrepublik Deutschland. Insofern ist der Bundespräsident mit dem König in einer **Monarchie** zu vergleichen.

Jeder Deutsche, der das Wahlrecht zum Deutschen Bundestag besitzt und das 40. Lebensjahr vollendet hat, kann für fünf Jahre zum Bundespräsidenten gewählt werden. Eine anschließende Wiederwahl ist nur einmal möglich. Der Bundespräsident wird von einem besonderen Wahlorgan, der Bundesversammlung, gewählt. In ihr sind alle Mitglieder des Bundestages vertreten. Mit gleicher Anzahl sitzen Vertreter der Bundesländer in der Bundesversammlung. Diese Personen werden von den **Landtagen** gewählt. Verschiedentlich sind dies Personen des öffentlichen Lebens, die nicht Mitglied einer Partei sein müssen.

Das Grundgesetz verleiht dem Bundespräsidenten nur geringe Macht. Er hat folgende Aufgaben und Befugnisse:

▸ Vorschlagsrecht bei der Kanzlerwahl, Ernennung und Entlassung der Bundesminister und des Bundeskanzlers

▸ Auflösung des Bundestages unter bestimmten Bedingungen

▸ **Ausfertigung** und **Verkündung** der Bundesgesetze

▸ Völkerrechtliche Vertretung der Bundesrepublik Deutschland nach außen

Die Hauptaufgabe des Staatsoberhauptes der Bundesrepublik liegt in der Repräsentation unseres Staates. Die bisherigen Bundespräsidenten haben versucht, **integrativ** zu wirken. Sie haben sich nicht in den Parteienstreit eingemischt. Ihre Reden haben Denkanstöße in grundlegenden Fragen gegeben. Die Persönlichkeit eines Bundespräsidenten muss Würde ausstrahlen können.

Monarchie:
Staatsform, in der ein König oder Kaiser Staatsoberhaupt ist (z. B. Spanien, Schweden, Großbritannien). Die Übernahme des Throns erfolgt durch Erbfolge.

Landtag:
Parlament in einem Bundesland, z. B. Bayerischer Landtag

Ausfertigung:
Unterzeichnung der Originalurkunde des Gesetzes

Damit wird bestätigt, dass das Gesetzgebungsverfahren ordnungsgemäß verlaufen ist (formelle Prüfung). Der Bundespräsident bestätigt mit der Unterschrift außerdem, dass das Gesetz mit dem Grundgesetz übereinstimmt (inhaltliche Prüfung).

Verkündung:
Amtliche Bekanntgabe des Gesetzes im Bundesgesetzblatt

Integration:
Verbindung einer Vielheit zu einer Einheit

> Wir sollten nicht mit Angst oder gar zitternd vor dem demografischen Wandel stehen. Wir müssen ihn, glaube ich, in aller Ernsthaftigkeit als große Herausforderung nehmen, aber ohne ihn zu dramatisieren, ohne Schockwellen durch die Bevölkerung zu treiben, denn das würde die Menschen nur zusätzlich verängstigen. Es geht darum, (…) das Bewusstsein zu schaffen, dass das Thema jeden angeht, wirklich jeden.
>
> Schlusswort des ehemaligen Bundespräsidenten Horst Köhler bei der Konferenz „Demographischer Wandel" in Berlin (Süddeutsche Zeitung)

Welche Aufgabe erfüllte der Bundespräsident mit der obigen Aussage?

3.4 Die Bundesregierung

Das Bundeskanzleramt als Zentrum der Macht

Die politische Bedeutung der Bundesregierung

Die Bundesregierung stellt das Machtzentrum in der Bundesrepublik Deutschland dar. Das Ziel der Parteien besteht letztendlich darin, die Regierungsverantwortung zu übernehmen bzw. zu behalten. Wer sie besitzt, hat Chancen die eigenen politischen Ziele durchzusetzen. Um die Regierung bilden zu können, entwickelten sich in der Geschichte der Bundesrepublik Deutschland zumeist **Koalitionen**.

Die Bundesregierung wird formal der Exekutive (vollziehenden Gewalt) zugeordnet. Der Bundesregierung obliegt im Wesentlichen die Staatsleitung der Bundesrepublik Deutschland. Für eine **Legislaturperiode** bestimmt die Bundesregierung die politischen Ziele. Diese werden in der Regierungserklärung niedergeschrieben. Die Umsetzung erfolgt mit konkreten Gesetzesinitiativen, die von den **Koalitionsfraktionen** im Deutschen Bundestag unterstützt werden.

Koalition:
Zusammenschluss von mindestens zwei im Parlament vertretenen Parteien zum Zwecke der Regierungsbildung

Legislaturperiode:
Amtsdauer einer Volksvertretung

Koalitionsfraktionen:
Jene Parteien, welche die Regierung unterstützen; zumeist identisch mit den Mehrheitsfraktionen

Bundesregierung geht optimistisch zum EU-Gipfel

Die Bundesregierung will beim bevorstehenden EU-Gipfel ihre Position in der Eurokrise verteidigen. Insbesondere mit Spanien und Italien dürfte die Kanzlerin allerdings kaum einen **Konsens** erzielen. Unterstützung kann die deutsche Regierung durch Finnland erwarten.

Mittelschwäbische Zeitung vom 28.06.2012

Konsens: Übereinstimmung

Die Bundesregierung vertritt die Bundesrepublik in den Organen der EU, der NATO und der UNO. Bei internationalen Konferenzen, wie z. B. zum Umweltschutz, handeln für Deutschland der Bundeskanzler oder der jeweilige Bundesminister. Die Vorbereitung von Verträgen mit anderen Staaten obliegt ebenfalls der Bundesregierung.

Bundeskanzlerin Merkel vertritt Deutschland auf dem EU-Sondergipfel in Brüssel.

Der Bundeskanzler und die Bundesminister

Art. 62 GG

Die Bundesregierung besteht aus dem Bundeskanzler und den Bundesministern.

Schon durch den Wortlaut des Artikels 62 GG wird die herausragende Stellung des Bundeskanzlers deutlich. „Auf den Kanzler kommt es an", so lautete ein Wahlslogan der CDU/CSU in den 60er Jahren.

Die wahlberechtigten Bürger können den Bundeskanzler aber nicht direkt wählen.

Wenn ein neu gewählter Bundestag zusammentritt, ist die Wahl des Kanzlers eine seiner ersten Handlungen. Das Vorschlagsrecht liegt beim Bundespräsidenten. Er wird dem Bundestag jenen Kandidaten vorschlagen, der die besten Chancen hat, gewählt zu werden. Die Parteizugehörigkeit des Bundespräsidenten spielt für den Vorschlag keine Rolle.

Die Parteien werben mit ihren Kanzlerkandidaten.

Der Bundeskanzler muss selbst nicht Abgeordneter des Bundestages sein. Für die Wahl ist die **absolute Mehrheit des Bundestages** notwendig. Der gewählte Kanzler wird vom Bundespräsidenten ernannt.

Absolute Mehrheit des Bundestages:
Die Mehrheit der gesetzlichen Mitgliederzahl des Bundestages
Diese Mehrheit wird auch als Kanzlermehrheit bezeichnet.

Bundestagspräsident:
Vorsitzender der Bundestagssitzungen
Er übt das Hausrecht im Bundestag aus.

Jetzt wird regiert

„Ich schwöre es, so wahr mir Gott helfe." Mit diesen Worten haben alle Mitglieder der neuen Bundesregierung den Amtseid abgelegt und damit offiziell die Regierungsgeschäfte übernommen.

Zuvor hatten nach Bundeskanzlerin Angela Merkel auch die Ressortchefs von Bundespräsident Joachim Gauck ihre Ernennungsurkunden erhalten. Gauck sagte bei der kurzen Zeremonie, Deutschland brauche eine „stabile, eine handlungsfähige Regierung". Das erwarteten sowohl die Bundesbürger als auch Deutschlands Partnerländer der Welt.

Der neuen Regierung wünschte Gauck den Mut, auch schwierige Probleme anzugehen. „Ich bin mir sicher, dass Sie mit Ihrer besonders großen Mehrheit besonderes verantwortungsvoll umgehen", sagte Gauck. Ausdrücklich würdigte Gauck die Funktion der Opposition. Zahlenmäßig sei sie zwar klein. „Das ändert nichts an ihrer unverändert wichtigen Rolle, Ihre Regierung zu kontrollieren und politische Alternativen zu formulieren", sagte das Staatsoberhaupt.

http://www.tagesschau.de/inland/merkelwahl108.html (17.12.13)

Die Amtszeit des Kanzlers ist im Regelfall an die Legislaturperiode des Bundestages gekoppelt (vier Jahre). Allerdings gibt es mehrere Möglichkeiten, einen Kanzlerwechsel während der Legislaturperiode herbeizuführen. Dies ist möglich durch ein **konstruktives** Misstrauensvotum. Dabei wählt die absolute Mehrheit des Bundestages einen neuen Kanzler (Art. 67 GG). Außerdem findet ein Kanzlerwechsel statt, wenn der amtierende Kanzler zurücktritt und der Bundestag einen neuen wählt.

Konstruktiv:
Aufbauend, helfend; hier: Ein Nachfolger wird gewählt.

Darüber hinaus kann der Bundeskanzler im Bundestag die Vertrauensfrage (Art. 68 GG) stellen. Spricht ihm die absolute Mehrheit des Bundestags nicht das Vertrauen aus, kann der Kanzler dem Bundespräsidenten vorschlagen, den Bundestag aufzulösen und Neuwahlen durchzuführen. Der Bundestag kann dies verhindern, indem er einen neuen Kanzler wählt.

Die Amtszeit des Bundeskanzlers endet erst dann, wenn ein Nachfolger gewählt ist. Damit soll eine „kanzlerlose" Zeit verhindert werden.

Mit der Beendigung der Amtszeit eines Bundeskanzlers verlieren auch die amtierenden Bundesminister ihre Position.

1982 – Helmut Schmidt (rechts) gratuliert Helmut Kohl zur Wahl als Kanzlernachfolger.

Aus der Geschichte der Bundesrepublik Deutschland

1966: Die Koalition aus CDU/CSU und FDP unter Ludwig Erhard (CDU) bricht auseinander. Ludwig Erhard tritt zurück. CDU/CSU und SPD wählen Kurt Georg Kiesinger (CDU) zum Nachfolger in einer **Großen Koalition**.

1972: Die Fraktion der CDU/CSU beantragt gegen Willy Brandt als Kanzler der **sozialliberalen Koalition** ein konstruktives Misstrauensvotum. Als Nachfolger soll Rainer Barzel (CDU) gewählt werden. Der Antrag scheitert.

1974: Willy Brandt tritt als Kanzler zurück. Die sozialliberale Koalition wählt Helmut Schmidt (SPD) zum Nachfolger.

1982: Die sozialliberale Koalition zerbricht. Die Mehrheit im Deutschen Bundestag spricht Helmut Schmidt das Misstrauen aus. Helmut Kohl (CDU) wird zum Nachfolger in einer neuen Koalition aus CDU/CSU und FDP gewählt.

2005: Nach der Niederlage der SPD bei den Landtagswahlen in Nordrhein-Westfalen kündigt Bundeskanzler Gerhard Schröder Neuwahlen für den Herbst an. Als er die Vertrauensfrage stellt, erhält er nicht die erforderliche Mehrheit. Der Bundespräsident löst den Bundestag auf. Aus den Neuwahlen ergibt sich eine Große Koalition.

Große Koalition:
Koalition bestehend aus SPD und CDU/CSU

Sozialliberale Koalition:
Koalition bestehend aus SPD und FDP

Die Bundesminister können nicht vom Bundestag „gestürzt" werden. Ihre Entlassung wird auf Vorschlag des Bundeskanzlers vom Bundespräsidenten ausgesprochen. Ein freiwilliger Rücktritt eines Bundesministers ist ebenso möglich.

Das Grundgesetz verleiht dem Bundeskanzler eine hervorgehobene Stellung. Er hat das Vorschlagsrecht für die Bundesminister, die vom Bundespräsidenten ernannt werden. Der Bundeskanzler ernennt ferner einen Bundesminister zu seinem Stellvertreter. Das Vorschlagsrecht wird in der politischen Wirklichkeit beeinträchtigt. Jeder Bundeskanzler, der nur mit einer Koalition regieren kann, muss dem Koalitionspartner Ministerämter einräumen. Auch die Wünsche der eigenen Partei hat der zukünftige Regierungschef zu berücksichtigen.

Kabinettssaal der Bundesregierung

Die dominierende Position des Bundeskanzlers innerhalb der Bundesregierung wird auch durch die Prinzipien des Art. 65 GG deutlich:

▶ **Kanzlerprinzip:** Der Kanzler bestimmt die Richtlinien der Politik und trägt dem Bundestag gegenüber die Verantwortung.

▶ **Ressortprinzip:** Jeder Minister leitet im Rahmen der Richtlinien des Bundeskanzlers seinen Geschäftsbereich selbstständig und ist für sein Ministerium verantwortlich.

▶ **Kollegialprinzip:** Bei Meinungsverschiedenheiten zwischen den Ministern entscheidet die Bundesregierung als Kollegium. Das Kollegialprinzip gilt auch, wenn im Grundgesetz oder in Bundesgesetzen die Bundesregierung genannt wird (z. B. bei der Gesetzesinitiative).

Kanzlerprinzip:
Dieses Prinzip wird auch als Richtlinienkompetenz bezeichnet.

Ressort:
Amtsbereich, Aufgabengebiet

Kollegium:
Gruppe von Personen mit gleichem Amt

Die Persönlichkeit des Kanzlers prägt die jeweilige Bundesregierung. Wenn er seinen Machtspielraum stark ausnützt, spricht man von einer Kanzlerdemokratie.

3.5 Das Bundesverfassungsgericht

Urteilsverkündung beim Bundesverfassungsgericht

Verfassungsrechtliche Stellung und Zusammensetzung

> § 1 Bundesverfassungsgerichtsgesetz
>
> Das Bundesverfassungsgericht ist ein allen übrigen Verfassungsorganen gegenüber selbstständiger und unabhängiger Gerichtshof des Bundes. Der Sitz des Bundesverfassungsgerichts ist Karlsruhe.

Das Bundesverfassungsgericht wird häufig als Hüter der Verfassung bezeichnet. Seine Entscheidungen binden die Verfassungsorgane des Bundes und der Länder sowie alle Gerichte und Behörden. Die Entscheidungen haben eine politische Wirkung. „Karlsruhe" kann den **Gesetzgeber** auch beauftragen, neue Gesetze auszuarbeiten.

Gesetzgebungsauftrag:
Im Februar 2010 hat das Bundesverfassungsgericht entschieden, dass der Gesetzgeber bis 31.12.2010 die Hartz-IV-Regelsätze reformieren muss.

Senat:
Eigentlich: Rat der Alten; hier: Richterkollegium

Das Bundesverfassungsgericht besteht aus zwei **Senaten.** In jeden Senat werden acht Richter gewählt. Die Vorsitzenden der beiden Senate sind zugleich Präsident bzw. Vizepräsident des Bundesverfassungsgerichtes.

Wahl des Bundesverfassungsgerichtes

Seine Richter werden je zur Hälfte vom Bundesrat und vom Bundestag gewählt. Die Wahl erfolgt mit Zweidrittelmehrheit. Zwölf Jahre dauert die Amtszeit der Richter; sie können danach nicht wiedergewählt werden. Sie sind häufig Mitglieder der großen Parteien gewesen. Die lange Wahlzeit und die Unmöglichkeit einer Wiederwahl schützen die Richter vor parteipolitischer Beeinflussung.

Die Aufgaben des Bundesverfassungsgerichtes

Die größte Anzahl aller Verfahren beim Bundesverfassungsgericht stellen die **Verfassungsbeschwerden** dar.

Verfassungsbeschwerde kann jedermann mit der Behauptung erheben, dass die öffentliche Gewalt (z. B. Behörden, Gerichte) ihn in einem seiner Grundrechte verletzt hat. Bevor eine Verfassungsbeschwerde beim Bundesverfassungsgericht eingereicht werden kann, muss der Kläger allerdings den Rechtsweg einhalten. Das heißt, der Betroffene muss zunächst vor den unteren Gerichten (z.B. dem Amtsgericht) klagen.

Verfassungsbeschwerden:
Von der Gründung des Bundesverfassungsgerichts im Jahre 1951 bis zum Jahre 2012 gingen 200.965 Klagen ein, davon 194.005 Verfassungsbeschwerden, von denen etwa 2,4 Prozent erfolgreich waren.

Rauchverbot in Bayern verfassungsgemäß

Karlsruhe – Das seit dem 1. August in Bayern geltende Rauchverbot ist mit dem Grundgesetz vereinbar. Das hat das Bundesverfassungsgericht entschieden. In seinem Beschluss verwarfen die Richter die Verfassungsbeschwerde von zwei Gaststätteninhabern und einer Raucherin. Die strikte Neufassung des Rauchverbots in der bayerischen Gastronomie verletze die Kläger nicht in ihren Grundrechten. Das entsprechende Gesetz war per Volksentscheid beschlossen worden.

Süddeutsche Zeitung vom 05.08.2010

Im Grundgesetz wird den Parteien eine hervorgehobene Stellung eingeräumt. Sie können aber auch verboten werden. Ein **Parteienverbot** kann allerdings nur das Bundesverfassungsgericht aussprechen. Man spricht daher vom Parteienprivileg.

Eine politische Wirkung ergibt sich häufig bei Entscheidungen des Bundesverfassungsgerichtes aufgrund einer sogenannten **Normenkontrolle** oder einer **Organklage**.

Parteienverbot:
1952 verbot das Bundesverfassungsgericht die neonazistische Sozialistische Reichspartei (SRP) und 1956 die Kommunistische Partei Deutschlands (KPD).

Normenkontrolle:
Gerichtliche Überprüfung einer Rechtsnorm auf ihre Vereinbarkeit mit höherrangigem Recht. Wird die Rechtsnorm als unvereinbar mit dem höherrangigen Recht, z. B. dem Grundgesetz, eingestuft, dann wird die Rechtsnorm für nichtig erklärt.

Organklage:
Gerichtliche Überprüfung der Rechte und Pflichten eines Verfassungsorgans.

Das Bundesverfassungsgericht überprüft bei einem Normenkontrollverfahren, ob ein Gesetz im Widerspruch zum Grundgesetz steht. So dürfte ein Gesetz nicht eine unbegründete Ungleichbehandlung zwischen Mann und Frau enthalten, weil es damit dem Gleichheitsgrundsatz widersprechen würde. Auch die Art des Zustandekommens eines Gesetzes kann in einer Normenkontrolle geprüft werden. Den Antrag auf Normenkontrolle können die Bundesregierung, eine Landesregierung oder ein Viertel der Mitglieder des Bundestages stellen. Man spricht hier von der abstrakten Normenkontrolle, weil sie unabhängig von einem Rechtsstreit ist.

Hält ein Gericht ein Gesetz für verfassungswidrig, so kann es auch eine Entscheidung des Bundesverfassungsgerichts einholen. In diesem Fall liegt eine konkrete Normenkontrolle vor.

Karlsruhe stärkt Rechte des Bundestages

Karlsruhe – Bundestag und Bundesverfassungsgericht können bewaffnete Einsätze der Bundeswehr wesentlich stärker als bisher kontrollieren. Das folgt aus einem Grundsatz-Urteil zum Einsatz deutscher Soldaten in Awacs-Aufklärungsflugzeugen der Nato zu Beginn des Irak-Krieges im Frühjahr 2003. Dafür hätte die Bundesregierung die Zustimmung des Bundestages einholen müssen, entschied Karlsruhe. Das Verfassungsgericht präzisierte auf eine Klage der FDP-Bundestagsfraktion sein Urteil vom Juli 1994, in dem es die Bundeswehr als „Parlamentsheer" bezeichnet hatte.

Süddeutsche Zeitung, 08.05.2008

Im Rahmen der Organklage muss „Karlsruhe" bei Streitigkeiten über die Zuständigkeit oberster Bundesorgane wie z.B. der Bundesregierung oder des Bundestages entscheiden.

Ein knapper Ausgang der Bundestagswahlen hat verschiedentlich dazu geführt, dass Parteien und Bürger eine Wahlprüfung beantragten. Diese Prüfung ist Sache des Bundestages. Gegen dessen Entscheidung kann Beschwerde beim Bundesverfassungsgericht eingereicht werden.

Karlsruhe kippt Teile des Wahlrechts

Berechnung der Überhangmandate muss bis Juni 2011 neu geregelt werden

Karlsruhe – Das Bundesverfassungsgericht hat die Berechnung der Sitzverteilung bei Bundestagswahlen in einem wesentlichen Teil für grundgesetzwidrig erklärt. Die Verteilung der Überhangmandate muss der heute verkündeten Entscheidung zufolge neu geregelt werden. Die Richter räumten dem Gesetzgeber dafür aber eine Frist bis Juni 2011 ein, sodass die nächste Bundestagswahl im kommenden Jahr noch ein letztes Mal nach dem bisherigen Wahlrecht stattfinden wird. Erstmals in der Geschichte des Bundesverfassungsgerichts ist der Wahlprüfungsbeschwerde von Bürgern Erfolg beschieden. (...)

Süddeutsche Zeitung

Zusammenfassung

Der Bundestag ist die Volksvertretung in der Bundesrepublik Deutschland.

Die Gesetzgebung und die Wahl des Bundeskanzlers sind die wichtigsten Aufgaben des Bundestages.

Die Kontrolle der Bundesregierung findet im Bundestag hauptsächlich durch die Oppositionsfraktionen statt.

Über den Bundesrat wirken die Länder an der Gesetzgebung des Bundes mit.

Die Bundesländer werden im Bundesrat durch die Landesregierung vertreten.

Im Bundesrat können sich parteipolitische Interessen auf die Entscheidungen auswirken. Damit wird der Gesetzgebungsvorgang langwierig und kompliziert.

Der Bundespräsident ist das Staatsoberhaupt der Bundesrepublik Deutschland. Er hat nur eingeschränkte Macht.

Die Bundesversammlung wählt den Bundespräsidenten für fünf Jahre.

Repräsentation und Integration sind die Hauptaufgaben des Bundespräsidenten.

Die Bundesregierung stellt das politische Machtzentrum in der Bundesrepublik dar.

Ihre Aufgabe zur politischen Führung erfüllt die Bundesregierung durch Gesetzesvorhaben, die sie mit den Mehrheitsfraktionen im Deutschen Bundestag verwirklicht.

Die auswärtigen Angelegenheiten der Bundesrepublik Deutschland werden durch die Bundesregierung wahrgenommen.

Der Bundeskanzler wird auf Vorschlag des Bundespräsidenten von der absoluten Mehrheit des Bundestages gewählt und anschließend vom Bundespräsidenten ernannt.

Mit dem konstruktiven Misstrauensvotum kann ein Kanzler aus dem Amt entfernt werden, indem zugleich ein neuer Kanzler gewählt wird.

Der Bundeskanzler hat das Vorschlagsrecht für die Bundesminister.

Die Bundesminister leiten ihr Ministerium auf der Grundlage des Ressortprinzips.

Das Bundesverfassungsgericht mit Sitz in Karlsruhe ist das oberste deutsche Gericht. Es gilt als Hüter der Verfassung.

Die Entscheidungen des Bundesverfassungsgerichtes sind für den gesamten Staat bindend.

Die Richter des Bundesverfassungsgerichtes werden vom Bundesrat und von Vertretern des Bundestages mit Zweidrittelmehrheit gewählt.

Die Hauptaufgaben des Bundesverfassungsgerichtes sind Entscheidungen zu Verfassungsbeschwerden und Normenkontrollverfahren.

Nur das Bundesverfassungsgericht kann eine Partei verbieten.

Wissens-Check

1. Inwieweit hängt der Bundeskanzler vom Bundestag ab?
2. Welche Gruppe im Bundestag übt die Kontrollfunktion aus?
3. Nennen Sie zwei Hauptaufgaben des Deutschen Bundestages.
4. Mit welchem parlamentarischen Instrument kann die Opposition Missstände untersuchen lassen?
5. Wer wird durch den Bundesrat vertreten?
6. Wovon hängt die Stimmenanzahl im Bundesrat ab?
7. Auf welche Art und Weise kann der Bundesrat als Instrument für die Oppositionspartei im Bundestag benützt werden?
8. Warum wird schon bei der Wahl zum Deutschen Bundestag die zukünftige Regierung indirekt festgelegt?
9. Wie kann die Opposition im Deutschen Bundestag versuchen, vor Ablauf der Legislaturperiode einen Regierungswechsel herbeizuführen?
10. Wo lassen sich die politischen Schwerpunkte der derzeitigen Regierung nachlesen?
11. Wie bemüht sich jede Bundesregierung, dass ihre Ziele in konkrete Gesetze umgesetzt werden?
12. Welche Regelungen bei der Wahl der Verfassungsrichter tragen zu deren politischer Unabhängigkeit bei?
13. Ein Bürger fühlt sich durch eine Maßnahme einer Behörde in seinen Grundrechten eingeschränkt. Welche rechtliche Möglichkeit bleibt dem Bürger, nachdem er von allen zuständigen Gerichten abgewiesen wurde?
14. Was versteht man unter dem Parteienprivileg?
15. Welche Art der Entscheidung hat „Karlsruhe" in dem nachfolgenden Fall getroffen?

    Gustl Mollath gewinnt in Karlsruhe
    Die 2. Kammer des Zweiten Senats des Bundesverfassungsgerichts hat Gustl Ferdinand Mollath recht gegeben. Er zog gegen Beschlüsse des Landgerichts Bayreuth und des Oberlandesgerichts Bamberg vor das höchste deutsche Gericht. Die in den Beschlüssen aufgeführten Gründe genügen nicht, um die Fortdauer der Unterbringung in einem psychiatrischen Krankenhaus zu rechtfertigen. Die Beschlüsse verletzen Gustl Mollath in seinem Grundrecht auf Freiheit der Person (Art. 2 Abs. 2 Satz 2 GG) in Verbindung mit dem Verhältnismäßigkeitsgrundsatz.

16. „Die Bundesrepublik ist eine Bundesverfassungsgerichtsrepublik." Diskutieren Sie vor dem Hintergrund dieser Aussage die Rolle des Bundesverfassungsgerichts hinsichtlich seines politischen Einflusses!

Die Entstehung eines Gesetzes

Wir erleben Veränderungen in der Gesellschaft, Wirtschaft und Politik. In einem Rechtsstaat wirkt sich dies auf die Rechtsordnung aus: Es entstehen neue Gesetze oder bestehende Gesetze werden reformiert. Dies geschieht in der Bundesrepublik Deutschland in einem vorgegebenen Gesetzgebungsverfahren. An ihm werden die obersten Bundesorgane beteiligt. Interessenverbände, Parteien und die Medien beeinflussen und kommentieren die Entstehung eines Gesetzes.

Gesetzgebung im Bund:
Vom Bundestag beschlossene Gesetze:
1990 – 1994: 507 Gesetze
1994 – 1998: 565 Gesetze
1998 – 2002: 558 Gesetze
2002 – 2005: 401 Gesetze
2005 – 2009: 616 Gesetze
2009 – 2013: 553 Gesetze

Bundesgesetzblatt Jahrgang 2014 Teil 1 Nr. 25, ausgegeben zu Bonn am 11. März 2014

Gesetz zur ...
Vom 8. März 2014

Der Bundestag hat das folgende Gesetz beschlossen:

....

Die verfassungsmäßigen Rechte des Bundesrates sind gewahrt.
Das vorstehende Gesetz wird hiermit ausgefertigt.
Es ist im Bundesgesetzblatt zu verkünden.

Berlin, den 08. März 2014

Der Bundespräsident	Die Bundeskanzlerin	Der Bundesminister des Innern
Joachim Gauck	Dr. Angela Merkel	Thomas de Maizière

Auszug aus dem Bundesgesetzblatt

4.1 Warum ein Gesetz entsteht – Beispiel Zuwanderung

Einwanderung wird auf unterschiedliche Art deutlich (links Unterkunft für Asylbewerber).

Einwanderung für die Rentenversicherung:

UN: Deutschland braucht 17 Millionen Einwanderer

New York (AFP) – Das gegenwärtige Rentenniveau in Deutschland kann nur durch massive Einwanderung oder die Erhöhung des Rentenalters und der Beiträge gehalten werden. Zu diesem Schluss kommt eine Untersuchung der Vereinten Nationen (…) Um die Bevölkerung bis zum Jahr 2050 stabil zu halten, müsste Deutschland 17 Millionen Einwanderer ins Land lassen.

Süddeutsche Zeitung

Für den wirtschaftlichen Aufschwung in der Bundesrepublik Deutschland während der 50er und 60er Jahre wurden ausländische Arbeitskräfte aus Südeuropa und der Türkei angeworben. Ihre Integration ist leider nur teilweise gelungen. In den 90er-Jahren baten Hunderttausende politisch Verfolgter und Armutsflüchtlinge um Asyl in Deutschland. Vielen von ihnen wurde nur ein vorläufiges Bleiberecht gewährt. Nach der Öffnung der Grenzen in Osteuropa konnten Aussiedler in die Bundesrepublik Deutschland ziehen. Aufgrund der demografischen Entwicklung wird für Deutschland ein Arbeitskräftebedarf vorhergesagt, der durch Einwanderung gedeckt werden könnte. Wie viele Einwanderer und welche Einwanderer kommen sollen, ist in der Bevölkerung und unter den Parteien stark umstritten. Damit wurde ein Zuwanderungsgesetz notwendig, das hier beispielhaft für das Gesetzgebungsverfahren dargestellt wird.

4.2 Ziele und Vorstellungen der Parteien

Parteien versuchen im Gesetzgebungsverfahren, ihre Vorstellung zu einem Problem einzubringen. Ob dies gelingt, hängt stark davon ab, über welchen Einfluss die jeweilige Partei im Bundestag und Bundesrat verfügt. Wenn sich die Ziele einzelner Parteien zu einem Thema decken, steigt die Chance für diese Parteien, ihre Vorstellung durchzusetzen. Die nachfolgend dargestellten Positionen der Parteien haben sich zum Teil seit diesem Gesetzgebungsverfahren etwas verändert. Die grundsätzlichen Vorstellungen zur Zuwanderung blieben erhalten.

Arbeitsmigration:
Einwanderung auf den Arbeitsmarkt

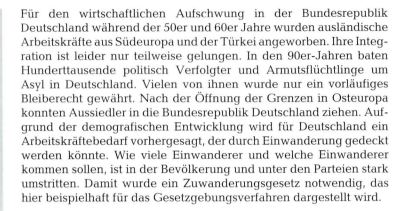

CDU/CSU

Deutschland muss Zuwanderung stärker steuern und begrenzen als bisher. Zuwanderung kann kein Ausweg aus den demografischen Veränderungen in Deutschland sein (...) Verstärkte Zuwanderung würde den inneren Frieden gefährden und radikalen Kräften Vorschub leisten (…) Bei einer Arbeitslosigkeit von insgesamt fast sechs Millionen Menschen gibt es für **Arbeitsmigration** nach Deutschland nur in Ausnahmefällen eine Rechtfertigung (…) Die Qualifizierung einheimischer Arbeitskräfte hat Vorrang vor Zuwanderung. Wir müssen in Zukunft nicht nur in Sport und Kultur, sondern auch zur Sicherung wissenschaftlicher Spitzenleistungen (…) für ausländische Spitzenkräfte verstärkt offen sein. Wir wollen Zuwanderungsanreize für nicht anerkennungsfähige Asylbewerber weiter einschränken. Nur staatliche Verfolgung darf einen Anspruch auf Asyl und Aufenthalt auslösen.

Regierungsprogramm 2002/2006, Mai 2002

1. Wie steht die CDU/CSU zur Zuwanderung?
2. In welchem Bereich sieht die CDU/CSU Zuwanderungsmöglichkeiten?

SPD

Deutschland ist ein weltoffenes und ausländerfreundliches Land (…) Etwa zwei Drittel der hier lebenden ausländischen Kinder und Jugendlichen sind in Deutschland geboren. Das bisherige Ausländerrecht wird den neuen Herausforderungen nicht mehr gerecht. Steuerung der (qualifizierten) Zuwanderung und Integrationsverpflichtungen fehlen (…) Eine erfolgreiche Integration braucht den Erfolgswillen beider Seiten. Sie braucht die Zustimmung der Deutschen, und sie setzt bei den Zuwanderern den ernsthaften Willen zur Integration in die deutsche Gesellschaft voraus. Eine vernünftige Arbeitsmigration begrenzt die Zuwanderung auf das volkswirtschaftlich Sinnvolle und für den Arbeitsmarkt Notwendige, ohne die Aufnahmefähigkeit des Landes zu überfordern. Wir stehen uneingeschränkt zum Grundrecht auf Asyl.

Regierungsprogramm 2002, Juni 2002

Wie steht die SPD zur Zuwanderung?

Bündnis 90/Die Grünen

Europa kann sich nicht als Wohlstandsinsel gegen die übrige Welt abschotten. Nicht zuletzt aus demografischen Gründen sind die europäischen Gesellschaften auf Zuwanderung angewiesen. Aus historischen und humanitären Gründen verteidigen wir gleichzeitig das individuelle Grundrecht auf Asyl. Einwanderung ist eine produktive Kraft. Unser Land, früher Jahrhunderte lang ein Auswanderungsland, ist faktisch längst zum Einwanderungsland geworden (…) Der Umgang mit Neuankömmlingen und Fremden ist ein Gradmesser für die Offenheit unserer Gesellschaft. Unser Leitbild ist das gleichberechtigte Zusammenleben von Menschen unterschiedlicher Herkunft bei Anerkennung ihrer kulturellen Vielfalt.

Grundsatzprogramm 17. März 2002

1. Wie steht die Partei Bündnis 90/Die Grünen zur Zuwanderung?

FDP

Die Bundesrepublik Deutschland ist seit Jahren faktisch ein Einwanderungsland (…) Unter Fachleuten ist unstreitig, dass Deutschland auch in Zukunft im eigenen Interesse Zuwanderung braucht. (…) Der Gesetzentwurf der FDP sieht vor, durch die Schaffung eines Gesetzes zur Steuerung der Zuwanderung Regeln für den Umfang, für die Voraussetzungen (z. B. Qualifika-

B Der politische Entscheidungsprozess

tionen) und die Art und Weise des Zuzugs sowie für die Integration von Ausländern zu begründen. Die Steuerung der Zuwanderung ist eine herausragende Zukunftsaufgabe, der verantwortungsvolle Politik nicht ausweichen darf.

Programm zur Bundestagswahl 2002

1. Wie steht die FDP zur Zuwanderung?
2. In welchem Parteiprogramm wird von den Einwanderern eine Anpassung an die Kultur Deutschlands verlangt?
3. Zwischen welchen Parteien sehen Sie die Möglichkeiten, einen Kompromiss im Gesetzgebungsverfahren zu finden?

4.3 Verbandsinteressen im Gesetzgebungsverfahren

Interessenverbände:
z. B. Gewerkschaften, Arbeitgeberverbände, ADAC, Bauernverband, Sportverbände

Lobby (engl. Vorhalle):
Ursprünglich die Wandelhalle im englischen Parlament, in der sich Abgeordnete mit Wirtschaftsvertretern trafen

Die Bürger und Unternehmen können ihre Vorstellungen bei der Entstehung eines Gesetzes besser zur Geltung bringen, wenn sie durch **Interessenverbände** unterstützt werden.

Interessenverbände kommentieren Gesetzesvorschläge in der Öffentlichkeit und werden beim Gesetzgebungsverfahren im Bundestag angehört. Wenn Interessenverbände ihre Vorstellungen im Parlament und gegenüber der Regierung durchsetzen wollen, spricht man von **Lobbyismus**.

Adressaten: Parteien, Bundestag, Bundesregierung, öffentliche Meinung

Verbände: Information, Beratung, Demonstration, Kontaktpflege, Stellungnahmen

Grafik: R. A. Drude

Adressaten und Methoden des Verbandseinflusses

Menschenrechtsorganisationen:
z. B. amnesty International, Human Rights Watch und Pro Asyl
Sie setzen sich für die Aufnahme von politisch Verfolgten ein und kämpfen für ein faires Asylverfahren.

Die Zuwanderung von Arbeitskräften nach Deutschland interessiert die Wirtschaftsverbände und die Gewerkschaften gleichermaßen. Weil Zuwanderung auch über Asylverfahren erfolgt, melden sich **Menschenrechtsorganisationen** zu Wort. Wenn Menschen in Deutschland einwandern, lassen sie häufig ihre Familie im Herkunftsland. Für den Nachzug der Familienangehörigen machen sich die Kirchen bei der Gesetzgebung zum Zuwanderungsgesetz stark.

Der Bedarf ist da

Das deutsche Bildungs- und Beschäftigungssystem ist zumindest mittelfristig nicht in der Lage, den Bedarf an Fachkräften wie Informatikern zu decken (...) In der Anwerbung ausländischer Fachkräfte und Hochschulabsolventen sehen daher viele Unternehmen eine Chance, den Fachkräftemangel aufzufangen. Ein entsprechendes Zuwanderungsgesetz könnte sich bei der Frage, wie groß der Arbeitskräftebedarf tatsächlich ist, auf eine unlängst vom Institut der deutschen Wirtschaft Köln entwickelte Engpassdiagnose stützen.

Direkt, Publikation des Instituts der deutschen Wirtschaft, Köln

1. Warum wünscht sich die Wirtschaft Zuwanderung?
2. Welche Methode des Verbandseinflusses wird hier ausgeübt?

Ein Perspektivenwechsel in der Einwanderungspolitik ist nötig

Der DGB fordert:

ein umfassendes und transparentes Einwanderungs- und Integrationsgesetz zur Gestaltung der Einwanderung aus arbeitsmarktpolitischen und wirtschaftlichen Gründen.

Im Zusammenhang mit der EU-Erweiterung fordert der DGB, dass Branchen mit hoher Arbeitslosigkeit länger verschlossen, Branchen mit hohem Arbeitskräftebedarf früher geöffnet werden.

Die Auswahl der Arbeitnehmer soll durch ein Punktesystem mit folgenden Kriterien geregelt werden: Alter, Qualifikationen, Sprachkenntnisse, Berufserfahrung, integrationsfördernde Kriterien wie familiäre Bindungen in Deutschland.

Positionen des DGB für die Regelung der Einwanderung, Zusammenfassung von Beschlüssen

DGB:
Deutscher Gewerkschaftsbund
Zusammenschluss von 13 Einzelgewerkschaften mit ca. 8 Millionen Mitgliedern

1. Welches Alter und welche Qualifikation würden Sie bei der Auswahl eines Einwanderers fordern?
2. Bei welcher Partei kann der DGB bei der Entstehung eines Zuwanderungsgesetzes seine Positionen mit Aussicht auf Erfolg einbringen?

4.4 Öffentliche Meinung und Medien

Gesetze entstehen nicht hinter verschlossenen Türen. Die Parteien stellen ihre Gesetzesvorhaben der Öffentlichkeit vor. Dies geschieht insbesondere vor Bundestagswahlen. Die Wähler sollen die Absichten der Parteien kennen. **Meinungsforschungsinstitute** befragen die Bevölkerung, wie sie zu einem Thema stehen, das mit einem Gesetz geregelt werden soll. Die Parteien und ihre Politiker vermeiden es, Entscheidungen gegen eine große Mehrheit der Bevölkerung zu treffen. Die Einstellung der Bürger fließt somit indirekt in das Gesetzgebungsverfahren ein.

Meinungsforschungsinstitute:
z. B. Politbarometer des ZDF, Forschungsgruppe Wahlen, Institut für Demoskopie Allensbach

Die **Demoskopie** erfasst die öffentliche Meinung.

Demoskopie:
Meinungsforschung

Zeitungen, Fernsehen, Rundfunk und das Internet beeinflussen die Meinung zu politischen Themen. Aus den Medien können die Politiker zustimmende und ablehnende Reaktionen auf ihre Entscheidungen im Gesetzgebungsverfahren entnehmen. Insbesondere überregionale Zeitungen, Politikmagazine und die **Boulevardpresse** besitzen einen großen Einfluss auf die politische Willensbildung.

Boulevardpresse:
Sensationell aufgemachte, in großen Auflagen erscheinende und daher billige Zeitung, die überwiegend im Straßenverkauf angeboten wird (z. B. Bildzeitung, Bild am Sonntag)

Politik mit der Brechstange

Der Kanzler ist aufs Ganze gegangen – und hat die Oberhand behalten. Das rot-grüne Zuwanderungsgesetz ist mit harten Bandagen durch den Bundesrat gepeitscht worden – mit einer Stimme Mehrheit.

Augsburger Allgemeine

Streitthema Zuwanderung: Seit 1954 kamen 31 Millionen

Berlin (dpa) – Jahrzehntelang galt Deutschland nicht als Einwanderungsland. Doch Zuwanderung gibt es seit Bestehen der Bundesrepublik. Seit 1954 zogen 31 Millionen Deutsche und Ausländer nach Deutschland, 22 Millionen Menschen zogen wieder weg. Gegenwärtig leben etwa 7,3 Millionen Ausländer in Deutschland. Das entspricht knapp 9 Prozent der Gesamtbevölkerung.

Hamburger Morgenpost

Welche Absicht verfolgen die Verfasser der Texte zum Thema Zuwanderung?

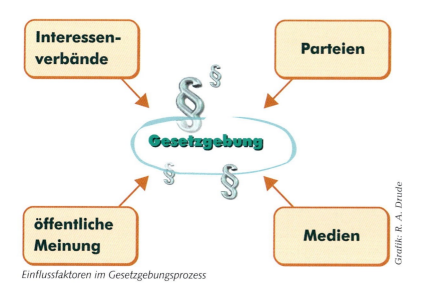

Einflussfaktoren im Gesetzgebungsprozess

4.5 Der Gesetzgebungsweg

Den Weg eines Gesetzes von der Gesetzesinitiative bis zur Verkündung schreibt das Grundgesetz vor. Bei bedeutsamen Gesetzesvorhaben werden im Vorfeld der Gesetzgebung **Kommissionen** mit Experten gebildet.

Kommissionen:

Für das Zuwanderungsgesetz wurde die „Zuwanderungskommission" gebildet.

Ideen zur Bekämpfung der Arbeitslosigkeit entstanden in der Hartz-Kommission. Lösungsvorschläge für das Rentenproblem sollte die Rürup-Kommission entwickeln. Diese beiden Kommissionen erhielten ihren Namen vom jeweiligen Kommissionsvorsitzenden.

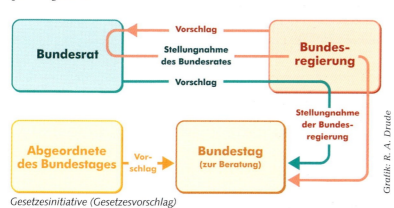

Gesetzesinitiative (Gesetzesvorschlag)

Regierungsvorlagen:
Um die Stellungnahme des Bundesrates zu umgehen, leitet die Bundesregierung ihre Vorschläge meist an die sie stützende Fraktion weiter. Diese bringt sie dann direkt in den Bundestag ein. Damit kann der Gesetzgebungsweg beschleunigt werden.

Fraktion:
Zusammenschluss von Abgeordneten im Bundestag, die der gleichen Partei angehören

Im Bundestag sind mindestens fünf Prozent der Gesamtanzahl der Abgeordneten nötig, um den Fraktionsstatus gewährt zu bekommen.

Plenum des Deutschen Bundestages:
Versammlung aller Bundestagsabgeordneten

Lesung:
Beratung eines Gesetzes

Ausschüsse des Deutschen Bundestages:
z. B. Innenausschuss, Finanzausschuss, Verteidigungsausschuss, Sportausschuss, Ausschuss für Wirtschaft und Technologie

Mehrheit:
Zum Gesetzesbeschluss im Bundestag ist die einfache Mehrheit nötig. Das ist die Mehrheit der abgegebenen Stimmen.

Einfaches Gesetz:
Es wird auch Einspruchsgesetz genannt und stellt jenes Gesetz dar, zu dem keine Zustimmung des Bundesrates nötig ist.

Bundesregierung, Bundesrat und eine Gruppe von mindestens fünf Prozent der Abgeordneten des Bundestages haben das Recht zur Gesetzesinitiative. Bei Gesetzesvorschlägen der Bundesregierung muss der Bundesrat Stellung nehmen. **Regierungsvorlagen** sind Gesetzesvorschläge der Bundesregierung, die einer Regierungs**fraktion** übergeben werden. Schlägt der Bundesrat ein Gesetz vor, dann läuft dies über die Bundesregierung, die zum Gesetzesvorschlag Stellung nimmt und den Gesetzentwurf an den Bundestag weiterleitet. Abgeordnete des Bundestages können ihre Gesetzesvorschläge direkt in den Bundestag einbringen.

> Gesetzentwurf der Bundesregierung
>
> **Entwurf eines Gesetzes zur Steuerung und Begrenzung der Zuwanderung .... (Zuwanderungsgesetz)**
>
> Drucksache 15/420 des Bundestages vom 07.02.03

1. Wessen Gesetzesvorschläge gelangen am schnellsten zur Beratung?
2. Von wem stammt die Gesetzesinitiative zum Zuwanderungsgesetz?

Jeder Gesetzentwurf durchläuft im **Plenum** des Bundestages drei **Lesungen.** Nach der ersten Lesung wird jeder Gesetzentwurf in einem oder mehreren Ausschüssen vertieft behandelt. **Ausschüsse** sind fachlich spezialisierte Arbeitsgruppen von Bundestagsabgeordneten. Die im Bundestag vertretenen Parteien sind in den Ausschüssen im gleichen Verhältnis vertreten wie im Bundestag. Während der Ausschussberatung werden die betroffenen Verbände zum Gesetzentwurf angehört (Hearing).

Findet ein Gesetzentwurf im Bundestag nicht die Mehrheit der anwesenden Abgeordneten, so ist er gescheitert. Liegt die **Mehrheit** vor, wird der Gesetzentwurf an den Bundesrat weitergeleitet.

> **Berlin** – Der Bundesrat beschäftigt sich heute erneut mit dem Zuwanderungsgesetz. Der Bundestag hatte das Gesetz am 9. Mai mit seiner rot-grünen Mehrheit verabschiedet. Der von der Union dominierte Bundesrat will das rot-grüne Reformprojekt ablehnen.
>
> Hamburger Morgenpost

Bei der Mitwirkung des Bundesrates beim Gesetzgebungsverfahren ist es von Bedeutung, ob das Bundesgesetz der Zustimmung des Bundesrates bedarf, oder ob es sich um ein so genanntes **einfaches Gesetz** handelt. Das Grundgesetz legt fest, welche Gesetze Zustimmungsgesetze sind:

▸ Gesetze, die das Grundgesetz ändern
▸ Gesetze, die das Steueraufkommen zwischen Bund und Ländern regeln
▸ Gesetze, die von der Verwaltung der Länder ausgeführt werden

Beim Zuwanderungsgesetz handelt es sich um ein **Zustimmungsgesetz**. Wenn der Bundesrat einem Zustimmungsgesetz nie zustimmt, ist es gescheitert. Bei einem einfachen Gesetz kann der Bundesrat zwar seinen Einspruch einlegen. Er kann aber vom Bundestag überstimmt werden.

Zustimmungsgesetz:
Der Anteil der Zustimmungsgesetze von allen beschlossenen Bundesgesetzen beträgt 30 bis 40 Prozent

> **Berlin** – Die Bundesregierung hat wegen des vom Bundesrat gestoppten Zuwanderungsgesetzes den Vermittlungsausschuss angerufen. Die von der Union dominierte Länderkammer hatte die zum zweiten Mal eingebrachte rot-grüne Reform (…) abgelehnt.
> Hamburger Morgenpost

Wenn ein vom Bundestag beschlossenes Zustimmungsgesetz vom Bundesrat abgelehnt wird, kann der Vermittlungsausschuss angerufen werden. Dieser Ausschuss setzt sich aus jeweils 16 Mitgliedern des Bundestages und Bundesrates zusammen. Er versucht in geheimer Sitzung einen Kompromiss zu finden. Der Kompromissvorschlag benötigt erneut den Beschluss des Bundestages. Auch der Bundesrat muss dem Kompromiss zustimmen, damit das Gesetz nicht scheitert.

Der Vermittlungsausschuss tagt im Gebäude des Bundesrates. Die Sitzungen sind nicht öffentlich.

Die Mitwirkung des Bundesrates bei Zustimmungsgesetzen

1. Was passiert mit dem Zuwanderungsgesetz als Zustimmungsgesetz, wenn der Bundesrat es stets ablehnt?
2. Warum setzt sich der Vermittlungsausschuss aus zweimal 16 Mitgliedern zusammen?

Ausfertigung:
Unterzeichnung der Originalurkunde des Gesetzes
Damit wird bestätigt, dass das Gesetzgebungsverfahren ordnungsgemäß verlaufen ist (formelle Prüfung).
Der Bundespräsident bestätigt mit der Unterschrift auch, dass das Gesetz mit dem Grundgesetz übereinstimmt (inhaltliche Prüfung).

Verkündung:
Amtliche Bekanntgabe des Gesetzes im Bundesgesetzblatt

Salomonisch:
weise, klug

Die nach den Vorschriften des Grundgesetzes entstandenen Gesetze werden vom Bundeskanzler und den Fachministern gegengezeichnet. Die **Ausfertigung** und **Verkündung** des Gesetzes ist Aufgabe des Bundespräsidenten.

Der im Jahr 2002 erstmalig eingebrachte Entwurf eines Zuwanderungsgesetzes wurde vom Bundesrat nur mit einer hauchdünnen Mehrheit angenommen. Dabei wurden die Stimmen des Bundeslandes Brandenburg nicht einheitlich abgegeben. Dieses Abstimmungsverhalten stellte sich nachträglich als verfassungswidrig heraus. Der Bundespräsident hätte die Verkündung dieses Gesetzes verweigern können. Damit wäre das Gesetz gescheitert gewesen.

Raus salomonische Entscheidung

Johannes Rau hat sich gut aus der Affäre gezogen. Der Bundespräsident unterschreibt das unter fragwürdigen Umständen zustande gekommene rotgrüne Zuwanderungsgesetz – und empfiehlt zugleich die Einschaltung des Bundesverfassungsgerichtes, um die heikle Frage klären zu lassen. Damit kommt Rau auch der Union entgegen, die den Gang nach Karlsruhe nun sozusagen mit dem Segen des Präsidenten antritt.

Süddeutsche Zeitung

Verstößt ein Gesetz in seinem Inhalt gegen das Grundgesetz oder kam es in einer Art zustande, die nicht dem Gesetzgebungsverfahren des Grundgesetzes entspricht, kann das Bundesverfassungsgericht das Gesetz für nichtig erklären. Die Entscheidung des Bundesverfassungsgerichtes muss beantragt werden.

Zuwanderungsgesetz gestoppt

Das Zuwanderungsgesetz, eines der wichtigsten Reformprojekte der Koalition, ist gestoppt. Das Bundesverfassungsgericht erklärte heute das Abstimmungsverfahren im Bundesrat für nicht rechtmäßig. Das geteilte Votum des Landes Brandenburg, so das Urteil, hätte nicht als Zustimmung zu dem Gesetz gewertet werden dürfen. Recht erhielten damit die sechs unionsgeführten Länder, die nach dem Eklat im Bundesrat Klage eingereicht hatten.

Tagesschau

Wurde das Zustimmungsgesetz 2002 aus inhaltlichen Gründen oder aus formellen Gründen für nichtig erklärt?

4.6 Gesetzgebung durch Kompromiss

Im Jahr 2004 berieten Vertreter des Bundes und der Länder über mehrere Monate hinweg das Zuwanderungsgesetz. Dies geschah in einer speziellen Arbeitsgruppe des Vermittlungsausschusses.

> **Einigung auf Zuwanderungsgesetz**
>
> Drei Jahre hartes Ringen liegen hinter ihnen: Ende Mai konnten die Verhandlungsführer von Regierung und Opposition auch die letzten Streitpunkte im Bereich Anti-Terror-Maßnahmen, Integration, Arbeitsmigration und Flüchtlingsschutz klären. Nach der Absegnung durch den Bundesrat wird das Zuwanderungsgesetz endgültig am 1. Januar 2005 in Kraft treten (…)
>
> Tagesschau

Gesetze stellen häufig einen Kompromiss aus verschiedenen politischen Ansichten dar. Die Bundesregierung besteht zumeist aus einer Koalition zweier oder mehrerer Parteien. Diese Regierungsparteien vertreten oft unterschiedliche Meinungen zu bestimmten polititschen Themen. Um jedoch einen gemeinsamen Vorschlag für ein neues Gesetz erarbeiten zu können, muss eine Einigung erzielt werden. Bei Zustimmungsgesetzen muss oft außerdem noch ein Kompromiss mit dem Bundesrat gefunden werden. Nur dann kann das Gesetz verabschiedet werden.

Kompromiss: Übereinkunft auf der Grundlage gegenseitiger Zugeständnisse

> **Der Zuwanderungskompromiss**
>
> ARBEITSMIGRATION: Die Zuwanderung von Arbeitskräften soll flexibel entsprechend den Bedürfnissen des Arbeitsmarktes gesteuert werden. Ausländer außerhalb der EU dürfen sich nur dann in Deutschland niederlassen, wenn es für die zu besetzende Stelle weder deutsche noch EU-Arbeitnehmer gibt (…) Ebenso bleibt es grundsätzlich beim Anwerbestopp, der ursprünglich wegfallen sollte (…)
>
> HUMANITÄRES RECHT: Der Aufenthaltsstatus von Opfern nichtstaatlicher und geschlechtsspezifischer Verfolgung wird verbessert. Bisher nur geduldete Bürgerkriegsflüchtlinge erhalten eine begrenzte Aufenthaltserlaubnis (…) Die Altersgrenze für den Kindernachzug wird nicht von 16 auf 12 Jahre abgesenkt (…)
>
> INTEGRATION: Die Kosten für Integrationskurse übernimmt der Bund. Wer sich nicht beteiligt, muss mit Sanktionen und Verschlechterungen seines Aufenthaltsstatus rechnen.
>
> SPÄTAUSSIEDLER: Auch mitreisende Familienangehörige müssen ausreichende Sprachkenntnisse nachweisen.
>
> SICHERHEIT: Gefährliche Ausländer können aufgrund einer von Tatsachen gestützten Gefahrenprognose abgeschoben werden (…)
>
> Tagesspiegel

Nichtstaatliche Verfolgung: Verfolgung, die nicht von staatlichen Stellen ausgeübt wird, sondern z. B. durch andere Volksgruppen in einem Land

Zusammenfassung

Die Parteien entwickeln zu den Gesetzesvorhaben ihre Vorstellungen.

Interessenverbände versuchen, auf die Gesetzgebung Einfluss zu nehmen.

Die öffentliche Meinung und die Medien wirken ebenfalls auf die Gesetzgebung ein.

Bundestag, Bundesrat und Bundesregierung können Gesetze vorschlagen.

Gesetzesentwürfe werden im Bundestag beraten und nach drei Lesungen beschlossen.

Hinsichtlich des Einflusses des Bundesrates beim Gesetzgebungsverfahren ist zwischen Zustimmungsgesetzen und einfachen Gesetzen zu unterscheiden.

Wenn der Bundesrat bei einem Zustimmungsgesetz die Zustimmung endgültig verweigert, ist es gescheitert.

Der Bundespräsident fertigt Gesetze aus und verkündet sie.

Gesetze, die nicht dem Grundgesetz entsprechen, kann das Bundesverfassungsgericht auf Antrag für nichtig erklären.

Wissens-Check

1. Welche Faktoren und Gruppen wirken indirekt auf den Gang der Gesetzgebung?
2. An wen wenden sich die Interessenverbände, um ihren Einfluss auszuüben?
3. Wer kann die Meinung der Bevölkerung zu einem Gesetzesvorhaben ermitteln und veröffentlichen?
4. Welchen Einfluss haben die Medien bei der Gesetzgebung?
5. Wer kann Gesetze vorschlagen?
6. Wer beschließt die Gesetze?
7. Was versteht man unter einer Lesung?
8. Wo findet im Gesetzgebungsverfahren eine vertiefte Behandlung durch Spezialisten statt?
9. In welchen Fällen liegt ein Zustimmungsgesetz vor?
10. Welche Aufgabe hat der Vermittlungsausschuss?
11. Was versteht man unter der Ausfertigung eines Gesetzes?
12. Wer kann Bundesgesetze für nichtig erklären?

C
Repräsentation und Wahl

Jahrgangsstufe 11

dpa

- Wahlen
- Abgeordnete
- Parteien
- Medien

1 Demokratie und Wahlen

Ein wesentliches Merkmal jeder Demokratie ist das Recht der Bürger, selbst oder durch gewählte Vertreter am politischen Willensbildungs- und Entscheidungsprozess teilzunehmen. Wahlen sind Ausdruck dieser Volkssouveränität.

> Art. 20 GG
> (2) Alle Staatsgewalt geht vom Volke aus, sie wird vom Volk in Wahlen und Abstimmungen (…) ausgeübt.

Welchen Vorteil oder Nachteil hätte es, wenn bei jeder politischen Frage (Erhöhung der Tabaksteuer oder Herabsetzung des Führerscheinalters auf 17 Jahre) das ganze deutsche Volk abstimmen würde?

1.1 Direkte und repräsentative Demokratie

Die direkte Beteiligung der Bürger an der Politik

In kleinen Kantonen in der Schweiz ist es heute noch üblich, dass alle Wahlberechtigten zu politischen Entscheidungen befragt werden. Diese Form der direkten Demokratie ist umständlich und bringt auch Gefahren mit sich. Es gibt unbeliebte Vorhaben, die aber für das Gemeinwohl notwendig sein können, wie z.B. Steuererhöhungen. Da kann es möglich sein, dass Pläne abgelehnt werden, obwohl sie für den Staat unbedingt notwendig sind. Ein anderes Beispiel sind Ausgaben für die Bildung oder Forschung.

Durch Volksbegehren und Volksentscheid oder Bürgerbegehren und Bürgerentscheid ist aber auch in Bayern auf Landes- oder Kommunalebene eine direkte Beteiligung möglich.

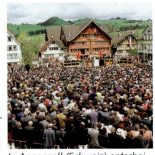

In Appenzell (Schweiz) entscheidet die „Landsgemeinde" (alle Wahlberechtigten) über politische Fragen.

Repräsentation und Wahlen

In allen großen Demokratien werden durch Wahlen Repräsentanten (Abgeordnete) gewählt. Nicht mehr der einzelne Bürger, sondern diese Abgeordneten entscheiden nach vorheriger Beratung dann über neue Gesetze.

Die Abgeordneten halten sich meist an die Programme ihrer Partei und deren politische Ziele. Durch die Wahl kann jeder wahlberechtigte Bürger Einfluss darauf nehmen, welche Partei und welcher Abgeordnete in den entsprechenden Gremien vertreten ist.

Wie bei allen demokratischen Entscheidungen setzt sich auch hier die Mehrheit durch. Oftmals ist die **Opposition** mit den Ergebnissen und der Politik der Regierungsparteien nicht einverstanden.

In verschiedenen Demokratien wird auch das Staatsoberhaupt vom Volk gewählt. Es handelt sich dann um einen Präsidenten. Wenn er durch die Verfassung viel Macht verliehen bekommt, spricht man von einer präsidentiellen Demokratie. Dies liegt zum Beispiel in den USA und zum Teil in Frankreich vor.

Opposition (wörtlich: Widerstand):
Im Parlament ist damit der politische Gegner gemeint, der nicht an der Regierung beteiligt und in der Minderheit ist.

1. Welche Parteien wurden bei den letzten Wahlen in den Bayerischen Landtag gewählt?
2. Wann konnte in Deutschland das Volk den Präsidenten wählen?
3. Welche Gründe sprechen für eine Wahl des Bundespräsidenten durch das Volk, welche Gründe sprechen dagegen?

1.2 Die Funktionen von Wahlen

Durch Wahlen wird die Macht im Staat auf Zeit an die Volksvertreter, die Repräsentanten vergeben (Repräsentationsfunktion). Wahlen sind die wichtigste Möglichkeit des Bürgers, politisch mitzuwirken (**Partizipation**sfunktion). Für Politiker und die Regierung sind Wahlen die Legitimation, anstelle der Bürger Entscheidungen für diese zu treffen (**Legitimation**sfunktion). Der Bürger kann durch Wahlen die Regierenden bestätigen oder abwählen (Kontrollfunktion). Wahlen führen zumeist dazu, dass sich die Bevölkerung vermehrt mit Politik auseinandersetzt (Integrationsfunktion).

Partizipation:
Teilhabe
Legitimation:
Berechtigung

Es gibt Überlegungen, die **Wahlperiode** im Bundestag auf fünf Jahre zu verlängern. Die Befürworter argumentieren: Kaum hat sich eine neue Regierung eingearbeitet, muss sie wieder an den nächsten Wahlkampf denken. Die Gegner dieser Idee sehen die Beteiligung des Bürgers in Gefahr, weil er nur alle fünf Jahre durch eine Wahl politisch mitwirken kann.

Wie würden Sie entscheiden?

Wahlperiode:
Legislaturperiode. Bei vorgezogenen Wahlen wird sie verkürzt.

Wahlperioden (in Jahren):

Europäisches Parlament	5
Deutscher Bundestag	4
Bayerischer Landtag	5
Gemeinde-/Stadtrat in Bayern	6

1.3 Grundsätze und Merkmale demokratischer Wahlen

Wahlgrundsätze

In vielen Ländern der Erde finden Wahlen statt. Nicht alle sind demokratisch. Die folgenden fünf Grundsätze des Wahlrechts sind ein Prüfstein dafür, ob Wahlen demokratisch ablaufen oder nicht.

> **Art. 38 GG**
>
> (1) Die Abgeordneten des Deutschen Bundestages werden in allgemeiner, unmittelbarer, freier, gleicher und geheimer Wahl gewählt. Sie sind Vertreter des ganzen Volkes, an Aufträge und Weisungen nicht gebunden und nur ihrem Gewissen unterworfen.

- Allgemein: Alle Staatsbürger ab 18 Jahren dürfen wählen, unabhängig von Herkunft, Geschlecht u. Ä.
- Unmittelbar: Die Abgeordneten werden direkt, d. h. ohne Zwischenpersonen (Wahlmänner) gewählt.
- Frei: Jeder darf frei entscheiden, wen er wählt.
- Gleich: Jede Stimme hat das gleiche Gewicht.
- Geheim: Es muss sichergestellt sein, dass jeder Wähler seine Stimme unbeobachtet abgeben kann und später nicht erkennbar ist, wie er abgestimmt hat.

Erst wenn diese Bedingungen erfüllt sind, spricht man von einer demokratischen Wahl.

Darüber hinaus muss sichergestellt sein, dass der Wähler tatsächlich unter verschiedenen Parteien bzw. Personen auswählen kann. Es gilt: „Keine Wahl ohne Auswahl."

> Welche dieser Grundsätze finden bei der Wahl des Klassensprechers Anwendung?

Aktives und passives Wahlrecht

Wer nicht zur Wahl geht – also sein aktives Wahlrecht nicht nutzt – verschenkt seine wichtigste Möglichkeit, Einfluss auf die Politik zu nehmen. Er darf sich dann nicht beklagen, wenn Politiker nicht nach seinen Vorstellungen handeln.

Hinsichtlich der **Wahlbeteiligung** liegt die Bundesrepublik von allen Demokratien, die keine Wahlpflicht kennen, trotz eines Rückgangs bei den letzten drei Wahlen über dem Durchschnitt. So lag die Wahlbeteiligung bei den amerikanischen Kongresswahlen 2006 bei 62 Prozent, bei den US-Präsidentschaftswahlen 2008 bei 64,1 Prozent und bei den Wahlen zur französischen Nationalversammlung im Jahre 2012 bei 60 Prozent.

Passives Wahlrecht ist das Recht, sich bei politischen Wahlen um ein Amt zu bewerben und sich wählen zu lassen.

Die **Wahlbeteiligung** bei den Bundestagswahlen (in Prozent):

1949: 78,5
1953: 86,0
1957: 87,8
1961: 87,7
1965: 86,8
1969: 86,7
1972: 91,1
1976: 90,7
1980: 88,6
1983: 89,1
1987: 84,3
1990: 77,8
1994: 79,0
1998: 82,2
2002: 79,1
2005: 77,7
2009: 70,8
2013: 71,5

1 Demokratie und Wahlen

Grafik: R. A. Drude

Kandidatenaufstellung

Die Parteien stellen auf einem **Parteitag** aus der Gruppe ihrer Mitglieder in geheimer Wahl **Kandidaten** auf. Die Kandidaten machen damit von ihrem passiven Wahlrecht Gebrauch. Alle Bürger können in eine Partei eintreten und sich dann um ein politisches Amt in Partei und Staat bemühen.

Wahlkampf

Einige Wochen vor der Wahl stellen die Parteien ihre Kandidaten und ihr Programm für die nächste Amtszeit (Wahlperiode) vor. Plakate werben mit Kandidaten und/oder schlagkräftigen Parolen. Viele Aussagen werden vereinfacht dargestellt, damit sie jeder versteht und sie sich einprägen. Im Fernsehen bekommt jede Partei Sendezeit für Werbespots. Durch den Wahlkampf sollen die Wähler dazu bewegt werden, zur Wahl zu gehen und für eine bestimmte Partei zu stimmen.

Jede Partei versucht die Wähler davon zu überzeugen, dass sie ihre Interessen am besten vertritt. Die Appelle richten sich in erster Linie an **Wechselwähler** und **Nichtwähler,** da die **Stammwähler** in der Regel nicht mehr überzeugt werden müssen.

Parteitag:
Versammlung der Delegierten einer Partei

Kandidaten:
Hier: Personen, die sich bei Wahlen um ein politisches Amt bemühen

Wechselwähler:
Entscheiden sich vor jeder Wahl neu und wechseln dabei auch die Partei

Nichtwähler:
Sind entweder politisch nicht interessiert, von der Politik enttäuscht oder unentschlossen

Stammwähler:
Wählen aus Tradition und Überzeugung stets die gleiche Partei

1. Wie lässt sich die Zahl der Nichtwähler ermitteln?
2. Auf welche Wähler konzentrieren sich die Wahlkampfbemühungen der Parteien hauptsächlich?

Eher eine Seltenheit: Wahlplakat einer parteilosen Kandidatin

Wahlauszählung – Hochrechnung

Die Anzahl der abgegebenen Stimmzettel muss mit der Zahl der Personen, die gewählt haben, übereinstimmen. Die Auszählung der Stimmzettel ist öffentlich – jeder kann zuschauen, wenn er die Arbeiten nicht behindert.

Auch bei der Befragung durch das Meinungsforschungsinstitut gibt es Wahlurnen.

Die Hochrechnung im Fernsehen

Jede Fernsehanstalt beauftragt ein eigenes Meinungsforschungsinstitut, das die Hochrechnungen machen soll. Die ARD z.B. vertraut dabei auf die Erhebungen der Infratest dimap aus Berlin, das ZDF dagegen der Forschungsgruppe Wahlen e.V. aus Mannheim. So erhalten die Sender zum Teil abweichende Zahlen. Welches Institut am Ende näher am tatsächlichen Ergebnis liegt, zeigt sich erst, wenn am Montagmorgen das amtliche Endergebnis feststeht.

Prognose und Hochrechnung des ZDF

Die Forschungsgruppe Wahlen e.V. befragt in ganz Deutschland 30.000 Wähler, die in ihren Wahlkreisen gerade ihre Stimmen abgegeben haben. Rund 500 Mitarbeiter des Institutes stehen vor den Wahllokalen und machen mit den zufällig ausgesuchten Wählern Kurzinterviews zu ihren Stimmabgaben. Durch die hohe Anzahl von 30.000 Befragten kann das Institut auch Aussagen über die Altersgruppen und sozialen Schichten und ihre Stimmabgabe geben. Also: Ob besonders Erstwähler eine Vorliebe für eine bestimmte Partei haben. Oder ob berufstätige Frauen ab 35 Jahren eine andere Partei vorziehen. Ob vor allem Menschen ab 65 Jahren zum Wählen gegangen sind und so weiter.

Die Prognose

Die Daten werden dann an weitere Mitarbeiter geschickt, die sie ständig neu auswerten. So kann um 18.00 Uhr die erste Prognose abgegeben werden, obwohl die Stimmen noch gar nicht ausgezählt sind. Die Prognose beruht also nur auf den Befragungen, nicht auf tatsächlichen Wahlergebnissen.

Die Berechnungen

Dann folgen die ersten Hochrechnungen. In diese Berechnungen fließen dann schon Ergebnisse der ersten ausgezählten Wahlgebiete mit ein. So werden die Zahlen bis 19.30 Uhr immer genauer. Während die Hochrechnungen ständig mit neuen Daten von immer mehr ausgezählten Wahlkreisen verfeinert werden, zählen Wahlhelfer überall in Deutschland die Stimmen weiter aus.

www.zdf.de

Prognose der ARD um 18:00 Uhr zu den Bundestagswahlen 2013	
CDU/CSU	42,0%
SPD	26,0%
Bündnis '90/Die Grünen	8,0%
FDP	4,7%
Die Linke	8,5%
AfD	4,9%
Amtliches Wahlergebnis zu den Bundestagswahlen 2013	
CDU/CSU	41,5%
SPD	25,7%
Bündnis '90/Die Grünen	8,4%
FDP	4,8%
Die Linke	8,6%
AfD	4,7%

1.4 Wahlsysteme

In demokratischen Ländern gibt es je nach Tradition unterschiedliche Wahlsysteme. Großbritannien z.B. hat ein reines Mehrheitswahlsystem. Die Wahl zum EU-Parlament erfolgt im Verhältniswahlsystem. Deutschland hat für die Wahlen im Bundestag und in den Länderparlamenten eine Mischung aus beiden Systemen.

Mehrheitswahl

Bei der Mehrheitswahl wird das Land in so viele Wahlkreise eingeteilt, wie Sitze im Parlament zu vergeben sind. Die Person, die im Wahlkreis die meisten Stimmen erhält, bekommt das Mandat. Die für die anderen Kandidaten abgegebenen Stimmen gehen verloren.

Bei der relativen Mehrheitswahl (z. B. in England) erhält der Kandidat den Sitz, der die meisten Stimmen hat.

Bei der absoluten Mehrheitswahl ist der Kandidat gewählt, der die absolute Mehrheit der Stimmen – also mehr als 50 Prozent der abgegebenen Stimmen – erhalten hat, z. B. bei Bürgermeisterwahlen in Bayern. Erreicht keiner der Kandidaten die absolute Mehrheit, gibt es eine Stichwahl zwischen den beiden Kandidaten mit den meisten Stimmen.

Verhältniswahl

Bei der Verhältniswahl stellt jede Partei entsprechend ihrem prozentualen Anteil an den abgegebenen Wählerstimmen Abgeordnete. Damit sind auch kleine Parteien in den Parlamenten vertreten. Ihre Zusammensetzung entspricht exakt der Verteilung der Stimmen auf die Parteien, die zur Wahl standen.

Dieses Wahlrecht galt in der **Weimarer Republik.** Die Folge war, dass viele zum Teil sehr kleine Parteien im Reichstag vertreten waren. Die Regierungsbildung war dadurch schwierig; die Kanzler wechselten oft, weil sie keine stabile Mehrheit hatten.

Personalisierte Verhältniswahl

Die Wahlen zum Deutschen Bundestag finden in einer personalisierten Verhältniswahl statt. Das ist ein Wahlsystem, das Elemente der Verhältnis- und der Mehrheitswahl vereinigt. Die Vor- und Nachteile der beiden Systeme sollen dadurch ausgenutzt bzw. abgeschwächt werden. Das ist der Grund, warum der Wähler bei der Bundestagswahl zwei Stimmen abgibt.

Von den vorgesehenen 598 Abgeordneten des Bundestages wird die Hälfte über die Erststimme direkt gewählt. Von jedem der 299 Wahlkreise zieht der sogenannte Direktkandidat einer Partei, der die meisten Stimmen erhalten hat, in den Deutschen Bundestag ein; hier handelt es sich um eine Mehrheitswahl. Von diesem Politiker wird erwartet, dass er im Bundestag die Interessen seines Wahlkreises vertritt. Über die Zweitstimme werden weitere Sitze über **Landeslisten** der Parteien vergeben; hier gilt das Prinzip der Verhältniswahl. Die Zweitstimme ist die wichtigere der beiden Stimmen, da über sie die Sitzverteilung im Parlament ermittelt wird. Erhält beispielsweise eine Partei 30 Prozent der zu berücksichtigenden Zweitstimmen, erhält sie auch 30 Prozent der Sitze im Parlament. Die Zahl der gewählten Direktkandidaten wird davon abge-

Verteilung der 299 Wahlkreise bei den Bundestagswahlen 2013	
CDU	191
CSU	45
SPD	58
Bündnis '90/Die Grünen	1
Die Linke	4
FDP	0

Ausgewählte Ergebnisse einzelner Wahlkreisbewerber bei den Bundestagswahlen 2013	
Angela Merkel	56,2%
Peer Steinbrück	34,6%
Gregor Gysi	42,2%
Wolfgang Schäuble	56,0%
Cem Özdemir	27,5%
Peter Gauweiler	43,4%

Weimarer Republik:
Zeit zwischen Ende des Kaiserreichs 1918 und Beginn der Hitler-Diktatur 1933
In Weimar wurde die damals geltende Verfassung erarbeitet.

Landesliste:
Alle Parteien stellen auf der Länderebene Kandidaten in einer bestimmten Reihenfolge auf einer Landesliste zusammen. Der Listenplatz eines Kandidaten entscheidet über die Wahrscheinlichkeit seines Einzugs ins Parlament über den Zweitstimmenanteil.

Foto: Wolfgang Klein

Die Zweitstimme hat besonderes Gewicht.

zogen. Die verbleibenden Mandate sind die Listenmandate der Partei. Sie werden in der Reihenfolge auf die Kandidaten verteilt, in der diese auf der vor der Wahl aufgestellten Liste platziert sind.

Jedem Bundesland wird – entsprechend der Bevölkerungszahl – von insgesamt 598 Mandaten eine bestimmte Anzahl an Bundestagsmandaten zugewiesen. Gewinnt eine Partei in einem Bundesland mehr Direktmandate, als ihr dort Mandate nach dem Zweitstimmenergebnis insgesamt zustehen, darf sie diese zusätzlichen Mandate behalten. Die Zahl dieser zusätzlichen Mandate erhöht sich entsprechend. Es entstehen sogenannte Überhangmandate (Bundestagswahl 2013: 4 Überhangmandate). Die Mandatsanzahl für eine Partei entspricht dann nicht mehr ihrem Zweitstimmenergebnis auf Bundesebene. Der Wählerwille würde damit verzerrt. Die benachteiligten Parteien erhalten daher sogenannte Ausgleichsmandate. Sie ergeben sich auch, wenn eine Partei dadurch begünstigt wird, dass viele kleine Parteien unter die Fünfprozenthürde fallen.

So entfielen bei den Bundestagswahlen 2013 in Bayern ca. 18 Prozent der Zweitstimmen auf Parteien, die an der Fünfprozenthürde scheiterten. Diese Stimmen blieben bei der Zuweisung der Abgeordnetenmandate unwirksam. Die CSU erhielt dadurch bei 49,3 Prozent 56 der insgesamt 91 Mandate für Bayern. Bundesweit entfielen auf die CSU aber nur 7,5 Prozent der Zweitstimmen. Dabei ergaben sich insgesamt 29 Ausgleichsmandate. Der 18. Deutsche Bundestag hat somit 631 Abgeordnete.

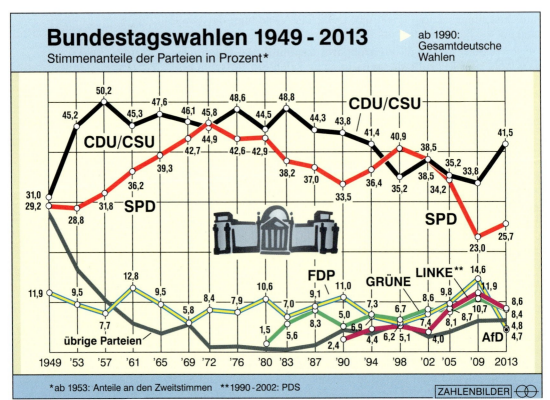

Sperrklausel

Im Bundestag erhalten nur die Parteien über die Zweitstimmen Sitze, die eine bestimmte Prozentzahl der abgegebenen Stimmen bekommen haben. Erringt eine Partei weniger als 5 Prozent der Zweitstimmen, kann sie nur in den Bundestag einziehen, falls sie drei Direktmandate erhalten hat. Ist dies nicht der Fall, bleibt die Partei außen vor. Errungene Direktmandate verbleiben aber bei den Kandidaten.

1. Diskutieren Sie die Vor- und Nachteile der Wahlsysteme!
2. Mit welcher Stimme bei den Bundestagswahlen bestimmt der Wähler a) die personelle Zusammensetzung, b) die Sitzverteilung der Parteien?

Zusammenfassung

Es ist Kennzeichen jeder Demokratie, dass die Staatsgewalt vom Volk ausgeht. Wahlen sind Ausdruck dieser Volkssouveränität.

Als demokratisch gelten Wahlen, wenn der Bürger zwischen verschiedenen Personen oder Parteien auswählen kann und wenn die Wahlgrundsätze eingehalten werden. Wahlen müssen frei, allgemein, unmittelbar, gleich und geheim sein.

Die gewählten Volksvertreter erhalten durch die Wahl die Legitimation, politische Entscheidungen zu treffen.

Jeder Bürger kann von seinem aktiven und passiven Wahlrecht Gebrauch machen.

Grundsätzlich kann nach zwei Verfahren gewählt werden: Mehrheitswahl und Verhältniswahl.

Der Deutsche Bundestag wird nach der personalisierten Verhältniswahl – einer Kombination beider Wahlverfahren – gewählt. Jeder Wähler hat zwei Stimmen zu vergeben. Mit der Erststimme wählt er einen Direktkandidaten nach dem Mehrheitswahlsystem. Die Hälfte der Sitze im Parlament wird mit diesen Direktkandidaten besetzt. Mit der Zweitstimme wird eine Partei gewählt. Nach dem Verhältniswahlrecht erreicht eine Partei so viele Sitze, wie es ihrem Anteil an den abgegebenen Stimmen entspricht. Die Zweitstimme bestimmt somit die Zusammensetzung des Parlaments.

Damit eine Partei in den Bundestag einziehen kann, muss sie mindestens 5 Prozent der abgegebenen Zweitstimmen (5-Prozent-Klausel) oder drei Direktmandate erreichen.

Wissens-Check

1. Welche Bedeutung haben Wahlen?
2. Erklären Sie den Begriff „Repräsentative Demokratie".
3. Wer besitzt das aktive Wahlrecht zur Bundestagswahl?
4. In wie viele Wahlkreise ist Deutschland aufgeteilt?
5. Formulieren Sie Beispiele für Verstöße gegen die Wahlgrundsätze.
6. Stellen Sie die Unterschiede zwischen Mehrheits- und Verhältniswahl dar.
7. Beschreiben Sie die personalisierte Verhältniswahl am Beispiel der Wahl zum Deutschen Bundestag und beurteilen Sie die Stärken und Schwächen dieses Systems.
8. Charakterisieren Sie verschiedene Wählertypen.
9. Erläutern Sie die 5-Prozent-Hürde und zeigen Sie Vor- und Nachteile auf.
10. Nennen Sie bekannte Politiker auf Bundes-, Landes- und kommunaler Ebene.

2 Die Stellung des Abgeordneten

Abgeordnete:
Von den Bürgern gewählte Mitglieder eines Parlaments

Die Sitzungen des Bundestages sind öffentlich.

2.1 Freies und imperatives Mandat

Mandat:
Auftrag

Durch die Wahl erhalten die Abgeordneten ihr Mandat. Die Mandatsträger, die durch die Stimmen der Bürger in das Parlament gewählt wurden, sind Beauftragte des Volkes.

> Art. 38 GG
>
> (1) Die Abgeordneten des Deutschen Bundestages (...) sind Vertreter des ganzen Volkes, an Aufträge und Weisungen nicht gebunden und nur ihrem Gewissen unterworfen.

Imperatives Mandat:
Die Stimmabgabe des Abgeordneten wird von der Partei vorgegeben.

Dieser Artikel ist Ausdruck des freien Mandates. Das Gegenteil ist das **imperative Mandat.** Es ist in den Verfassungen nicht vorgesehen. Oft stehen aber die Abgeordneten unter dem Druck ihrer Partei, in deren Sinne abzustimmen. Man spricht dann von Fraktionsdisziplin. Sie ist für eine Regierungskoalition sehr wichtig, wenn sie nur eine knappe Mehrheit hat.

Grafik: R. A. Drude

Interpretieren Sie die Karikatur.

2.2 Ausgewählte Rechte des Abgeordneten

▸ **Immunität:** Sie schützt den Abgeordneten vor Strafverfolgung und anderen gerichtlichen Einschränkungen seiner persönlichen Freiheit. Dies gilt nicht, wenn er bei Begehung der Tat oder im Laufe des folgenden Tages festgenommen wird. Der Bundestag kann die Immunität aufheben. Die vermutete Straftat darf aber in keinem Zusammenhang mit der parlamentarischen Tätigkeit des Abgeordneten stehen. Die Immunität entstammt aus monarchistischen Zeiten, als unliebsame Abgeordnete nicht selten von der Obrigkeit durch Strafverfolgung eingeschüchtert oder mundtot gemacht werden sollten.

▸ **Zeugnisverweigerungsrecht:** Es gestattet dem Abgeordneten, über Sachverhalte und deren Herkunft die Aussage zu verweigern, wenn sie ihm in seiner Rolle als Abgeordneter mitgeteilt wurden.

▸ **Indemnität:** Der Abgeordnete darf wegen seiner Aussagen und seines Abstimmungsverhaltens im Parlament nicht strafrechtlich verfolgt werden.

▸ **Kündigungsschutz:** Eine Kündigung oder Entlassung ist unzulässig, wenn jemand das Amt eines Abgeordneten übernimmt.

▸ **Urlaubsanspruch:** Zur Vorbereitung seiner Wahl hat jeder, der sich um einen Sitz im Bundestag bewirbt, Anspruch auf Urlaub.

3 Die Parteien

Parteienprivileg:
Parteien können nur vom Bundesverfassungsgericht verboten werden.
(Art. 21 Abs. 2 GG)

Eine Partei ist der Zusammenschluss von Personen mit gemeinsamen politischen Zielvorstellungen. Durch die Beteiligung an Wahlen versuchen sie, politische Macht zu erlangen, um ihre Ideen zu verwirklichen.

3.1 Aufgaben und Stellung

> Art. 21 GG
>
> (1) Die Parteien wirken bei der politischen Willensbildung des Volkes mit. Ihre Gründung ist frei. Ihre innere Ordnung muss demokratischen Grundsätzen entsprechen. Sie müssen über die Herkunft und Verwendung ihrer Mittel sowie über ihr Vermögen öffentlich Rechenschaft geben.

Die politischen Parteien machen politische Bildungsarbeit – hier die Tagungsstätte der CSU in Wildbad Kreuth

Parteien wirken bei der politischen Willensbildung mit, indem sie
- die unterschiedlichen politischen Vorstellungen und Interessen in der Gesellschaft in den jeweiligen Parteiprogrammen zusammenfassen und Lösungsansätze anbieten,
- versuchen, die Bürger von ihrer Politik zu überzeugen,
- den Bürgerinnen und Bürgern Gelegenheit bieten, sich aktiv politisch zu betätigen,
- Kandidaten für die Wahlen bereitstellen,
- als Regierungsparteien die politische Führung unterstützen,
- als Oppositionsparteien die Regierung kontrollieren, kritisieren und politische Alternativen entwickeln,
- die politische Bildung anregen und vertiefen,
- für eine lebendige Verbindung zwischen Volk und Staatsorganen sorgen.

Welche Parteien sind derzeit im Bundestag vertreten?

3.2 Finanzierung

Für ihre Arbeit benötigen die Parteien erhebliche finanzielle Mittel. Sie erhalten staatliche Mittel, nehmen Beiträge ihrer Mitglieder ein und sammeln Spenden. Die Einnahmen und Ausgaben müssen in einem Rechenschaftsbericht jährlich angegeben werden.

Die Höhe der staatlichen Parteienfinanzierung hängt von der Verwurzelung einer Partei in der Gesellschaft ab. Dies wird anhand der Wählerstimmen, der Mitgliedsbeiträge und der Spenden der Bürger berechnet. Für eine Bezuschussung benötigt eine Partei bei den Bundestags- und Europawahlen mindestens 0,5 Prozent der Stimmen oder bei Landtagswahlen mindestens 1 Prozent der Stimmen. Pro Wählerstimme erhalten die Parteien bis zu einer Gesamtzahl von 4 Millionen 0,85 Euro, darüber hinausgehende Stimmen bringen 0,70 Euro. Mit dieser Regelung bekommen auch extreme Parteien staatliche Mittel, auch wenn diese Parteien aufgrund der 5-Prozent-Klausel nicht im Parlament vertreten sind.

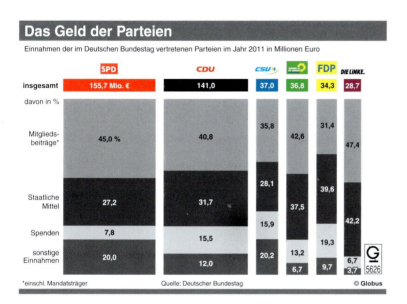

Zusammenfassung

Die Abgeordneten der deutschen Parlamente sind Vertreter des ganzen Volkes, an Aufträge und Weisungen nicht gebunden und nur ihrem Gewissen unterworfen.

Eine Partei ist der Zusammenschluss von Personen mit gemeinsamen politischen Zielvorstellungen. Durch die Beteiligung an Wahlen versuchen sie, politische Macht zu erlangen, um ihre Ideen durchzusetzen.

Jeder Bürger kann Mitglied einer Partei werden und sich so an der politischen Willensbildung beteiligen.

Wissens-Check

1. Nennen Sie die besonderen Rechte, die ein Abgeordneter hat.
2. Beschreiben Sie, wie man Abgeordneter in einem deutschen Parlament werden kann.
3. Woher bekommen Parteien die finanziellen Mittel für ihre Arbeit und für Wahlkämpfe?

4 Entwicklung zur Medien- und Stimmungsdemokratie

1. Welche politische Aussage machen diese Plakate?
2. Welches Ziel soll mit diesen Plakaten erreicht werden?

4.1 Personalisierung in der Politik

Politische Beobachter behaupten, dass die **Personalisierung** in der Politikvermittlung immer wichtiger wird. Insbesondere im Wahlkampf werden Personen und Kandidaten an Stelle von Inhalten hervorgehoben.

Das Bild der Politik und wie es in den Medien vermittelt wird, hat sich in den vergangenen Jahren stark verändert. Den politischen Alltag prägen heute:

- politische Talkshows
- TV-Duelle
- Online-Wahlkämpfe über die Homepages der Parteien
- Inszenierung von politischen Ereignissen durch die Medien (Vorstellung eines Kanzlerkandidaten)
- **Infotainment**

Personalisierung:
Hier: Eine Partei wirbt mit der Persönlichkeit ihres Kandidaten und stellt diesen in den Vordergrund.

Infotainment:
Kunstwort; Mischung aus Information und Entertainment (Unterhaltung)
Politiker tritt in Unterhaltungssendung auf, z. B. Schröder bei Gottschalk

Politiker beschäftigen professionelle Berater, die dazu die passenden Strategien und das Erscheinungsbild (z. B. Frisur und Kleidung) entwerfen. Politiker müssen heute **telegen** sein.

Konrad Adenauer stellte sich 1961 im Alter von 85 Jahren als Kanzler zur Wiederwahl. Damals gab es keine Farb- und nur wenig Schwarz-Weiß-Fernsehgeräte und auch nur ein Fernsehprogramm. Heute, sagen Medienberater, sei ein so alter Politiker dem Volk nicht mehr „vermittelbar".

Während des Wahlkampfes 2002 klagte Bundeskanzler Schröder, damals 57 Jahre alt, vor Gericht auf die Unterlassung der Behauptung, seine Haare seien gefärbt. Niemand durfte daraufhin behaupten, Schröder hätte braun gefärbte Haare.

Telegen:
Positives Erscheinungsbild im Fernsehen (Äußeres, Mimik/Gestik, Sprache)

Adenauer stellte sich mit 85 Jahren zur Wiederwahl.

> Kanzlerhaare
>
> ### Nachrichtenagentur scheitert
> ### Verstoß gegen Sorgfaltspflicht
>
> **Karlsruhe** – Im Rechtsstreit um einen Bericht über die Haarfarbe von Bundeskanzler Gerhard Schröder ist die Nachrichtenagentur ddp endgültig gescheitert. Das Bundesverfassungsgericht hat die Verfassungsbeschwerde der Agentur nicht zur Entscheidung angenommen. Die erste Kammer des Ersten Senats wies am Freitag darauf hin, dass die Äußerung einer Imageberaterin, wonach Schröder gefärbte Haare habe, nicht ungeprüft verbreitet werden durfte.
>
> Süddeutsche Zeitung

1. Welche Gründe könnten Gerhard Schröder zu diesem Rechtsstreit veranlasst haben?
2. Welche Vor- und Nachteile können solche rechtlichen Auseinandersetzungen mit sich bringen?

4.2 Populismus in der Politik

Politische Systeme und Regierungen können auch in der aufgeklärten Demokratie auf Dauer nur bestehen, wenn sie auch gefühlsmäßig die Wünsche und Erwartungen der Bevölkerung erfüllen. „Wir kümmern uns darum" lautet oft die Parole, was aber konkret geschieht, wird nicht immer klar gesagt.

Oft werden verborgene Ängste geschürt, indem eine mögliche Bedrohung übertrieben dargestellt wird.

Diese Methode kann von der amtierenden Regierung, aber auch von der Opposition angewandt werden.

Beispielsweise behaupten Oppositionspolitiker, das Rentenniveau würde auf die Armutsgrenze sinken. Von den Experten im Regierungslager wird dies sofort bestritten. Zur Beruhigung wird eine Rentenerhöhung angekündigt.

Bestimmte Interessengruppen schüren Ängste beispielsweise mit der Behauptung, genmanipuliertes Saatgut könne verheerende Auswirkungen mit ungeahnten Folgen für die Menschen haben.

Wenn solche Aussagen mit Hilfe der Massenmedien in die Öffentlichkeit transportiert werden, müssen die Regierenden etwas tun, damit nicht der Eindruck entsteht, sie seien hilf- oder machtlos. Oft wird dann von der Öffentlichkeit nicht so sehr wahrgenommen, was im Einzelnen geschieht; wichtig ist, dass etwas geschieht.

Auch die Behauptung „Das Boot ist voll" soll den Eindruck erwecken, Deutschland könne keine Zuwanderung mehr verkraften. Die nicht ausgesprochene, aber logische Fortsetzung dieses Gedankens wäre, dass das Boot sonst untergeht. Aufgrund der Bevölkerungsentwicklung in Deutschland ist eher das Gegenteil der Fall.

Populismus spricht die Ängste, die steigenden Ansprüche und privaten Glückserwartungen der Bürger an. Daraus soll politisches Kapital geschlagen werden.

Wahlplakat der Republikaner

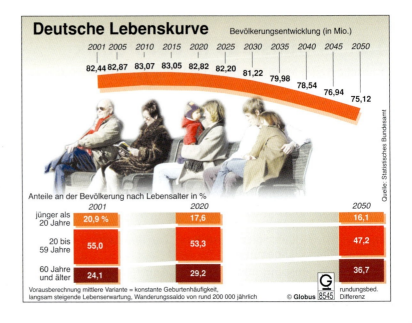

Medien in der Demokratie

Die Demokratie lebt von der Beteiligung ihrer Bürger. Sie wollen über die politische Entwicklung informiert sein. Das geschieht durch Gespräche in der Familie, mit Freunden oder am Arbeitsplatz, vor allem aber durch Medien.

5.1 Massenmedien

Unter Massenmedien in der Demokratie versteht man Informationsträger, die ein breites Publikum erreichen.

Sie werden eingeteilt in:

- Print-Medien (Zeitungen und Zeitschriften)
- elektronische Medien (Radio, Fernsehen, Internet)

Medien erfüllen vielfältige Funktionen für die Leser, Zuschauer oder Hörer.

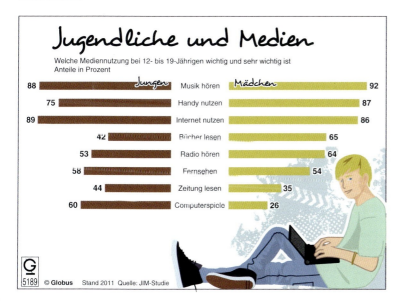

Die Funktionen der Medien in der Demokratie

Informationsfunktion

Die Medien sollen vollständig, sachlich und verständlich informieren, damit die Bürger in der Lage sind, das öffentliche Geschehen zu verfolgen. Mit ihren Informationen sollen die Medien dafür sorgen, dass die Bürger die wirtschaftlichen, sozialen und politischen Zusammenhänge besser verstehen. Um diese Funktion zu erfüllen, ist in erster Linie die Glaubwürdigkeit der Medien wichtig. Im Falle von Fehlinformationen muss die Informationsquelle eine Gegendarstellung veröffentlichen.

Meinungsbildungsfunktion

Medien geben nicht nur Informationen an die Leser, Zuschauer oder Hörer weiter. Darüber hinaus beeinflussen sie die Meinung durch die

- Auswahl,
- Aufmachung,
- Darstellung
- und die Kommentierung von Nachrichten.

Es gibt Parteizeitungen, Gewerkschaftszeitungen oder Kirchenzeitungen, die eine bestimmte Meinung vertreten.

Nachrichtensendungen wie „Die Tagesschau" oder das „heute-journal" bieten überparteiliche Informationen.

Kontrollfunktion

Obwohl von der Verfassung nicht vorgesehen, hat sich im Laufe der Zeit für die Medien eine Kontrollfunktion ergeben. Oftmals werden durch die Medien Missstände in der Politik und Gesellschaft aufgegriffen und veröffentlicht. Dadurch werden Politiker zum Handeln veranlasst.

Foto: Edgar Kalis

Boulevardzeitungen, Fachzeitschriften, regionale und überregionale Tageszeitungen informieren und beeinflussen die Meinung der Leser. Die Presse kontrolliert Politik und Gesellschaft.

Zwei Fleischhändler wegen Betrugs festgenommen

300 Tonnen Pferdefleisch sollen sie innerhalb von zwei Jahren zu Rindfleisch umdeklariert und dann europaweit verkauft haben: Zwei Verdächtige wurden jetzt von der niederländischen Polizei festgenommen. Sie sollen auch deutsche Betriebe beliefert haben.
Süddeutsche Zeitung vom Februar 2013

Bio-Eier falsch deklariert

Über Jahre wurden den Kunden in Deutschland massenhaft falsch deklarierte Eier verkauft. Wo Bio drauf stand, war nicht Bio drin. Wieso ist der Betrug nicht früher aufgeflogen?
Der Tagesspiegel vom 25.02.2013

Neues Gesetzespaket gegen Lebensmittelbetrug

Pferdefleischskandal und falsche Bio-Eier haben die Debatte um strengere Regeln auf dem Lebensmittelmarkt wieder angestoßen. Ein von CDU und FDP beschlossenes Gesetzespaket soll solchen Betrügereien in Zukunft entgegenwirken. Doch die Regelungen gehen der Opposition nicht weit genug.
Deutschlandfunk vom 28. Februar 2013

Die Berichterstattung und Meinungsbildung in den Medien haben auch mehrfach zum Rücktritt bekannter Personen des öffentlichen Lebens und der Politik geführt. Letzteres betraf sogar allerhöchste Ämter. Die Kontrollfunktion der Medien wird allerdings auch kritisch beleuchtet. Es wird eine Verantwortung der Medien für ihre Berichterstattung gefordert.

Austeilen ohne Einzustecken

Deutsche Journalisten gehen in ihrer Berichterstattung mit Politikern und Managern hart ins Gericht. Das ist auch ihre Aufgabe. Schließlich sollen sie als sogenannte vierte Instanz Versprechen von Politikern und Entscheidungen von Konzernchefs kritisch hinterfragen – und den Menschen damit ermöglichen, sich eine abgerundete Meinung zu bilden. Doch auch Selbstkritik wäre manchmal angesagt ... Deutsche Journalisten tun sich mit Selbstkritik aber schwer. Dabei wissen Journalisten, dass sie eine hohe gesellschaftliche Verantwortung tragen. Die absolute Mehrheit von fast 90 Prozent bekennt sich dazu, dass Medien verantwortlich handeln müssen – auch als Voraussetzung für die Pressefreiheit. Doch in der alltäglichen Arbeit steht Selbstkritik nicht auf der Tagesordnung. So geben nur rund 6 Prozent der deutschen Journalisten an, dass sie regelmäßig Kritik an der Arbeit von Kollegen üben.

Handelsblatt vom 19.04.2013

Suchen Sie Beispiele, in denen die Medien ihre Kontrollfunktion erfüllten und Politiker zum Handeln aufforderten oder sogar zum Rücktritt bewogen haben.

Geben Sie in Ihrer Internet-Suchmaschine den Suchbegriff „Politikskandal" und den Namen eines in den vergangenen Jahren zurückgetretenen Politikers ein.

5.2 Das Grundrecht der Pressefreiheit

Art. 5 GG (Auszug)

(1) Die Pressefreiheit und die Freiheit der Berichterstattung durch Rundfunk und Film werden gewährleistet. Eine Zensur findet nicht statt.

(2) Diese Rechte finden ihre Schranken in den Vorschriften der allgemeinen Gesetze, den gesetzlichen Bestimmungen zum Schutze der Jugend und in dem Recht der persönlichen Ehre.

Für Journalisten ist dies die rechtliche Grundlage ihrer Arbeit.

Im Einzelnen regeln Landespressegesetze, Rundfunkgesetze und Mediengesetze sowie Rundfunksstaatsverträge die rechtliche Stellung der Medien noch ausführlicher. Das Recht auf freie Meinungsäußerung ist ein wichtiger Bestandteil der Demokratie. Die Medienfreiheit kann als Maßstab für den Entwicklungsstand der Demokratie in einer Gesellschaft angesehen werden.

Recht auf eigenes Bild

Handys haben heute Fotofunktion und Videokameras sind klein und leicht. Schnell lassen sich so Personen fotografieren. Jeder Bürger hat aber das Recht auf das eigene Bild.

> § 22 Kunsturheberrechtsgesetz (KUG)
>
> Bildnisse dürfen nur mit Einwilligung des Abgebildeten verbreitet oder öffentlich zur Schau gestellt werden. Die Einwilligung gilt im Zweifel als erteilt, wenn der Abgebildete dafür, dass er sich abbilden ließ, eine Entlohnung erhielt.
>
> § 23 KUG
>
> Ohne die nach § 22 erforderliche Einwilligung dürfen verbreitet und zur Schau gestellt werden: Bildnisse aus dem Bereiche der Zeitgeschichte (...)

5.3 Medienkonzentration und Entwicklung

Liegt die Verfügungsmacht über die Medien in nur wenigen Händen, ist die Demokratie in Gefahr. Meinungsvielfalt wäre nicht mehr gegeben, die Menschen würden einseitig informiert, möglicherweise sogar manipuliert. Selbst das Recht der Pressefreiheit wäre nutzlos, weil freie, unabhängige Journalisten kein Medium hätten, in dem sie sich äußern könnten.

Konzentration

> **Große Vielfalt**
>
> Deutschland ist unverändert das Land mit den meisten Publikumszeitschriften im Vergleich zu den anderen europäischen und außereuropäischen Ländern. Der Markt ist sehr dicht besetzt. In jeder Zeitschriftenkategorie gibt es etliche Wettbewerber.
>
> VERBAND DEUTSCHER ZEITSCHRIFTENVERLEGER e.V.

Die Auswahl an Zeitungen und Zeitschriften ist in Deutschland sehr groß.

> Diese Konzentration wird sichtbar in der Existenz der großen Medienkonzerne wie Bertelsmann, Springer, RTL oder ProSiebenSat.1, die jeweils große Teile des Medienmarktes abdecken. So hat der Springer Verlag einen Anteil am Zeitungsmarkt von 22 Prozent, RTL kontrolliert zahlreiche Fernsehveranstalter (u.a. RTL, RTL 2, Super RTL, VOX, n-tv) genauso wie ProSiebenSat.1 (u.a. Sat.1, ProSieben, kabeleins, Sky, 9Live und Tele5), Bertelsmann ist auf allen Medienmärkten stark vertreten, und auch untereinander sind diese Konzerne vielfältig miteinander verbunden. Diese Konzentration beschränkt den Marktzutritt neuer Medienangebote, die Möglichkeiten für Journalisten, sich in ihrer Tätigkeit frei entfalten zu können und die mögliche Meinungsvielfalt.
>
> Bundeszentrale für politische Bildung, Heft 4/2010

Das Angebot an Presseerzeugnissen ist sehr umfangreich. Die Frage, ob die großen Pressekonzerne dennoch eine Meinungsmacht haben, sorgt seit langem für politische Diskussionen.

Grafik: R. A. Drude

Was soll mit der Karikatur ausgesagt werden?

Die Bedeutung der digitalen Medien

Die Printausgaben der Zeitungen und Zeitschriften verlieren zusehends an Bedeutung. Viele Verlage bieten ihre Zeitungen verstärkt als E-Paper im Internet an. Die Nutzer von Smartphones und Tablet PCs können das politische Geschehen von überall verfolgen. Damit ändert sich auch die Aufmachung und der Umfang der Informationen. Sie erscheinen unter anderem als sogenannte Apps.

Das Internet verändert die Beziehungen der Bürger bzw. Wähler zu den Politikern. Soziale Netzwerke können die Nutzer politisch beeinflussen und aktivieren. Politiker verwenden soziale Netzwerke, um die Bürger zeitnah zu erreichen und zu informieren. So gelang es dem US-Präsidenten Barack Obama, in seinem Wahlkampf 2009 große Unterstützung über ein soziales Netzwerk zu erhalten.

Die Rolle der neuen Medien im Arabischen Frühling

Blogs und Foren befeuerten die Umbrüche in der arabischen Welt, die neuen Medien wurden zum Mittel der Selbstermächtigung. Dennoch: Die Revolution hat auf der Straße stattgefunden.

http://www.bpb.de/internationales/afrika/arabischer-fruehling/52420/die-rolle-der-neuen-medien (10.09.2013)

Konzentration auf dem TV Markt

Der einzelne private Veranstalter darf höchstens 30 Prozent aller Zuschauer auf dem deutschen TV-Markt erreichen. Überschreitet er diese Grenze, dürfen ihm keine weiteren Lizenzen zur Veranstaltung von Fernsehprogrammen erteilt werden. Entscheidend ist, ob von einer „vorherrschenden Meinungsmacht" auszugehen ist, die grundsätzlich bei einem Marktanteil von 30 Prozent als gegeben angesehen wird.

Grafik: R. A. Drude

Zusammenfassung

Unter Massenmedien in der Demokratie versteht man Informationsträger, die ein breites Publikum erreichen. Sie haben eine Informations-, Meinungsbildungs- und Kontrollfunktion.

Auf dem deutschen Markt für Print-Medien gibt es sehr viele Titel, aber nur einige wenige Pressekonzerne.

Das Recht auf freie Meinungsäußerung (Pressefreiheit) ist ein wichtiger Bestandteil der Demokratie. Die Medienfreiheit gilt als Maßstab für den Entwicklungsstand der Demokratie in einer Gesellschaft.

Personenabbildungen dürfen nur mit Einwilligung der Abgebildeten veröffentlicht werden. Ausnahme: Personen der Zeitgeschichte.

Wissens-Check

1. Warum ist heute das äußere Erscheinungsbild von Politikern so wichtig?
2. Wie werden Massenmedien verbreitet?
3. Nennen Sie drei wesentliche Funktionen, die Massenmedien in der Demokratie haben.
4. Welchen Zuschaueranteil dürfen private TV-Sender höchstens haben? Warum wurde diese Begrenzung eingeführt?

D
Politik und Partizipation

Jahrgangsstufe 11

- Partizipation
- Eigene Vorstellung von Politik
- Toleranz und Kompromiss
- Selber mitwirken
- Interessen durchsetzen

1 Eigene Vorstellungen von Politik und Demokratie

Bei den meisten Jugendlichen rangiert Politik, im Vergleich mit anderen Lebensbereichen, in der Reihenfolge der Wichtigkeit weit hinten.

*Freunde,
Partnerschaft,
Familie,
Ausbildung,
Beruf*

sind die Interessensgebiete, die bei der Frage „Was ist wichtig für dich?" am häufigsten genannt werden.

Dennoch gibt es begründete Meinungen und Urteile gegenüber dem Politischen. Es existiert ein Bewusstsein, dass die Lebensverhältnisse des Einzelnen wesentlich von Politik mitbestimmt sind.

Etwa 40 Prozent der Jugendlichen sagen, sie würden sich in die Politik einmischen (Shell Jugendstudie 2010).

Aber fast die Hälfte aller Jugendlichen meinen: „Manchmal finde ich die Politik viel zu kompliziert, als dass ein normaler Mensch sie noch verstehen kann."

Politik gehört nicht zu den bevorzugten Diskussionsthemen der Jugendlichen.

1. Diskutieren Sie in Ihrer Klasse, warum so viele Menschen die Politik zu kompliziert finden.
2. Organisieren Sie eine Umfrage in Ihrer Klasse: Welche Lebensbereiche sind wichtig für dich?

1 Eigene Vorstellungen von Politik und Demokratie

1.1 Politikverdrossenheit

Mit Politikverdrossenheit bezeichnet man einen Zustand, bei dem sich große Teile der Bevölkerung für die Politik nicht mehr interessieren.

Ausgelöst wird diese Verdrossenheit durch Politiker, die nach Meinung der betroffenen Bürger nicht mehr das Volk vertreten, sondern nur noch ihren eigenen, meist wirtschaftlichen Interessen nachgehen: *„Die machen ja doch, was sie wollen."*

Damit wird eine Hilflosigkeit gegenüber diesen Politikern ausgedrückt, weil man sich im Stich gelassen fühlt. Die Folgen sind, dass weniger Wahlberechtigte zu den Wahlen gehen und sich in den politischen Parteien engagieren.

In den letzten Jahren ist die Anzahl der Parteimitglieder in fast allen großen Parteien zurückgegangen.

Grafik: R. A. Drude

Was könnte der Grund dafür sein, dass die Mitgliedszahlen so zurückgehen?

1. Welcher Zustand wird in der oben stehenden Karikatur dargestellt?
2. Überlegen Sie sich einen passenden Text für die Gedankenblase.
3. Geben Sie der Darstellung eine Bildunterschrift.

Politische Partizipation in Deutschland

Trends: Keine generelle Politikverdrossenheit in Deutschland – Wahlverhalten hat sich geändert – Wahlverweigerung oder Protestwahl sind bewusste Signale an die Politik

Trotz der geringen Beteiligung bei der Bundestagswahl kann von einer generellen Politikverdrossenheit in Deutschland nicht die Rede sein. Zu diesem Ergebnis kommt die neue Untersuchung der Bertelsmann Stiftung „Politische Partizipation in Deutschland". Die repräsentative Studie, durchgeführt unter 1.241 wahlberechtigten Deutschen, belegt, dass aktuell mehr Bundesbürger an Politik interessiert sind als während der gesamten 90er Jahre.

Dem Misstrauen gegenüber Parteien und Politikern stehen bei 77 Prozent der Deutschen ein generelles Vertrauen und eine hohe Akzeptanz der Verfassungsordnung und ihren Institutionen gegenüber. Auch die Einschätzung der persönlichen Möglichkeiten, auf die Politik Einfluss zu nehmen, hat sich positiv entwickelt. Glaubten vor zehn Jahren nur 14 Prozent der Deutschen, individuell politisch Einfluss nehmen zu können, so schreiben sich heute 36 Prozent diese Möglichkeit zu.

Neben den klassischen Möglichkeiten politischer Teilhabe erhalten Engagement in konkreten Projekten und Beteiligungsformen wie Unterschriftensammlungen, Kundgebungen oder Bürgerinitiativen regen Zuspruch. „Die Ergebnisse unserer Studie zur politischen Partizipation entziehen dem Pessimismus und der ‚Lust am Schlechtreden' einiges an Grundlagen", sagt Professor Dr. Heribert Meffert von der Bertelsmann Stiftung. Vielmehr zeige die Studie Handlungsmöglichkeiten auf und relativiere den schlagwortartig verwendeten Begriff der Politikverdrossenheit. Dieser werde allzu häufig als Pauschalerklärung herangezogen, sei es für Nachwuchsprobleme der Parteien oder für niedrige beziehungsweise schwankende Wahlbeteiligung.

Neben der Teilnahme an Wahlen wird der Studie zufolge auch Wahlenthaltung oder ein Wechsel der Parteipräferenz von immer mehr Menschen als gleichberechtigte Handlungsoption verstanden, ein gezieltes Signal an die Politik auszusenden. Dies sei als Ausdruck gestiegener Flexibilität und emanzipierten Politikbewusstseins zu werten, in dem Kritik oder Unzufriedenheit nicht automatisch Verdruss und Abkehr bedeuteten. Eine Protestwahl können sich 45 Prozent der Befragten vorstellen, 35 Prozent haben diese zur politischen Einflussnahme bereits genutzt. 36 Prozent ziehen darüber hinaus eine protestmotivierte Wahlenthaltung in Betracht. „Es ist an der Politik, diese Signale aufzunehmen", sagt Heribert Meffert. „Sie kann verlorenes Terrain neu gewinnen, indem sie mit innovativen Methoden auf die Bürger zugeht."

Bertelsmann-Stiftung Gütersloh

Auch der Anteil der Mitglieder in Gewerkschaften geht zurück. 1993 waren noch 10,2 Millionen der Arbeitnehmer gewerkschaftlich organisiert. Im Jahre 2014 waren es nur noch 6,1 Millionen. Das Problem ist keineswegs auf die Parteien oder Gewerkschaften beschränkt. So sank die Zahl der Mitglieder der katholischen Kirche von 1990 bis 2013 um 4,6 Millionen auf 23,9 Millionen. Der ADAC ist eine der wenigen Gruppierungen, die in der Vergangenheit einen stetigen jährlichen Mitgliederzuwachs verzeichnen konnten. Inzwischen sind mehr als 18,9 Millionen Autofahrer dort Mitglied.

1. Diskutieren Sie die Gründe, warum fast alle politischen oder kirchlichen Organisationen mit Mitgliederschwund zu kämpfen haben.
2. Was könnten die Gründe dafür sein, dass die Interessenvertretung der Autofahrer einen ständigen Zulauf verzeichnet?

Auch die Zahl der Kirchenmitglieder geht zurück.

Nach der Wahl hat der Bürger keine Möglichkeit mehr, direkt auf den Bundestag einzuwirken. Dies kann bei den Bürgern zu Politikverdrossenheit führen, weil sie während einer Wahlperiode an der Zusammensetzung des Bundestages nichts ändern können.

Tatsächlich achten aber die Politiker sehr genau darauf, wie sie beim Volk „ankommen".

Fraktionsspitzen geben dem öffentlichen Druck nach

Koalition kippt zähneknirschend Diätenerhöhung

Angesichts breiter Kritik haben SPD und Union die umstrittene Diätenerhöhung für die laufende Legislaturperiode gestoppt. Die Fraktionschefs (...) teilten nach einem Treffen in Berlin mit, sie würden ihren Fraktionen nun empfehlen, die geplante Anpassung in der kommenden Woche nicht zu beschließen. (...) Zuvor hatte sich eine wachsende Zahl von Abgeordneten in beiden Fraktionen gegen ihre Führungsspitze gestellt und ein Nein zur Diätenerhöhung angekündigt. Vor allem in der SPD wollten nach Presseberichten ganze Landesverbände mehrheitlich dagegen stimmen.

Quelle: Tagesschau, 20.05.2008

Erst im Jahr 2014 konnte die Große Koalition eine Diätenerhöhung durchsetzen. Es gab wiederum eine heftige Kritik.

Meinungsforschungsinstitute untersuchen in kurzen Abständen die Beliebtheit oder auch Unbeliebtheit von Politikern. Diese Daten werden veröffentlicht und der Bürger fühlt sich oft in seinem eigenen Urteil bestätigt.

Suchen Sie im Internet unter dem Begriff „Beliebtheitsskala" die aktuellen Werte für amtierende Politiker.

1.2 Vertrauen in staatliche Organe

Das Vertrauen der Deutschen in ihre Politiker ist gering. Es gibt Bürger, die insbesondere lokale Entscheidungen selbst treffen wollen. Umfragen unter Jugendlichen ergeben immer noch ein schwaches Interesse an Politik. Sie vertrauen allerdings durchaus bestimmten staatlichen Organen.

> Die Parteien sind in Verruf geraten; Parteipolitik gilt immer mehr Bürgern als die Verkörperung von Bürgerferne. Das ist der kleine gemeinsame Nenner der Menschen, die fälschlich als „Wutbürger" bezeichnet werden. (...) Man kann darüber streiten, ob das, was sie im Einzelfall tun, wirklich dem Gemeinwohl guttut; aber der Streit darüber gehört zur Politik: Bürger verhindern (wie in Hamburg) eine Schulreform, Bürger verordnen dem Land ein Rauchverbot (wie in Bayern), Bürger erzwingen (wie in Stuttgart) eine Schlichtung zum Megaprojekt Stuttgart 21. Bürger haben mehr Kindergärten und Schulen verlangt, Bürger haben ihr Veto gegen die Privatisierung von Wasser- und Stadtwerken eingelegt, den Verkauf des kommunalen Abwasserkanalnetzes verhindert, den Bau von Hochhäusern und Einkaufspassagen gestoppt.
>
> Süddeutsche Zeitung vom 31.12.2010

Interesse an Politik steigt wieder leicht an

Auch wenn das politische Interesse bei Jugendlichen weiterhin deutlich unter dem Niveau der 1970er- und 1980er-Jahre liegt, ist der Anteil der politisch Interessierten wieder leicht angestiegen. Ausschlaggebend dafür sind die mittleren und gehobenen Schichten und die Jüngeren. Bei den 12- bis 14-Jährigen hat sich das Interesse binnen der letzten acht Jahre mit 21 Prozent nahezu verdoppelt, bei den 15- bis 17-Jährigen stieg es von 20 Prozent auf 33 Prozent.

Aus der Shellstudie 2010

„Ich habe Vertrauen in..."

Wieviel Vertrauen haben Sie in diese Gruppen oder Organisationen? Von 1 (wenig Vertrauen) bis 5 (viel Vertrauen).

Rang	Gruppe/Organisation	Wert
1.	Gerichte	3,50
2.	Polizei	3,48
3.	Bundesverfassungsgericht	3,47
4.	Menschenrechtsgruppen	3,42
5.	Umweltschutzgruppen	3,41
6.	Tageszeitungen	3,27
7.	Bundeswehr	3,22
8.	Gewerkschaften	3,12
9.	Bürgerinitiativen	3,02
10.	Fernsehen	2,99
11.	Große Unternehmen	2,95
12.	Bundesregierung	2,82
13.	Kirchen	2,72
14.	Unternehmensverbände	2,67
15.	Politische Parteien	2,55

Quelle: 16. Shellstudie

Pluralistische Ordnung

Pluralismus ist ein Wesensmerkmal aller demokratischen Staaten. Eine Demokratie ist offen für neue Ideen und Vorstellungen, auch wenn sie nur von wenigen Menschen vertreten werden. Jedoch dürfen sie den demokratischen Staat nicht gefährden.

In einer Diktatur gibt es keinen Pluralismus. Nur die Meinung der in der Regel einzigen Partei gilt. Abweichungen sind verboten.

Pluralismus:
Unterschiedliche Interessengruppen haben die Möglichkeit, politisch aktiv zu sein.

**Ein Volk
Ein Reich
Ein Führer**

Propagandaparole aus dem Nationalsozialismus

2.1 Konkurrierende Interessen und Wertvorstellungen

In unserer Demokratie ermöglichen Grundrechte, dass sich eine Vielzahl von Einzelinteressen und Gruppeninteressen bilden kann. Sie sind häufig unterschiedlich. So verfolgen Unternehmen wirtschaftliche Interessen, die gelegentlich von betroffenen Bürgern kritisch eingestuft werden, sogar bekämpft werden. Dies wird in der Energie- und Atompolitik deutlich.

Parteien nehmen oft gegensätzliche Meinungen zu einem Thema ein. Interessenverbände wie z. B. die Gewerkschaften und die Arbeitgeberverbände haben ebenso häufig entgegengesetzte Ziele. Dadurch sind Konflikte in einer pluralistischen Ordnung unumgänglich.

> Demokratie und Streit gehören zusammen. Eine Demokratie, in der nicht gestritten wird, ist keine.
>
> Helmut Schmidt, ehemaliger Bundeskanzler

Nicht die Kraft der Arme, sondern die Stärke des Arguments entscheidet.

Ein demokratischer Staat garantiert, dass sich die Menschen in frei gebildeten Organisationen zusammenschließen können, um ihre gemeinsamen Interessen wirkungsvoll wahrzunehmen. Solche Organisationen sind neben Parteien, Gewerkschaften und Interessenverbänden auch Kirchen, Vereine oder Bürgerinitiativen.

An verschiedenen Stellen im Grundgesetz zeigt sich, dass der demokratische Staat unterschiedliche Interessen und Wertvorstellungen respektiert und ihre Artikulation gewährleistet.

> Finden Sie jene Grundrechte, die unsere pluralistische Ordnung ermöglichen.

2.2 Toleranz und Kompromissfähigkeit

Toleranz bedeutet, dass man Achtung und Respekt vor allen Menschen hat, dass man ihre verschiedenen Wertvorstellungen, Meinungen, Interessen, Ziele und auch ihre Herkunft akzeptiert.

Eine Demokratie zeichnet sich durch Toleranz aus. Sie erträgt abweichende Meinungen. Sind die Meinungsgrundsätze unüberbrückbar, so ist Kompromissfähigkeit gefragt. Sie ist häufig im Gesetzgebungsverfahren nötig. Innerhalb einer Regierungskoalition müssen sich die Koalitionsparteien auf gemeinsame Ziele einigen. Kompromisse entstehen auch im Zusammenspiel zwischen Bundestag und Bundesrat, weil die Interessen zwischen dem Bund und den Ländern unterschiedlich sind.

Letztendlich werden Meinungsunterschiede immer wieder durch Abstimmungen entschieden.

Mit Kopftuch als Lehrerin?
Foto: dpa

> **Art. 2 Bayerische Verfassung**
>
> (2) Das Volk tut seinen Willen durch Wahlen und Abstimmungen kund. Mehrheit entscheidet.

Oft sind es aber auch die Gerichte, die bei einem Konflikt entscheiden müssen.

> **Darf eine Lehrerin mit Kopftuch unterrichten?**
>
> Frau F. Ludin hatte alle Prüfungen für das Lehramt bestanden und wollte nun unterrichten, aber ihr Kopftuch aus religiöser Überzeugung auch im Unterricht tragen. Das nahm das Schulamt zum Anlass, sie nicht in den Schuldienst einzustellen.
>
> Fereshta Ludin habe als Lehrerin an einer öffentlichen Schule das der Verfassung zugrunde liegende Menschenbild zu respektieren. Dazu gehöre auch, die Gleichberechtigung von Mann und Frau aktiv zu vertreten. Durch das Tragen des Kopftuches im Unterricht sei das nicht gewährleistet. Außerdem stehe zu befürchten, dass durch das Urteil der Druck auf muslimische Frauen und Mädchen wachse, die das Kopftuch selbst nicht tragen wollen.
>
> Frau Ludin brachte den Fall vor das Bundesverfassungsgericht.
>
> Das Verfassungsgericht hat den Fall selbst nicht entschieden, sondern die Länder aufgefordert, dafür gesetzliche Grundlagen zu schaffen. Ausdrücklich wurde das Recht zugebilligt, grundsätzlich Lehrerinnen und Lehrern das Tragen von religiösen Symbolen im Unterricht zu verbieten.
>
> Evangelische Landeskirche Württemberg, online news

> 1. Diskutieren Sie in Ihrer Klasse das Kopftuch-Urteil.
> 2. Sollte man Ihrer Meinung nach Lehrerinnen und Lehrern grundsätzlich das Tragen von religiösen Symbolen im Unterricht verbieten?

Partizipation an der Willensbildung

Es ist ein demokratisches Prinzip, dass auf allen gesellschaftlichen Ebenen die betroffenen Bürger so weit wie möglich beteiligt werden. Sie erhalten dadurch die Möglichkeit einer aktiven Teilnahme an politischen Entscheidungen. Die Beteiligung an der politischen Willensbildung darf sich nicht darauf beschränken, ein Mal in vier oder fünf Jahren zu wählen.

Partizipation: Teilnahme

3.1 Mitwirkung in Schule und Betrieb

In Bayerns Schulen können die Schüler am Schulleben mitwirken. Dies geschieht häufig durch die Schülervertretung. So haben Klassensprecher, die Klassensprecherversammlung, Tagessprecher, der Schülerausschuss und Schülersprecher die Möglichkeit zur Mitgestaltung. Die Wahl und die Aufgaben sind genau festgelegt.

---

§ 12 Berufsschulordnung

Die Klassensprecherin oder der Klassensprecher und die Stellvertreterin oder der Stellvertreter werden innerhalb von vier Wochen nach Unterrichtsbeginn jeweils für ein Schuljahr gewählt. Wahlleiterin bzw. Wahlleiter ist die Klassenleiterin bzw. der Klassenleiter. (...)

Art. 62 Bayerisches Erziehungs- und Unterrichtgesetz

(1) Im Rahmen der Schülermitverantwortung soll allen Schülerinnen und Schülern die Möglichkeit gegeben werden, Leben und Unterricht ihrer Schule, ihrem Alter und ihrer Verantwortungsfähigkeit entsprechend mitzugestalten; hierfür werden Schülersprecher (...) sowie deren Stellvertreter (...) gewählt. Die Schülerinnen und Schüler werden dabei (...) vom Schulleiter, von den Lehrkräften und den Erziehungsberechtigten unterstützt. Zu den Aufgaben der Schülermitverantwortung gehören insbesondere die Durchführung gemeinsamer Veranstaltungen, die Übernahme von Ordnungsaufgaben, die Wahrnehmung schulischer Interessen der Schülerinnen und Schüler und die Mithilfe bei der Lösung von Konflikten. (...)

Auch im Betrieb haben die Mitarbeiter Möglichkeiten mitzuwirken. Der Betriebsrat bzw. Personalrat und die Jugendvertretung sind die dafür gewählten Einrichtungen.

Engagement:
Hier: Beteiligung

3.2 Engagement in Vereinen und Verbänden

Jeder zweite Deutsche ist Mitglied eines Vereins oder eines Verbandes. In einem Verein treffen sich die Mitglieder, weil sie in der Regel die gleichen Hobbys haben. Meist bezieht sich das auf Sport- oder Freizeitbetätigungen.

In einem Verband haben die Mitglieder eher politische Ziele. Sie sammeln sich, um ihre Interessen nach außen hin zu vertreten.

Foto: Hubert Sporer

Das Vereinswesen ist insbesondere bei der Bevölkerung auf dem Land ausgeprägt.

> Gesetz zur Regelung des öffentlichen Vereinsrechts (VereinsG)
>
> § 1 Vereinsfreiheit
>
> Die Bildung von Vereinen ist frei.
>
> § 2 Begriff des Vereins
>
> (1) Verein im Sinne dieses Gesetzes ist ohne Rücksicht auf die Rechtsform jede Vereinigung, zu der sich eine Mehrheit natürlicher oder juristischer Personen für längere Zeit zu einem gemeinsamen Zweck freiwillig zusammengeschlossen und einer organisierten Willensbildung unterworfen hat.

1. Wer darf einen Verein gründen?
2. Warum können auch Jugendliche unter 18 Jahren Vereinsmitglieder sein?

Aus steuerlichen und aus Haftungsgründen ist es sinnvoll, dass sich Gleichgesinnte zu einem „eingetragenen Verein" zusammenschließen. Dazu lässt sich der Verein beim zuständigen Amtsgericht registrieren (eintragen). Er bekommt dann zu dem frei gewählten Namen den Zusatz „e.V." (z.B. „Deutsche Krebshilfe e. V.").

Neujahrsempfang beim Bürgermeister

Neben Vertretern der Betriebe wurden heuer wieder etliche Vertreter der Vereine, der örtlichen Gewerkschaft und der Parteien geladen. Auch die kürzlich in Erscheinung getretene Bürgerinitiative „Rettet die Altstadt" e.V. war erschienen. Der Bürgermeister bedankte sich in seiner Ansprache ausdrücklich bei den Vereinsvertretern. Ihr ehrenamtliches Wirken sei der Kitt, der unsere Gesellschaft zusammenhält. Egal, ob es Sportler, Bienenzüchter oder Schützen seien, alle würden dazu beitragen, dass unsere Stadt lebenswert und liebenswert bleibt, auch im neuen Jahr.

Donau Kurier

1. Erläutern Sie, was der Bürgermeister mit „Kitt, der unsere Gesellschaft zusammenhält" meint.
2. Wie können sich Jugendliche in Staat und Gesellschaft engagieren?

3.3 Beteiligung an Wahlen

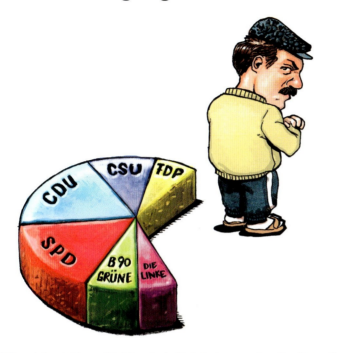

Grafik: R. A. Drude

Wer sich nicht an Wahlen beteiligt, hat zwar das Recht, politische Entscheidungen zu kritisieren. Aber er hat auf sein Recht verzichtet, die Politik personell zu beeinflussen. Eine hohe Wahlbeteiligung zeigt auch den Politikern, dass die Bürger ein großes Interesse an der Politik haben und sehr genau darauf achten, wie regiert wird.

> **Max Frisch:** „Demokratie heißt, dass sich Leute in ihre eigenen Angelegenheiten einmischen."
>
> **Abraham Lincoln:** „Kein Mensch ist gut genug, einen anderen Menschen ohne dessen Zustimmung zu regieren."

Die Gründe, nicht zur Wahl zu gehen, können vielfältig sein. Der eher intelligente Nichtwähler wählt nicht, weil er keine Unterschiede zwischen den Parteien erkennen und sich nicht entscheiden kann. Viele Nichtwähler kommen aus unteren sozialen Schichten und sind an Politik nicht interessiert bzw. empfinden viele politischen Prozesse als sehr kompliziert. Daher müssten die Parteien bedeutende Vorgänge wie z.B. die Eurorettung besser erklären. Manche Wähler geben auch aus Protest keine Stimme ab. Sie sind mit dem politischen System unzufrieden. Wenn der Wahlausgang von vorneherein sehr deutlich ist, gehen manche Wähler nicht zur Wahl, weil sie ihre Stimme nicht mehr als wichtig einstufen. Sie sagen: „Die Wahl ist ohnehin schon gelaufen."

Welche vier Typen von Nichtwählern werden im Text beschrieben?"

4 Durchsetzung von Interessen

Gerade auf kommunaler Ebene, zunehmend aber auch auf Länderebene, fordern die Bürger eine direkte Einflussmöglichkeit auf politische Sachentscheidungen. Bayerischen Bürgern stehen verschiedene Instrumente direkter Demokratie zur Verfügung.

4.1 Bürgerinitiativen

Bürgerinitiativen sind meist räumlich und zeitlich begrenzte Zusammenschlüsse von Bürgern, die ein bestimmtes Projekt oder eine Idee fördern und durchsetzen oder aber verhindern wollen.

Grafik: R. A. Drude

Welche Meinung über Bürgerinitiativen will der Karikaturist hier andeuten?

Wir wollen hier keine Windräder mehr

Die Familie Gisch wohnt in direkter Nachbarschaft zu drei Windrädern. Was Windkraftbetreiber und Politik nicht wahrhaben wollen: Seit dem Bau der Anlagen hat sich für den Landwirt und seine Familie das Leben völlig verändert.

„Seit die Anlagen in Betrieb gingen, diese Windkraftanlagen, ist das Leben hier stellenweise zu einem Albtraum geworden. Verursacht wird dies durch die Emissionen der Windkraftanlagen. Einmal der Lärm, die Lärmemission und dann der Schattenwurf durch die Sonne, wenn sie durch die Flügel scheint. Auf Kosten des Wohlbefindens und auf Kosten der Gesundheit der hiesigen Bevölkerung werden Geschäfte gemacht, und das ist nicht in Ordnung. Man kann über Windkraft sicher verschiedener Meinung sein, es gibt Pro und Kontra, aber wenn es über die Gesundheit und das Wohlbefinden der Bevölkerung läuft, dann ist jede Diskussion eigentlich hinfällig.

Dazu meint Professor Otfried Wolfrum, Ingenieur:

„Wir sehen eigentlich nur große Nachteile. Es können keine Kraftwerkskapazitäten abgebaut werden. Wir haben Fälle in einer Winternacht, wenig Wind, kein Windstrom, kein Strom von Photovoltaikanlagen. Alle bisherigen Kraftwerke müssen voll arbeiten, Windstrom leistet nichts. Das heißt, man kann keine, oder nichts Nennenswertes an Kraftwerkskapazität abbauen. Im Gegenteil, es kostet mehr Energie, weil diese Kraftwerke in Bereitschaft stehen müssen, die müssen im Leerlauf stehen."

Die betroffenen Bürger wollen eine Bürgerinitiative gründen und wehren sich gegen eine weitere geplante Windkraftanlage.

Bayerischer Rundfunk

Umweltfreundliche Stromerzeugung hat auch Gegner.

Diskutieren Sie, wie die Bürgerinitiative umgesetzt werden könnte.

Um die eigenen Absichten erfolgreich durchsetzen zu können, benötigt man neben möglichst vielen Mitstreitern und der Mobilisierung der Öffentlichkeit unbedingt juristischen Rat.

In der Regel sind es die Gerichte, die letztendlich über Erfolg oder Misserfolg von Bürgerinitiativen entscheiden.

4.2 Bürgerbegehren – Bürgerentscheid

Bayerische Bürgerinnen und Bürger können auch außerhalb der Wahlen direkt in ihren Städten und Gemeinden politisch mitwirken. Sie können über wichtige Angelegenheiten von öffentlichem Interesse entscheiden.

In der ersten Stufe entscheiden die Wähler über das **Bürgerbegehren**. Damit wird zunächst festgestellt, ob sich genügend Bürger bereit finden, in einem späteren Bürgerentscheid über das Thema abzustimmen.

Bürgerbegehren:

Von deutschlandweit 4.587 kommunalen Bürgerbegehren der Nachkriegszeit entfielen 1.750 auf den Freistaat Bayern.

(Bayerische Gemeindeordnung) BayGO

Art. 18 a Bürgerbegehren und Bürgerentscheid

(1) Die Gemeindebürger können über Angelegenheiten des eigenen Wirkungskreises der Gemeinde einen Bürgerentscheid beantragen (Bürgerbegehren).

(13) Der Bürgerentscheid hat die Wirkung eines Beschlusses des Gemeinderates.

(17) (…) Das Recht auf freies Unterschriftensammeln darf nicht eingeschränkt werden.

Verkehrsberuhigung, Gewerbeansiedlung und Mobilfunkanlagen waren die Streitpunkte von Bürgerinitiativen und -begehren.

Bürgerbegehren und Bürgerentscheid wurden in Bayern im Jahre 1995 durch einen Volksentscheid eingeführt. Die Bürger und Bürgerinnen selbst hatten sich damit die Möglichkeit zur politischen Mitwirkung in den Städten und Gemeinden geschaffen. Mit 40 Prozent aller Verfahren war im Jahr 2011 Bayern Spitzenreiter in Sachen direkter Demokratie. Häufig haben Bürgerbegehren zwischenzeitlich als Thema öffentliche Einrichtungen wie z. B. Schulen und Bäder. Bürgerbegehren und Bürgerentscheid sind nicht nur Instrument von Bürgerinitiativen. Auch Parteien versuchen ihre kommunalpolitischen Ziele damit zu erreichen.

Eine spektakuläre Frage, die den Bürgern in München zur Entscheidung vorgelegt wurde, war z. B. der Neubau eines Stadions.

Weg frei für das Stadion

Die Münchner haben sich mit deutlicher Mehrheit für den Neubau eines Fußballstadions ausgesprochen.

Das geplante neue Fußballstadion in München kann gebaut werden. Bei einem Bürgerentscheid in München sprach sich am Sonntag eine überwältigende Mehrheit der Abstimmungsteilnehmer für das mindestens 760 Millionen Mark teure Projekt aus. Nach der Auszählung aller 311 Wahlbezirke stimmten 65,8 Prozent für den Neubau, 34,2 Prozent dagegen. Die Wahlbeteiligung lag bei 37,5 Prozent.

Quelle: Süddeutsche Zeitung

4.3 Volksbegehren – Volksentscheid

Auf Landesebene kann neben dem Bayerischen Landtag auch das Volk durch Volksentscheid Gesetze beschließen. Dazu bedarf es eines in der Bayerischen Verfassung beschriebenen Weges.

Die Unterschriften von zehn Prozent der Wahlbürger sind in einem Volksbegehren nötig, um die Durchführung eines Volksentscheides zu beantragen. Um allerdings überhaupt ein Volksbegehren zu starten, müssen zunächst 25.000 stimmberechtigte Bürger ein solches unterstützen.

Verfassungsändernde Gesetze bedürfen hingegen immer eines Volksentscheides.

Werbeplakat zum Volksbegehren „Nichtraucherschutz"

Direkte Demokratie: Bayern an der Spitze

München (dpa) – In keinem anderen Bundesland können die Bürger so viel in der Politik mitreden wie in Bayern. Der Verein „Mehr Demokratie" stellte gestern in München erstmals ein sogenanntes Volksentscheid-Ranking vor. Danach belegt Bayern mit der Gesamtnote „gut" den Spitzenplatz knapp vor Hamburg, das ein „befriedigend" erreichte. Die Hürden für Bürger und Volksentscheide seien in der Mehrzahl der Länder zu hoch, sagte Vorstandssprecher Gerald Hafner. Für acht Bundesländer habe es nur zu einem „ausreichend" gereicht, sechs Mal habe der Verein die Note „mangelhaft" vergeben. Die wenigsten Mitbestimmungsrechte haben demnach die Bürger in Berlin.

Donau Kurier

> Auf Bundesebene ist gemäß Grundgesetz eine Volksabstimmung wie in Bayern nicht möglich. Wie beurteilen Sie diesen Sachverhalt?

Vor- und Nachteile von Volksbescheiden werden oft diskutiert. Im Wesentlichen werden folgende Argumente angeführt:

Contra

Die Bürger sind bei Volksentscheiden aufgrund der eventuell komplizierten Sachverhalte überfordert.

Volksentscheide lassen keinen Kompromiss zu, sondern erlauben nur eine Ja- oder Nein-Abstimmung.

Volksentscheide sind eine Chance für **Demagogen**.

Volksentscheide bieten eine Möglichkeit für durchsetzungsfähige Minderheiten, ihre Interessen durchzusetzen.

Pro

Volksentscheide bieten mehr Demokratie.

Volksentscheide könnten gegen die Politikverdrossenheit wirken.

Entscheidungen, die das Volk trifft, werden von den Bürgern stärker akzeptiert.

Demagoge:
Volksverführer, Hetzer, Manipulator
Appelliert in seinen Reden an die Vorurteile der Zuhörer und versucht den politischen Gegner zu verunglimpfen.

Zusammenfassung

Mit Politikverdrossenheit bezeichnet man einen Zustand, bei dem sich große Teile der Bevölkerung für die Politik nicht mehr interessieren.

Die Mitgliederzahlen aller Parteien gehen zurück.

Eine pluralistische Demokratie ist offen für neue Ideen und Vorstellungen.

Die Bildung von Vereinen ist frei.

Wer sich nicht an Wahlen beteiligt, hat auf sein Recht verzichtet, die Politik personell zu beeinflussen.

Eine Bürgerinitiative ist ein Zusammenschluss von Bürgern, die ein bestimmtes Projekt durchsetzen oder verhindern wollen.

Die Gemeindebürger können über Angelegenheiten der Gemeinde einen Bürgerentscheid beantragen (Bürgerbegehren).

Der erfolgreiche Bürgerentscheid hat die Wirkung eines Beschlusses des Gemeinderates.

Auf Landesebene kann neben dem Bayerischen Landtag auch das Volk durch Volksentscheid Gesetze beschließen.

Wissens-Check

1. Wie entwickelten sich in den letzten Jahren die Mitgliederzahlen der Parteien?
2. In welche drei staatlichen Institutionen besteht das größte Vertrauen?
3. Nennen Sie Kennzeichen einer pluralistischen Ordnung.
4. Beschreiben Sie Mitwirkungsmöglichkeiten in Schule und Betrieb.
5. Was muss man tun, um eine Bürgerinitiative zu gründen?
6. Erläutern Sie den Unterschied zwischen Bürgerbegehren und Volksbegehren.

E
Deutschland in Europa

: Europäische Union

Jahrgangsstufe 11

Erwartungen und Ängste

Institutionen und Entscheidungen

Auswirkungen und Perspektiven

1 Die EU: Erwartungen und Ängste

> Die Europäische Union (EU) ist ein Erfolgsmodell. Jedes europäische Land (Ausnahme: Norwegen und die Schweiz) hatte oder hat den Wunsch Mitglied der EU zu werden. Selbst außereuropäische Staaten sehen die Vorteile für ihr Land und bemühen sich um eine enge Anbindung.

Foto: Europäische Union

Jeder EU Bürger kann in jedem EU Land arbeiten oder studieren.

Hier einige Beispiele für die Vorteile:

▸ Arbeiten in Europa

EU-Bürger (aus Osteuropa nach Übergangsfrist) können überall in der Europäischen Union auf Arbeitssuche gehen und einen Arbeitsvertrag eingehen, ohne eine Arbeitserlaubnis zu beantragen. Diese Freiheit garantiert das europäische Recht.

▸ Soziale Sicherung

Grundsätzlich ist man in dem Land versichert, in dem man wohnt und arbeitet. Dies gilt für die drei Hauptpfeiler der Sozialversicherung: Renten-, Kranken- und Arbeitslosenversicherung.

Bürger aus anderen EU-Staaten genießen den gleichen arbeitsrechtlichen Schutz und erhalten dieselben finanziellen Leistungen.

▸ Chancen für Auszubildende und Berufsfachschüler

Die EU bietet mit dem Leonardo-Programm Auszubildenden oder Berufsfachschülern die Möglichkeit, einen Teil ihrer Ausbildung in einem anderen EU-Land zu absolvieren.

▸ Studieren in der EU

EU-Bürger können ihren Studienort innerhalb der EU frei wählen. Beim Zugang zum Studium und bei der Zahlung von Studiengebühren dürfen Studenten aus anderen EU-Ländern nicht benachteiligt werden. Es wird angestrebt, die Studienabschlüsse gegenseitig anzuerkennen.

▸ Reisen in der EU

Unionsbürger können im Binnenmarkt frei reisen. Gepäck und Waren werden an den Grenzen nicht mehr kontrolliert. Das nächste Ziel ist die vollständige Abschaffung der Personenkontrollen bei Reisen in alle EU-Länder.

▸ Rentner: Leben, wo es schön ist

Rentner können überall in der Europäischen Union ihren Lebensabend verbringen. Voraussetzung für die Aufenthaltsgenehmigung ist eine Krankenversicherung und ein Einkommen, das über dem Sozialhilfesatz des Gastlandes liegt.

Heute selbstverständlich: Reisen quer durch Europa

▸ Privater Einkauf im Binnenmarkt

Verbraucher können überall im Binnenmarkt einkaufen und die Waren problemlos über die Grenzen mitnehmen. Ein Auslandskauf wird wie ein Inlandskauf behandelt. Voraussetzung: Die mitgebrachten Waren müssen für den privaten Gebrauch bestimmt sein. Dabei gelten Obergrenzen für die Einfuhr bei bestimmten Waren.

▸ Wohnen in Europa

Ob Arbeitnehmer, Selbstständiger oder Student: Unionsbürger können überall in der EU leben und arbeiten. Natürlich dürfen sie auch ihre Familienangehörigen mitnehmen.

Ehemalige Grenzübergangsstelle zwischen Österreich und Ungarn. Einfuhrkontrollen für Privatpersonen gibt es nicht mehr.

▸ Europawahlen und Kommunalwahlen

EU-Bürger wählen bei der Europawahl dort, wo sie wohnen. Auch bei Kommunalwahlen können Unionsbürger in dem Mitgliedstaat wählen gehen und sich als Kandidat aufstellen lassen, in dem sie wohnen.

▸ Auto: Europäische Betriebserlaubnis

Wer ein neues Auto aus einem anderen EU-Land einführt, muss keine aufwändigen technischen Umrüstungen vornehmen.

▸ Der gleiche Führerschein in ganz Europa

In der gesamten EU wird künftig der Führerschein nach einer einheitlichen Fahrprüfung und Klasseneinteilung gemacht.

Diesen Vorteilen stehen aber auch Bedenken und sogar Ängste gegenüber.

„Jetzt reicht's uns bald"

Palma 17.11. „Noch nie waren so viel Deutsche, Briten und Franzosen auf unserer Insel wie in diesem Winter. Wenn sie im Hotel übernachten, wäre uns das egal. Aber sie kaufen hier Wohnungen und Häuser zu Preisen, die sie aus London oder Düsseldorf gewohnt sind. Für unsere Kinder wird es unerschwinglich, hier jemals ein Haus zu erwerben," klagt Pablo, Gemeindeangestellter in Palma. Tatsächlich haben sich die Immobilienpreise auf Mallorca in den letzten fünf Jahren glatt verdoppelt. Die Nachfrage von EU-Bürgern, meist reiche Rentner, ist ungebrochen. Während an Rhein und Ruhr, und in London sowieso, der Nebel wochenlang auf die Stimmung drückt, glaubt man sich hier im Paradies.

Donaukurier

1. Warum kommen so viele Nichtspanier nach Mallorca?
2. Welche Auswirkungen hat das auf die dortigen Preise?
3. Welche Befürchtungen haben die Einheimischen?
4. Warum sind Ausländer berechtigt, auf Mallorca zu leben?

Der Traum vieler Nordländer: Ein Haus im Süden

Nicht nur in Spanien, auch in Deutschland gibt es Probleme mit dem Binnenmarkt.

Foto: Dietrich Claus

Grenzbahnhof Bayerisch Eisenstein: Innerhalb der EU sind die Grenzen durchlässig geworden. Das ergibt Vorteile, aber auch Probleme.

Europäischer Binnenmarkt

Oberfranken und die Oberpfalz werden mit dem Rauschgift „Crystal Speed" überschwemmt. Behörden, Politik und Suchtmediziner in Bayern sind alarmiert. Nach einem Gramm gefragt, bietet er gleich fünf an. Fünf Gramm Crystal für zweihundert Euro. Der junge Asiate mit Baseballmütze, vielleicht 16 Jahre alt, steht vor seinem Stand voller Jeans und T-Shirts im westböhmischen Eger (Cheb). „Deutsch, ja? Kommen Sie, gibt noch mehr."…

Es ist kinderleicht, in Eger eines der härtesten Rauschgifte zu kaufen. In Tschechien wird der Besitz dieses Rauschgifts nur als Ordnungswidrigkeit geahndet. Und es sind nur wenige Minuten bis zur deutschen Grenze, einen Schlagbaum gibt es seit Ende 2007 nicht mehr …

Frankfurter Allgemeine Zeitung vom 04.04.2012

1. Warum hat der Autor den Zeitungsartikel mit „Europäischer Binnenmarkt" überschrieben?
2. Wie könnte gegen den Drogenhandel vorgegangen werden?

Ein Jahr Arbeitnehmerfreizügigkeit

Der große Ansturm ist ausgeblieben

Seit einem Jahr sind Arbeitsbeschränkungen für Bürger aus osteuropäischen EU-Staaten aufgehoben. Doch der erwartete Ansturm auf Jobs in Deutschland blieb aus: Einige Branchen hatten sogar auf mehr Zuwanderung gehofft. Ein Problem ist die fehlende Anerkennung von Berufsabschlüssen.

Quelle: http://www.tagesschau.de/ (30.04.2012)

1. Warum gab es Befürchtungen vor einem großen Ansturm?
2. Inwieweit könnte Deutschland von der Arbeitnehmerfreizügigkeit für osteuropäische Arbeitnehmer profitieren?
3. Wie kann einem Lohndumping durch billige osteuropäische Arbeitnehmer begegnet werden?

Foto: Dietrich Claus

Werbung für Europa – dennoch bleibt „Brüssel" für viele EU-Bürger fremd und fern.

Die Eurokrise hat die Ängste der Deutschen vor finanziellen Einbußen geschürt. Viele Bürger befürchten, dass der sogenannte Rettungsschirm für die Steuerzahler teuer werden könnte. Dadurch hat die Europäische Union ebenfalls an Zustimmung verloren.

Für viele EU-Bürger wirkt „Brüssel" immer noch fremd und fern. Die EU in ihrer heutigen Form ist demokratisch verfasst mit Gewaltenteilung, Kontrolle und Wahlen. Für die EU-Bürger leben die großen Institutionen der EU dennoch in einer eigenen unbekannten Welt.

Der europäische Einigungsprozess

Über viele Jahrhunderte führten die europäischen Nationen kriegerische Auseinandersetzungen. Der Zweite Weltkrieg (1939–1945) brachte den Höhepunkt an Leid, Zerstörung und Tod.

Nach dem Zweiten Weltkrieg lag Europa in Trümmern. Aufgrund dieser Erfahrung hofften die führenden Köpfe des Kontinents auf ein friedliches Zusammenleben aller Völker Europas. **Winston Churchill** forderte 1946: „Wir müssen so etwas wie die Vereinigten Staaten von Europa schaffen."

Winston Churchill: Britischer Regierungschef während des Zweiten Weltkrieges

2.1 Fünfzig Jahre Frieden in Europa

Das europäische Einigungswerk sorgt seit 50 Jahren für Stabilität, Frieden und wirtschaftlichen Wohlstand.

Die Erfolge sind:
- Höherer Lebensstandard für alle EU Bürger
- Freizügigkeit innerhalb der EU
- Errichtung des Binnenmarktes
- Einführung des Euro
- EU ist eine führende Handelsmacht in der Welt

2.2 Eine Gemeinschaft mit großer Anziehungskraft

1951 bildeten Belgien, die Bundesrepublik Deutschland, Frankreich, Italien, Luxemburg und die Niederlande die Europäische Gemeinschaft für Kohle und Stahl (EGKS), die auch Montanunion genannt wurde. Durch die Kontrolle der Kohle- und Stahlproduktion in diesen Ländern war eine einseitige militärische Aufrüstung erschwert. Der Friede wurde gesichert, das Vertrauen gefördert. Der damalige deutsche Bundeskanzler Adenauer und sein französischer Kollege Schuman bemühten sich besonders um diese Vereinigung. Sie werden deswegen die „Väter Europas" genannt.

1957 schlossen sich die sechs Länder der Montanunion zur Europäischen Wirtschaftsgemeinschaft (EWG) zusammen. Ziel war die Schaffung einer gemeinsamen Wirtschafts- und Währungspolitik sowie der Abbau der Zölle innerhalb der Gemeinschaft. Gleichzeitig gründeten sie die Europäische Atomgemeinschaft (EURATOM).

Adenauer (oben) und Schuman werden die „Väter Europas" genannt.

Fotos: Europäische Union

1967 verschmolzen die drei Organisationen EGKS, EWG und EURATOM zur Europäischen Gemeinschaft EG.

1968 vollendete die EG die Zollunion. Der Warenverkehr innerhalb der EG wurde zollfrei.

Freier Warenverkehr zwischen den Ländern der EG

1973 traten Dänemark, Irland und Großbritannien der EG bei. Die Anziehungskraft, die Attraktivität der Gemeinschaft wuchs. Die politischen und wirtschaftlichen Vorteile waren so groß, dass bis 1986 auch Griechenland, Portugal und Spanien EG-Mitglieder wurden.

1992 beschlossen die damaligen EG-Staaten noch weiter gehende Schritte zur wirtschaftlichen und politischen Vereinigung. Im Vertrag von Maastricht bildete sich aus der Europäischen Gemeinschaft die Europäische Union. Man sagte, sie habe drei Säulen:

▸ Wirtschafts- und Währungsunion

▸ Gemeinsame Außen- und Sicherheitspolitik

▸ Zusammenarbeit in der Innen- und Justizpolitik

Der Vertrag von Maastricht ist die Grundlage für den Euro als Gemeinschaftswährung

2 Der europäische Einigungsprozess

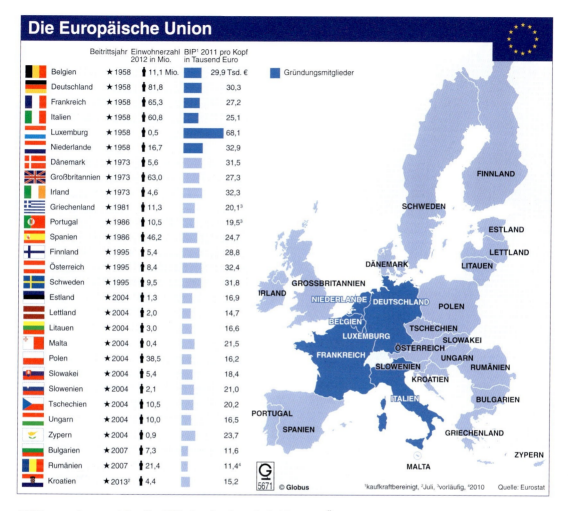

1995 erweiterte sich die EU durch den Beitritt von Österreich, Schweden und Finnland auf 15 Mitgliedstaaten.

Im Rahmen der sogenannten Osterweiterung wurden 2004 zehn vorwiegend osteuropäische Staaten Mitglieder der EU. Es handelte sich um die Länder Polen, Ungarn, Tschechien, die Slowakei, Estland, Lettland, Litauen, Malta, Zypern und Slowenien. Im Jahr 2007 traten Bulgarien und Rumänien der EU bei. Kroatien wurde zum 1. Juli 2013 Mitglied der Europäischen Union.

Die Schweiz und Norwegen hatten sich in einer Volksabstimmung gegen den Beitritt zur EU ausgesprochen.

Die Europäische Union ist kein eigenständiger Staat, nimmt aber ähnliche Funktionen wahr. Die Mitgliedstaaten der EU haben keine Botschaften, sondern nur ständige Vertretungen bei der EU.

In der deutschen Ratspräsidentschaft unter Angela Merkel in der ersten Hälfte des Jahres 2007 wurden die Grundlagen für eine Reform der EU gelegt. Im „Vertrag von Lissabon" haben sich die Regierungschefs der Mitgliedstaaten auf eine abgespeckte EU-Verfassung geeinigt. Damit wurden unter anderem die Organe der EU reformiert.

Durch den Vertrag von Lissabon wurde auch das sogenannte Drei-Säulen-Modell des Vertrages von Maastricht aufgelöst. Elemente

Die Mitgliedstaaten der EU haben ständige Vertretungen in „Brüssel".

Grenzübertritt in Burghausen – Personenkontrollen gibt es nicht mehr

der Innen- und Justizpolitik werden nun wie die gemeinsame Wirtschafts- und Währungspolitik von den Organen der EU entschieden. Die EU-Staaten sind an diese Beschlüsse gebunden. Fragen der Gemeinsamen Außen- und Sicherheitspolitik (GASP) werden weiterhin durch die einzelnen Regierungen in der Regel einstimmig entschieden.

Schon 1985 vereinbarten Deutschland, Frankreich und die Benelux-Staaten im luxemburgischen Moselstädtchen **Schengen**, auf Personenkontrollen an ihren gemeinsamen Grenzen zu verzichten. Die meisten Mitgliedstaaten der EU schlossen sich der Vereinbarung an. Seit Ende 2007 gehören auch die baltischen Staaten, Polen, Tschechien, die Slowakei, Malta, Ungarn und Slowenien zum Schengen-Raum.

Schengener Abkommen:
Anstelle der Grenzkontrollen werden im Grenzgebiet (30 Kilometer) stichprobenartig Personenkontrollen durchgeführt (Schleierfahndung). Eine grenzüberschreitende Fahndungsdatei unterstützt die Polizeibehörden in den Ländern des Schengen-Raumes.

2.3 Der Binnenmarkt

Mit rund 500 Millionen Verbrauchern ist der europäische Binnenmarkt der größte Markt der Welt. Er trägt wesentlich zum Wohlstand in Europa bei. Durch den stärkeren Wettbewerb steigt die Produktivität und die Kosten sinken.

Bevölkerungszahlen zum Vergleich:
USA: 300 Mio.
Russland: 143 Mio.
China: 1,3 Mrd.
Indien: 1,1 Mrd.

Grafik: R. A. Drude

Nach längeren Anpassungsphasen war im Jahr 2002 der Binnenmarkt vollendet. Erkennbares Merkmal für jeden Bürger: Die Deutsche Mark verlor ihre Gültigkeit. Der Euro trat als gesetzliches Zahlungsmittel an ihre Stelle und wird auf der ganzen Welt akzeptiert.

Institutionen und Entscheidungsprozesse in der EU

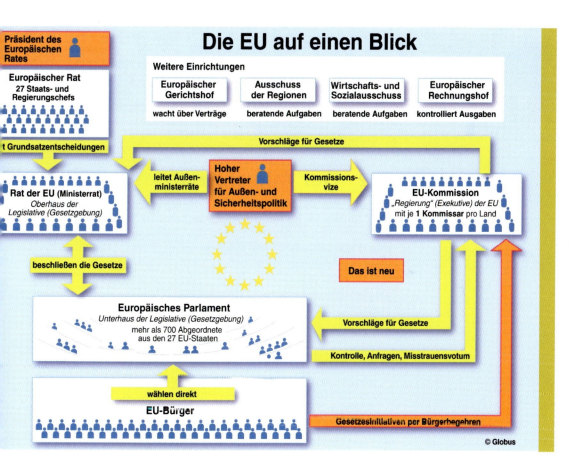

„Politische Führung" der EU:

Mit dem Vertrag von Lissabon sind zwei Führungsämter entstanden:

Ständiger Ratspräsident: Er koordiniert für den Europäischen Rat. Die Amtszeit dauert zweieinhalb Jahre.

Hoher Vertreter für Außenpolitik: Dieses Amt wurde für die Leitung der Sitzungen der 28 nationalen Außenminister geschaffen. Der Hohe Vertreter für Außenpolitik ist zugleich Vize-Kommissionspräsident und leitet die gemeinsame Außen- und Sicherheitspolitik in der EU.

3.1 Der Europäische Rat

Mindestens zweimal im Jahr treffen sich die Regierungschefs aller EU-Länder. Sie legen die allgemeinen politischen Zielvorstellungen der EU fest und fällen Grundsatzentscheidungen. Diese Zusammenkunft der Staats- und Regierungschefs ist der Europäische Rat. Der Kommissionspräsident der EU ist auch Mitglied des Europäischen Rats.

Foto: Europäische Union

Die Regierungschefs der EU-Länder bei einem der halbjährlichen Ratstreffen

3.2 Der Ministerrat

Das eigentliche Machtzentrum für die täglichen Entscheidungen ist der Ministerrat. Im Rat ist jeder Mitgliedstaat durch einen Minister vertreten. Diese Minister tragen die politische Verantwortung für ihre Entscheidungen sowohl gegenüber ihrem nationalen Parlament als auch gegenüber den Bürgern, die sie vertreten.

Aufgaben

▸ Der Ministerrat trifft Entscheidungen und beschließt Gesetze.

Im Ministerrat wird beispielsweise durch die Außenminister der Mitgliedstaaten die Gemeinsame Außen- und Sicherheitspolitik festgelegt. Die Innenminister regeln die Innen- und Justizpolitik der EU. In der Gesetzgebung muss der Ministerrat mit dem Europäischen Parlament zusammenarbeiten. In Regelungen zur Agrarpolitik ist der Ministerrat das zentrale Entscheidungsorgan der EU.

▸ Der Ministerrat koordiniert die Wirtschaftspolitik.

Die Grundzüge der Wirtschaftspolitik der Mitgliedstaaten werden vom Rat entworfen. Darin wird z.B. festgelegt, wie hoch die jährliche **Neuverschuldung** im Staatshaushalt der Mitgliedsländer sein darf.

▸ Der Ministerrat stellt den Haushaltsplan fest.

Der Rat entscheidet über die so genannten **obligatorischen** Ausgaben. Das sind im Wesentlichen die Ausgaben für die Landwirtschaft und die Drittstaaten (Staaten, die nicht EU-Mitglied sind). Fast die Hälfte der EU-Ausgaben fließt in die Landwirtschaft.

Der Ministerrat beinflusst die Gesetzgebung in den Mitgliedsländern. Viele Beschlüsse und Entscheidungen, die in Brüssel fallen, werden in nationales Recht umgewandelt. Rund ein Viertel aller Gesetze, die im Bundestag in Berlin verabschiedet werden, sind Umsetzungen von europäischem Recht.

Neuverschuldung:
Die neuen Schulden eines EU-Staates dürfen nicht mehr als 3 Prozent des Bruttoinlandsprodukts ausmachen.

Obligatorisch:
Notwendig
Hier sind Ausgaben gemeint, über die das Europäische Parlament nicht bestimmen kann.

Sitz und Zusammensetzung

Sitz des Rates ist Brüssel, wo in der Regel auch die Ministertagungen stattfinden. Je nach der Tagesordnung wechseln die Minister. Am häufigsten tagen die Ministerräte für Landwirtschaft, Wirtschaft und Finanzen, Umwelt und Verkehr. Der Vorsitz im Ministerrat wird von den Mitgliedsstaaten abwechselnd für jeweils sechs Monate übernommen.

3.3 Die Kommission

Die Kommission der Europäischen Union ist vergleichbar mit der Regierung eines Landes. Sie ist die Antriebskraft des wirtschaftlichen Vereinigungsprozesses in Europa. Von ihr kommen Vorschläge zur **Gemeinschaftspolitik.** Sie führt die von Rat und Parlament beschlossenen Aktionen durch. Dem Europäischen Parlament gegenüber muss sie sich politisch verantworten. Das Parlament kann der Kommission das Misstrauen aussprechen und sie so zur Amtsniederlegung zwingen. Die Vorschläge der Kommission werden in den Mitgliedstaaten bisweilen kritisch kommentiert.

Gemeinschaftspolitik:
Hier: Politische Arbeit, die alle EU Länder betrifft

Gemeinsame Agrarpolitik ab 2014

Die Europäische Union hat sich zum Ziel gesetzt, bis zum Jahr 2020 den Verlust der biologischen Vielfalt zu stoppen, nachdem dieses Ziel im Jahr 2010 nicht erreicht wurde... Vor diesem Hintergrund wird derzeit der Rahmen für die künftige Gemeinsame Agrarpolitik (GAP) ab dem Jahr 2014 neu aufgestellt. Die EU-Kommission hat dazu Mitte Oktober 2011 Legislativvorschläge vorgelegt. Ein erklärtes Ziel der Kommission für die künftige Agrarpolitik ist eine „grünere", d.h. natur- und umweltverträglichere GAP, wodurch gesellschaftlich gewünschte ökologische Leistungen verstärkt erbracht werden sollen.

www.bfn.de (01.09.2013)

EU zieht Verbot von Olivenöl-Kännchen zurück

Das von der EU-Kommission geplante Verbot von Kännchen mit Olivenöl auf Restaurant-Tischen kommt nach Kritik aus den nördlichen EU-Staaten nun doch nicht.

So mancher Restaurantbesucher fürchtete schon um seine günstige Lieblings-Vorspeise: in Olivenöl getränktes Brot mit Salz und Pfeffer. Die EU-Kommission wollte die unversiegelten Kännchen oder Fläschchen von den Tischen der Gaststätten verbannen. Doch nicht etwa aus hygienischen Gründen, sondern um den Verbraucher vor Billigprodukten zu schützen. Doch nun ist der Vorschlag vorerst vom Tisch... Die EU-Kommission hatte in der vergangenen Woche angekündigt, dass nach einer EU-Neuregelung Gastronomiebetriebe ab dem 1. Januar 2014 nicht nachfüllbare und versiegelte Wegwerfflaschen anbieten müssen – und damit umgehend heftige Kritik und auch Spott hervorgerufen.

Die Welt, 23.05.2013

Die EU will mit ihrer Agrarpolitik die biologische Vielfalt fördern.

Die Mitglieder

Die Kommission besteht aus einem Kollegium von 27 Mitgliedern. Jedes Land entsendet einen Kommissar. Es handelt sich um Persönlichkeiten, die zuvor in ihrem Herkunftsland ein politisches Amt – oft auf Ministerebene – ausgeübt haben. Alle fünf Jahre wird die Kommission neu besetzt.

Sitz der Europäischen Kommission in Brüssel

Wer ist der derzeit amtierende Kommissionspräsident?

Die Aufgaben der Kommission

Die Europäische Kommission hat im Wesentlichen vier Aufgaben:
- Sie macht dem Parlament und dem Rat Vorschläge für neue Rechtsvorschriften.
- Sie führt die Gemeinschaftspolitik durch.
- Sie überwacht (gemeinsam mit dem Gerichtshof) die Einhaltung des Gemeinschaftsrechts.
- Sie ist die Sprecherin der Europäischen Union und handelt völkerrechtliche Verträge aus (im Wesentlichen Handels- und Kooperationsabkommen).

Information über den Energieverbrauch: Die Kommission machte sie zur Pflicht.

Die Tätigkeitsbereiche der Kommissare

Ähnlich wie in einer Regierung die Minister, haben die Kommissare unterschiedliche Aufgabenbereiche, z.B.:

- Wettbewerb
- Gesundheits- und Verbraucherschutz
- Landwirtschaft, Entwicklung des ländlichen Raums und Fischerei
- Unternehmen und Informationsgesellschaft
- Binnenmarkt, Steuern und Zollunion
- Forschung, Umwelt
- Wirtschaft und Währungsangelegenheiten
- Handel, Regionalpolitik
- Bildung und Kultur
- Haushalt, Justiz und Inneres
- Beschäftigung und soziale Angelegenheiten

Brüssel prüft versteckte Subventionen

EU will Ausnahmeregelungen beim Strompreis kippen

In Deutschland sind viele Unternehmen von den Netzentgelten befreit. Die EU-Kommission wittert versteckte Subventionen und will die Privilegien verbieten.

Die EU-Kommission nimmt die Befreiung der Strom-Großverbraucher von Netzentgelten in Deutschland ins Visier. Auf Beschwerden von Verbraucherverbänden und Energieunternehmen hin werde dazu ein Beihilfeverfahren eingeleitet, erklärte die EU-Behörde am Mittwoch in Brüssel. Dass große Unternehmen keine Netzentgelte zahlen müssen, könnte eine staatliche Beihilfe sein, die den Wettbewerb im EU-Binnenmarkt verzerrt. Allerdings müsse geprüft werden, ob die Ausnahme durch öffentliches Interesse gerechtfertigt sei. Der Ausgang des Verfahrens ist damit offen.

Focus vom 06.03.2013

Subvention:
Staatliche Unterstützung für Unternehmen

Stromintensive Unternehmen:
Stromintensive Unternehmen sind unter anderem Produzenten von Zement, Aluminium oder chemischen Grundprodukten.

---

1. Ein EU-Staat darf ein Unternehmen, das sich im eigenen Land ansiedeln oder erweitern will, nur beschränkt unterstützen. Was soll damit bewirkt werden?
2. Die nationale staatliche Wirtschaftspolitik, (hier Förderung bestimmter Regionen) wird eingeschränkt. Wie bewerten Sie diese Einschränkung?

3.4 Das Europäische Parlament

Das Europäische Parlament ist die frei gewählte Vertretung der Bürger aller EU-Staaten. 1979 wurde es erstmals von allen Bürgern der Mitgliedstaaten nach demokratischen Regeln gewählt.

Wichtige EU-Standorte:
- In Straßburg treffen sich zumeist die Abgeordneten zu Plenarsitzungen.
- In Brüssel finden häufig Sitzungen der Ausschüsse statt.
- In Luxemburg ist das Generalsekretariat angesiedelt.

Reisezirkus in der EU:
Die Reisen der Abgeordneten zwischen Brüssel und Straßburg kosten 200 Mio. Euro pro Jahr. Aber Frankreich beharrt auf dem Standort Straßburg.

Das Europäische Parlament in Straßburg

Wahl und Zusammensetzung

Das Parlament wird alle fünf Jahre gewählt und hat 751 Abgeordnete, davon 99 aus Deutschland. Jeder Mitgliedstaat entsendet im Verhältnis zu seiner Bevölkerungszahl Abgeordnete. Alle Abgeordneten haben sich zu länderübergreifenden Fraktionen zusammengeschlossen. Diese repräsentieren die in den Mitgliedstaaten der Union vertretenen großen politischen Richtungen. Eine Fraktionsdisziplin ist nicht stark ausgeprägt.

Die Aufgaben

Die Kontrollfunktion

Das Parlament übt eine demokratische Kontrolle über die Kommission aus. Es überwacht die Ernennung der Kommissionsmitglieder und ihres Präsidenten. Die Kommission ist dem Parlament gegenüber politisch verantwortlich. Das Parlament kann der Kommission das Misstrauen aussprechen und diese dadurch zum Rücktritt zwingen.

Vergleichen Sie dazu die Möglichkeiten des Deutschen Bundestages in Bezug auf die Bundesregierung.

Die Prüfung der von Bürgern eingereichten **Petitionen** und die Einsetzung von Untersuchungsausschüssen sind weitere Kontrollmöglichkeiten durch das Parlament.

Petition:
Gesuch eines Bürger an das Parlament, wenn er sich durch Behörden ungerecht behandelt fühlt

Gesetzgebung

Gesetze heißen in der EU Verordnungen oder Richtlinien. Sie werden von der Kommission vorgeschlagen und vom Ministerrat sowie dem Europäischen Parlament beschlossen. Das Parlament hat ein Anhörungs- und Mitentscheidungsrecht.

Verordnungen gelten unmittelbar in allen Mitgliedsstaaten und sind verbindlich.

Richtlinien müssen in den Parlamenten der EU-Mitgliedstaaten in nationales Recht umgesetzt werden. Kommt ein EU-Staat dieser Pflicht nicht nach, drohen Zwangsgelder.

Außerdem muss das Parlament beteiligt werden, wenn es um wichtige politische Fragen geht, z. B.
- den Beitritt neuer Mitgliedstaaten,
- den Abschluss von internationalen Übereinkommen,
- das Aufenthaltsrecht der Unionsbürger,
- die Aufgaben und Befugnisse der Europäischen Zentralbank.

Foto: Dietrich Claus

Plenarsaal des Europäischen Parlamentes in Brüssel

Kontrolle der EU-Ausgaben

Parlament und Rat sind die Hauptakteure bei der alljährlichen Verabschiedung des **Gemeinschaftshaushalts**. Der Haushaltsplan ist erst gültig, wenn das Parlament ihm zugestimmt hat.

Gemeinschaftshaushalt:
Verteilung der von den EU-Staaten einbezahlten Mittel zur Erfüllung der Gemeinschaftsaufgaben (ca. 100 Mrd. Euro pro Jahr)

3.5 Die Europäische Zentralbank

Die Europäische Zentralbank (EZB)

mit Sitz in Frankfurt a. M.

Institutionelle Unabhängigkeit
Die im Europäischen Zentralbankrat vertretenen nationalen Notenbanken müssen spätestens ab 1999 unabhängig sein

Personelle Unabhängigkeit
Der Rat der EZB besteht aus:
Geschäftsführenden Direktoren
(für acht Jahre berufen, Wiederwahl nicht möglich)
Nationalen Notenbankpräsidenten
(für fünf Jahre berufen, Wiederwahl möglich)

Operative Unabhängigkeit
Die EZB ist bei Auswahl und Einsatz der geldpolitischen Instrumente frei

Euro-Zone:
Dazu gehören die Länder, in denen der Euro als gesetzliches Zahlungsmittel gilt.

Seit 1999 hat die Europäische Zentralbank (EZB) mit Sitz in Frankfurt/Main die alleinige Verantwortung für die Geldpolitik in der **Euro-Zone.** Als oberstes Ziel wird die Stabilität der europäischen Währung angestrebt. Daneben sorgt sie für das ordnungsgemäße Funktionieren der Zahlungssysteme. Auch die Versorgung mit Banknoten und Münzen gehört zu ihren Aufgaben.

Die EZB entscheidet unabhängig von den anderen europäischen Institutionen und auch unabhängig von den nationalen Regierungen.

Statue vor dem EU-Parlamentsgebäude in Brüssel – Der Euro brachte Europa näher an die EU-Bürger.

3.6 Der Europäische Gerichtshof

In EU-Rechtsfragen ist der Europäische Gerichtshof (EuGH) in Luxemburg die höchste Instanz. Er steht damit über den nationalen Gerichten. Für Unternehmen und Bürger aus den Mitgliedstaaten ist der EuGH die letzte Instanz. Die Entscheidungen des Europäischen Gerichtshofes gelten in der ganzen EU. Seine Urteile führen dazu, dass in der Europäischen Union Rechtsvorschriften vereinheitlicht werden. Damit können die Entscheidungen des EuGH konkrete Auswirkungen auf das tägliche Leben der Bürger haben.

Der EuGH darf nicht verwechselt werden mit dem Europäischen Gerichtshof für Menschenrechte in Straßburg. Er ist nicht Organ der EU, sondern des Europarates.

Die Richter des EuGH werden von den Regierungen der Mitgliedsländer für sechs Jahre ernannt. Meist sind es hervorragende Richter in ihrem Herkunftsland.

Foto: BmVidg

Der Europäische Gerichtshof verschaffte Frauen Gleichberechtigung bei der Bundeswehr.

Soldatinnen-Urteil

Auch Streitkräfte müssen sich an den Grundsatz der Gleichbehandlung von Mann und Frau halten. Dabei ging es um die Klage einer deutschen Frau. Die Bundeswehr hatte ihre Bewerbung für den Instandsetzungsdienst mit Verweis auf den Artikel 12a des Grundgesetzes abgelehnt, wonach Frauen auf keinen Fall Dienst an der Waffe leisten dürften.

Doch der allgemeine Ausschluss der Frauen vom Waffendienst verstoße gegen die Gleichstellungsrichtlinie, meinten die Richter.

Auf Grund dieses Urteils musste im Oktober 2000 der Artikel 12a des Grundgesetzes neu gefasst werden.

Die Europäische Union, Hrsg. Bundeszentrale für politische Bildung, Bonn 2001

Informieren Sie sich, wie der Artikel 12a GG jetzt lautet.

Auswirkungen des europäischen Einigungsprozesses

4

Die EU als Institution in Brüssel hat inzwischen eine Machtfülle, die dem Bürger nicht immer bewusst ist. Ein beträchtlicher Teil der für den Bürger politisch wirksamen Entscheidungen wird in Brüssel gefällt. Dem muss entgegengehalten werden, dass an Brüsseler Entscheidungen immer auch deutsche Politiker beteiligt sind.

4.1 Übertragung nationaler Souveränitätsrechte

Die ignorierte Macht

Die Bevölkerung unterschätzt den Einfluss der europäischen Institutionen

Es gibt ein krasses Missverhältnis zwischen den Machtbefugnissen der europäischen Institutionen und der Aufmerksamkeit, die die Bevölkerung ihnen angedeihen lässt. Die Verlagerung von Befugnissen von der nationalen auf die europäische Ebene ist enorm weit vorangeschritten. Die Organe der EU machen von ihrem erweiterten Gestaltungsspielraum ausgreifend Gebrauch.

Die Zahl der Richtlinien, Verordnungen und anderen rechtswirksamen Entscheidungen der Kommission und des Europäischen Parlamentes hat sich in den letzten drei Jahrzehnten vervierfacht. (…)

Die direkten Regulierungen von Produktion und Handel ergänzen umfassende Regulierungen zum Schutz der Umwelt und Gesundheit. Die Folgen für die Wirtschaft können viel einschneidender sein als die Gesetze, die in Berlin verabschiedet werden. In Zukunft wird die Zuständigkeit für Verbraucherschutz verbreitert und damit die Einflussmöglichkeiten mit erheblichen wirtschaftlichen Folgen. Wer über die Richtlinien und Verordnungen für Umwelt-, Gesundheits- und Verbraucherschutz und über Maßnahmen zur Vermeidung jeglicher **Diskriminierung** entscheidet, kann das Schicksal ganzer Branchen beeinflussen.

Frankfurter Allgemeine Zeitung

Diskriminierung:
Benachteiligung von Personengruppen wegen ihrer Hautfarbe, ihres Geschlechts oder Religionszugehörigkeit

Im EU-Bereich ist damit oft auch die Benachteiligung von Produkten anderer EU-Länder gemeint.

Nennen Sie Bereiche, in denen die EU versucht, Diskriminierung zu vermeiden.

4.2 Regionalismus – Nationalgedanke

Die Bundesrepublik ist verpflichtet, europäische Richtlinien umzusetzen. EU-Recht (Gemeinschaftsrecht) bricht nationales Recht. Der Vorrang des EU-Rechtes kann in einem Bundesstaat Probleme aufwerfen, nämlich dann, wenn Interessen der Bundesländer den Absichten der EU entgegenstehen.

Bayerns Bollwerk in Brüssel

Politisch verfügt der Freistaat über einiges Gewicht in Europa. Das will die Staatsregierung mit ihrer Vertretung auch nach außen deutlich zeigen. Die Zahl der Beamten soll in Brüssel in den kommenden Jahren aufgestockt werden, von heute 28 auf 40 Mitarbeiter.

„80 Prozent der deutschen Innenpolitik wird in Europa gemacht", sagt Friedrich von Heusinger, stellvertretender Leiter der Vertretung, „gleich, ob es um die Chemikalien-Verordnung, Naturschutz, Strukturförderung oder Asylpolitik geht. Nehmen Sie das Nachzugsalter für Kinder von Ausländern, da können Sie bei uns diskutieren, so viel Sie wollen, wenn hier eine Richtlinie verabschiedet wird, ist die Sache gelaufen." Wer also mitreden will, muss sich frühzeitig Gehör verschaffen. Andernfalls „kriegen Sie von dem, was hier läuft, nicht mal eine Postkarte." „Herausfinden, was läuft – und das so früh wie möglich", darum geht es. In den Ausschüssen, dem Parlament, der Kommission und dem EU-Konvent haben die Bayern ihre Beobachter sitzen.

Süddeutsche Zeitung

Bayern – Europa:
Vom ehemaligen Ministerpräsidenten Franz Josef Strauß stammt das Zitat: „Bayern ist unsere Heimat, Deutschland unser Vaterland, Europa unsere Zukunft."

Die Bayerische Vertretung in Brüssel
Foto: Dietrich Claus

Wie wird im Text begründet, dass eine bayerische Vertretung in Brüssel wichtig ist?

4.3 Probleme und Folgen der EU-Erweiterung

In den vergangenen Jahren wurden mit Kroatien und der Türkei Verhandlungen über den EU-Beitritt geführt. Kroatien wurde zum 1. Juli 2013 Mitglied, nachdem alle Mitgliedstaaten den Beitrittsvertrag **ratifiziert** haben. Über den Beitritt der Türkei zur EU gibt es dagegen unterschiedliche Meinungen.

ratifizieren:
Einen Vertrag zwischen zwei Staaten verbindlich abschließen. Dies kann durch einen Parlamentsbeschluss oder durch eine Volksabstimmung erfolgen.

Diskutieren Sie, welche Gründe für und welche gegen die Aufnahme der Türkei in die EU sprechen.

In der politischen Diskussion hört man verschiedene Argumente. Zum Beispiel:

Pro:

Die Türkei ist eine europäisch orientierte Mittelmacht. Auf ihrem Boden entwickelten sich wichtige Abschnitte der antiken und jüdisch-christlichen Geschichte Europas.

Die türkische Mitgliedschaft in der EU wäre die beste Versicherung gegen möglichen fundamentalen Islamismus. Die Mitgliedschaft wäre eine strategische Stärkung der EU-Außenpolitik in der wichtigsten Weltregion. Europa sichert sich Zugang zu den dortigen Rohstoffen. Wesentliche Gründe für die Einwanderung türkischer Bürger in die übrige EU wären gebannt. Volle Freizügigkeit ist erst nach langen Übergangszeiten möglich.

Antikes Erbe in Pergamon/Türkei

Die türkische Wirtschaft wuchs in den vergangenen Jahren teilweise sehr stark. Die Türkei ist ein flexibler Partner mit junger Bevölkerung.

Eine wachsende türkische Wirtschaft bedeutet Exportchancen für Deutschland.

Die von der EU geforderten Reformen verändern Politik und Gesellschaft, sie vermindern den Einfluss der Militärs in der Politik, sorgen für tatsächliche Gleichberechtigung der Frauen, Minderheitsrechte für Kurden und bürgerliche Freiheitsrechte wie im westlichen Europa.

Contra:

Beitrittsgegner behaupten, die Türkei habe die Aufklärung nach westeuropäischem Muster verpasst. Reformen werden schleppend umgesetzt, es gebe kaum Fortschritte bei der Achtung der Menschenrechte durch Behörden und Polizei. Europa islamisiere sich. Durch die Ausdehnung bis an die Nachbarstaaten der Türkei (z.B. Syrien, Irak, Iran) würde die EU alle Sicherheitsprobleme der Türkei übernehmen. Wenn die Türkei eintritt, dann melden sich auch Marokko, die Ukraine oder Israel. Türkische Einwanderer könnten die EU überschwemmen.

Die Türkei hätte in der EU als bevölkerungsreichstes Land besonderes Gewicht. Das Pro-Kopf-Einkommen liegt derzeit bei 25 Prozent des EU-Durchschnitts, was drastische Auswirkungen auf die Löhne in der EU haben könnte. Ein Beitritt würde den Agrarmarkt der EU sprengen.

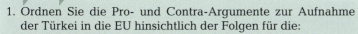

1. Ordnen Sie die Pro- und Contra-Argumente zur Aufnahme der Türkei in die EU hinsichtlich der Folgen für die:
   a) Innenpolitik
   b) Religion/Kultur
   c) geostrategische Lage
   d) wirtschaftliche Situation
2. Welches Argument ist für Sie ausschlaggebend? Wie würden Sie den Antrag auf Mitgliedschaft entscheiden?

Moschee in Istanbul

Zusammenfassung

Die Grundsteinlegung für die Europäische Union erfolgte 1951 mit der Gründung der Europäischen Gemeinschaft für Kohle und Stahl (Montanunion).

Der deutsche Bundeskanzler Adenauer und der französische Ministerpräsident Schuman gelten als die „Väter des vereinten Europa".

1957 wird die Europäische Wirtschaftsgemeinschaft (EWG) gegründet. Erste Schritte zu einem gemeinsamen Binnenmarkt werden gemacht.

Das Europäische Parlament wird 1979 erstmals gewählt.

1993 tritt der Vertrag von Maastricht in Kraft. Damit ist die Europäische Union (EU) in der heutigen Form gegründet.

Die europäische Währungsunion findet 2002 durch die Einführung des Euro ihre sichtbare Vollendung. Achtzehn der 28 EU-Staaten gehören zur Euro-Zone.

Von 2004 bis 2013 treten weitere 13 Länder der EU bei. Mit dem Vertrag von Lissabon wird die EU reformiert.

Über den Beitritt weiterer Länder, insbesondere der Türkei, gibt es in Deutschland und Europa keine einheitliche Meinung.

Wissens-Check

1. Nennen Sie drei Motive, die zur Gründung der Montanunion führten.
2. Welches waren die drei wichtigsten Ziele der Montanunion?
3. Welche vier Elemente gehören zum freien Binnenmarkt in der EU?
4. Welche europäischen Staaten gehören derzeit nicht zur EU?
5. Wer wählt das Europäische Parlament?
6. Nennen Sie die drei wichtigsten Organe, die für die Organisation der weiteren europäischen Einigung zuständig sind.
7. Welche Vorteile und welche Nachteile bietet der Euro als einheitliche europäische Währung?

A
Wirtschaft und Wirtschaftspolitik

- Bedürfnisse
- Verbraucherschutz
- Soziale Marktwirtschaft
- Konjunktur
- Inflation
- Globalisierung

Bedürfnisse, Bedarf, Werbung

Wünsche können vielfältig sein.

Nach dem Aufstehen ist Max noch sehr müde und möchte duschen, um munter zu werden. Während des Duschens meldet sich der Hunger. Auf dem Tisch stehen schon die warmen Semmeln und selbst gemachte Marmelade bereit. Die Zeit drängt. Schnell ins Auto! Die Radiowerbung verspricht aufregende Stranderlebnisse mit HUI-Reisen. „Ja, Urlaub müsste man haben, drei Wochen Sonne, Strand und Meer ... Da vorn ist ja schon wieder ein Stau! Immer dasselbe an dieser Stelle! Warum wird hier nicht endlich eine Umgehungsstraße gebaut? Danach besteht doch nun wirklich seit langem ein Bedürfnis der Allgemeinheit!"

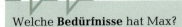

Welche **Bedürfnisse** hat Max?

Bedürfnis:
Empfinden eines Mangels mit dem Wunsch, diesen Mangel zu beseitigen

1.1 Bedürfnisarten

Jeder Mensch hat im Laufe seines Lebens eine Vielzahl von Wünschen, auf deren Erfüllung er sein Handeln ausrichtet. Diese Wünsche nennt man auch Bedürfnisse. Die Zahl der Bedürfnisse ist unbegrenzt.

1 Bedürfnisse, Bedarf, Werbung

Dringlichkeit der Bedürfnisse

Interpretieren Sie die grafische Darstellung der Bedürfnisse in Form einer Pyramide.

Existenzbedürfnisse

Definition:	Beispiele:
Bedürfnisse, deren Befriedigung lebensnotwendig ist	Nahrung, Wohnung, Kleidung

Kulturbedürfnisse

Definition:	Beispiele:
Bedürfnisse, die von einem gehobenen Lebensstandard zeugen	Drei-Gänge Menü, Mobiltelefon, Theaterbesuche

Luxusbedürfnisse

Definition:	Beispiele:
Bedürfnisse, die Kennzeichen für einen exklusiven Lebensstil sind	Weltreise, Villa, teures Auto

Sind die Existenzbedürfnisse befriedigt, dann streben viele Menschen nach der Befriedigung von Kultur- und Luxusbedürfnissen.

Viele Bedürfnisse können nicht oder nur schwer befriedigt werden, da die meisten **Güter** nicht unbegrenzt vorhanden sind. Außerdem könnten die entsprechenden Geldmittel fehlen, um sich Wünsche zu erfüllen. Der Wunsch nach einem eigenen Haus kann nur erfüllt werden, wenn die finanziellen Mittel vorhanden sind.

Güter:
Mittel, die der Befriedigung von Bedürfnissen dienen

1.2 Werbung

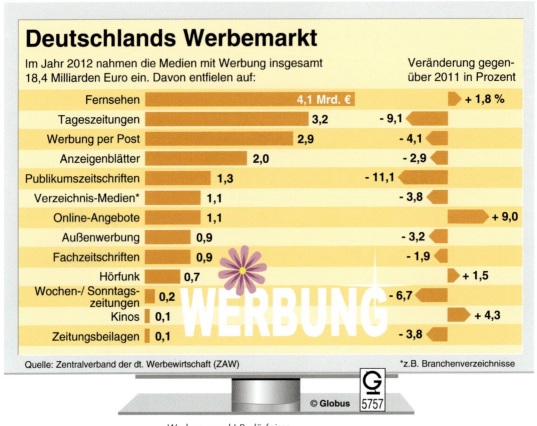

Werbung weckt Bedürfnisse

Werbung ist ein Mittel zum Wecken von Bedürfnissen. Dabei werden häufig Anknüpfungspunkte zum privaten Umfeld der Zielgruppe hergestellt. Das ist der Fall, wenn Werbung Jugendlichen „vorgaukelt", dass sie bestimmte Dinge brauchen, um „dazuzugehören". Werbung verfolgt dabei zwei Ziele:

▸ Informationsfunktion: Mögliche Kunden müssen von einem bestimmten Produkt erfahren und Angaben über die besonderen Eigenschaften des Produktes erhalten.

▸ Anreizfunktion: Der Kunde muss letztlich zum Kauf eines Produktes bewegt werden. Um die Kunden zum Kauf anzuregen, setzen Werbefachleute zahlreiche Instrumente ein.

Durch **Werbemittel** und **Werbeträger,** die unterschiedliche Werbewirkung erzeugen, sollen diese Ziele erreicht werden.

Werbemittel:
Sie dienen der Umsetzung der Werbebotschaft (z. B. Anzeigen, Filme, Spots im Fernsehen oder Radio).

Werbeträger:
Darunter versteht man alle Personen oder Dinge, die die Werbebotschaft an den Kunden übermitteln, wie z. B. Zeitungen, Fernsehen, Funk und Bandenwerbung bei Sportveranstaltungen.

Überlegen Sie sich weitere Werbemittel und -träger.

1.3 Vom Bedarf zur Nachfrage

Die Bedürfnisse, die mit finanziellen Mitteln erfüllt werden könnten, nennt man Bedarf. Hat man bspw. fünf Euro im Geldbeutel, könnte man sich damit eine Vielzahl kleinerer Wünsche erfüllen.

Nur ein kleiner Teil der Bedürfnisse wird tatsächlich erfüllt. Man könnte je nach Vorliebe von den fünf Euro Güter wie Semmeln, eine Zeitung oder einen kleinen Blumenstrauß kaufen oder alles zusammen.

Den Teil des Bedarfs, der tatsächlich durch Geld gedeckt wird, nennt man Nachfrage. Kauft der Kunde beim Bäcker Semmeln, so hat er den Bedarf in Nachfrage umgewandelt. Die Nachfrage am **Markt** für Semmeln ist somit gestiegen.

Foto: Manuela Schellenberger

Markt:
Ort, an dem Angebot und Nachfrage aufeinander treffen

Zusammenfassung

Jeder Mensch hat im Laufe seines Lebens eine Vielzahl von Wünschen, auf deren Erfüllung er häufig sein Handeln ausrichtet. Diese Wünsche nennt man Bedürfnisse.

Man unterscheidet Existenz-, Kultur- und Luxusbedürfnisse.

Ein Mittel zum Wecken von Bedürfnissen ist die Werbung.

Bedürfnisse, die mit finanziellen Mitteln erfüllt werden könnten, nennt man Bedarf.

Nachfrage entsteht, wenn man seinen Bedarf am Markt befriedigt.

Wissens-Check

1. Entscheiden Sie, ob folgende Aussagen richtig oder falsch sind:
    a) Ein Kleid kann sowohl ein Existenz- als auch ein Luxusbedürfnis sein.
    b) Der Besuch einer Gemäldeausstellung entspricht der Befriedigung eines Kulturbedürfnisses.
    c) Verborgene Bedürfnisse können durch Werbung geweckt und bei ausreichendem Einkommen zum Bedarf werden.
    d) Wenn kein Bedarf vorhanden ist, ergibt sich auch kein Bedürfnis.
    e) „Wirtschaften" ist nur bei den in unbeschränkter Menge vorhandenen Gütern (= bei freien Gütern) erforderlich.
    f) Bedarf ist das durch Geld gedeckte Bedürfnis.
2. Ist folgende Gleichung richtig?
    „Bedürfnisse + Kaufkraft + geäußerter Kaufwille = tatsächliche Nachfrage."

2 Rechte und Verpflichtungen in Verträgen

Eine Kette von Verträgen...

Marco, ein 17-jähriger Auszubildender zum Industriekaufmann, gerade auf dem Heimweg von der Arbeit, hat Pech: Sein Moped bleibt mangels Sprit stehen. Manuela, 18-jährige Bürokauffrau, kommt gerade vorbeigefahren und überlässt Marco ihren Ersatzkanister samt Inhalt. Am nächsten Tag soll Marco den Kanister wieder gefüllt zurückbringen. Marco füllt den Kanister bei einer Tankstelle und kauft eine Schachtel Pralinen, die er Manuela zum Dank für ihre Hilfe schenkt.

In diesem Beispiel ist eine Reihe von Verträgen zustande gekommen. Beim Überlassen eines Kanisters Benzin und Zurückgeben des gefüllten Kanisters an Manuela handelt sich um einen Darlehensvertrag. Der Kauf von Benzin und einer Schachtel Pralinen an der Tankstelle ist jeweils ein Kaufvertrag. Beim unentgeltlichen Übergeben der Pralinen an Manuela liegt ein Schenkungsvertrag vor.

Verträge kommen durch zwei übereinstimmende Willenserklärungen (Antrag und Annahme) zustande.

2.1 Kaufvertrag

Der bekannteste aller Verträge ist der Kaufvertrag. Unter Anwesenden müssen Willenserklärungen sofort erfolgen. Bei schriftlichen Anträgen muss die Annahme innerhalb der üblicherweise zu erwartenden Zeit erfolgen. Bei Anträgen auf dem Postweg sind bis zu drei Tage üblich. Bei Faxanträgen muss die Annahme am selben Tag erfolgen.

Manu möchte auf dem Wochenmarkt zwei Kilo Äpfel kaufen. An einem Stand liest Manu auf einem Preisschild „Neue Ernte eingetroffen, ein Kilo nur 1,99 €." Manu geht zum Verkäufer und sagt:

Arten, wie ein Vertrag geschlossen werden kann

„Für je 1,50 Euro pro Kilo nehme ich zwei Kilo." Der Verkäufer erwidert: „Geben Sie mir je 1,75 Euro und wir kommen zusammen." Manu willigt sofort ein.

Hier ist zunächst von Manu ein Antrag für einen neuen Preis gestellt worden. Der Verkäufer nahm diesen Antrag nicht an. Antrag und Annahme stimmten demnach nicht überein. Jetzt gab der Verkäufer einen neuen Antrag ab. Dieser wurde von Manu sofort angenommen. Antrag und Annahme stimmen jetzt überein. Es ist ein Vertrag zustande gekommen. Kaufverträge können meist **formlos** geschlossen werden.

Formlos:
Grundsätzlich gilt bei Kaufverträgen Formfreiheit. Beim Kauf von Immobilien muss aber zusätzlich ein Notar den Vertragsschluss beurkunden (= Notarielle Beurkundung).

Hauptpflichten des Verkäufers	Hauptpflichten des Käufers
– Übergabe sach- und rechtsmängelfreier Ware	– Ware abnehmen
– Übertragung des Eigentums	– Kaufpreis zahlen
– Ware zur rechten Zeit am rechten Ort übergeben	

Hauptpflichten aus dem Kaufvertrag

§ 433 Vertragstypische Pflichten beim Kaufvertrag

(1) Durch den Kaufvertrag wird der Verkäufer einer Sache verpflichtet, dem Käufer die Sache zu übergeben und das Eigentum an der Sache zu verschaffen. Der Verkäufer hat dem Käufer die Sache frei von Sach- und Rechtsmängeln zu verschaffen.

(2) Der Käufer ist verpflichtet, dem Verkäufer den vereinbarten Kaufpreis zu zahlen und die gekaufte Sache abzunehmen.

1. Begründen Sie, ob in folgenden Fällen ein rechtswirksamer Kaufvertrag abgeschlossen wurde.

    a) Rainer geht in ein Lebensmittelgeschäft, nimmt sich eine Tüte Chips und bezahlt an der Kasse.

    b) Ein Privatmann nimmt vom Briefträger ein Päckchen an, in dem sich unbestellte Ware befindet.

2. Im Alltag werden täglich eine Vielzahl weiterer Verträge geschlossen.

    Überlegen Sie sich zusammen mit Ihrem Nachbarn weitere mögliche Verträge.

2.2 Ratenkaufvertrag

Der 18-jährige Rainer möchte sich einen gebrauchten Pkw kaufen. Leider fehlt ihm das erforderliche Kapital. Ein geschickter Verkäufer bietet ihm daraufhin an, das Auto in monatlichen Raten von 200,00 Euro innerhalb von 36 Monaten zu einem effektiven Zinssatz von 7 Prozent abzuzahlen. Rainer willigt sofort ein und fährt mit seinem neuen Auto davon.

Abschluss eines Ratenkaufvertrags

Kreditfinanzierte Käufe (= Ratenkaufverträge) gehören heute zum Alltag. Dies gilt insbesondere bei höherwertigen Konsumgütern Kreditfinanzierte Käufe (= Ratenkaufverträge) gehören heute zum Alltag. Dies gilt insbesondere bei höherwertigen Konsumgütern wie Autos, Stereoanlagen etc. Derartige Güter können häufig nicht sofort in voller Höhe bezahlt werden. Um Kaufanreize zu schaffen und auch kurzfristig größere Anschaffungen für jedermann zu realisieren, werden häufig Ratenlieferungsverträge vereinbart. Personen, die Anschaffungen durch einen Ratenkredit tätigen, unterliegen gesetzlichem Schutz nach § 505 BGB.

Diskutieren Sie, warum besondere gesetzliche Regelungen bei Ratenkreditverträgen erforderlich sind.

2.3 Mietvertrag und Leasing

Ein Mietvertrag ist nach § 535 BGB ein Vertrag zur zeitweiligen Gebrauchsüberlassung einer Sache gegen Entgelt.

Nach § 550 BGB gelten Mietverträge, die nach mehr als einem Jahr Laufzeit nicht schriftlich abgeschlossen wurden, für unbestimmte Zeit. Ein Mietvertrag bezieht sich nicht nur auf Wohnungen, sondern auch auf Autos oder Computer bis hin zum Smoking oder Abendkleid.

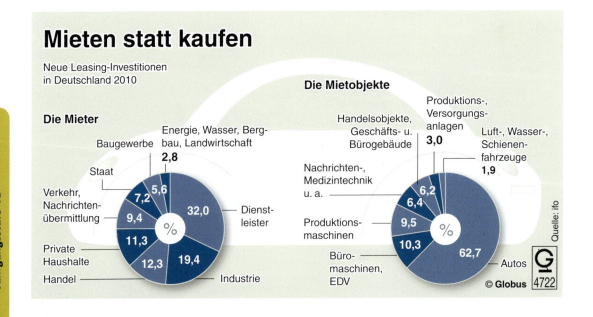

Unter **Leasing** versteht man ein für einen bestimmten Zeitraum geschlossenes miet- oder pachtähnliches Verhältnis zwischen einem **Leasinggeber** und einem Leasingnehmer. Bei den geleasten Wirtschaftsgütern kann es sich um Gebäude, Maschinen, Schiffe, Autos oder andere Gegenstände handeln. Der Unterschied zum Mietvertrag besteht darin, dass beim Leasing die Möglichkeit besteht, den geleasten Gegenstand am Ende der Leasingzeit zu kaufen oder gegen einen neuen Leasinggegenstand zu tauschen. Ein Leasingvertrag muss immer schriftlich abgeschlossen werden.

Leasing:
To lease (engl.): mieten oder vermieten

1. Welche Branchen sind die größten Leasingnehmer?
2. Welche Produkte werden am häufigsten geleast?

Zusammenfassung

Verträge kommen durch zwei übereinstimmende Willenserklärungen zustande.

Mit dem Zustandekommen eines Vertrages gehen die Vertragspartner unterschiedliche Rechte und Pflichten ein.

Der bekannteste aller Verträge ist der Kaufvertrag.

Ratenzahlungen werden angeboten, um Kaufanreize zu schaffen und auch kurzfristig größere Anschaffungen für jedermann realisierbar zu machen.

Leasing ist ein für einen bestimmten Zeitraum geschlossenes miet- oder pachtähnliches Verhältnis.

Leasing hat sich in Deutschland auch für private Haushalte zu einem üblichen Kreditersatz entwickelt.

Wissens-Check

1. Begründen Sie, ob in folgenden Fällen ein rechtswirksamer Kaufvertrag zustande bzw. nicht zustande gekommen ist.

   a) Ein Kunde bestellt aufgrund einer detaillierten Werbeanzeige in der Tageszeitung. Der Verkäufer nimmt die Bestellung an.

   b) Ein Kaufmann bestellt Ware zum bisherigen Preis, der Verkäufer liefert die Ware zum erhöhten Neupreis.

2. Die EMULTEC GmbH erhält folgendes Fax der Mair OHG: „Wir liefern Dichtungsringe mit 10 % Rabatt. Bestellen Sie jetzt." Zwei Tage später bestellt der Einkäufer der EMULTEC GmbH die Dichtungsringe. Mair OHG teilt daraufhin mit, dass sie nicht mehr liefern könne, da schon alles ausverkauft sei. Die EMULTEC GmbH besteht auf die Lieferung. Klären Sie die Rechtslage.

3. Unterscheiden Sie Mietvertrag und Leasingvertrag.

3 Verbraucherschutz

Kinder und Jugendliche geraten immer häufiger in die Schuldenfalle.

Verschuldung:
Verschuldung liegt vor, wenn ein Mensch Schulden hat, unabhängig davon, wie groß die mit diesen Schulden verbundene Belastung ist.

Überschuldung:
Von Überschuldung spricht man, wenn nach Abzug der Ausgaben für den Lebensbedarf der Rest nicht ausreicht, um Zahlungsverpflichtungen zu erfüllen.

Schulden der Jugendlichen:
- 850.000 Jugendliche sind verschuldet.
- 250.000 Jugendliche sind überschuldet.
- 20% der Überschuldeten sind unter 20 Jahre alt.
- 20% aller 14 bis 21-Jährigen sind bereits überschuldet.
- 33% der Schulden werden bereits vor dem 20. Lebensjahr gemacht.
- 10% der 11 bis 15-Jährigen haben Schulden bei Banken.

> Was tun, wenn der Weihnachtsmann nicht hilft? Diskutieren Sie im Klassenverband über Auswege aus der Schuldenfalle.

3.1 Problem Schuldenfalle

Für den Erwerb einer Vielzahl von Produkten sind viele Jugendliche bereit, Schulden zu machen. Diese Problematik wird noch verschärft durch den erleichterten Einkauf im Internet oder über EC- bzw. Kreditkarten. Dies kann zur **Ver-** bis hin zur **Überschuldung** führen. Vor allem Handys gehören für viele Schülerinnen und Schüler zum Alltag. Dabei sehen viele Jugendliche nicht die finanziellen Probleme, die dies mit sich bringen kann.

Häufig spielt der Nachahmungseffekt eine große Rolle. Viele Jugendliche fühlen sich einer Art Gruppenzwang ausgesetzt, der dazu führt, dass sie ihr Handy unkritisch und unkontrolliert einsetzen. Dieser sorglose Umgang wird durch Werbestrategien der Handyhersteller noch unterstützt. Da meist die Eltern für die Schulden ihrer minderjährigen Kinder aufkommen müssen, fehlt die persönliche Betroffenheit der minderjährigen Schuldner. Bei den über 18-jährigen Schuldnern beginnt die Lohnpfändung dann oft mit dem ersten selbstverdienten Geld. Viele Jugendliche haben **Schulden** und ihre Zahl steigt weiter an.

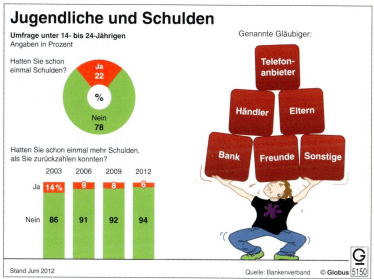

Verschuldungsgründe

SCHUFA:

Schutzgemeinschaft für allgemeine Kreditsicherung

Aufgabe der SCHUFA ist es, ihren Vertragspartnern Informationen über potenzielle Kreditnehmer zu geben, um die Kreditgeber vor Verlusten im Kreditgeschäft zu schützen.

> Diskutieren Sie mögliche Ursachen dieser Entwicklung im Klassenverband.

3.2 Die Schuldnerberatung

Die **Schuldnerberatungsstellen** stehen bei Überschuldungsproblemen von Familien oder Einzelpersonen für Beratungen und Hilfestellungen kostenlos zur Verfügung. Die Schuldnerberatung sucht vor allem nach den Ursachen von Überschuldung und versucht, das Verhalten der Betroffenen dauerhaft positiv zu verändern. Diese Stellen zeigen Auswege aus der Schuldenproblematik auf und entwickeln gemeinsam mit den Betroffenen oder deren Angehörigen Entschuldungsstrategien, um sich wirtschaftlich zu sanieren. Diese Aufgabe wird meist von gemeinnützigen Organisationen übernommen.

Um der Schuldenfalle zu entkommen, empfehlen die Schuldnerberatungsstellen **Prepaid-Handys**. Die Kosten für solche Handys sind zwar höher, aber das Guthaben, das abtelefoniert werden kann, ist schon von vornherein festgelegt. Bei Handy-Verträgen hingegen zeigt erst die Telefonrechnung die wahren Ausgaben.

Schuldnerberatungsstellen:
▸ Schuldnerberatung im Diakonischen Werk Bayern
▸ Arbeiterwohlfahrt
▸ Caritas
▸ Deutsches Rotes Kreuz

Prepaid-Handys:

Mobiltelefone, bei denen keine monatlichen Grundgebühren anfallen

Diese Telefone enthalten eine Chipkarte, die mit einem Gesprächsguthaben aufgeladen werden kann. Ist das Guthaben aufgebraucht, kann der Inhaber das Telefon erst wieder nach Aufladen der Karte nutzen.

> Erläutern Sie kurz die Aufgaben von Schuldnerberatungsstellen.
>
> Suchen Sie im Internet oder im Branchenbuch nach einer Schuldnerberatungsstelle in Ihrer Nähe.

3.3 Rechtsnormen zum direkten Schutz des Verbrauchers

Allgemeine Geschäftsbedingungen (§§ 305 – 310 BGB)

Kleingedrucktes: Der Teufel liegt im Detail.

AGB:
Allgmeine Geschäftsbedingungen

Eine grundlegende Voraussetzung für eine funktionierende Marktwirtschaft ist die Vertragsfreiheit. Diese beinhaltet auch die Vereinbarung „vorformulierter Vertragsbedingungen". Diese vereinfachen den Vertragsabschluss vor allem für den Unternehmer. Er muss nicht jeden Vertrag mit seinem Kunden in allen Details neu aushandeln, sondern der Kunde stimmt bei Vertragsschluss automatisch zu. Voraussetzung ist, dass er ausdrücklich darauf hingewiesen wurde und der Kunde ausreichend Zeit hatte, von den Bedingungen Kenntnis zu nehmen. Hierin liegt aber die Gefahr, dass der Kunde durch das sogenannte „Kleingedruckte" vom Verkäufer benachteiligt werden könnte.

So ist zum Beispiel folgende Vertragsbedingung unzulässig: Ein Kunde kauft einen Staubsauger. Nach sieben Monaten ist der Motor defekt. Der Elektrohändler lehnt eine Reparatur im Rahmen der Garantie ab, da in den **AGB** eine Garantiefrist von vier Monaten festgelegt ist. Dies verstößt gegen Bestimmungen im Bürgerlichen Gesetzbuch, die eine Gewährleistungsfrist von zwei Jahren vorsehen.

„Machen Sie sich über die Raten keine Sorgen, das schaffen Sie schon."

Kredit:
lat. creditum = auf Treu und Glauben

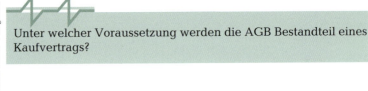

Unter welcher Voraussetzung werden die AGB Bestandteil eines Kaufvertrags?

Verbraucherdarlehensvertrag (§ 491 BGB)

Verbraucher, die ein Auto durch einen **Kredit** finanzieren oder den Kaufpreis in Raten begleichen, fallen unter den Schutz des BGB.

Heutzutage spielen Raten- oder Kreditkäufe eine immer größere Rolle. Bei teureren Konsumgütern kann deren Preis meist nicht sofort in voller Höhe beglichen werden.

Ein Kreditvertrag wird wirksam, wenn der Verbraucher ihn nicht innerhalb von zwei Wochen schriftlich widerruft (§ 355, § 495 BGB). Das Widerrufsrecht erlischt spätestens sechs Monate nach Vertragsabschluss, wenn der Verbraucher über sein Widerrufsrecht ordnungsgemäß belehrt wurde.

Verbraucherinformationsgesetz (VIG)

Das Verbraucherinformationsgesetz (VIG) gibt den Verbrauchern ein umfassendes Auskunftsrecht. Verbraucher können bei Behörden anfragen, was Kontrollen von z. B. Lebensmitteln oder Kosmetika ergeben haben. Verbraucher bekommen innerhalb von vier Wochen Auskunft. Der Antrag der Verbraucher muss schriftlich erfolgen und ist meist gebührenpflichtig.

Gammelfleisch soll es künftig nicht mehr geben.

Versicherungsvertragsgesetz (VVG)

Das Gesetz über den Versicherungsvertrag regelt Rechte und Pflichten von Versicherer und Versicherungsnehmer. Es dient vor allem dem Schutz der Versicherungsnehmer. Drei wesentliche Inhalte:

- Widerruf des Vertrages innerhalb von 14 Tagen bzw. 30 Tagen bei Lebensversicherungen
- Umfassende Beratungs- und Informationspflicht mit Dokumentation des Beratungsgesprächs
- Vertragsbestimmungen müssen vor Vertragsabschluss bekannt sein

Verbraucherschutz bei Fernabsatzgeschäften

§ 7 UWG wurde um das Verbot unerwünschter Telefonwerbung erweitert. Verstöße stellen eine Ordnungswidrigkeit dar und werden von der Bundesnetzagentur verfolgt, wenn der Verbraucher diese Anrufe über eine Verbraucherzentrale meldet. Verstöße können mit bis zu 50.000,00 Euro Geldbuße geahndet werden. Verboten sind Werbeanrufe ohne Einwilligung des Verbrauchers sowie nach § 102 **TKG** das Unterdrücken der Telefonnummer.

TKG: Telekommunikationsgesetz

Insolvenzordnung (InsO)

Die Insolvenzordnung ermöglicht es zahlungsunfähigen Privatpersonen, in den „Verbraucherkonkurs" zu gehen. Ziel ist die völlige Schuldenfreiheit. Stellt z. B. ein Gericht fest, dass der Schuldner Restschuldbefreiung erlangt, wenn er in der Wohlverhaltensphase allen Verpflichtungen nachgekommen ist, wird der Schuldner schuldenfrei. Die Wohlverhaltensphase beträgt in der Regel sechs Jahre. Während dieser Zeit muss der Schuldner einem bescheidenen Lebenswandel nachgehen. Nach Eröffnung des Insolvenzverfahrens werden dann regelmäßige Tilgungsbeträge im Rahmen des Verteilungsplanes an die Gläubiger weitergeleitet. Vorteil hierbei ist, dass der Schuldner schuldenfrei wird und die Gläubiger zumindest einen Teil ihrer Forderungen erhalten.

Außerhalb von Geschäftsräumen geschlossene Verträge (§ 312 b BGB)

Die gesetzliche Regelung über außerhalb von Geschäftsräumen geschlossene Verträge soll eine Benachteiligung des Konsumenten bei Barzahlungskäufen verhindern.

Der Widerruf muss innerhalb von zwei Wochen ohne Angabe von Gründen erklärt werden. Der Widerruf muss z. B. durch Brief, Fax oder E-Mail gegenüber dem Unternehmer erklärt werden. Eine bloße Rücksendung der Ware reicht nicht aus. Die rechtzeitige Absendung genügt zur Fristwahrung. Die Möglichkeit des Widerrufs muss bei Vertragsschluss gesondert unterschrieben werden. Wurde es versäumt, auf das Widerrufsrecht hinzuweisen, verjährt es spätestens nach 12 Monaten und 14 Tagen nach Vertragsabschluss (beim Verbrauchsgüterkauf nach Erhalt der Ware). Der Verbraucher muss grundsätzlich die Kosten der Warenrücksendung tragen, wenn der Verkäufer vorher darauf hinweist. Der Händler trägt allerdings das Risiko der Rücksendung. Das Gesetz findet keine An-

Den Gerichtsvollziehern ist die Vollstreckung in das bewegliche Vermögen eines Schuldners übertragen.

Bagatellgeschäfte:
Kaufverträge, bei denen der Kaufpreis sofort bezahlt wird und 40 Euro nicht übersteigt.

wendung bei Versicherungsverträgen, Vertretern, die der Kunde selbst bestellt hat, bei notariell beurkundeten Verträgen sowie bei **Bagatellgeschäften.**

E-Commerce

Hierbei handelt es sich um Geschäfte, die vorwiegend über das Internet abgeschlossen werden. Zum Schutz des Verbrauchers muss nach europäischer Verbraucherrechterichtlinie das Online-Portal dafür sorgen, dass

- Eingabefehler des Kunden vor Abgabe der Bestellung erkannt und berichtigt werden,
- die Allgemeinen Geschäftsbedingungen (AGB) vor Vertragsabschluss abgerufen und gespeichert werden können,
- keine Kreuzchen oder Häkchen der akzeptierten Zahlungsmittel voreingestellt sind,
- die Bestellung mit den Worten „zahlungspflichtig bestellen" abgeschlossen werden muss.

Bei Downloadprodukten (z. B. E-Books oder Musik) erlischt das Widerrufsrecht mit Beginn der Übersendung der Datei.

> Ein Zeitschriftenverkäufer verkauft Anita ein Abonnement an der Haustür. Am nächsten Tag bereut Anita ihre Entscheidung und möchte das Abonnement kündigen. Klären Sie die Rechtslage.

Waren müssen ausgezeichnet werden.
Foto: Manuela Schellenberger

Preisangabenverordnung (PAngV)

Wer Konsumenten Waren anbietet, hat die Preise so anzugeben, wie sie einschließlich Umsatzsteuer und sonstigen Preisbestandteilen (außer Rabatten) zu zahlen sind (§ 11 PAngV). Mit den Preisen sind auch die üblichen Verkaufs- oder Leistungseinheiten und die Gütebezeichnungen anzugeben (§ 11 PAngV).

Waren, die in Schaufenstern und Schaukästen oder Verkaufsständen ausgestellt werden, sind mit Preisschildern oder Beschriftungen zu versehen. Diese Preisangaben sind – mit **Ausnahmen** – an den Waren selbst oder den Behältnissen bzw. Regalen anzubringen.

Ausnahmen von der Preisauszeichnungspflicht:
- Kunstgegenstände
- Sammlerstücke und Antiquitäten; Waren, die in Werbevorführungen angeboten werden
- Blumen und Pflanzen, die unmittelbar vom Freiland oder Treibhaus verkauft werden

> Was ist der Zweck der Preisauszeichnungsverordnung?

Gesetz über die Haftung für fehlerhafte Produkte (ProdHaftG)

Angenommen, durch einen Kurzschluss in einem Mikrowellengerät wird ein Zimmerbrand verursacht. In diesem Fall regelt das Produkthaftungsgesetz, wer für den Schaden aufkommt. Nach dem Produkthaftungsgesetz werden nur durch das Produkt verursachte Schäden, nicht aber das fehlerhafte Produkt selbst ersetzt. Derjenige, der ein fehlerhaftes Produkt ausliefert, haftet für verursachte Personen- und Sachschäden.

Grafik: Dave Vaughan

Hier haftet der Hersteller.

Ausgenommen von der Haftung sind landwirtschaftliche Produkte (§ 2 ProdHaftG). Voraussetzung ist nicht, dass den Auslieferer ein Verschulden trifft. Eine Ware, die bereits vor einem Jahr hergestellt wurde, bisher auf Lager lag und jetzt erst an den Kunden ausgeliefert wird, muss dem derzeitigen technischen und wissenschaftlichen Know-how entsprechen.

Nennen Sie die wesentlichen Bestimmungen des Produkthaftungsgesetzes.

Schutz vor Abo- und Kostenfallen im Internet

Unternehmen müssen bei Bestellungen über das Internet klar kenntlich machen, was ihre Leistung kostet. Der Verbraucher muss alle für den Vertragsschluss wesentlichen Informationen verständlich nachvollziehen können. Der Verbraucher muss seinen Willen zum Vertragsschluss durch einen Klick auf eine Schaltfläche mit der Beschriftung „zahlungspflichtig bestellen" oder Ähnlichem zum Ausdruck bringen. Mit dieser Regelung soll ausgeschlossen werden, dass Verbraucher eine Bestellung im Internet ausführen, ohne sich darüber im Klaren zu sein, dass diese Leistung kostenpflichtig ist.

Verbraucherinformation und -beratung

Der Verbraucher sieht sich heute einer unübersehbaren Menge an Angeboten gegenüber. Sie werden ihm in oft verlockender Verpackung meist zur Selbstbedienung angeboten. Dabei ist die Verbraucherinformation und -beratung oft unzureichend. Deshalb helfen Verbraucherschutzverbände und Verbraucherzeitschriften dem Verbraucher, indem sie

▸ Preis- und Leistungsvergleiche (Tests) durchführen, auswerten und veröffentlichen,
▸ über Verbraucherrechte informieren,
▸ leichtgläubige Konsumenten vor „Verkäufertricks" und **„Konsumentenfallen"** warnen.

Konsumentenfallen:
Das Internet stellt zunehmend eine Gefahr für Verbraucher dar. Durch unbedachtes „Klicken" oder Ausfüllen von Anmeldeformularen ohne sorgfältiges Lesen der AGB besteht z. B. die Gefahr in sog. Abofallen zu geraten. Hierbei handelt es sich um ein angeblich abgeschlossenes Abonnement, welches der Internetnutzer dann unbewusst online abschließt. Zu überhöhten Preisen wird dann versucht, über Mahnschreiben, Inkassounternehmen und sogar mithilfe dubioser Rechtsanwälte den Abo-Betrag einzufordern.

Verbraucherzentralen

Verbraucherzentralen:
Sie gibt es in jedem Bundesland. Adressen sind im Internet zu finden.

Verbraucherzentralen sind eingetragene Vereine, die sich in den Bundesländern um Verbraucherschutz und Verbraucherinformation kümmern. Die Verbraucherzentralen bemühen sich um eine verbraucherorientierte Gesetzgebung und klären den Verbraucher durch Informationsveranstaltungen, Broschüren, Testzeitschriften und Beratungen auf. Sie unterhalten in vielen Städten Beratungsstellen, beraten aber auch telefonisch und geben Tipps. Sie sammeln Material, z.B. Reklamationen von ihren Mitgliedern, schreiben die betreffenden Firmen an und gewähren Rechtsschutz.

Stiftung Warentest

Auf Beschluss des Bundestages wurde 1964 die Stiftung Warentest mit Sitz in Berlin gegründet. Sie lässt aufgrund von Prüfprogrammen durch Fachinstitute vergleichende Tests von Waren und Dienstleistungen, wie z.B. Versicherungen oder Urlaubspauschalreisen, durchführen oder testet selbst. Die Ergebnisse werden monatlich veröffentlicht und in Jahrbüchern zusammengefasst.

> Welche Aufgaben erfüllen die Verbraucherzentralen und die Stiftung Warentest?

Zusammenfassung

- Die Schuldnerberatung hilft bei Überschuldungsproblemen von Familien oder Einzelpersonen.
- Verbraucherschutz umfasst alle Maßnahmen, die den Konsumenten schützen.
- Die Allgemeinen Geschäftsbedingungen vereinfachen den Vertragsabschluss vor allem für den Unternehmer.
- Bei Anschaffungen durch Kredit- oder Ratenfinanzierung greift der Schutz des BGB.
- Die Insolvenzordnung ermöglicht es zahlungsunfähigen Privatpersonen, in den sogenannten „Verbraucherkonkurs" zu gehen.
- Die gesetzlichen Regelungen über den Widerruf von Haustürgeschäften sollen eine Benachteiligung des Konsumenten bei Barzahlungskäufen verhindern.
- Nach der Preisangabenverordnung sind die Preise so anzugeben, wie sie einschließlich Umsatzsteuer und sonstigen Preisbestandteilen zu zahlen sind.
- Das Produkthaftungsgesetz regelt den Ersatz für Folgeschäden, die durch den Ge- und Verbrauch eines Produktes entstehen.
- Verbraucherzentralen sind eingetragene Vereine, die sich um Verbraucherschutz und Verbraucherinformation bemühen.
- Die Stiftung Warentest lässt vergleichende Tests von Waren und Dienstleistungen durchführen oder testet selbst.

Wissens-Check

1. Worin liegt der besondere Schutz für Verbraucher bei Kreditfinanzierung?
2. Erläutern Sie den Zweck der Allgemeinen Geschäftsbedingungen.
3. Erläutern Sie den Zweck der Insolvenzordnung.

Rechtsformen der Unternehmung

4

Der Computerhandel von Max Mayr hat sich in den letzten zwei Jahren so gut entwickelt, dass er die Geschäfte nicht mehr alleine bewältigen kann. Er stellt deswegen einen Einzelhandelskaufmann für die Buchführung und die sonstigen Verwaltungsarbeiten ein. Außerdem treten seine Kunden immer mehr mit Systemberatungswünschen an ihn heran, die er nur teilweise befriedigen kann. Er nimmt deshalb das Angebot des Freundes Herbert Müller, der in einem EDV-Beratungsunternehmen arbeitet, an. Dieser schlägt vor, sich im gleichen Verhältnis wie Max Mayr am Unternehmen zu beteiligen.

1. Klären Sie mit Hilfe der Informationen auf den folgenden Seiten, um welche Unternehmensform es sich bei der Computerhandlung handelt.
2. Prüfen Sie anschließend, welche Unternehmensform nach Aufnahme des Freundes Müller empfehlenswert wäre.

4.1 Einzelunternehmen

Eigenkapitel:
Von den Unternehmern für das Unternehmen zur Verfügung gestellte finanzielle Mittel

Firma:
Name des Kaufmanns, unter dem er seine Handelsgeschäfte betreibt, die Unterschrift abgibt, klagen und verklagt werden kann. Zulässig sind folgende Firmenarten:

1. Personenfirma: Besteht aus einem oder mehreren Personennamen, z. B. Hans Mair e. K.
2. Sachfirma: Der Name leitet sich aus dem Gegenstand des Unternehmens ab, z. B. BMW AG.
3. Phantasiefirma: Zulässig ist jeder Name, sofern er im Zusammenhang mit dem Unternehmen steht, z. B. Adidas AG.
4. Gemischte Firma: Name setzt sich aus dem Personennamen und Gegenstand des Unternehmens zusammen, z. B. Müller Polstermöbel KG.

Unbeschränkt:
Haftung mit Privat- und Geschäftsvermögen

Solidarisch:
Jeder Gesellschafter haftet unabhängig von der Höhe seiner Einlage für alle Schulden der Gesellschaft.

Unmittelbar:
Jeder Gläubiger kann sich an jeden einzelnen Gesellschafter zur Einforderung der Schuld wenden.

Der Einzelunternehmer hat das alleinige Recht zur Geschäftsführung. Er kann allein und somit schnell Entscheidungen fällen. Die Haftung bezieht sich auf sein gesamtes Geschäfts- und Privatvermögen. Da er allein das **Eigenkapital** in das Unternehmen einbringt, hat er auch allein Anspruch auf den Gewinn. Dafür muss er aber auch Verluste alleine tragen. Die **Firma** trägt den Zusatz e. K., e. Kfm. bzw. e. Kffr. für „eingetragener Kaufmann" bzw. „eingetragene Kauffrau".

4.2 Personengesellschaften

Um eine Personengesellschaft zu gründen sind mindestens zwei Personen erforderlich, die einen Gesellschaftsvertrag schließen.

In der Gesellschaft des bürgerlichen Rechts (GbR) sind alle Gesellschafter, wenn nichts anderes vereinbart wurde, gemeinschaftlich Geschäftsführer. Für sämtliche Schulden haften alle Gesellschafter persönlich, unbeschränkt und mit ihrem gesamten Vermögen. Gewinne oder Verluste werden, sofern nichts anderes im Gesellschaftsvertrag vereinbart ist, nach Köpfen verteilt. Die GbR hat keine Firma. Ein Zusatz ist nicht erforderlich. Genauso leicht wie die GbR gegründet werden kann, kann sie auch wieder aufgelöst werden. Beispiele für GbRs sind Wohn- oder Fahrgemeinschaften.

Bei der offenen Handelsgesellschaft (OHG) ist eine Kapitaleinlage erforderlich. Wenn der Gesellschaftsvertrag nichts anderes regelt, ist jeder Gesellschafter allein zur Geschäftsführung berechtigt. Außergewöhnliche Handlungen wie der Verkauf des Unternehmens oder die Aufnahme hoher Kredite sind aber von der Zustimmung aller Gesellschafter abhängig. Die Gesellschafter haften mit ihrem gesamten Geschäfts- und Privatvermögen, **unbeschränkt**, **solidarisch** und **unmittelbar**. Macht das Unternehmen ausreichend Gewinn, erhält jeder Gesellschafter zunächst 4 Prozent seiner Kapitaleinlage, der Restgewinn wird dann nach Köpfen verteilt. Die Verluste werden nur nach Köpfen verteilt. Die Firma hat den Zusatz „offene Handelsgesellschaft" oder die gebräuchliche Abkürzung OHG.

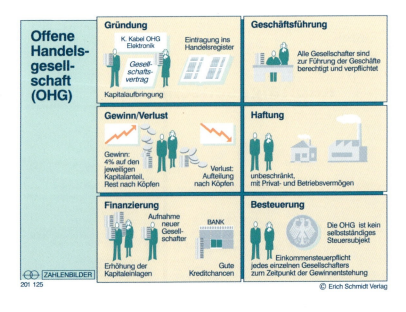

Bei der Kommanditgesellschaft (KG) ist wie bei der OHG eine Kapitaleinlage erforderlich. Bei der Gründung wird ein Gesellschaftsvertrag abgeschlossen, in dem vereinbart wird, wer Vollhafter (Komplementär) und wer Teilhafter (Kommanditist) ist. Der **Vollhafter** haftet mit seinem gesamten Vermögen und der **Teilhafter** nur mit seiner Kapitaleinlage. Der Vollhafter ist allein für die Geschäftsführung verantwortlich. Der Teilhafter kann nur bei außergewöhnlichen Rechtsgeschäften wie Unternehmensauflösung oder Verkauf von wesentlichen Unternehmensteilen widersprechen. Ihm steht außerdem ein Informationsrecht zu und er hat Anspruch auf Einsicht in die Geschäftsbücher. Die gesetzliche Gewinnverteilung regelt, dass jedem Gesellschafter zunächst 4 Prozent seiner Kapitaleinlage zustehen, der Rest soll im angemessenen Verhältnis z.B. in Abhängigkeit von den Kapitaleinlagen verteilt werden. Die Verluste werden in angemessenem Verhältnis aufgeteilt. Die Firma hat den Zusatz „Kommanditgesellschaft" oder die gebräuchliche Abkürzung KG.

Vollhafter:
Der Vollhafter haftet mit seinem gesamten Vermögen.

Teilhafter:
Der Teilhafter haftet nur mit seiner Kapitaleinlage.

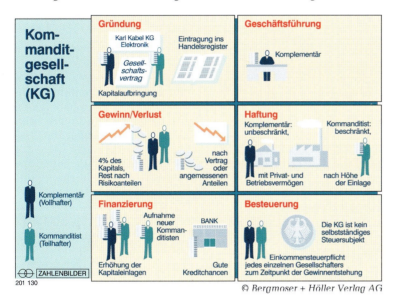

4.3 Kapitalgesellschaften

Die Gesellschaft mit beschränkter Haftung (GmbH) ist in Deutschland weit verbreitet. Die Gesellschaft kann von einer oder mehreren Personen gegründet werden. Um Rechtskraft zu erlangen muss die GmbH ins **Handelsregister** eingetragen werden. Zur Gründung ist ein Stammkapital von 25.000 Euro notwendig. Jeder Gesellschafter haftet dabei nur bis zu seiner Einlage. Organe der GmbH sind die Geschäftsführung, der Aufsichtsrat und die Gesellschafterversammlung. Der Gewinn verteilt sich nach den Geschäftsanteilen. Die Verluste werden aus Rücklagen oder Geschäftsanteilen getilgt. Die Firma hat den Zusatz „Gesellschaft mit beschränkter Haftung" oder die gebräuchliche Abkürzung GmbH.

Für die Gründung einer Aktiengesellschaft (AG) benötigt man wie bei der GmbH ein oder mehrere Personen. Weiterhin ist ein

Handelsregister:
Beim örtlichen Amtsgericht geführtes Verzeichnis aller Kaufleute

Es gibt zwei Abteilungen. In Abteilung A werden alle Einzelunternehmen und Personengesellschaften und in Abteilung B alle Kapitalgesellschaften eingetragen.

Unternehmergesellschaft (haftungsbeschränkt):

Die neue „Mini-GmbH" ist eine Sonderform der GmbH, die auch nur mit dem Gesellschaftsvermögen haftet. Anders als bei der GmbH kann die Unternehmergesellschaft schon mit einem **Stammkapital ab 1 Euro** gegründet werden.

Grundkapitel:

Mindestkapital, das bei Gründung einer Aktiengesellschaft vorhanden sein muss

Dividende:

Die Dividende ist der Gewinn, der anteilig für eine Aktie von der Aktiengesellschaft an den Aktionär ausgeschüttet wird.

Grundkapital von 50.000 Euro erforderlich. Durch den Kauf von **Aktien** wird man zum Aktionär und haftet als Eigentümer der Unternehmung in Höhe des Aktienbesitzes. Aktionäre haben kein Recht auf Geschäftsführung, sondern lediglich ein Stimmrecht in der **Hauptversammlung** sowie Anspruch auf **Dividende.** Die Verluste werden aus Rücklagen gedeckt. Die Organe der AG sind der Vorstand, der Aufsichtsrat und die Hauptversammlung. Die Firma hat den Zusatz „Aktiengesellschaft" oder die gebräuchliche Abkürzung AG.

Aktien erhält der Aktionär meist nicht mehr in Papierform. Der Wert und die Stückzahl werden lediglich in einem Depot erfasst.

Hauptversammlung eines großen Unternehmens

Was unterscheidet eine Kapitalgesellschaft von einer Personengesellschaft? Arbeiten Sie die Unterschiede heraus.

4 Rechtsformen der Unternehmung

Das europäische Zusammenwachsen geht auch nicht an den Unternehmensformen vorbei. So soll künftig eine Europäische AG für einen europaweit einheitlichen rechtlichen Rahmen sorgen.

EU-Staaten einigen sich über Europäische Aktiengesellschaft

(...) Grenzüberschreitend tätigen Unternehmen wird zukünftig eine einheitliche europäische Unternehmensform zur Verfügung stehen; sie brauchen nicht länger mit unterschiedlichen nationalen Rechtsformen zu agieren. Dies stärkt europäische Unternehmen im globalen Wettbewerb und damit den Wirtschaftsstandort Europa (...)

BMA-Pressestelle Berlin

Weitere Unternehmensformen:
Genossenschaften (e. G.) verfolgen den Zweck, ihre Mitglieder wirtschaftlich zu fördern. Ein Beispiel hierfür ist eine Einkaufsgenossenschaft, die den Zweck hat, Mengerabatte beim Einkauf größerer Mengen zu erzielen.

Mischformen:
Aufgrund der großen Unterschiede im Haftungs- und Steuerrecht sind in der Praxis Kombinationen aus Personen- und Kapitalgesellschaften entstanden. Hierdurch sollen die jeweiligen Vorteile kombiniert werden.

Beispiel:
Bei einer GmbH & Co. KG handelt es sich um eine KG mit einer GmbH als Komplementär (Vollhafter).

Welcher Zweck wird mit der Einrichtung einer Europäischen Aktiengesellschaft verfolgt?

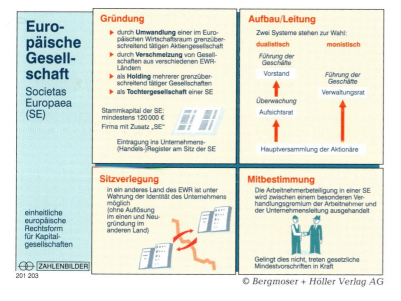

Europäische Gesellschaft – Societas Europaea (SE)

Diese Rechtsform erleichtert es Unternehmen, im Europäischen Wirtschaftsraum grenzüberschreitend tätig zu werden. In der Rechtsform der SE kann das Unternehmen europaweit als *ein* Unternehmen auftreten und muss dort keine eigenständigen Tochterunternehmen mehr gründen.

1. Warum ist die Einzelunternehmung zahlenmäßig am häufigsten vertreten?
2. Nennen Sie die Faktoren, die heutzutage vor allem die Wahl der Rechtsform bestimmen.

Zusammenfassung

Der Einzelunternehmer hat das alleinige Recht zur Geschäftsführung. Er kann allein und somit schnell Entscheidungen fällen, haftet aber auch alleine.

Um eine Personengesellschaft zu gründen, sind mindestens zwei Personen erforderlich, die einen Gesellschaftsvertrag schließen.

Bei der offenen Handelsgesellschaft (OHG) haften die Gesellschafter mit ihrem gesamten Geschäfts- und Privatvermögen unbeschränkt, solidarisch und unmittelbar. Macht das Unternehmen Gewinn, erhält jeder Gesellschafter zunächst vier Prozent seiner Kapitaleinlage, der Restgewinn wird dann nach Köpfen verteilt.

Bei der Kommanditgesellschaft (KG) haftet der Vollhafter mit seinem gesamten Vermögen und der Teilhafter nur mit seiner Kapitaleinlage. Die gesetzliche Gewinnverteilung regelt, dass jedem Gesellschafter zunächst vier Prozent seiner Kapitaleinlage zustehen, der Rest soll im angemessenen Verhältnis in Abhängigkeit von den Kapitaleinlagen verteilt werden.

Die Gesellschaft mit beschränkter Haftung (GmbH) kann von einer oder mehreren Personen gegründet werden. Jeder Gesellschafter haftet dabei nur bis zu seiner Einlage. Der Gewinn verteilt sich nach den Geschäftsanteilen.

Die Aktiengesellschaft (AG) kann auch von ein oder mehreren Personen gegründet werden. Durch den Kauf von Aktien wird man zum Aktionär und haftet als Eigentümer der Unternehmung in Höhe des Aktienwertes. Aktionäre haben Anspruch auf Gewinn (Dividende).

Wissens-Check

1. Fertigen Sie eine Tabelle an, in der neben jeder Unternehmensform folgende Kriterien eingetragen sind:
   - Geschäftsführung
   - Gesellschafter/Mitglieder/Kapitalgeber
   - Kapitalausstattung (Mindestkapital)
   - Haftung (Haftungsbeschränkung)

2. Herr Otto Ford möchte sich mit einer kleinen Reparaturwerkstatt selbstständig machen. Leider weiß er noch nicht, welche Rechtsform er wählen sollte und wie er die neue Firma benennen könnte. Bitte machen Sie Herrn Ford rechtlich zulässige Vorschläge!

3. Die drei Gesellschafter der EMULTEC OHG machen einen Jahresgewinn von 167.000 Euro. Das Anfangskapital von Hans sen. beträgt 300.000 Euro; Hans jun. hat ein Anfangskapital von 350.000 Euro und der dritte Gesellschafter Konrad 450.000 Euro. Der Jahresgewinn soll nach der gesetzlichen Vorschrift verteilt werden. Bitte beraten Sie die drei im Streit liegenden Gesellschafter.

4. Wie unterscheidet sich eine OHG von einer AG hinsichtlich der Haftung der Gesellschafter?

Kennzeichen der sozialen Marktwirtschaft

Interpretieren Sie die Karikatur.

5.1 Freie Marktwirtschaft und Planwirtschaft

Die freie Marktwirtschaft

Sämtliche wirtschaftlichen Entscheidungen werden von den Bürgern weitgehend allein getroffen. Der **Markt** bestimmt durch das Zusammentreffen von Angebot und Nachfrage, welche und wie viel Güter produziert werden. Die Unternehmen sind dabei auf Gewinnmaximierung aus, wodurch ein Wettbewerb unter den Unternehmen entbrennt. Jeder möchte den größten Profit machen. Die Nachfrage bestimmt, was und wie viel angeboten wird, worauf die Unternehmer

Markt:
Ort, an dem Angebot und Nachfrage aufeinander treffen

Foto: Manuela Schellenberger

Märkte zu jedem Anlass: Warenvielfalt ist Kennzeichen freier Märkte

ihr Angebot abstimmen. Die Unternehmer erhalten diese notwendigen Informationen über die Preise, die sich am Markt bilden (Markt-Preis-Mechanismus). Der Markt gilt dabei als Abstimmungsmechanismus für alle Arten von angebotenen und nachgefragten Gütern, Dienstleistungen, Kapitalien und Arbeitsleistungen. Die freie Marktwirtschaft gibt es in reiner Form, in der der Staat überhaupt nicht in den Wirtschaftsablauf eingreift, nicht. Zusammenfassend kann die freie Marktwirtschaft folgendermaßen charakterisiert werden:

Die Plan- oder Zentralverwaltungswirtschaft

Zentralverwaltungswirtschaft:
Begriff ist gleichbedeutend mit dem Begriff Planwirtschaft

Eiserner Vorhang:
Bezeichnung für die nach dem Zweiten Weltkrieg bis 1989 geltende politische Trennung zwischen West und Ost
Dieser „Vorhang" war meist für die Bewohner des Ostteils undurchlässig.

Bürokratisierung:
Ausdehnung der Bürokratie
Die Bürokratie steht für die Verwaltung eines Staates, ohne die ein geordnetes Zusammenleben einer großen Menschengruppe nicht möglich ist. Die Bürokratie führt Gesetze aus oder vertritt die Rechte des Bürgers, der ein Anliegen hat.
Soziologisches Lexikon

Die **Zentralverwaltungswirtschaft** hat seit dem Fall des **„eisernen Vorhangs"** weltweit an Bedeutung verloren. Diese Wirtschaftsform existiert nur noch in wenigen Ländern wie zum Beispiel in Nord-Korea oder Kuba. Die Grundlagen dieser Wirtschaftsordnung bildet die Verstaatlichung der Produktionsmittel sowie die zentrale Planung und Steuerung der Wirtschaft durch den Staat. Eine zentrale Planbehörde setzt die Preise und Löhne fest, lenkt die Arbeitskräfte dorthin, wo sie gebraucht werden, und kontrolliert die Verteilung der Güter. Oberstes Ziel dieser Wirtschaftsordnung ist die Erfüllung des Plans.

Zentralverwaltungswirtschaft ist nur möglich, wenn ein Staat ausreichend Macht hat, sie durchzusetzen. Das Grundgesetz der Bundesrepublik Deutschland schreibt zwar keine konkrete Wirtschaftsordnung vor, doch gibt es im Grundgesetz zahlreiche Artikel, die eine Planwirtschaft ausschließen.

Die Planwirtschaft sieht sich einigen Problemen gegenüber:

▸ Wie wird die Produktion auf zukünftige Bedürfnisse der Bevölkerung abgestimmt?
▸ Wie werden die arbeitenden Menschen so motiviert, dass Planziele erfüllt werden?
▸ Wie wird eine übermäßige **Bürokratisierung** verhindert?

Bisherige Versuche einer Gesamtplanwirtschaft sind misslungen.

5.2 Spannungsverhältnis zwischen Staat und Markt

Die soziale Marktwirtschaft

1948 wird zusammen mit der Währungsunion in den drei Westzonen die Soziale Marktwirtschaft eingeführt. „Wohlstand für alle" lautet der Grundsatz der vom damaligen Bundeskanzler **Ludwig Erhard** geprägten Wirtschaftspolitik. Hierbei handelt es sich um ein Wirtschaftsmodell, das – im Gegensatz zur freien Marktwirtschaft – dem Staat eine Regulierungs- und Kontrollfunktion im wirtschaftlichen Bereich zuweist. Dadurch sollen die Mängel der freien Marktwirtschaft ausgeglichen, aber gleichzeitig ihre Vorteile gewahrt bleiben. Hierbei entsteht ein Spannungsverhältnis zwischen Staat und Markt. Es geht um die Frage, inwieweit der Staat in den Markt eingreifen darf, um das freie Spiel von Angebot und Nachfrage zu beeinflussen. Im Allgemeinen gilt das Prinzip, dass die wirtschaftliche Freiheit vom Staat nur so weit eingeschränkt werden darf, dass unsoziale Auswirkungen vermieden werden und „Wohlstand für alle" geschaffen wird. Die staatlichen Aufgaben umfassen:

▸ Schutz des freien Wettbewerbs durch Verhinderung von Wettbewerbsbeschränkungen

▸ Einkommens-, Vermögens- und Steuerpolitik, z. B. **progressive** Besteuerung des Einkommens

▸ Konjunktur- und Strukturpolitik, z. B. Subventionen für strukturell schwache Regionen

▸ Sozialpolitik, z. B. Sozialversicherung, Arbeitsschutzgesetze, Sozialleistungen

Inwieweit die Konzeption der sozialen Marktwirtschaft noch für die gegenwärtig vorherrschende Wirtschaftsordnung zutrifft, ist zumindest umstritten. Viele der aktuellen wirtschaftspolitischen Probleme (wie z. B. Arbeitslosigkeit oder Staatsverschuldung) stellen die sozialen Komponenten des Wirtschaftssystems zunehmend in Frage.

Ludwig Erhard

Progressiv:
Mit zunehmendem Einkommen steigt die prozentuale Steuer.

> Erläutern Sie den wesentlichen Unterschied zwischen der freien und der sozialen Marktwirtschaft.

Das Menschenbild und die Prinzipien der sozialen Marktwirtschaft

Menschenbild:
Stellenwert des Menschen in einem politischen oder wirtschaftlichen System

Die soziale Marktwirtschaft geht von einem selbstverantwortlichen Menschen aus, der sein Leben selbst in die Hand nimmt. Die folgenden vier Prinzipien prägen die soziale Marktwirtschaft.

Individualprinzip

Jeder Mensch handelt selbstverantwortlich. Hierzu muss ihm der Staat die entsprechenden Freiräume gewähren. Dieses Prinzip leitet sich aus dem Recht auf freie Entfaltung der Persönlichkeit und dem Recht auf Eigentum ab.

Sozialprinzip

Jeder Mensch hat das Seine zum Gemeinwohl beizutragen. Das heißt, dass die Menschen füreinander einstehen sollen.

Subsidiaritätsprinzip

Nur wenn der Mensch sich nicht selbst helfen kann, tritt der Staat für ihn ein. Der Staat gewährt Hilfe zur Selbsthilfe. Hierzu gehört beispielsweise die Sozialhilfe.

Solidaritätsprinzip

Jeder Mensch hat nach diesem Prinzip Rechte und Pflichten gegenüber der Gemeinschaft („Einer trage des anderen Last."). Ein Beispiel hierfür ist der Solidaritätsbeitrag, der als Folge der deutschen Wiedervereinigung von jedem Steuerzahler zur Finanzierung der Einheit erhoben wird. Hierdurch sollen einheitliche Lebensverhältnisse in Ost und West herbeigeführt werden.

Auszug aus dem Grundgesetz:

Art. 2
(1) Jeder hat das Recht auf die freie Entfaltung seiner Persönlichkeit, soweit er nicht die Rechte anderer verletzt (…)

Art. 9
(1) Alle Deutschen haben das Recht, Vereine und Gesellschaften zu bilden (…)

Art. 9
(3) Das Recht, zur Wahrung und Förderung der Arbeits- und Wirtschaftsbedingungen Vereinigungen zu bilden, ist für jedermann und für alle Berufe gewährleistet (…)

Art. 11
(1) Alle Deutschen genießen Freizügigkeit im ganzen Bundesgebiet (…)

Art. 12
(1) Alle Deutschen haben das Recht, Beruf, Arbeitsplatz und Ausbildungsstätte frei zu wählen (…)

Art. 14
(1) Das Eigentum und das Erbrecht werden gewährleistet. (…)

Art. 20
(1) Die Bundesrepublik Deutschland ist ein demokratischer und sozialer Bundesstaat.

> 1. Die soziale Marktwirtschaft ist von bestimmten Prinzipien geprägt. Welches Prinzip verbirgt sich hinter dem Ausspruch „Einer für alle, alle für einen"?
> 2. Erläutern Sie kurz den Inhalt des Subsidiaritätsprinzips.

Rechtliche Regelungen zur sozialen Marktwirtschaft

Das **Grundgesetz** schreibt der Bundesrepublik Deutschland die soziale Marktwirtschaft nicht als einzig mögliche Wirtschaftsordnung vor. Lediglich einzelne Bestimmungen fordern die Wirtschaftspolitik auf, sich an bestimmte Regeln zu halten. Artikel 20 GG verpflichtet den Staat zu einem Mindestmaß an sozialen Standards. Jeder Bürger hat somit das Recht auf eine soziale Grundsicherung. Dieser Sozialgedanke findet sich in der sozialen Marktwirtschaft in den Sozialleistungen wieder.

Folgende Bestimmungen zur Wirtschaftsordnung lassen sich aus dem Grundgesetz ableiten:

Rechtliche Bestimmung im Grundgesetz	Die Elemente der sozialen Marktwirtschaft
Freie Persönlichkeitsentfaltung (Art. 2 Abs. 1)	Konsum- und Handelsfreiheit, Gewerbefreiheit, Vertragsfreiheit
Vereinigungsfreiheit (Art. 9 Abs. 1)	Möglichkeit freier Unternehmenszusammenschlüsse
Koalitionsrecht (Art. 9 Abs. 3)	Tarifverhandlungen durch Interessenvertretungen von Arbeitnehmern und Arbeitgebern
Recht auf Freizügigkeit (Art. 11 Abs. 1)	Niederlassungsfreiheit
Freiheit der Berufswahl (Art. 12 Abs. 1 Satz 1)	Freie Wahl von Beruf, Arbeitsplatz und Ausbildungsstätte
Sozialstaatsklausel (Art. 20 Abs. 1)	Der Staat fängt sozial Schwache mit einem Netz sozialer Leistungen auf
Eigentumsgarantie (Art. 14 Abs. 1 Satz 1)	Investitions- und Produktionsfreiheit

5.3 Bedeutung von Markt und Wettbewerb für Verbraucher und Volkswirtschaft

In einer Marktwirtschaft sind Angebot und Nachfrage dem freien Spiel der Marktkräfte ausgesetzt. Bei diesem Spiel gewinnt nur derjenige, der sich in der stärkeren Position befindet. Dies bedeutet, dass die Unternehmen einen Vorsprung an Marktinformationen und einen größeren Einfluss auf Politik und Wirtschaft anstreben müssen. Ferner streben Unternehmen danach, durch **Kooperationen** oder **Fusionen** ihre Macht auszubauen. Der Verbraucher kann sich meist nur den vorgegebenen Marktbedingungen anpassen.

Das einzig wirksame Mittel des Verbrauchers liegt in diesen Fällen nur in der Konsumzurückhaltung oder im Konsumverzicht. Dies funktioniert allerdings nur, wenn es sich um nicht lebensnotwendige Güter handelt. Ansonsten hilft nur ein gesunder funktionierender Wettbewerb, bei dem sich die Wettbewerber untereinander selbst kontrollieren.

Kooperation:

Zusammenarbeit von zwei oder mehreren Unternehmen in bestimmten Bereichen wie Umweltschutz, Forschung und Entwicklung

Kooperationsformen können in Form von Interessengemeinschaften oder Arbeitsgemeinschaften auftreten.

Fusion:

Verschmelzung von zwei oder mehreren unabhängigen Unternehmen zu einer wirtschaftlichen und rechtlichen Einheit, z. B. EON und Ruhrgas

GWB:
Gesetz gegen Wettbewerbsbeschränkungen

Kartell:
Vertragsmäßige Zusammenschlüsse selbstständiger Unternehmungen der gleichen Wirtschaftsstufe meist zu dem Zweck, sich zu Lasten der Verbraucher z. B. über Preise abzusprechen
Kartelle sind grundsätzlich verboten. Ausnahmen gibt es nur, wenn Kartelle für den Verbraucher von Nutzen sind.

UWG:
Gesetz gegen den unlauteren Wettbewerb

Verbrauchsgüterkauf:
Eine Privatperson (Verbraucher) kauft von einem Unternehmer eine bewegliche Sache (§ 474 I, S. 1 BGB)

Damit der Verbraucher den Marktkräften nicht hilflos ausgeliefert ist, wurden Gesetze zu seinem Schutz geschaffen:

- Verbraucherschutzbestimmungen im BGB
- Das **GWB**, um den freien Wettbewerb zu garantieren. Demnach sind **Kartelle** grundsätzlich verboten. Grundgedanke des Gesetzes ist, dass ein freier Wettbewerb den größten Nutzen für die Wirtschaft und den Verbraucher hat.
- Das **UWG** als wichtigste wettbewerbsrechtliche Regelung. Es soll den Verbraucher vor dem wettbewerbswidrigen Verhalten einzelner Waren- und Dienstleistungsanbieter schützen.

> § 1 UWG:
>
> Dieses Gesetz dient dem Schutz der Mitbewerber, der Verbraucherinnen und der Verbraucher sowie der sonstigen Marktteilnehmer vor unlauterem Wettbewerb. Es schützt zugleich das Interesse der Allgemeinheit an einem unverfälschten Wettbewerb.

- Seit 2009 wurde der Verbraucherschutz im UWG um das Verbot unerwünschter Telefonwerbung erweitert. Verstöße stellen eine Ordnungswidrigkeit dar und werden von der Bundesnetzagentur verfolgt, wenn der Verbraucher diese Anrufe meldet. Damit kann unerwünschte Telefonwerbung mit bis zu 50.000 Euro Geldbuße geahndet werden.
- Beim **Verbrauchsgüterkauf** wird nach § 476 BGB zugunsten des Käufers gesetzlich festgestellt, dass ein Mangel an einer Kaufsache bereits beim Kauf bestand (Beweislastumkehr). Dies gilt für die ersten sechs Monate nach dem Kauf.

Unlauter ist Werbung z. B. dann, wenn sie:

- Falsche Vergleiche mit Mitbewerbern anstellt,

  (Beispiel: „Wäscht weißer als das Waschmittel XYZ.")

- Irreführend ist,

  (Beispiel: Preis vorher 3 € jetzt nur noch 1 €. Preis vorher wurde frei erfunden.)

- Lockvogelwerbung darstellt.

  (Beispiel: Sonderangebote locken Kunden ins Geschäft; tatsächlich gibt es nur eine geringe Zahl reduzierter Artikel, die sofort ausverkauft sind.)

> A. Kolb liest in der Zeitung folgende Werbeanzeige eines Supermarktes: „1 Pfund Kaffee der Marke Fibo für nur 1,99 €". Eine halbe Stunde später ist Frau Kolb in dem Geschäft; allerdings vergeblich. Die vorhandenen 30 Packungen Kaffee waren bereits verkauft.
>
> Verstößt dies Ihrer Meinung nach gegen das UWG?

5 Kennzeichen der sozialen Marktwirtschaft

Auch entsprechende Institutionen wie das **Bundeskartellamt** zusammen mit den Landeskartellbehörden schützen den Wettbewerb.

Foto: Presseamt Bonn/Sondermann

Das Bundeskartellamt in Bonn

Aldi, Lidl und Wal-Mart werden teurer
Kartellamt verbietet Supermarkt-Preiskrieg

München. Bonn – Das Bundeskartellamt hat am Freitag den drei Handelsriesen Wal-Mart, Aldi-Nord und Lidl untersagt, bestimmte Grundnahrungsmittel wie Butter oder Reis dauerhaft unter dem **Einstandspreis** zu verkaufen. Der Präsident der Behörde (...) begründete die Entscheidung mit dem Kartellgesetz, das allenfalls befristete Sonderangebote unter Einstandspreisen zulasse. Dauerhafte Niedrigpreis-Verkäufe würden zwar den Verbrauchern kurzfristig bescheidene Vorteile bringen, längerfristig aber einen wirksamen Wettbewerb im Lebensmittel-Einzelhandel zerstören (...)

Süddeutsche Zeitung

Einstandspreis:
Preis, der aus der Summe aller Kosten ermittelt wird, die entstehen, bis das Produkt den Kunden erreicht hat. Dazu gehören neben dem Produktpreis die Fracht- und Verpackungskosten, Zölle etc.

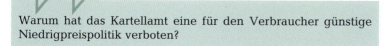

Warum hat das Kartellamt eine für den Verbraucher günstige Niedrigpreispolitik verboten?

Um Marktmacht zu erlangen, sind manche Unternehmen sehr kreativ und scheuen keine Kosten. Wie obiger Zeitungsartikel zeigt, haben Handelsriesen versucht, durch Anbieten von Grundnahrungsmitteln unterhalb der eigenen **Selbstkosten,** Kunden anzulocken und Wettbewerber, die sich das nicht leisten konnten, aus dem Feld zu schlagen. Hier kann nur noch der Staat helfen.

Selbstkosten:
Summe der Kosten, die für die Herstellung sowie für den Vertrieb und die Verwaltung in einem Unternehmen anfallen

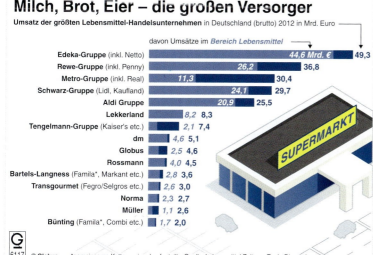

Zusammenfassung

In der reinen Form der freien Marktwirtschaft greift der Staat nicht in den Wirtschaftsablauf ein.

Der Markt bestimmt durch das Zusammentreffen von Angebot und Nachfrage, was und wie viel produziert wird.

Die Grundlagen der Zentralverwaltungswirtschaft bilden die Verstaatlichung sowie die zentrale Planung und Steuerung der Wirtschaft durch den Staat.

Planwirtschaft ist nur möglich, wenn ein Staat ausreichend Macht hat, sie durchzusetzen.

Die soziale Marktwirtschaft versucht, die Mängel der freien Marktwirtschaft auszugleichen, aber gleichzeitig ihre Vorteile sicherzustellen.

Die soziale Marktwirtschaft verfolgt folgende Prinzipien: Individualprinzip, Sozialprinzip, Subsidiaritätsprinzip, Solidaritätsprinzip.

Unternehmen streben danach ihre Marktmacht auszubauen, z. B. durch Kooperationen oder Fusionen.

Der Verbraucher kann sich nur den vorgegebenen Marktbedingungen anpassen.

Der Staat schützt den Wettbewerb mit Gesetzen und Institutionen.

Wissens-Check

1. Grenzen Sie die freie Marktwirtschaft von der Planwirtschaft ab.
2. Welche Gründe führten zur Entstehung der sozialen Marktwirtschaft?
3. Erläutern Sie kurz die Rolle des Staates in der sozialen Marktwirtschaft.
4. Nennen und erläutern Sie die Prinzipien der sozialen Marktwirtschaft.
5. Martin bekommt eine CD ins Haus geschickt, ohne dass er sie bestellt hat. Verstößt dies gegen das UWG?
6. Begründen Sie die Notwendigkeit des Verbraucherschutzes in der sozialen Marktwirtschaft.

Betriebliche Ziele

Ohne Ziele läuft man wie durch ein Labyrinth.

> „Der Langsamste, der sein Ziel nicht aus dem Auge verliert, geht immer geschwinder als jene, die ohne Ziel umherirren."
>
> G. E. Lessing

Diskutieren Sie die Aussage des Sprichworts im Klassenverband.

Beim wirtschaftlichen Handeln verfolgt der Mensch bestimmte Ziele. Diese Ziele versucht er zu erreichen, indem er vernünftig (rational) handelt.

6.1 Ökonomisches Prinzip

Wirtschaftssubjekte können nach zwei Prinzipien handeln. Zum einen können sie nach dem Maximalprinzip handeln. Darunter versteht man, mit vorhandenen Mitteln (meist Geld) möglichst viel zu erhalten (z. B. Lebensmittel). Zum anderen können Wirtschaftssubjekte nach dem Minimalprinzip handeln. Hierunter versteht man, ein gegebenes Ziel (z. B. den Kauf von Lebensmitteln für eine Woche) mit möglichst wenig Mitteln (z. B. Geld) zu erreichen. Beide Prinzipien zusammen bezeichnet man als **ökonomisches Prinzip** (Wirtschaftlichkeitsprinzip). Diesem Prinzip liegt die Vorstellung zu Grunde, dass der Mensch rational handelt.

Wirtschaftssubjekte:
Alle wirtschaftlich Handelnden wie private Haushalte, Unternehmen oder der Staat

Ökonomisches Prinzip:
Minimal- und Maximalprinzip

Kritik am klassischen ökonomischen Prinzip

Das ökonomische Prinzip lässt keine Aussagen über Ziele oder Motive des wirtschaftlich Handelnden zu. Ein Unternehmen kann beispielsweise nach diesem Prinzip handeln, um den Gewinn zu maximieren oder um wirtschaftliche Macht zu erlangen. Es kann aber auch sich zum Ziel setzen, möglichst die gesamte Nachfrage mit Gütern zu versorgen.

Dies alles sind Gründe, das ökonomische Prinzip zu beachten. Das ökonomische Prinzip zeigt aber lediglich die Art der Durchführung auf. Das Ziel, welches damit verfolgt werden soll, bleibt hingegen unklar.

1. Nach welchem Prinzip handelt die Schülerin Maria, wenn sie in einem Billigdiscounter Kleidung einkauft?
2. Welche der folgenden Aussage trifft auf das ökonomische Prinzip zu:
   a) Die Planwirtschaft beruht auf dem ökonomischen Prinzip.
   b) Mit gegebenen Mitteln ist ein maximaler Nutzen anzustreben.
   c) Mit geringsten Mitteln ist der höchste Nutzen anzustreben.
   d) Das ökonomische Prinzip ist undurchführbar.

6.2 Wirtschaftssubjekte und ihre Zielsetzungen

Private Haushalte

Ein privater Haushalt ist ein Einpersonenhaushalt oder eine Lebensgemeinschaft mehrerer Personen. Die privaten Haushalte stellen den Unternehmen oder dem Staat ihre Arbeitskraft zur Verfügung. Hierfür erhalten sie im Gegenzug Löhne und Gehälter. Von ihrem **verfügbaren Einkommen** kaufen sie auf dem Markt Konsumgüter und Dienstleistungen und versuchen dabei ihren Nutzen zu optimieren, d. h. sie verwenden ihr Einkommen für jene Güter, von denen sie sich den größten Nutzen versprechen.

Verfügbares Einkommen: Einkommen, das dem Haushalt nach Abzug von Steuern und Sozialabgaben für den Konsum verbleibt

Unternehmen

In einer Marktwirtschaft übernehmen die Güterproduktion und die Bereitstellung von Dienstleistungen überwiegend die privaten Unternehmungen. Dabei streben die Unternehmen meist nach Gewinnmaximierung. Für das Einbringen seiner Arbeitskraft sowie für die Übernahme des Risikos, des Misserfolgs und des damit verbundenen Kapitalverlustes erhält der Unternehmer den Gewinn. Meist stellen Unternehmen nicht nur ein Ziel auf, sondern verfolgen ein ganzes Bündel von Zielen. Unternehmen könnten z. B. die Ziele Kunden- und Mitarbeiterzufriedenheit verfolgen, um dadurch ein besseres Image am Markt zu erlangen.

Solidaritätsprinzip: Handeln nach dem Prinzip: „Einer für alle, alle für einen."

Manche Unternehmungen wie die Genossenschaften streben auch andere Ziele an. Die Genossenschaften fördern ihre Mitglieder und arbeiten nach dem **Solidaritätsprinzip.**

Öffentliche Haushalte (Staat)

Bund, Länder und Gemeinden bezeichnet man als öffentliche Haushalte, die nach dem Kostendeckungsprinzip arbeiten und nicht die Gewinnerzielung im Blick haben. Die öffentlichen Haushalte versuchen Bedürfnisse der Allgemeinheit (z. B. soziale Sicherheit, Bildung, Verteidigung) zu befriedigen. Die dabei entstehenden Kosten sollen sowohl durch eine Gebühr für die Nutzung (z. B. von Schwimmbädern, für die Müllbeseitigung, für das Theater) als auch durch Abgaben und Steuern gedeckt werden. Ein weiteres Ziel öffentlicher Haushalte ist es, eine bestmögliche Versorgung der Bevölkerung sicherzustellen, z. B. durch öffentliche Versorgungsunternehmen wie Gas-, Wasser- oder Verkehrsbetriebe. Tendenziell verschiebt sich aber dieser Aufgabenbereich zunehmend hin zu privaten Unternehmen.

Beim Bau und Betrieb von öffentlichen Schwimmbädern gilt das Kostendeckungsprinzip.

Welche Gründe sprechen für die Privatisierung öffentlicher Unternehmen?

Gemeinnützige Unternehmen

Karitative Institutionen versuchen mit ihren Spendengeldern und Mitgliedsbeiträgen möglichst vielen Menschen zu helfen und somit dem Gemeinwohl zu dienen. Gewinnerzielung spielt dabei meist keine Rolle.

Karitativ:

Unternehmen, die hilfsbedürftige Menschen unterstützen

Hierzu gehören z. B. das Rote Kreuz, die Caritas oder das Diakonische Werk.

Jährlich ruckt das Rote Kreuz knapp fünf Millionen Mal zu Rettungseinsätzen aus.

Vergleichen Sie die unterschiedliche Zielsetzung der folgenden Wirtschaftssubjekte:

a) Der 18-jährige Schüler Michael spart schon mehrere Monate, um sich ein Auto kaufen zu können.

b) Der Gemüsehändler Maier versucht seine Waren möglichst gewinnbringend zu verkaufen.

c) Der Oberbürgermeister von Bad Tölz versucht mit vorhandenen Finanzmitteln die Kosten für das neue Schwimmbad zu decken.

d) Das Bayerische Rote Kreuz sammelt Spendengelder und Mitgliedsbeiträge zur Unterstützung Hilfsbedürftiger.

6.3 Allgemeinwohl und wirtschaftliche Ziele

Die Zielverwirklichung aller Wirtschaftssubjekte stößt an ihre Grenzen, sobald sie den Interessen des Gemeinwohls entgegensteht. Zum Nutzen der Allgemeinheit kann sogar Eigentum enteignet werden. Beispielsweise können Abfälle nicht umweltschädlich entsorgt werden, um damit Kosten zu sparen.

Illegale Entsorgung
Foto: Stefan Schellenberger

> Art. 14 GG
>
> (2) Eigentum verpflichtet. Sein Gebrauch soll zugleich dem Wohle der Allgemeinheit dienen.
>
> (3) Eine Enteignung ist nur zum Wohle der Allgemeinheit zulässig. Sie darf nur durch Gesetz oder auf Grund eines Gesetzes erfolgen, das Art und Ausmaß der Entschädigung regelt. Die Entschädigung ist unter gerechter Abwägung der Interessen der Allgemeinheit und der Beteiligten zu bestimmen.

Benötigt z. B. eine Gemeinde eine Umgehungsstraße, so könnte im Interesse des Allgemeinwohls das Land von Landwirten gegen eine entsprechende Entschädigung enteignet werden.

Zusammenfassung

Jedes Wirtschaftssubjekt in einer Marktwirtschaft verfolgt Ziele.

Zur Erklärung wirtschaftlichen Handelns geht man davon aus, dass der Mensch rational (wirtschaftlich vernünftig) handelt.

Dem ökonomischen Prinzip liegt das Menschenbild des rational handelnden Menschen zugrunde.

Wirtschaftssubjekte sind die privaten Haushalte, Unternehmen und die öffentlichen Haushalte.

Die Zielverwirklichung der Wirtschaftssubjekte wird durch das Gemeinwohl eingeschränkt.

Wissens-Check

Welches ökonomische Prinzip liegt in den folgenden Fällen vor?

a) In der Konstruktionsabteilung einer Automobilfabrik wird erreicht, dass bei gleicher PS-Zahl und unveränderten Beschleunigungswerten der Benzinverbrauch eines bestimmten Typs um 10 Prozent gesenkt wird.

b) Zur Unterstützung der Landwirtschaft kauft eine staatliche Vorratsstelle Pfirsiche auf, um einen Preisverfall zu verhindern. Die aufgekauften Pfirsiche werden vernichtet.

c) In einer Möbelfabrik, die Bücherwände herstellt, war ein Unternehmensberater tätig. Aufgrund einer von ihm vorgeschlagenen Änderung des Fertigungsablaufs war es möglich, ohne zusätzliche Investitionen und ohne zusätzliches Personal die Produktion um 6 Prozent zu erhöhen.

Magisches Vieleck und Probleme bei seiner Verwirklichung

> Auszug aus § 1 Stabilitätsgesetz
>
> Bund und Länder haben bei ihren wirtschafts- und finanzpolitischen Maßnahmen die Erfordernisse des gesamtwirtschaftlichen Gleichgewichts zu beachten. Diese Maßnahmen sind so zu treffen, dass sie im Rahmen der marktwirtschaftlichen Ordnung gleichzeitig zur Stabilität des Preisniveaus, zu einem hohen Beschäftigungsstand und außenwirtschaftlichem Gleichgewicht bei stetigem und angemessenem Wirtschaftswachstum beitragen.

An den im Stabilitätsgesetz definierten Zielen werden die wirtschaftspolitische Kompetenz der jeweiligen Regierung sowie die Leistungsfähigkeit der deutschen Volkswirtschaft gemessen.

> Die im Stabilitätsgesetz genannten Ziele werden auch als magisches Viereck bezeichnet. Nennen Sie die im Stabilitätsgesetz formulierten wirtschaftpolitischen Ziele.

Um wirksam Konjunkturpolitik betreiben zu können, muss die Politik klare Ziele definieren. Außerdem muss die Politik über Instrumente verfügen, mit denen sie die Ziele verfolgen kann. Geeignete Mittel zur Steuerung sind z. B.:

- Erhöhung oder Verringerung der Steuern
- Erhöhung oder Verringerung der Staatsausgaben zur Senkung der Kosten der Unternehmen sowie zur Belebung der Nachfrage
- Erhöhung und Verringerung der **Abschreibung**ssätze für die Unternehmen

Ziel der Konjunkturpolitik ist es, ein gesamtwirtschaftliches Gleichgewicht zwischen wirtschaftlichem Wachstum, hohem Beschäftigungsstand, Preisniveaustabilität und außenwirtschaftlichem Gleichgewicht anzustreben. Da diese vier Ziele nicht gleichzeitig zu erreichen sind, spricht man vom „magischen Viereck". Der Staat orientiert sich dennoch an diesen gesetzlich festgelegten Zielen des Stabilitätsgesetzes.

Abschreibung:
Wertverlust von Vermögen, der durch Verbrauch, Verschleiß oder technischen Fortschritt verursacht ist. Dieser kann gewinnmindernd angesetzt werden. Die maximale Höhe der Abschreibung bestimmt der Steuergesetzgeber.

Wirtschaftswunder:
Kometenhafter Aufschwung der deutschen Wirtschaft nach völliger Zerstörung durch den Zweiten Weltkrieg

Konzertierte Aktion:
Aufeinander abgestimmtes Verhalten

Titelseite vom Juni 1966
Quelle: Spiegel-Verlag

Historischer Überblick

Nach Jahren des **Wirtschaftswunders** durchlebte Deutschland eine schwere Rezession. Bedingt durch nachlassende Investitionsbereitschaft, machte sich 1966 eine deutliche Konjunkturschwäche bemerkbar, die Lohnkürzungen und Entlassungen zur Folge hatte.

1967 gab es zum ersten Mal in der Geschichte der Bundesrepublik Deutschland ein „negatives Wirtschaftswachstum". Das Bruttosozialprodukt sank um 0,2 Prozent, während die Arbeitslosenquote von 0,7 auf 2,2 Prozent stieg. Der damalige Bundeswirtschaftsminister Karl Schiller (SPD) und der Finanzminister Franz Josef Strauß (CSU) der damaligen großen Koalition entwarfen in einer **konzertierten Aktion** das sogenannte Stabilitätsgesetz, das den negativen Entwicklungen der Wirtschaft gegensteuern sollte. Die Umsetzung dieser wirtschaftspolitischen Konzeption führte zu einer schnellen und anhaltenden Konjunkturerholung.

Sitzung der „konzertierten Aktion" bestehend aus Vertretern des Staates, der Tarifparteien und der Wissenschaft im Bundeswirtschaftsministerium Bonn, 9. November 1967
Foto: Bundesbildstelle, Bonn

7.1 Die Ziele des Stabilitätsgesetzes

Stabilität des Preisniveaus

Stabile Preise erhöhen das Vertrauen von privaten Haushalten und Unternehmen in die Wirtschaft und garantieren Planbarkeit hinsichtlich Konsum- bzw. Investitionsentscheidungen. Als stabil betrachtet man eine Preissteigerung von maximal 2 Prozent.

Hoher Beschäftigungsstand

Hohe Beschäftigung bzw. niedrige Arbeitslosigkeit garantiert hohe Steuereinnahmen. Aufgrund der höheren Steuereinnahmen kann es zu einer Umverteilung kommen. Hierdurch sind höhere Sozialleistungen möglich. Geringe Arbeitslosigkeit sorgt ferner für politische Stabilität. Als Vollbeschäftigung bezeichnet man eine Arbeitslosenquote von maximal 3 bis 4 Prozent. Es handelt sich um eine Art „Sockelarbeitslosigkeit", die auch in Zeiten guter Konjunkturentwicklung aus verschiedenen Gründen (z. B. friktionelle Arbeitslosigkeit) nicht unterschritten werden kann.

Spiegel-Titelbild aus dem Jahr 1966
Quelle: Spiegel-Verlag

7 Magisches Viereck und Probleme bei seiner Verwirklichung

Stetiges und angemessenes Wirtschaftswachstum

Das Wirtschaftswachstum wird mit Hilfe des Bruttoinlandsproduktes gemessen. Ein stetiges Wirtschaftswachstum ist wichtig, kann aber nicht isoliert von den anderen Zielsetzungen betrachtet werden. Durch Wirtschaftswachstum wird höherer Lebensstandard und höhere Beschäftigung erreicht. Als angemessen gilt ein Wirtschaftswachstum von **2 bis 3 Prozent** des Bruttoinlandsproduktes.

2–3% Wachstum:
Diese Höhe ist nach Ansicht von Experten mindestens erforderlich, um bspw. die Arbeitslosigkeit nachhaltig zu senken.

Außenwirtschaftliches Gleichgewicht

Das Wirtschaftswachstum in Deutschland hängt stark vom **Export** ab. Deutsche Produkte sind im Ausland begehrt. Im Gegenzug fließen **Devisen** ins Land, mit denen Deutschland wiederum seine **Importe** zahlen kann. Aus gesamtwirtschaftlicher Sicht sollten Ex- und Importe möglichst ausgeglichen sein. Beträgt der Überschuss der Exporte im Verhältnis zu den Importen nicht mehr als 2 Prozent, liegt außenwirtschaftliches Gleichgewicht vor.

Export:
Ausfuhr von Waren

Import:
Einfuhr von Waren

Devisen:
Ausländische Währung

Das magische Viereck der Wirtschaftspolitik in Deutschland

Wirtschaftswachstum in %
ZIEL: Angemessenes Wachstum
- 2010: +4,2
- 2011: +3,0
- 2012: +0,7

Saldo der Leistungsbilanz in Milliarden Euro
ZIEL: Außenwirtschaftliches Gleichgewicht
- 2010: 156,0
- 2011: 161,2
- 2012: 185,4

Arbeitslose in % aller zivilen Erwerbspersonen
ZIEL: Vollbeschäftigung
- 2010: 7,7
- 2011: 7,1
- 2012: 6,8

Preisanstieg in %
ZIEL: Preisstabilität
- 2010: +1,1
- 2011: +2,1
- 2012: +2,0

Quelle: Stat. Bundesamt, Deutsche Bundesbank, Bundesagentur für Arbeit © Globus 5670

---

1. Prüfen Sie, inwieweit die Ziele des Magischen Vierecks erreicht wurden.
2. Warum wird das Erreichen dieser Zielvorstellungen als „Magie" bezeichnet?

7.2 Probleme bei der Verwirklichung

Das Stabilitätsgesetz beinhaltet die Forderung, dass alle vier Ziele gleichzeitig zu erfüllen sind. Da dies unmöglich ist, kommt es zwangsläufig zu Zielkonflikten.

Foto: dpa

Helmut Schmidt während einer Rede 1979

Preisniveaustabilität (= geringe Inflation) bei gleichzeitigem hohem Beschäftigungsstand

Vor allem Ende der Siebzigerjahre des vergangenen Jahrhunderts war die Wirtschaftspolitik davon überzeugt, dass zwischen diesen beiden Zielen ein Zusammenhang bestünde. Man meinte belegen zu können, dass die Höhe der Arbeitslosigkeit von der Höhe der Inflationsrate abhinge. Dies lässt sich an einer Aussage des damaligen Bundeskanzlers **Helmut Schmidt** belegen: „Ein Prozent mehr **Inflation** ist mir lieber als ein Prozent mehr Arbeitslosigkeit". Heutzutage hält die Wirtschaftspolitik an dieser These nicht mehr fest. Inflation ist die zunehmende Geldentwertung, verursacht durch ein Ungleichgewicht zwischen Geld- und Gütermenge. Die aufgeblähte Geldmenge steht einer gleich groß gebliebenen Gütermenge gegenüber. Ein Gleichgewicht zwischen beiden Größen kann nur hergestellt werden, indem die Gütermenge durch Preisanstieg teurer wird. Somit muss dann für die gleiche Gütermenge eine größere Geldmenge aufgebracht werden.

Preisniveaustabilität bei gleichzeitigem außenwirtschaftlichem Gleichgewicht

Die Preisstabilisierungspolitik in der Bundesrepublik Deutschland führte zu hohen Exportüberschüssen, da im Ausland das Preisniveau schneller stieg als im Inland.

Steigende Auslandspreise übertragen sich aber auch direkt auf das inländische Preisniveau durch die Preise der Importgüter (importierte Inflation). Beispielsweise führt ein hoher Rohölpreis im Ausland zu steigenden Benzinpreisen im Inland.

Weitere Zielkonflikte

Vollbeschäftigung bei gleichzeitiger Preisstabilität

Um die Beschäftigung zu erhöhen (die Arbeitslosigkeit abzubauen), kann der Staat die Nachfrage fördern. Der Staat kann z. B. die Staatsausgaben erhöhen oder die Nachfrageseite durch Subventionen stärken. Die gestiegene Nachfrage kann mittelfristig zu steigenden Preisen führen.

Vollbeschäftigung bei gleichzeitigem außenwirtschaftlichen Gleichgewicht

Eine weitere Möglichkeit, die Beschäftigung zu erhöhen, besteht in der Förderung des Exports. Der Staat kann z.B. durch Zuschüsse an Exporteure oder Zollabbau fördern. Die gestiegenen Exporte führen dann bei wenig veränderten Importen zu Exportüberschüssen.

7.3 Magisches Vieleck

Im Laufe der Zeit wurde die Wirtschaftspolitik mit immer neuen Problemen konfrontiert. Das magische Viereck sollte durch neue Ziele wie z. B. Umweltschutz oder gerechte Einkommens- und Vermögensverteilung zu einem Fünf-, Sechs- oder Vieleck erweitert werden. Diese Bestrebungen scheiterten jedoch daran, dass die neuen Ziele nicht eindeutig **quantifiziert** werden konnten.

Quantifiziert:
Mit eindeutigen Maßstäben messbar; dadurch können Ziele auf ihre Erreichbarkeit überprüft werden

1. Diskutieren Sie Vorschläge, wie Umweltschutzziele gemessen werden könnten.
2. Nennen Sie weitere mögliche Ziele, die die gegenwärtige Wirtschaftspolitik in ihren Zielkatalog aufnehmen sollte.

Zusammenfassung

Um Konjunkturpolitik wirksam betreiben zu können, muss die Politik klare Ziele definieren.

Das Ziel der Konjunkturpolitik ist es, ein gesamtwirtschaftliches Gleichgewicht zwischen Wachstum, hohem Beschäftigungsgrad, Preisniveaustabilität und außenwirtschaftlichem Gleichgewicht anzustreben. Bei diesen Faktoren spricht man vom „magischen Viereck".

An den im Stabilitätsgesetz definierten Zielen werden die wirtschaftspolitische Kompetenz der jeweiligen Regierung und die Leistungsfähigkeit der deutschen Volkswirtschaft gemessen.

Das Stabilitätsgesetz beinhaltet die Forderung, dass alle vier Ziele gleichzeitig zu erfüllen sind. Da dies unmöglich ist, führt das zwangsläufig zu Zielkonflikten.

Das magische Viereck sollte durch neue Ziele wie z. B. Umweltschutz oder gerechte Einkommens- und Vermögensverteilung zu einem Vieleck erweitert werden.

Wissens-Check

1. Welches Gesetz enthält die wirtschaftspolitischen Ziele?
2. Welches Oberziel muss der Staat bei wirtschaftspolitischen Maßnahmen beachten?
3. Warum spricht man bei einer Arbeitslosigkeit von 3 bis 4 Prozent immer noch von einer vollbeschäftigten Wirtschaft?
4. Welche Preissteigerungsrate wird toleriert?
5. Warum strebt man „außenwirtschaftliches Gleichgewicht" an?
6. Nennen Sie zwei wirtschaftspolitische Ziele, die nicht gesetzlich festgelegt sind.
7. Nennen Sie fünf Ursachen hoher Preissteigerungsraten.
8. Welche volkswirtschaftlichen Folgen hat eine hohe Arbeitslosigkeit?

8 Phasen des Konjunkturverlaufs

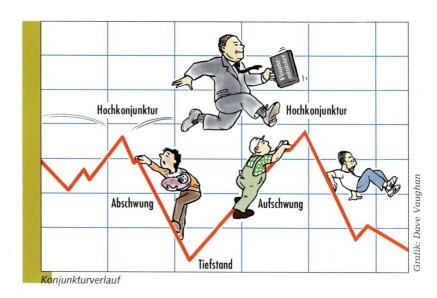

Konjunkturverlauf

Interpretieren Sie die Grafik!

8.1 Begriffsbestimmungen

Unter Konjunktur versteht man das mehrjährige Auf und Ab im Wirtschaftsgeschehen einer Region, eines Landes oder eines Wirtschaftsraumes auf allen **Teilmärkten.** Diese wirtschaftlichen Schwankungen treten mit gewisser Regelmäßigkeit auf. Wenn man von einer guten Konjunktur spricht, ist die allgemeine Wirtschaftslage gut. Die Unternehmen haben genügend Aufträge und die Produktion läuft auf vollen Touren. In der Regel benötigen die Unternehmen mehr Arbeitskräfte, wodurch die Arbeitslosigkeit zurückgeht. Mehr Beschäftigte verfügen über mehr Einkommen. Dadurch können die Menschen mehr Waren nachfragen, was dem Handel zugute kommt. Bei einer schlechten Konjunktur ist genau das Gegenteil der Fall.

Die Entwicklung der Konjunktur wird mit Hilfe einer Kennzahl, dem Bruttoinlandsprodukt, gemessen. Das **nominale Bruttoinlandsprodukt** ist der Wert aller im Inland produzierten Güter und Dienstleistungen eines Landes innerhalb eines Jahres. Damit das Wachstum nicht durch **Preissteigerungen** verfälscht werden kann, zieht man diese ab. Das Ergebnis bezeichnet man als **reales Bruttoinlandsprodukt.**

Teilmärkte:
z. B. Güter-, Arbeits- und Geldmarkt

Nominales Bruttoinlandsprodukt:
Der Wert aller Güter und Dienstleistungen zu einem bestimmten Zeitpunkt zu aktuellen Marktpreisen

Preissteigerung:
Wird auch als Inflationsrate bezeichnet

Reales Bruttoinlandsprodukt:
Bruttoinlandsprodukt abzüglich der Inflationsrate

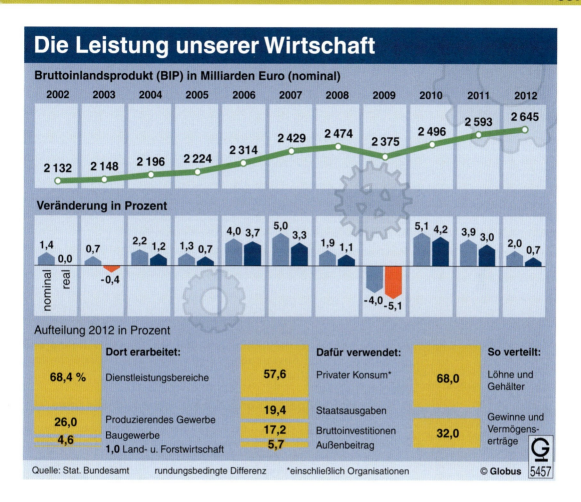

Oben stehende Grafik zeigt, wie sich das nominale im Vergleich zum realen Bruttoinlandsprodukt entwickelt. Der Unterschied wird durch die Inflationsrate verursacht. Die Entwicklung der Inflationsrate wird dabei mit einem Basisjahr verglichen (hier: 1995).

> Überlegen Sie, warum das nominale Bruttoinlandsprodukt für die Messung des wirklichen Wachstums ungeeignet ist.

8.2 Instrumente der Konjunkturpolitik

Unter **Konjunkturpolitik** versteht man die systematische Einflussnahme auf den Konjunkturverlauf vor allem durch den Staat oder durch die Europäische Zentralbank.

Ziel der Konjunkturpolitik ist es, ein **angemessenes Wirtschaftswachstum** zu erzielen.

Konjunkturpolitik:
Anstelle des Begriffs „Konjunkturpolitik" wird häufig auch der Begriff „Fiskalpolitik" verwendet.

Angemessenes Wirtschaftswachstum:
Hierunter versteht man in der deutschen Wirtschaftspolitik einen Anstieg des realen Bruttoinlandsproduktes um mindestens 2 Prozent.

A Wirtschaft und Wirtschaftspolitik

Hoffnungsträger Export

Das reale Bruttoinlandsprodukt (BIP) Deutschlands wird in diesem Jahr um ca. 2 Prozent zulegen. Dies liegt vor allem an der steigenden Binnennachfrage (…) Aufgrund des anhaltenden Konjunkturaufschwungs kommt auch der Arbeitsmarkt in Fahrt. Die Zahl der registrierten Arbeitslosen dürfte im Jahresschnitt auf unter 3 Millionen fallen (…)

Valleyer Tageblatt vom 1. März 2011

Begründen Sie, warum ein starkes Wirtschaftswachstum meist mit sinkenden Arbeitslosenzahlen verbunden ist.

Diskutieren Sie in der Klassengemeinschaft mögliche negative Auswirkungen einer schwachen Konjunktur.

Ein Instrument für staatliche Eingriffe in die wirtschaftliche Entwicklung stellt die Ausweitung oder Verringerung von Staatsausgaben dar. Eine Verringerung der **Staatsausgaben** kann sich dämpfend, eine Ausweitung belebend auf die wirtschaftliche Entwicklung auswirken.

Staatsausgaben:

Die Ausgaben des Staates für Bildung, Straßen, öffentliche Verkehrsmittel

Diese kommen privaten Unternehmen zugute, wodurch sich deren wirtschaftliche Situation verbessern kann.

Eine besondere Maßnahme zur Konjunkturbelebung im wirtschaftlichen Krisenjahr 2009 war die sogenannte „Umweltprämie".

Beispiel für eine die Konjunktur belebende Maßnahme

Investitionen wie der Bau neuer Straßen oder öffentlicher Gebäude werden vorgezogen. Die Aufträge werden an private Unternehmen vergeben. Dadurch müssen diese Unternehmen bei anderen Unternehmen Maschinen und Rohstoffe für die Produktion beschaffen. Auf dem Arbeitsmarkt müssen diese Unternehmen nach Arbeitskräften nachfragen, um den größeren Arbeitsanfall bewältigen zu können. Dies schafft neue Arbeitsplätze und senkt somit die Arbeitslosigkeit. Durch die gesunkene Arbeitslosigkeit verdienen mehr Menschen eigenes Geld, das sie ausgeben können. Hierdurch wird weitere Nachfrage an den Märkten geschaffen, wodurch weitere Unternehmen mehr Aufträge erhalten. So setzt sich die Spirale fort.

Umweltprämie (auch Abwrackprämie)

Wer einen Neuwagen kaufte und sein mindestens 10 Jahre altes Auto verschrotten ließ, erhielt 2.500 Euro Prämie. Arbeitsplätze konnten so im Automobilsektor erhalten bleiben.

Weitere Beispiele für Konjunktur belebende Maßnahmen des Konjunkturpakets 2 sind:

- Steuersenkungen
- Verlängerung des Kurzarbeitergeldes
- Einmalige Zahlung eines Kindergeldbonus

8.3 Phasen der Konjunktur

Theorie des Konjunkturverlaufs

Die wirtschaftliche Entwicklung lässt sich in vier Phasen einteilen:

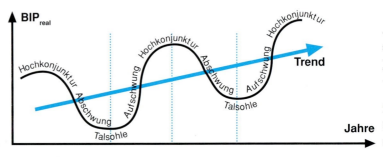

Grafik: Manuela Schellenberger

Kennzeichen der Konjunkturphasen

Anhand verschiedener Kennzeichen lässt sich ableiten, in welcher Phase sich eine Volkswirtschaft befindet.

Phase	Kennzeichen
Aufschwung	▸ Produktion, Kapazitätsauslastung und Investitionen nehmen zu ▸ Nachfrage und Beschäftigung steigen ▸ Einkommen und Gewinne steigen ▸ Preise und Zinsen steigen teilweise an ▸ Optimistische Zukunftserwartungen
Hochkonjunktur	▸ Hohe Produktion, hohe Investitionen, erste Engpässe ▸ Hoher Beschäftigungsstand ▸ Preise und Zinsen steigen deutlich ▸ Anfangs noch optimistische, später schlechtere Zukunftserwartungen
Abschwung	▸ Nachfrage, Produktion, Investitionen und Kapazitätsauslastung sinken ▸ Beschäftigung, Einkommen, Gewinne sinken ▸ Preis- und Zinssteigerungen werden schwächer ▸ Pessimistische Zukunftsaussichten
Tiefstand, Talsohle	▸ Nachfrage, Produktion, Kapazitätsauslastung und Investitionen nehmen weiter ab ▸ Beschäftigung, Einkommen und Gewinne sinken ▸ Preise und Zinsen sinken deutlich ▸ Pessimistische und gegen Ende langsam optimistische Zukunftsaussichten

Konjunkturphasen:
Für die Konjunkturphasen können auch folgende Begriffe verwendet werden:
Expansion (= Aufschwung),
Boom (= Hochkonjunktur),
Rezession (= Abschwung) und
Depression (= Tiefstand, Talsohle)

Der Staat strebt möglichst schwache Schwankungen und ein stetiges Wirtschaftswachstum an. Denn große Schwankungen verunsichern die Wirtschaftssubjekte bei ihren Planungen.

Informieren Sie sich im Internet oder im Wirtschaftsteil einer Tageszeitung, in welcher Konjunkturphase sich Deutschland gegenwärtig befindet.

Realität des Konjunkturverlaufs

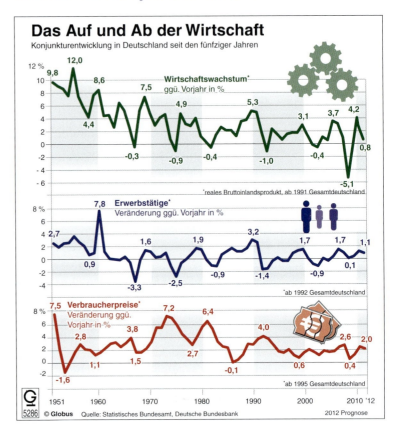

In welcher Phase sich die Wirtschaft befindet oder auf welche Phase sie sich zubewegt, versucht man mit Hilfe von Konjunkturindikatoren zu messen.

Frühindikatoren sind z. B. die Auftragseingänge, die Investitionen, die Geschäftserwartungen; Präsensindikatoren sind das reale Bruttoinlandsprodukt, die Kapazitätsauslastung und die Produktivität. Spätindkatoren sind die Zahl der Arbeitslosen und die Preisentwicklung.

Der **ifo-Geschäftsklimaindex** ist ein vom ifo-Institut für Wirtschaftsforschung in München erstellter Frühindikator für die konjunkturelle Entwicklung.

Der **GfK-Konsumklimaindex** gilt als wichtiger Indikator für das Konsumverhalten deutscher Verbraucher und somit als Frühindikator. Hierbei werden Personen nach Einkommens- und Konsumerwartungen auf Sicht von zwölf Monaten befragt.

ifo:
Institut für Information und Forschung

GfK:
Gesellschaft für Konsumforschung

Vergleichen Sie den theoretischen mit dem realen Konjunkturverlauf. Worin besteht der Unterschied?

8.4 Kritik an der Aussagefähigkeit des Bruttoinlandsprodukts

Und wieder steigt das Bruttoinlandsprodukt!

Warum freuen sich die beiden Herren der Karosseriewerkstatt?

Das Bruttoinlandsprodukt wird als Maßstab für den Wohlstand eines Landes herangezogen. Steigt die Menge der produzierten Güter und Dienstleistungen, wird angenommen, dass der Reichtum bzw. Wohlstand eines Volkes zugenommen hat.

Doch dieser „Wohlstand" wird eventuell erkauft durch zunehmende **soziale Ungleichheit**. Dies führt schließlich zu einem Rückgang an Lebensqualität für viele Menschen. Der Wohlstand verteilt sich meist nur auf verhältnismäßig wenige Menschen, während ein Großteil am gestiegenen Wohlstand nicht teilhat. Dadurch verschärfen sich soziale Spannungen.

Ein weiterer Kritikpunkt am Bruttoinlandsprodukt als Maß für die Wohlstandsverbesserung ist, dass die mit der Güterproduktion und Güternutzung verbundenen Schäden nicht in Betracht gezogen werden. Die mit verstärkter industrieller Produktion verbundene Umweltverschmutzung und Ausbeutung von Rohstoffen gehen zu Lasten der Allgemeinheit, was wiederum zu sinkender Lebensqualität führt. Beispielsweise werden folgende Umweltbelastungen bei der Wohlstandsmessung nicht erfasst:

Armut in Deutschland

Soziale Ungleichheit:

Die ungleiche Verteilung von Kapital und Gütern führt zu ungleichen Lebensbedingungen einzelner Personen oder Personengruppen. Dies ist meist abhängig von der gesellschaftlichen Position. Im System der Marktwirtschaft ist die Tendenz zu erkennen, dass die Kluft zwischen Arm und Reich immer mehr auseinanderklafft.

Versiegelung:
Versiegelung bedeutet, dass landwirtschaftlich nutzbarer Boden überbaut wird.

Fossile Brennstoffe:
Hierzu zählt man Erdöl, Erdgas, Braun- und Steinkohle. Sie entstanden vor Jahrmillionen durch die Zersetzung abgestorbener Pflanzen und Tiere. Die in ihnen enthaltene Energie stammt aus in Pflanzen gespeicherter Solarenergie. Heute wird der Weltprimärenergiebedarf (Energie) zu 90 Prozent durch die Verbrennung fossiler Brennstoffe gedeckt.

Ehrenamtliche Tätigkeit:
Arbeit ohne Bezahlung

▸ **Versiegelung** der Landschaft (z. B. durch den Bau von Autobahnen)

▸ Verbrauch von Rohstoffen und **fossiler Brennstoffe**

▸ Luft- und Wasserverschmutzung

In der Realität hat das Bruttoinlandsprodukt auch Schwächen bei der Messung, da einige Vorgänge fälschlicherweise erfasst werden. So werden durch einen Verkehrsunfall Leistungen verursacht wie Heilbehandlungskosten, Abschleppdienste oder Reparaturleistungen in einer Werkstatt. Ein derartiger Vorgang erhöht das Bruttoinlandsprodukt und führt somit zu einer scheinbaren Wohlstandssteigerung. Tatsächlich ist aber eine steigende Zahl von Unfällen mit Personenschäden für die betroffenen Personen keine Wohlstandsverbesserung.

Im Bruttoinlandsprodukt werden außerdem nicht alle Leistungen erfasst. So fehlen z. B. folgende Leistungen:

▸ Hausfrauentätigkeiten und Nachbarschaftshilfe

▸ Schwarzarbeit (ca. 10 Prozent des BIP)

▸ **Ehrenamtliche Tätigkeiten** (z. B. der Freiwilligen Feuerwehr)

▸ illegaler Waffen- oder Drogenhandel

Umweltschäden werden nicht berücksichtigt; hier: Waldsterben.

Die Arbeit der freiwilligen Feuerwehr wird nicht im BIP erfasst.

Hausfrauen und ihr Beitrag zum Wirtschaftswachstum

Grafik: Dave Vaughan

1. Diskutieren Sie folgende Aussage: „Das Bruttoinlandsprodukt ist als Wohlstandsmaßstab ungeeignet."

2. Interpretieren Sie die Karikatur.

8.5 Antizyklische und angebotsorientierte Konjunkturpolitik

Die antizyklische Konjunkturpolitik

Der zyklische Ablauf der Konjunktur ist politisch nicht ohne Probleme. Gerade Phasen der Rezession sind für die Regierenden politisch gefährlich, weil

- die Arbeitslosigkeit steigt,
- radikale Gruppen stärker werden können,
- die Steuereinnahmen zurückgehen.

Um diesen Problemen entgegenzuwirken ist es sinnvoll, von Seiten des Staates aktiv in das Wirtschaftsgeschehen einzugreifen. Dies kann zum einen durch Beeinflussung der Nachfrage, zum anderen durch Beeinflussung des Angebots geschehen.

Der Staat muss versuchen, dem tatsächlichen Konjunkturzyklus mit staatlichen Maßnahmen gegenzusteuern. Dazu muss der Verlauf des Wachstums des Bruttoinlandsprodukts dem **Trend** angenähert werden. Diese Art aktiver Wirtschaftspolitik wird als antizyklische Konjunkturpolitik bezeichnet.

Antizyklisch:
Gegen den herrschenden Trend handeln
Gegensatz: prozyklisch

Trend:
Linie, die den Durchschnitt der jährlichen Zuwächse des Bruttoinlandsprodukts in einem Zyklus, gemessen über mehrere Zyklen, ausdrückt

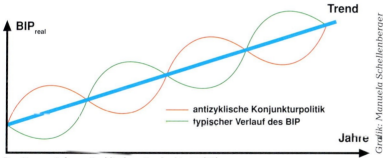

Das Konzept der antizyklischen Konjunkturpolitik

Erläutern Sie kurz mit eigenen Worten, was man unter antizyklischer Fiskalpolitik versteht.

Maßnahmen der antizyklischen Konjunkturpolitik

Die **öffentlichen Haushalte** können in der Krise auf der Einnahmeseite durch Senkung von Steuern (z. B. Einkommen-, Körperschaftsteuer bzw. Gewerbesteuer) oder durch eine Erhöhung der Ausgaben steuernd eingreifen. Eine Ausgabenerhöhung kann z. B. durch Erteilung vermehrter öffentlicher Aufträge an private Unternehmen erreicht werden. Durch diese Maßnahme kann die Nachfrage gesteigert werden.

Öffentliche Haushalte:
Hierzu zählen Bund, Länder und Gemeinden.

Um eine Hochkonjunktur zu dämpfen, ist eine umgekehrte Vorgehensweise, z. B. Steuererhöhung bzw. Ausgabensenkung, sinnvoll.

Der Vorteil dieser Maßnahmen liegt darin, dass hierdurch das Verhalten der Wirtschaftssubjekte gezielt beeinflusst werden kann.

> Überlegen Sie sich weitere Beispiele, wie der Staat aktiv das Wirtschaftsgeschehen beeinflussen kann.

Öffentliche Güter:
Z. B. Infrastruktur (Straßen und Schienen), öffentliche Dienstleistungen

Öffentliche Güter werden vom Staat aus Steuermitteln finanziert.

Die antizyklische Konjunkturpolitik gilt zwar heute als überholt, doch herrscht Übereinstimmung darüber, dass der Markt nicht in der Lage ist, sich selbst zu regulieren. Deshalb muss der Staat durch Gesetze Rahmenbedingungen schaffen sowie **öffentliche Güter** zur Verfügung stellen. Diese stellt der Markt von sich aus meist nicht oder nur unzureichend zur Verfügung, da dies nicht Gewinn bringend ist.

> Weshalb gilt die antizyklische Konjunkturpolitik als überholt?

Angebotsorientierte Konjunkturpolitik

Nach diesem Ansatz kommen Angebot und Nachfrage von selbst ohne staatliche Eingriffe ins Gleichgewicht. Es gilt der Grundsatz: Möglichst wenig Staat, möglichst viel Markt. Die Ursache für einen nicht funktionierenden Markt liege nach dieser Theorie, die auf **Milton Friedman** zurückgeht, bei den Unternehmen. Ihr Angebot sei aufgrund zu hoher Preise nicht mehr konkurrenzfähig. Der Staat müsse dafür sorgen, durch Kostensenkungen die Wettbewerbsfähigkeit wiederherzustellen. Dies könnte z. B. durch Senkung der Unternehmenssteuern oder Senkung der Lohnnebenkosten erreicht werden.

Instrumente der angebotsorientierten Konjunkturpolitik sind:

- Entbürokratisierung
- Abbau des Kündigungsschutzes für Arbeitnehmer
- Privatisierung staatlicher Betriebe

Der Nachteil dieser Politik besteht darin, dass eine Senkung von Kosten meist zu einem Rückgang der sozialen Sicherung führt.

Milton Friedman, (*1912, †2006): Er gilt als einer der bedeutendsten Vertreter der angebotsorientierten Wirtschaftspolitik, die auch Neoklassizismus oder Monetarismus genannt wird.

Zusammenfassung

Unter Konjunktur versteht man das Auf und Ab im Wirtschaftsgeschehen einer Volkswirtschaft auf allen Teilmärkten über mehrere Jahre hinweg.

Die Entwicklung wird mit Hilfe des Bruttoinlandsprodukts gemessen.

Das Bruttoinlandsprodukt ist der Wert aller im Inland produzierten Güter und Dienstleistungen einer Volkswirtschaft innerhalb eines Jahres. Es wird als Maßstab für den Wohlstand eines Landes herangezogen.

Unter Konjunkturpolitik versteht man die systematische Einflussnahme auf den Konjunkturverlauf vor allem durch den Staat oder durch die Europäische Zentralbank.

Ziel der Konjunkturpolitik ist es, ein angemessenes Wirtschaftswachstum zu erzielen.

Außerdem soll Konjunkturpolitik die Ziele des magischen Vierecks erreichen.

Das Konzept der antizyklischen Konjunkturpolitik zielt auf eine Beeinflussung der Nachfrageseite. Der Staat muss dem tatsächlichen Konjunkturzyklus mit staatlichen Maßnahmen entgegenwirken.

Nach dem angebotsorientierten Ansatz reguliert sich ein funktionierender Markt von selbst. Angebot und Nachfrage kommen auch ohne staatliche Eingriffe ins Gleichgewicht.

Wissens-Check

1. Nennen Sie zwei Ursachen von Konjunkturschwankungen.
2. Wie entwickeln sich das reale Bruttoinlandsprodukt, die Beschäftigung und die Nachfrage in der Phase der Hochkonjunktur?
3. Das Bruttoinlandsprodukt (BIP) misst die Leistungsfähigkeit unserer Volkswirtschaft. Nehmen Sie kurz Stellung zu folgender Aussage: „Naturkatastrophen müssen aus dem Blickwinkel des BIP positiv gesehen werden."
4. Nennen Sie zwei Gründe, warum stetiges Wachstum notwendig ist.

9 Inflation und Deflation

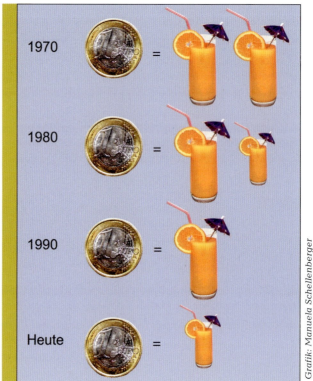

Grafik: Manuela Schellenberger

Interpretieren Sie die Grafik.

Inflation:
lat. aufblähen
Kennzeichnet einen andauernden Anstieg des Preisniveaus
Es findet eine Geldentwertung statt, da man für die gleiche Menge an Geld immer weniger Güter erhält.

Jede Stadt hatte ihr eigenes Geld.

9.1 Inflation

Wer 1923 einen Laib Brot kaufen wollte, der musste sein Geld im Koffer zum Bäcker tragen. Das Brot kostete mehrere Millionen Mark. Die Geldentwertung verlief damals rasant. Kostete das Brot um 9 Uhr noch 500.000 Mark, konnte es um 11 Uhr bereits 2.000.000 Mark kosten. Diese rasanten Preissteigerungen nennt man galoppierende oder Hyperinflation. Hier musste teilweise täglich neues Geld gedruckt werden. Meist behalf man sich mit einfachen Stempeln. Das Gegenteil der galoppierenden Inflation bezeichnet man als schleichende Inflation.

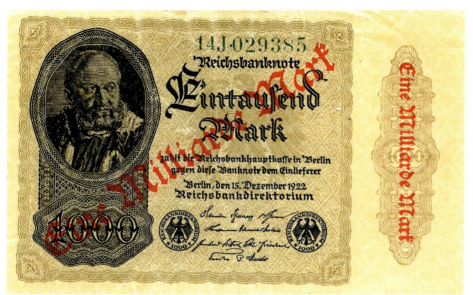
Beispiel für eine Hyperinflation

„Geld regiert die Welt." Die Macht des Geldes beruht dabei nicht auf dem **Materialwert,** der meist sehr gering ist. Auch der **Nominalwert** lässt keine Aussage über den tatsächlichen Wert zu.

Entscheidend für den Wert des Geldes ist vielmehr der **Realwert.** Der Realwert drückt die Kaufkraft des Geldes aus.

Der Realwert ist abhängig von der Entwicklung der Preise. Es spielt nur eine geringe Rolle, wenn sich lediglich der Preis für ein Gut verändert. Wenn die Bundesregierung z. B. die Mineralölsteuer um 10 Cent erhöht, steigt dadurch der Preis für Diesel und Benzin. Diese Preiserhöhung betrifft alle Autofahrer direkt. Sie haben somit weniger Geld für andere Güter zur Verfügung. Diese Preiserhöhung ist allerdings für einen Fußgänger oder Radfahrer bedeutungslos.

Steigen hingegen die Preise von Lebensmitteln, so wird jeder davon betroffen sein. Die Bürger haben weniger Geld zur Verfügung. Die Menge von Gütern und Dienstleistungen, die für eine bestimmte Geldmenge gekauft werden kann, ist kleiner geworden. Das Geld verliert an Kaufkraft.

Materialwert:
Dieser Wert wird nur bei Münzen ermittelt, zum Beispiel nach Gewicht und Goldgehalt.

Nominalwert:
Der auf Münzen und Geldscheinen geprägte bzw. aufgedruckte Wert

Realwert:
Dies ist der Gegenwert in Waren oder Dienstleistungen, den man für eine bestimmte Geldmenge erhält, z. B. für 40 Cent eine Brezel.

Unterscheiden Sie Nominalwert und Realwert des Geldes.

9.2 Messung der Kaufkraft

Ob Inflation vorliegt oder nicht, wird mit Hilfe des **Lebenshaltungskostenindex** gemessen. Steigt der Index über einen längeren Zeitraum um mehr als 2 Prozent, dann liegt Inflation vor.

Lebenshaltungsindex:
Messgröße für die durchschnittliche Entwicklung der Verbraucherpreise bei den Gütern der Lebenshaltung von privaten Haushalten

Den Lebenshaltungskostenindex errechnet man auf Basis eines Warenkorbs.

Warenkorb (...) Basis für den so genannten Verbraucherpreisindex für Deutschland (VPI) ist der „Warenkorb". Da es nicht möglich (...) ist, die Preise aller angebotenen Waren und Dienstleistungen zu registrieren, werden aus der Fülle des Angebots etwa 750 Posten ausgewählt. Da sich die Verbrauchergewohnheiten im Laufe der Zeit ändern, werden die Zusammensetzung und auch die Gewichtung des Warenkorbs alle fünf Jahre komplett überarbeitet (...) Als Dienstleistungen wurden beispielsweise der Pizzaservice, das Sonnenstudio (...) neu aufgenommen, während (...) Diaprojektoren oder elektrische Schreibmaschinen (...) verschwanden.

Süddeutsche Zeitung

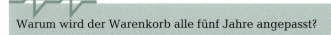

Warum wird der Warenkorb alle fünf Jahre angepasst?

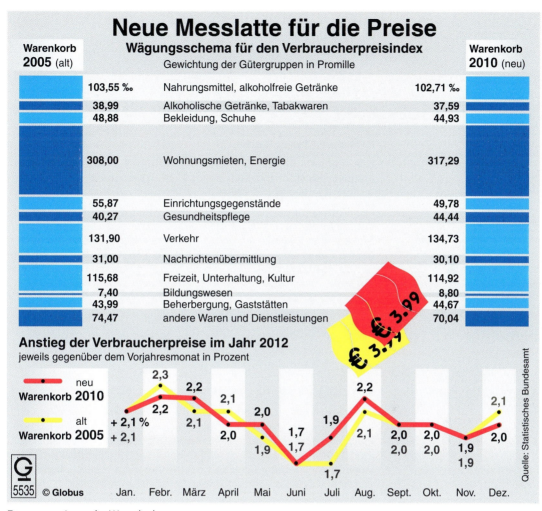

Zusammensetzung des Warenkorbs

Welche Unterschiede stellen Sie zwischen dem alten und dem neuen Warenkorb fest?

9.3 Ursachen von Inflation

Die nachfragebedingte Inflation

Ein Unternehmen soll zwei Millionen Produktionseinheiten einer Ware herstellen. Es kann aber nur eine Million produzieren. Die Nachfrage übersteigt also das Angebot. In dieser Situation erhöhen die Anbieter die Preise. Es ist Inflation entstanden.

Wägungsschema:

Das Wägungsschema legt fest, welchen Anteil z. B. die Mietausgaben oder andere Ausgabepositionen an den gesamten Verbrauchsausgaben der privaten Haushalte haben. Jede Position des Warenkorbs wird nach der jeweiligen Bedeutung für den privaten Haushalt gewichtet.

Höhe und Struktur der Ausgaben der privaten Haushalte werden vom Statistischen Bundesamt alle fünf Jahre neu ermittelt.

Die angebotsbedingte Inflation

Die Unternehmen erhöhen die Preise, wenn sie folgende Kosten auf die Verbraucher abwälzen wollen:

- Lohnerhöhungen (aus den Tarifverhandlungen mit den Gewerkschaften)
- Steuererhöhungen (z. B. bei Umsatzsteuer, Mineralölsteuer, Ökosteuer)
- Höhere Materialkosten

Dies gelingt nur dann, wenn die Verbraucher auf die Produkte angewiesen sind und kein hoher Konkurrenzdruck unter den Unternehmen herrscht.

Die Preiserhöhungen verspüren die Arbeitnehmer, wenn sie die Güter einkaufen. Die Gewerkschaften versuchen nun höhere Lohnforderungen durchzusetzen. Die Unternehmer gleichen die gestiegenen Lohnkosten wieder über höhere Preise aus. Folge ist eine sich verstärkende Inflation. Diesen Vorgang nennt man **Lohn-Preis-Spirale.**

Lohn-Preis-Spirale:
Wechselseitige Erhöhung der Löhne und Preise

> Nennen Sie die Ursachen für das Entstehen einer angebotsbedingten Inflation.

Die importierte Inflation

Auch Preisänderungen im Ausland können Ursache von Inflation im Inland sein. Steigt z. B. der Ölpreis am Weltmarkt, müssen auch die inländischen Unternehmen einen höheren Preis für Öl zahlen. Nicht nur Kraftstoff und Heizöl werden dann teurer. Auch andere Produkte, zu deren Herstellung Öl benötigt wird, steigen im Preis. Die Inflation wurde aus dem Ausland ins Inland gebracht (importiert).

9.4 Folgen der Inflation

- **Einkommen:** Bezieher niedriger Einkommen geben einen prozentual höheren Anteil ihres Geldes für Konsumzwecke aus. Deshalb sind sie von steigenden Güterpreisen stärker betroffen. Bezieher höherer Einkommen geben einen prozentual kleineren Teil ihres Geldes für Güterkäufe aus.
- **Vermögen:** Liegt der Zinssatz unter der Inflationsrate, nimmt das Geldvermögen real ab. Meist liegen die Wertsteigerungsraten für Sachvermögen, z. B. Immobilien, über der Inflationsrate, sodass Sachvermögensbesitzer durch die Inflation weniger benachteiligt werden.
- **Schulden:** 15.000,00 € Schulden bleiben auch bei hoher Inflation 15.000,00 € Schulden. Somit profitieren Schuldner, während Gläubiger und Sparer durch die Inflation verlieren.
- **Staat:** Auf die Staatsfinanzen hat die Inflation zwei Auswirkungen. Zum einen werden die Güter teurer, wodurch sich die Mehrwertsteuereinnahmen erhöhen. Zum anderen muss der Staat auch für seine Güterkäufe höhere Preise und für seine Beschäftigten höhere Löhne zahlen.

9.5 Deflation

Ein stetiger Rückgang der Preise wird als Deflation bezeichnet.

Die Europäische Zentralbank versucht mit ihrem Instrumentarium für ein stabiles Preisniveau zu sorgen.

> **Deflation** (...) Deflation (von lateinisch deflare, hinausblasen) ist das Gegenteil von Inflation und bedeutet ein sinkendes Preisniveau. Ökonomen sind sich einig, dass Deflation für eine Volkswirtschaft noch gefährlicher ist als Inflation. Unternehmer und Verbraucher warten dann ab, weil sie damit rechnen, dass immer alles noch billiger wird. Viele Firmen kommen in Schwierigkeiten, weil die Preise für ihre Produkte, unter Umständen auch für Aktien und Immobilien, sinken, der Nennwert ihrer Bankschulden jedoch nicht. Längere Phasen der Deflation gab es am Ende des 19. Jahrhunderts und während der Weltwirtschaftskrise ab 1929 (...)
>
> Süddeutsche Zeitung

Warum ist Deflation gefährlicher als Inflation?

Zusammenfassung

Der Nominalwert des Geldes lässt keine Aussage über den tatsächlichen Wert zu.

Entscheidend ist der Realwert als Ausdruck für die Kaufkraft des Geldes.

Steigen die Preise auf breiter Front, so verliert das Geld an Kaufkraft. Man spricht von Inflation.

Ob Inflation vorliegt oder nicht, wird mit Hilfe des Lebenshaltungskostenindex gemessen.

Einen stetigen Rückgang der Preise bezeichnet man als Deflation.

Deflation ist gefährlicher als Inflation, weil die Verbraucher erwarten, dass immer alles noch billiger wird und sie sich deshalb im Konsum zurückhalten.

Wissens-Check

1. Ist der Nominal- oder der Realwert des Geldes aussagekräftiger für die Preisentwicklung? Begründen Sie Ihre Entscheidung.
2. Unterscheiden Sie Inflation und Deflation.
3. Fragt man einen brasilianischen Taxifahrer „Was ist Inflation?", so antwortet er: „Wenn es billiger wird, ein Taxi zu nehmen, als mit dem Bus zu fahren, weil das Taxi erst bei der Ankunft bezahlt werden muss, die Busfahrt hingegen schon beim Einstieg in den Bus." Erläutern Sie diese Aussage.

10 Binnenwert und Außenwert des Euro

Das britische Magazin „Economist" bewertet anhand seines „Big-Mac-Index" den Wert der jeweiligen Landeswährung zum US-Dollar. Beispielsweise kostet ein Burger in Euroland durchschnittlich 2,89 Dollar. Das sind rund 7 Prozent mehr als in den USA. Dort kostet er 2,71 Dollar. Nach Analyse der Zahlen ist der Schweizer Franken am deutlichsten **überbewertet** gegenüber der US-Währung: Für einen „Big Mac" müssen die Schweizer mit 4,52 Dollar (6,30 Franken) ca. 67 Prozent mehr als in den USA zahlen.

Überbewertet:
Die Kaufkraft einer Währung ist im Vergleich zur Kaufkraft einer anderen Währung geringer

Foto: Manuela Schellenberger

Diskutieren Sie in der Klasse, warum der Big Mac ein geeigneter Maßstab für den Vergleich der Kaufkraft verschiedener Währungen sein kann.

10.1 Außenwert

Der Außenwert einer Währung gibt jene Menge ausländischen Geldes an, die man für eine Einheit der inländischen Währung erhält. Für einen Euro erhält man einen bestimmten Gegenwert in US-Dollar. Das Austauschverhältnis zwischen Währungen wird durch den Wechselkurs ausgedrückt.

Devisenmarkt:
Ort, an dem ausländische Währungen gehandelt werden

Dieser bildet sich genau wie der Preis für ein Gut auf dem freien Markt durch Angebot und Nachfrage. Wird auf dem **Devisenmarkt** der Euro weniger nachgefragt als angeboten, wird der Euro billiger.

Wie wirkt sich ein steigender Euro für Reisende in die USA aus?

10 Binnenwert und Außenwert des Euro

Bei einer **Abwertung** bekommt man für inländisches Geld weniger ausländisches Geld. Eine Abwertung des Euro verbilligt Exporte in das Ausland und verteuert Importe ausländischer Waren.

Wenn z. B. ein US-Händler deutsche Waren kauft, muss er für den Kaufpreis in Euro weniger US-Dollar zahlen. Wenn ein deutscher Händler US-Güter bezieht, muss er für den Kaufpreis in US-Dollar mehr Euro zahlen.

Im umgekehrten Fall spricht man von einer **Aufwertung**. Eine Aufwertung verteuert Exporte und verbilligt Importe ausländischer Waren.

Abwertung:
Die inländische Währung (z. B. der Euro) wird durch die Abwertung weniger wert gegenüber ausländischen Währungen.

Aufwertung:
Die inländische Währung (z. B. der Euro) wird durch die Aufwertung mehr wert gegenüber ausländischen Währungen.

1. Suchen Sie im Internet oder in der Zeitung nach dem aktuellen Wechselkurs des Euro zum US-Dollar.
2. Angenommen Deutschland befindet sich in einer wirtschaftlich schwierigen Situation. Welche Folgen hat in dieser Lage die Abwertung bzw. Aufwertung des Euro?

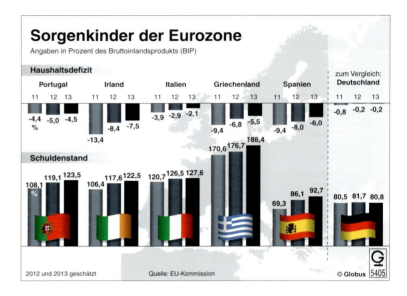

Die Euro-Krise

Schuldenkrise:
Eigentlich handelt es sich nicht um eine Krise des Euro, sondern um eine Schuldenkrise. Durch die hohe Verschuldung einzelner Eurostaaten besteht die Gefahr, dass diese ihre Schulden nicht mehr zurückzahlen können.

EFSF:
European Financial Stability Facility

Rating Agenturen:
Private Unternehmen, die die Kreditwürdigkeit von Unternehmen und Staaten bewerten

ESM (= European Stability Mechanism):
Der ESM hat ein Volumen von 700 Milliarden Euro, für das die Eurostaaten mit Bürgschaften und Einlagen haften. Der ESM kann über Anleihen Finanzmittel vom Kapitalmarkt aufnehmen, die dann als Kredite zinsgünstig an hilfesuchende Staaten weitergegeben werden. Sitz und Verwaltung ist Luxemburg.

Auslöser für die Euro-Krise war die hohe Verschuldung Griechenlands. Ohne neue Kredite aufzunehmen, hätte das Land alte Schulden nicht begleichen können. Die Geldgeber (Banken oder Versicherungen) hatten wenig Vertrauen, ihr neu verliehenes Geld zurückzubekommen. Das Wirtschaftswachstum war schwach, die Arbeitslosigkeit hoch und die statistischen Zahlen unglaubwürdig. Griechenland stand vor dem Staatsbankrott. Daraufhin sank der Kurs des Euro, weil Anleger im gesamten Euroraum aufgrund des gesunkenen Vertrauens ihr Geld lieber in anderen Währungen, wie z. B. US-Dollar oder Schweizer Franken, anlegten.

Um das Vertrauen in den Euro wieder zu stärken und ein Übergreifen der Staatsschuldenkrise auf den gesamten Euroraum zu verhindern, beschlossen die Länder der Eurozone einen Notfallplan, den **EFSF**. Griechenland, Spanien, Zypern und Portugal mussten beispielsweise bislang finanzielle Hilfen aus diesem sogenannten Rettungsschirm in Anspruch nehmen.

Wenn diese Länder keine finanziellen Hilfen erhielten, könnten sich diese Länder nur mit hohen Zinsen neue Kredite am Kapitalmarkt beschaffen. Die hohen Zinsen sind der Risikozuschlag für das Zahlungsausfallrisiko. Für hohe Zinsen sind auch negative Bewertungen der **Rating Agenturen** verantwortlich. Um die Zinslast zu begrenzen, kann auch die Europäische Zentralbank (EZB) Staatsanleihen überschuldeter Euro-Länder kaufen. Dieses Eingreifen der EZB wird von vielen Seiten kritisiert.

Mittlerweile wurde der EFSF durch den **ESM** ersetzt. Der Europäische Stabilitäts-Mechanismus wird auch als Euro-Rettungsschirm bezeichnet. Durch Kredite und Bürgschaften kann überschuldeten Eurostaaten geholfen werden. Die Hilfen sind an Bedingungen geknüpft, die starke wirtschaftliche Konsequenzen für die betroffenen Länder mit sich bringen. Nachteil des ESM ist, dass es überschuldeten Ländern erleichtert wird, weitere Schulden zu machen und bei Zahlungsausfall haften die anderen Euroländer. Der Vorteil des ESM liegt darin, dass durch die Unterstützung in Not geratener Länder ein Domino-Effekt vermieden wird. Das heißt, andere Länder werden nicht so leicht durch die Pleite eines Landes in finanzielle Schwierigkeiten gebracht. Am Beispiel Griechenlands und Zyperns wurde deutlich, dass ohne dessen finanzielle Unterstützung der europäische sowie der weltweite Finanzsektor gefährdet gewesen wäre.

10.2 Binnenwert

Der Außenwert des Euro sagt nichts über den Wert im Innern des **Währungsraums** aus. Die inländische Kaufkraft (Binnenwert) des Euro gibt Auskunft darüber, welche Menge an Gütern man in Deutschland für den Euro kaufen kann. Dieser Wert hängt von der Preisentwicklung im Euroraum ab.

Währungsraum: Gebiet, in dem eine bestimmte Währung gängiges Zahlungsmittel ist

Zusammenfassung

Der Außenwert einer Währung wird durch das Austauschverhältnis gegenüber anderen Währungen bestimmt.

Dieses Austauschverhältnis bezeichnet man als Wechselkurs.

Die inländische Kaufkraft bezeichnet man als Binnenwert.

Die Schuldenkrise einzelner Eurostaaten führte zur Eurokrise. Sie soll mit dem Rettungsschirm bekämpft weden.

Wissens-Check

1. Grenzen Sie den Begriff des Binnenwertes vom Begriff des Außenwertes einer Währung ab.
2. Der Kurs des Euro steigt von 1,10 US-$ auf 1,15 US-$. Wie wirkt sich das aus, wenn Sie in den USA Urlaub machen wollen?

Devisenkurse in Mengennotierung

	EUR-Geld-Kurs (= USD-Verkaufskurs)	EUR-Brief-Kurs (= USD-Ankaufskurs)
USD	0,8752	0,8812
CHF	1.47870	1.47980
Yen	116.290	116.320
GBP	0.60924	0.60944

3. Ein deutscher Exporteur kalkuliert seine Ware mit 9.000 Euro Verkaufspreis. Er verkauft Waren in die USA. Der Kurs des Euro zum US-$ liegt bei 0,90 US-$. Wie viel US-$ muss er verlangen?
4. Angenommen Sie haben statt Bargeld noch Reiseschecks in Schweizer Franken (CHF) übrig. Wie viel Euro würden Sie dann für einen Schweizer Franken erhalten?
5. Wie viel Euro erhalten Sie für 1.000 Yen von der Bank?
6. Warum müssen Staaten mit hohem Haushaltsdefizit für ihre Staatsanleihen mit höheren Zinsen rechnen?
7. Mit welchen Maßnahmen kann überschuldeten Eurostaaten geholfen werden?

11 Instrumente und Aufgaben der Europäischen Zentralbank (EZB)

Die EZB ist hauptsächlich für die Geldpolitik in der Europäischen Währungsunion verantwortlich. Sie hat ihren Sitz in Frankfurt am Main.

Die EZB in Frankfurt

Seit Januar 2014 ist Lettland das 18. Euroland

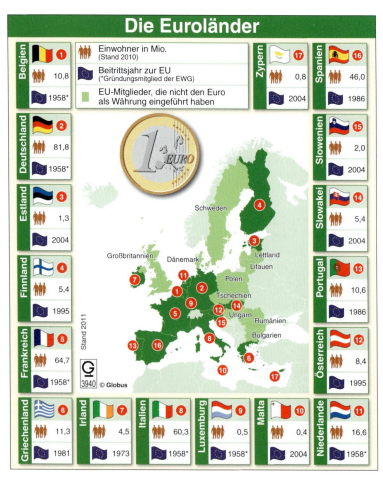

Gebiet der Eurozone

11.1 Die Eurozone

Das Land des Euro ist noch viel größer.

Die Staaten, in denen der Euro als gesetzliches Zahlungsmittel gilt, werden als Euroland oder Eurozone bezeichnet.

Es gibt außerdem vier Ländergruppen, die den Euro als Zahlungsmittel nutzen:

▶ 1. Gruppe: Außereuropäische Territorien der EU-Staaten. Hierzu gehören die französischen Überseedepartements wie Guadeloupe oder Martinique, die portugiesischen Azoren und Madeira sowie die spanischen Kanaren.

▶ 2. Gruppe: Staaten in Europa, die über keine eigene Währung verfügen. Hierzu gehören Andorra, Monaco, San Marino und der Vatikanstaat.

▶ 3. Gruppe: Drittstaaten mit eigener Währung, die ihre Währung in einem festen Verhältnis zum Euro gebunden haben. In der **CFA-Zone** war früher die Währung fest an den französischen Franc gebunden, der durch den Euro abgelöst wurde.

▶ 4. Gruppe: Weitere Gebiete, in denen der Euro offizielles Zahlungsmittel ist wie Montenegro und das Kosovo. Die Staaten handelten bei der Organisation der Euro-Bargeldeinführung völlig unabhängig.

CFA-Zone:
Communanté Financière Africaine (früher Franc-Zone)
Die CFA-Zone umfasst 14 west- und zentralafrikanische Länder.

11.2 Ziele der Europäischen Zentralbank (EZB)

Geldpolitik

Unter Geldpolitik versteht man die Maßnahmen zur Beeinflussung

▶ der Geldmenge und der Zinssätze,

▶ des Kreditvolumens und der **Bankenliquidität**.

Ziel ist die Stabilität des Geldwertes.

> **Auszug aus dem „Vertrag zur Gründung der Europäischen Gemeinschaft"**
>
> **Die Währungspolitik** Artikel 105
>
> (1) Das vorrangige Ziel des **ESZB** ist es, die Preisstabilität zu gewährleisten. Soweit dies ohne Beeinträchtigung des Zieles der Preisstabilität möglich ist, unterstützt das ESZB die allgemeine Wirtschaftspolitik in der Gemeinschaft. (...)

Bankenliquidität:
Liquide heißt wörtlich flüssig; hier: Zuführung von Bargeld, damit die Banken Mittel zur Vergabe von Krediten haben

ESZB:
Europäisches System der Zentralbanken, bestehend aus den nationalen Notenbanken

Aufbau und Aufgaben der EZB

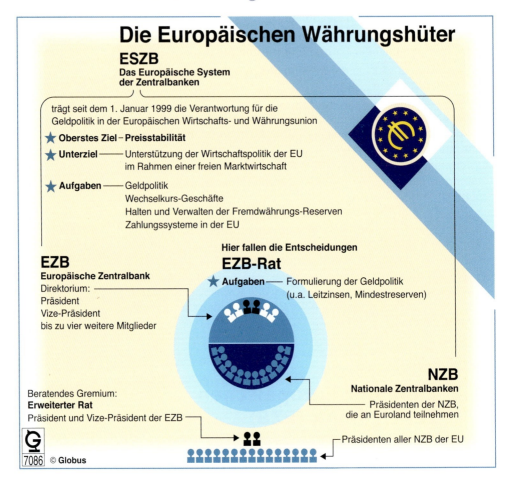

Autonom:
Selbstständig, unabhängig

Nationale Notenbanken:
Für die Geldpolitik in den Ländern der Europäischen Union waren früher ausschließlich die nationalen Notenbanken zuständig. In Deutschland war das die Deutsche Bundesbank. Seit 1999 hat diese Rolle die Europäische Zentralbank übernommen.

Deutsche Bundesbank in Frankfurt am Main

Foto: dpa

Der Vertrag zur Gründung der Europäischen Union legt in Artikel 105 auch die Ziele und Instrumente der Geldpolitik sowie Regelungen über die politische Unabhängigkeit der Notenbank fest. Die EZB kann aufgrund Artikel 108 des Vertrags zur Gründung der Europäischen Union ihre geldpolitischen Entscheidungen vollkommen **autonom** treffen.

Früher war die Geldmengensteuerung ein wichtiges Instrument der **nationalen Notenbanken.** Die Geldmenge sollte höchstens im gleichen Verhältnis wachsen wie die Gütermenge, da man glaubte, nur so könne der Wert des Geldes stabil bleiben. Von diesem Gedanken hat sich die EZB nun größtenteils verabschiedet. Die Geldmengensteuerung ist nur noch zweitrangig, da die Geldmenge sich nur sehr schwer steuern lässt.

Die EZB hat außerdem die folgenden Aufgaben:
- Sie muss die Wirtschaft ausreichend mit Geld versorgen.
- Sie beeinflusst die Geldmenge, indem sie Zentralbankgeld (Banknoten, Münzen und Einlagen der Kreditinstitute bei der Zentralbank) schöpft oder vernichtet.
- Ferner gibt die EZB die Zinssätze vor, die die Banken gegenüber den Unternehmern und den Konsumenten für Kredite verlangen oder für Einlagen gewähren können. Je niedriger die Zinsen sind, desto billiger werden Kredite und umgekehrt.
- Banken müssen einen bestimmten Mindestsatz an Geld, die sogenannte **Mindestreserve,** bei der EZB anlegen. Dadurch kann die Menge der für die Kreditvergabe verfügbaren Geldmittel der Banken beeinflusst werden.

Mindestreserve:
Verpflichtung der Banken, einen Teil ihres zur Verfügung stehenden Geldes als verzinstes Guthaben bei der EZB zu halten

> Geben Sie stichpunktartig die Aufgaben der EZB an.

11.3 Einwirkung auf Geldmenge und Bestimmung des Zinsniveaus

Mit einer **expansiven Geldpolitik** will man das Wachstum der Volkswirtschaft fördern. Gleichzeitig bewirkt eine expansive Geldpolitik auch einen Anstieg des Preisniveaus und (oder) eine Zunahme des Wachstums. Bewirken die Maßnahmen der EZB eine Abnahme des Wachstums und ein Sinken des Preisniveaus, liegt eine **restriktive Geldpolitik** vor. Nur die EZB, nicht aber die Notenbanken der Mitgliedsländer, hat das konjunkturpolitische Instrument der Zinsänderung zur Verfügung. Hierdurch wird eine einheitliche Zinspolitik für die gesamte Währungsunion gewährleistet. Um Geldpolitik wirksam umsetzen zu können, stehen der EZB zwei wesentliche Instrumente zur Verfügung:

Expansive Geldpolitik:
Erhöhung der Geldmenge

Restriktive Geldpolitik:
Verringerung der Geldmenge

- Offenmarktgeschäfte
  Es handelt sich um das wichtigste Instrument der Geldpolitik. Sie liegen vor, wenn die EZB Wertpapiere kauft oder verkauft. Durch den Kauf von Wertpapieren bringt die EZB zusätzliches Geld in den Umlauf. Beim Verkauf von Wertpapieren entzieht die EZB der Volkswirtschaft Geld.
- Kreditaufnahme oder Geldanlage
  Die EZB bietet den Banken die Möglichkeit, schnell Kredite aufzunehmen oder Geld anzulegen (Fazilität). Bei einer Kreditaufnahme müssen die Banken einen **Leitzins** bezahlen.

Leitzins:
Gibt die Höhe der Zinsen an, die die Banken an die EZB zahlen müssen

> Unternehmer brauchen häufig Kredite, um ihre Investitionen zu tätigen. Verbraucher benötigen verschiedentlich Kredite, um sich ihre Kaufwünsche zu erfüllen. Begründen Sie, warum durch Zinssenkungen die Konjunktur angekurbelt werden kann.

Konvergenzkriterien:
Volkswirtschaftliche Größen

Ziel sollte es sein, sich den vorgegebenen Werten stetig zu nähern.

Hierzu zählen:
- Preisstabilität
- Niedrige langfristige Zinsen
- Stabile Wechselkurse
- Solide Staatsfinanzen

Die Beitrittskriterien zur Europäischen Währungsunion

Voraussetzung für den Beitritt anderer Länder in die Europäische Währungsunion ist die Einhaltung der „**Konvergenzkriterien**". Die Länder haben diese strikt einzuhalten, um wirtschaftlich stabile Bedingungen zu schaffen. Erforderlich ist außerdem eine verstärkte Abstimmung der Konjunkturpolitik.

Wie wichtig diese Konvergenzkriterien für die Stabilität des Euro sind, zeigt das Beispiel Griechenland. Hierbei geriet der Außenwert des Euro stark unter Druck, weil Griechenland der Staatsbankrott drohte und somit das Vertrauen der Anleger in den Euro erschütterte. Der Schuldenstand Griechenlands belief sich zeitweise auf über 13 Prozent des BIP. Erlaubt sind nach den Konvergenzkriterien lediglich 3 Prozent.

Zusammenfassung

Für die Geldpolitik in der Europäischen Währungsunion ist die Europäische Zentralbank (EZB) verantwortlich.

Die EZB und die nationalen Notenbanken bilden zusammen das Europäische System der Zentralbanken (ESZB).

Die EZB kann ihre geldpolitischen Entscheidungen autonom treffen.

Die EZB hat primär die Aufgabe für einen stabilen Geldwert zu sorgen.

Als Instrumente stehen der EZB Offenmarktgeschäfte, ständige Fazilitäten und die Veränderung der Mindestreserve zur Verfügung.

Nur der EZB, nicht aber die Notenbanken der Mitgliedsländer, steht das konjunkturpolitische Instrument der Zinsänderung zur Verfügung.

Voraussetzung für den Beitritt in die Europäische Währungsunion ist die Einhaltung der Konvergenzkriterien.

Wissens-Check

1. Nennen Sie die Aufgaben der EZB.
2. Zeitungsmeldung: „Die EZB hat die Zinsen auf zwei Prozent gesenkt. Damit hat die Euro-Zone das tiefste Zinsniveau seit 1948."
   a) Welche Wirkung wird damit von der EZB bezweckt?
   b) Erläutern Sie, was die EZB mit einer restriktiven Geldpolitik bewirken will.
3. Nennen Sie die Konvergenzkriterien.
4. Warum wird der Beitritt zur Währungsunion von strengen Konvergenzkriterien abhängig gemacht?

Außenhandel, Außenhandelspartner und Zahlungsbilanz

Deutsche Produkte sind sehr begehrt. Ganz oben stehen dabei Autos und Autoteile sowie Maschinen und chemische Erzeugnisse.

Diskutieren Sie, warum Außenhandel für Deutschland wichtig ist.

12.1 Außenhandel

Unter Außenhandel versteht man die wirtschaftlichen Aktivitäten eines Landes mit Handelspartnern im Ausland. Der Außenhandel wird in der Handelsbilanz eines Landes aufgezeichnet. Die Summe aller **Exporte** sollte genauso groß wie die Summe aller **Importe** sein. Wird weniger exportiert als importiert, spricht man von einem Außenhandelsdefizit, umgekehrt von einem Außenhandelsüberschuss.

Export:
Ausfuhr von Waren und Dienstleistungen

Import:
Einfuhr von Waren und Dienstleistungen

Bedeutung des Außenhandels für Deutschland

Autark:
Wirtschaftliche Unabhängigkeit von anderen Ländern; Selbstversorgerwirtschaft

Kein Staat der Welt kann vollkommen **autark** leben. Deutschland ist ein an Rohstoffen armes Land. Edelmetalle, Erdöl, Gas, Südfrüchte, Kaffee, Tee und Gewürze sind wichtige Importgüter. Deutschland ist auch ein besonders am Export orientierter Industriestaat, der mit fast allen Ländern der Welt in Handelsbeziehungen steht. Die größten Abnehmer bzw. Lieferanten sind die europäischen Nationen und die USA.

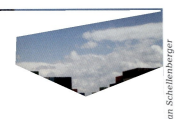

Foto: Stefan Schellenberger

Ein Umschlagplatz für den Im- und Export von Waren

12.2 Zahlungsbilanz

Die Zahlungsbilanz zeigt die wirtschaftlichen Aktivitäten dieses Landes mit dem Ausland. Sie stellt alle Im- und Exporte eines Landes innerhalb eines bestimmten Zeitraumes gegenüber.

Damit lässt sich überprüfen, ob das Ziel außenwirtschaftlichen Gleichgewichts erreicht wurde. Außenwirtschaftliches Gleichgewicht liegt dann vor, wenn die Zahlungsbilanz einen leichten Überschuss ausweist. Das heißt, in der Summe sollte ein Exportüberschuss von ca. zwei Prozent des Bruttoinlandsproduktes vorliegen. Die Zahlungsbilanz wird von der Deutschen Bundesbank erstellt und in ihren Monatsberichten veröffentlicht.

Wertpapiergeschäfte mit dem Ausland werden in der Kapitalbilanz erfasst.

Kapitalbilanz

Die Kapitalbilanz ist eine Teilbilanz der Zahlungsbilanz, in der der Kapitalverkehr mit dem Ausland erfasst wird. Hierzu gehören Direktinvestitionen in Form von Aktien sowie langfristige Darlehen inländischer Investoren im Ausland oder ausländischer Investoren im Inland. Ferner zählen dazu Wertpapierkäufe und -verkäufe und der Kreditverkehr zwischen dem In- und Ausland.

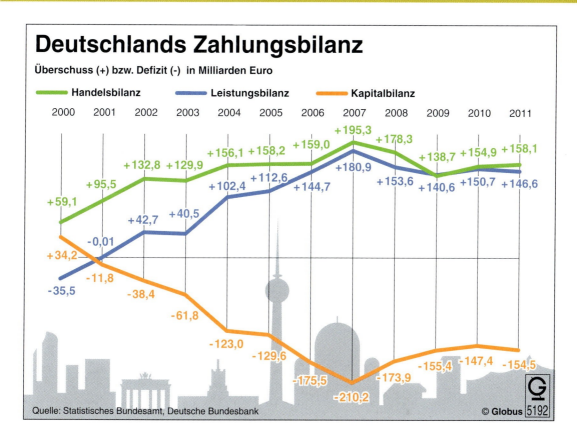

1. Wie hat sich der deutsche Außenhandel entwickelt?
2. Diskutieren Sie die möglichen Auswirkungen.

Zusammenfassung

Unter Außenhandel versteht man die wirtschaftlichen Aktivitäten eines Landes mit Handelspartnern im Ausland.

Kein Staat der Welt kann vollkommen autark leben. Auch die Bundesrepublik Deutschland steht in zahlreichen internationalen Handelsbeziehungen.

Die Zahlungsbilanz beinhaltet die wertmäßige Gegenüberstellung aller wirtschaftlichen Transaktionen eines Landes mit dem Ausland über einen bestimmten Zeitraum.

Wissens-Check

1. Warum kann ein Land nicht autark leben?
2. Begründen Sie, warum die Zahlungsbilanz stets ausgeglichen sein muss.

13 Internationale Handelsbeziehungen bzw. Organisationen

Grafik: R. A. Drude

Welche Organisationen werden in den Schlagzeilen genannt?

13.1 Entwicklung des Welthandels

In früheren Weltwirtschaftskrisen (z. B. 1929) glaubten viele Staaten, sie könnten den Problemen entgehen. Durch gesetzlich festgelegte Handelsbeschränkungen, Importzölle oder Einfuhrsteuern, Boykottaufrufe oder verschärfte Sicherheits- oder Gesundheitsbestimmungen versuchten sie, Vorteile zu erlangen.

Nach 1945 rückte die Welt langsam näher zusammen. In **Bretton Woods** wurde der Grundstein für eine Weltwährungsordnung gelegt. Dies war auch die Geburtsstunde der ersten internationalen Handelsorganisationen. Eine der Hauptzielsetzungen dieser Organisationen ist die Unterstützung und der weitere Ausbau des internationalen Welthandels durch Abbau von Handelsbeschränkungen zur Öffnung der Märkte. Weltweit gibt es schon große Freihandelszonen. Die weltweit größte Freihandelszone ist zwischen der EU und den USA geplant.

Bretton Woods:
Um das im Sept. 1931 zusammengebrochene internationale Währungssystem neu zu ordnen, fand vom 1. bis 22. Juli 1944 in Bretton Woods (New Hampshire, USA) die Internationale Währungs- und Finanzkonferenz statt. Hier wurden Verträge über die Errichtung des Internationalen Währungsfonds (IWF) und der Internationalen Bank für Wiederaufbau und Entwicklung (Weltbank) geschlossen.

13 Internationale Handelsbeziehungen bzw. Organisationen

Das Ziel ist die weitere **Liberalisierung** bis hin zu einer globalen **Freihandelszone.** In den letzten Jahrzehnten hat sich der internationale Welthandel mehr als verdreifacht. Auch zwischen der EU und den USA finden Verhandlungen über eine Freihandelszone statt. Diese könnte allein in der EU mehrere Hunderttausend Arbeitsplätze schaffen.

Liberalisierung:
Die Rücknahme staatlicher Auflagen und gesetzlicher Regelungen, die den Handel einschränken

Worin liegt der Vorteil einer Freihandelszone?

Freihandelszone:
Wirtschaftsregion, bestehend aus mehreren Ländern, in der der freie Austausch von Gütern und Dienstleistungen zwischen den Ländern ermöglicht wird

Der Großteil des Handels spielt sich heute zwischen Japan, Südostasien, den USA, der NAFTA und der EU ab. Diese Entwicklung ging allerdings bislang an den Reform- und Entwicklungsländern vorbei.

Dies geschieht z. B. durch Abbau von Zöllen und Handelsbeschränkungen.

Neue Freihandelszone FTAA

Von Alaska bis Feuerland

Die Handelsminister aus 34 Staaten des amerikanischen Kontinents haben sich in Miami auf ein Rahmenabkommen für die größte Freihandelszone der Welt geeinigt. Mit 780 Millionen Verbrauchern ist die FTAA fast doppelt so groß wie die EU. Globalisierungsgegner protestierten gegen den Zusammenschluss.

Süddeutsche Zeitung

FTAA:
Free Trade Area of America

13.2 Internationale Organisationen

GATT und WTO

Eine wichtige Rolle hat das allgemeine Zoll- und Handelsabkommen (General Agreement on Tariffs and Trade – GATT) übernommen. Es wurde 1947 von 23 Staaten unterzeichnet. Mit seiner Hilfe sollte der Wirtschafts**protektionismus** weltweit bekämpft und der freie Welthandel gefördert werden. Inzwischen sind dem GATT mehr als 120 Staaten beigetreten – China ist noch kein Vollmitglied. Zwar ist es gelungen, insbesondere im Warenhandel die Zölle zwischen den Ländern nach und nach zu reduzieren und Mengenbegrenzungen für Einfuhren abzubauen, von einem vollkommen unbeschränkten Welthandel ist man jedoch noch weit entfernt. Das GATT-Abkommen erlaubt den einzelnen Ländern sogar ausdrücklich, zum Schutz besonders gefährdeter nationaler Wirtschaftsbereiche Schutzmaßnahmen für die eigene Wirtschaft zu ergreifen. Es gibt keine rechtlichen Mittel, die Einhaltung des GATT durchzusetzen.

Protektionismus:
Der Schutz inländischer Produzenten vor ausländischer Konkurrenz mit Hilfe von Verboten, mengenmäßigen Beschränkungen (Quotierung, Kontingentierung), Zöllen oder Auflagen

Das GATT, das nur ein Vertragswerk ist, wurde am 1. Januar 1995 durch die WTO (World Trade Organization = Welthandelsorganisation) in Genf abgelöst. Hinter den GATT-Verträgen steht damit jetzt eine dauerhafte Institution, von der man sich mehr Einfluss im Sinne eines ungehinderten Welthandels verspricht.

OECD

1960 wurde die **OECD** gegründet. Sie hat sich zum Ziel gesetzt, die Wirtschaftsentwicklung der Mitgliedsländer durch Informationsaustausch und politische Zusammenarbeit zu unterstützen. Dies geschieht nicht durch Vorschriften, sondern durch die Vorlage von Analysen und Berichten sowie Empfehlungen und deren Diskussion. Die OECD hat z. B. die PISA-Studie in Auftrag gegeben. Eine spezielle Aufgabe sieht die OECD darin, den ärmsten Entwicklungsländern zu helfen. 30 zumeist hoch entwickelte Industriestaaten gehören der Organisation als Vollmitglieder an, darunter sämtliche EU-Staaten.

OECD:
Organization for Economic Co-operation and Development = Organisation für wirtschaftliche Zusammenarbeit und Entwicklung

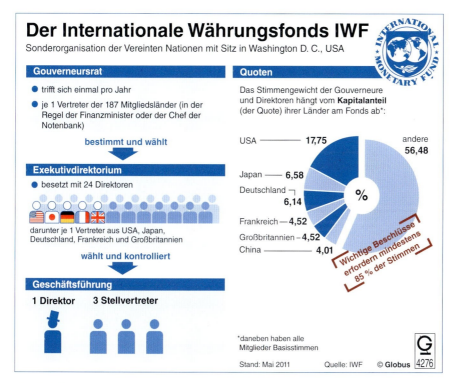

G7/G8

Bei der Gruppe der Sieben handelt es sich um ein **informelles**, nicht mit Entscheidungskompetenz ausgestattetes Gremium, in dem sich 1975 die sieben wirtschaftsstärksten Länder zusammengefunden haben, um insbesondere weltwirtschaftliche und währungspolitische Fragen zu erörtern. Die Mitgliedstaaten sind: Deutschland, Frankreich, Großbritannien, Italien, Japan, Kanada und die USA. Hier geht es darum, dass die Staats- bzw. Regierungschefs sowie die Wirtschafts- und Finanzminister versuchen, eine gemeinsame Beurteilung der wirtschaftlichen Lage zu erzielen und die Probleme im jeweils anderen Land aus dessen Sicht zu verstehen. Auf dieser Basis kann dann versucht werden, die jeweilige Wirtschafts-, Finanz- und Währungspolitik untereinander abzustimmen oder auch eine gemeinsame Politik in Krisensituationen – z. B. Währungs- oder Schuldenkrisen – zu verfolgen. Seit dem Jahr 1994 nimmt auch Russland an den politischen Beratungen teil (G8). Wichtige Staaten fehlen jedoch noch in diesem Gremium, z. B. China und Indien.

Informell:
Nicht offiziell, ohne Formalitäten

IWF und Weltbank

Der **IWF** wurde 1944 gegründet und umfasst inzwischen über 180 Mitgliedstaaten. Der IWF befasst sich vor allem mit internationalen Währungs- und Wechselkursfragen und den internationalen Zahlungsbilanzen der einzelnen Volkswirtschaften. Im Falle von Währungs- und Zahlungsbilanzkrisen (Auslandsschulden von Staaten) kann er korrigierend eingreifen, indem er den betroffenen Staaten Kredite gibt. In großem Umfang ist dies z. B. 1994 zur Behebung der mexikanischen Finanzkrise und 1997 im Falle der Währungs- und Finanzkrisen in Ost- und Südostasien (z. B. in Südkorea, Thailand oder Indonesien) geschehen.

IWF:
Internationaler Währungsfond

IDA:
Internationale Entwicklungsorganisation

IFC:
Internationale Finanz-Korporation

IBRD:
Bank für Wiederaufbau und Entwicklung

Kredite werden auch gewährt, um Entwicklungsaufgaben in der Dritten Welt oder um den Wirtschaftsaufbau und -umbau z. B. in Russland und auf dem Balkan zu unterstützen. Diese Finanzhilfen sind stets an wirtschafts- und finanzpolitische Bedingungen geknüpft, die die Empfängerländer erfüllen müssen, um wieder stabile Währungs- und Finanzverhältnisse zu erreichen. Seine Finanzmittel erhält der IWF überwiegend aus Einlagen der Mitgliedsländer. Er kann aber auch in begrenztem Umfang Kredite aufnehmen.

Die Weltbank wurde fast zur gleichen Zeit wie der IWF errichtet. Ziel der Weltbank ist es, die wirtschaftliche Entwicklung in ihren weniger entwickelten Mitgliedsländern hauptsächlich durch finanzielle Unterstützung zu fördern. Die Mittel stammen vorwiegend aus Beteiligungen der Mitgliedsländer. Zur Weltbank-Gruppe gehören fünf Organisationen. Die drei wichtigsten sind die **IDA**, die **IFC** und die **IBRD**.

Die IDA vergibt vorwiegend zinslose Kredite an Entwicklungsländer; die IFC hilft Entwicklungsländern bei der Errichtung, Modernisierung oder Erweiterung rentabler privater Unternehmen. Die IBRD vergibt günstige Kredite an Entwicklungsländer.

Dem IWF und der Weltbank gehören zurzeit 165 Mitgliedsstaaten an.

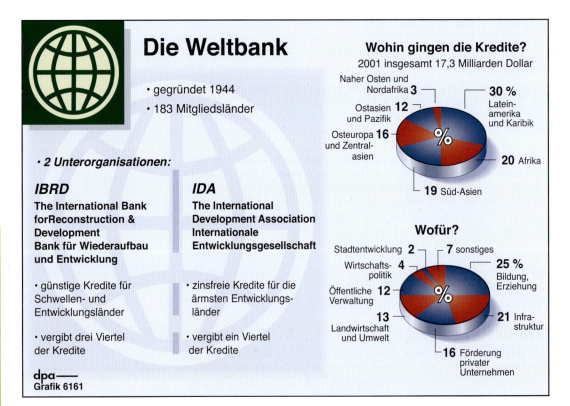

Wozu benötigt die Welt internationale Handelsorganisationen?

13.3 Problembereiche des IWF

Die Kredite des IWF sind an strenge Auflagen gebunden, die es den Entwicklungsländern oftmals unmöglich machen, sich von innen heraus zu reformieren. Beispielsweise werden Kredite nur dann gewährt, wenn es zu tief greifenden Umstrukturierungen in der heimischen Wirtschaft kommt (vor allem im Sektor Handwerk). Durch den Wegfall dieser Bereiche steigt aber die Arbeitslosigkeit im Land rasant an, da neue Industrien nicht so rasch Fuß fassen können. Dies treibt die Länder immer tiefer in den Abgrund.

Ein weiteres Problem stellen private Investoren dar. Immer wieder wird kritisiert, dass private Investoren zwar von der Stabilisierungspolitik des IWF profitierten, in Krisenzeiten jedoch ihr Geld schnell abzögen und den Niedergang des betroffenen Landes dadurch nur verstärkten. Die europäischen Staaten im IWF haben auf feste Regelungen für eine Einbindung der privaten Investoren bestanden, doch die USA setzten sich mit ihrer **restriktiven** Haltung weitgehend durch.

Restriktiv:
Auf Zurückhaltung bedacht, einschränkend

Zusammenfassung

Das GATT wurde 1947 von 23 Staaten gegründet und wurde 1995 durch die WTO abgelöst. Mit seiner Hilfe sollte der Wirtschaftsprotektionismus weltweit reduziert und der freie Welthandel gefördert werden.

Die OECD hat sich zum Ziel gesetzt, die Wirtschaftsentwicklung ihrer Mitgliedsländer durch Informationsaustausch und Politikkoordination zu unterstützen.

Bei den G7 handelt es sich um die sieben wirtschaftsstärksten Länder. Die G7 wollen vorwiegend weltwirtschaftliche und währungspolitische Fragen erörtern.

Der IWF befasst sich vor allem mit internationalen Währungs- und Wechselkursfragen sowie den internationalen Zahlungsbilanzen.

Ziel der Weltbank ist es, die wirtschaftliche Entwicklung in ihren weniger entwickelten Mitgliedsländern hauptsächlich durch finanzielle Unterstützung zu fördern.

Wissens-Check

1. Welche Gründe führten zur Entstehung der internationalen Organisationen?
2. Welches Ziel verfolgen die internationalen Handelsorganisationen?
3. Nennen Sie die wichtigsten internationalen Handelsorganisationen.
4. Erläutern Sie die Problembereiche der internationalen Handelsorganisationen.

Globalisierung 14

Die Berufsschülerin Elvira Klug steht heute früh auf; sie muss in die 40 Kilometer entfernte Berufsschule. Zum Frühstück trinkt sie schnell eine Tasse Kaffee. Er kommt aus Nicaragua. Für die Vormittagspause nimmt Elvira zwei Orangen mit, die in Israel angepflanzt wurden. Ihre Mutter hat ihr erlaubt, heute ihr Auto zu verwenden, einen japanischen Kleinwagen. Als sie die Schule erreicht hat, telefoniert sie mit ihrem finnischen Mobiltelefon nach Hause. Im Deutschunterricht hält Elvira ein Referat über den weltweiten Klimawandel. Die Informationen hat sie aus dem Internet. In der Mittagspause versorgt sich die Berufsschülerin in einem Fastfood-Restaurant und trinkt einen Cappuccino. Ihre Großmutter sagt immer, dass es zu ihrer Zeit solche Nahrungsmittel nicht gegeben habe. Für ihre Schwester kauft Elvira nach der Schule Jeans. Sie wurden in Honduras genäht, die Baumwolle lieferte Kasachstan.

Wie wird erkenntlich, dass die Berufsschülerin in einer globalisierten Welt lebt?

Grafik: Dave Vaughan

Die Globalisierung erfasst den ganzen Erdball. Es entfallen nationale Grenzen.

Internationale Arbeitsteilung:
Die Produkte werden dort hergestellt, wo sich die geringsten Kosten ergeben. Geringe Transportkosten begünstigen diese Entwicklung.

14.1 Dimensionen der Globalisierung

Globalisierung als wirtschaftliche Entwicklung

Der Begriff „Globalisierung" bezieht sich vor allem auf den wirtschaftlichen Bereich. Globalisierung ist ein langfristiger Vorgang, bei dem die einzelnen Märkte immer mehr staatliche Grenzen überschreiten. Bereits im vergangenen Jahrhundert fand Globalisierung im Rahmen der **internationalen Arbeitsteilung** statt. Innerhalb des Globalisierungsprozesses kommt es zu einer starken Zunahme der Handelsströme zwischen den einzelnen Volkswirtschaften. Darüber hinaus werden ganze Produktionsstätten in das Ausland verlagert. Es bilden sich Unternehmen, die weltweit tätig sind. Sie werden multinationale Unternehmen („Multis") oder „global players" genannt. Weil durch die technologische Entwicklung (z. B. Telekommunikation) die Entfernung zwischen den im Wirtschaftsleben Handelnden (z. B. Käufer, Verkäufer, Kapitalanleger) immer geringer wird, spricht man vom „global village".

Global player ohne Heimspiel?

Als internationales Unternehmen, das in mehr als 50 Ländern tätig ist, nutzen wir die Chancen der Globalisierung. Unsere Strategie:

Genaue Kenntnisse lokaler Marktgegebenheiten und Präsenz vor Ort. Damit jedes Spiel zum Heimspiel wird. XYZ – ein internationaler Pharma- und Chemiekonzern.

Werbeanzeige in der Süddeutschen Zeitung

Globalisierung und kulturelle Entwicklung

Kultureller Austausch gehört zur Geschichte der Menschheit. Unser Zahlensystem stammt aus Arabien. Europäische Kulturgüter gelangten in der Kolonialzeit in die ganze Welt.

Die Globalisierung beeinflusst die Alltagskultur der Menschen in den verschiedenen Erdteilen. Da die multinationalen Unternehmen weltweit ihre Produkte verkaufen wollen, kommt es zu einer Angleichung der Mode und der Essgewohnheiten. So sind Fast-Food-Ketten in der ganzen Welt mit einem identischen Angebot vorzufinden und Sportartikelhersteller wollen die Produkte ihrer Marke überall verkaufen. Der zunehmende Informationsaustausch durch das Internet und der Zugang zu einem Fernsehgerät können die Entwicklung zu einer Einheitskultur verstärken.

Die Tendenz zum einheitlichen Lebensstil in der globalisierten Welt verursacht Gegenbewegungen. Wenn Menschen bewusst den Dialekt ihrer Region sprechen oder vermehrt landestypische Speisen essen, kann dies aus Ablehnung gegenüber der kulturellen Globalisierung erfolgen. Das kann in Entwicklungsländern dazu beitragen, dass sich bestimmte Bevölkerungsschichten abschotten und einem **Fundamentalismus** zuwenden.

Demonstranten verbrennen amerikanische Symbole.

Fundamentalismus: Kompromissloses Festhalten an politischen, ideologischen und religiösen Werten

1. Überlegen Sie sich Lebensmittel und Kleidungsstücke, die Sie vermutlich weltweit erhalten können!
2. Welche Vor- und Nachteile sehen Sie in der kulturellen Globalisierung?

Globalisierung und Umweltschutz

Die Lebensweise in den westlichen Industrienationen und die Standards im Umweltschutz wirken sich auch auf die Umweltsituation auf anderen Kontinenten aus. Umweltkatastrophen wie Überschwemmungen machen nicht an den Landesgrenzen Halt und Klimaveränderungen betreffen die Klimazonen weltweit. Maßnahmen zum Umweltschutz bedürfen daher einer globalen Abstimmung. Die UN-Umweltkonferenzen sind ein Ansatz für eine globale Umweltpolitik (**Global Governance**).

Global Governance: Versuch, globale Probleme durch internationale Koordination, Kooperation und überstaatliche Organisationen zu lösen

14.2 Chancen und Risiken der Globalisierung

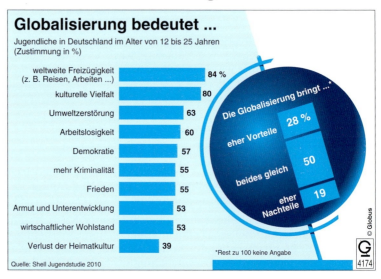

„Globalisierung" hat sich in der öffentlichen Diskussion zu einem Begriff entwickelt, der Angst und Aggressionen, aber auch Hoffnungen auslöst. Sie berührt insbesondere die Wirtschaftspolitik. Globalisierung hat gesellschaftliche Konsequenzen (z. B. Auswanderung).

> Was die Öffentlichkeit in erster Linie kritisch diskutiert, wird von Jugendlichen in Deutschland zumeist eher positiv bewertet: die Globalisierung. 84 Prozent verbinden sie an erster Stelle mit der Freiheit, in der ganzen Welt reisen, studieren oder arbeiten zu können. Zunehmend wird die weltweite bereichsübergreifende Verflechtung allerdings auch mit wirtschaftlichem Wohlstand in Verbindung gebracht. Im Jahr 2006, also noch vor der Wirtschafts- und Finanzkrise, haben nur 37 Prozent diese Verbindung hergestellt, 2010 schon 53 Prozent. Auch die Assoziation von Globalisierung mit Umweltzerstörung tritt heute sehr viel häufiger in Erscheinung.
>
> 16. Shellstudie 2010

Globalisierung – eine Chance für die Entwicklungsländer?

Armut und Hunger sind auch heute in vielen Entwicklungsländern weit verbreitet. Der Einkommensunterschied zwischen den Menschen in den Industrieländern und jenen der Entwicklungsländer hat sich im vergangenen Jahrhundert dramatisch vergrößert. Der zunehmende weltweite Handel mit Waren hat in vielen Staaten der früheren „Dritten Welt" keine deutliche Wohlstandsmehrung gebracht. Eine genauere Betrachtung zeigt, dass es bei den Entwicklungsländern Globalisierungsgewinner und Globalisierungsverlierer gibt. Zu den Gewinnern gehören China und die „Tiger-Staaten" Ostasiens wie etwa Südkorea und Singapur. In Lateinamerika haben die „Jaguar-Staaten" (u. a. Mexiko, Chile, Brasilien) durch den Welthandel ihren Wohlstand vermehren können.

Fließbandarbeiterinnen in Taiwan bei der Platinenherstellung
Foto: dpa

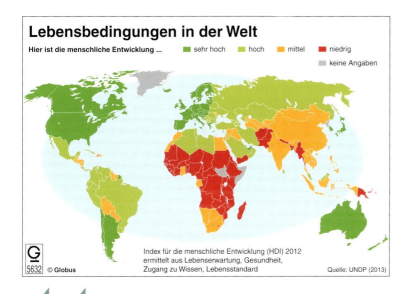

Welche Weltregionen haben noch nicht von der Globalisierung profitiert?

Als Voraussetzungen für eine positive Entwicklung in einem Entwicklungsland durch die Globalisierung gelten:

- Geldwertstabilität
- Stabile Regierungsverhältnisse
- Exportorientierung bei teilweiser Öffnung gegenüber Importen
- Rechtssicherheit (z. B. Schutz vor Enteignungen)
- Geringe Korruption
- Investitionen in Bildung und Infrastruktur

Die Globalisierung hat in den begünstigten Entwicklungsländern auch Schattenseiten. Ihre Arbeitnehmer erhalten von den „global players" im Vergleich zu den Arbeitnehmern in Industrieländern nur kärgliche **Stundenlöhne.** Zudem unterliegen auch die Entwicklungsländer dem weltweiten Konkurrenzdruck. Die heimische Wirtschaft trifft auf ausländische Anbieter, deren Güter nicht mehr durch Zölle verteuert werden.

Stundenlöhne:
In Mexiko arbeiten Frauen für 1,40 $/Stunde am Fließband.

Thailands Landwirte in der Modernisierungsfalle
„Je mehr sie arbeiten, desto ärmer werden sie"
Kleinbauern im Norden des Landes protestieren gegen die Folgen der Globalisierung

Die Welthandelsorganisation WTO, der Internationale Währungsfonds, die Weltbank sind hier Schimpfwörter. „Die WTO macht die Preise von Zwiebeln, Reis und Früchten kaputt", sagt ein Bauer. „Weil es keine Zollschranken mehr gibt, wird das Land von Billigimporten überschwemmt."

Süddeutsche Zeitung

A Wirtschaft und Wirtschaftspolitik

Die positiven Auswirkungen der Globalisierung können von den Industrienationen, wie z. B. Deutschland, unterstützt werden.

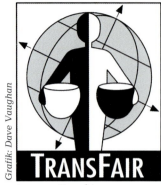

Grafik: Dave Vaughan

Logo von Transfair

> „Wir müssen unsere Märkte für alle Produkte der Entwicklungsländer öffnen (...) Jeder von uns kann etwas tun. Jeder kann zu einem fairen Welthandel beitragen. Das scheint naiv, aber es gibt gute Beispiele dafür. Viele Verbraucherinnen und Verbraucher kaufen fair gehandelten Kaffee, Orangensaft und Kakao. Waren mit Transfair-Siegel hatten im vergangenen Jahr in Deutschland einen Umsatz von 53 Millionen Euro."

Johannes Rau (Bundespräsident von 1999–2004) im Mai 2002 zur Globalisierung

Probleme durch die Globalisierung

Weil die „global players" ihre Produktionsstätten dorthin verlagern, wo die Lohnkosten gering sind und neue Absatzmärkte zu erwarten sind, gehen in den Industrieländern einfache Arbeitsplätze verloren. Der Verlust an Arbeitsplätzen wird verstärkt, indem internationale Unternehmen eine **Fusion** eingehen.

Fusion:
Hier: Zusammenschluss internationaler Unternehmen

Die globale Wirtschaftskrise ab dem Jahr 2008 und die Bedrohung des internationalen Frachtverkehrs durch Piraten haben allerdings dazu geführt, dass Unternehmen ihre Produktionsstätten wieder heimatnah ansiedeln.

Die „global players" sind nicht durch die Wirtschaftspolitik eines einzigen Landes zu beeinflussen. Eine nationale Behörde wie das Bundeskartellamt kann sie nicht mehr überwachen und kontrollieren. Fusionen werden als Notwendigkeit aus dem internationalen Konkurrenzkampf begründet. Die Kritiker der Globalisierung sehen in diesem Prozess die Gefahr, dass die Politik ihre Herrschaft gegenüber internationalen Konzernen verliert. Teilweise werden die Umweltvorschriften sowie die Steuer- und Sozialgesetze von einzelnen Staaten nur noch so gestaltet werden, dass sich global players ansiedeln. Eine besondere Bedeutung als Gegenpol zu dieser Entwicklung erlangen internationale Staatengemeinschaften wie die EU, die mit ihrer supranationalen Wirtschafts-, Steuer-, Umwelt- und Sozialpolitik ein Gegengewicht entwickeln können.

Foto: dpa

Demonstration von Globalisierungsgegnern in Bangkok

Während der Finanzkrise Ende des letzten Jahrzehnts haben einzelne Staaten wieder Einfluss genommen. Mit Maßnahmen wie z.B. der sogenannten Abwrackprämie oder Bürgschaften für Banken wurde von der deutschen Regierung gezielt auf die Wirtschaft eingewirkt.

Auch mit internationalen Beschlüssen haben die zwanzig wirtschaftlich wichtigsten Staaten auf dem G-20-Gipfel Regeln für die Finanzmärkte vereinbart. Dort soll zukünftig eine internationale Aufsichtsbehörde die Akteure überwachen.

Die globale Rezession der Jahre 2008/2009 hat die Abhängigkeit der deutschen Wirtschaft von der Globalisierung gezeigt.

Erst Segen, dann Fluch

Jahrelang war es ein Segen, nun wird es zu einem Fluch: Deutschlands Wirtschaft ist stark auf Exporte ausgerichtet. Ausfuhren tragen mehr als 40 Prozent zum Bruttoinlandsprodukt bei. Diese Fokussierung hat das Land zu einem der größten Gewinner der Globalisierung gemacht, deutsche Autos und deutsche Maschinen waren weltweit gefragt. Doch so stark, wie der Außenhandel die Konjunktur im Boom angetrieben hat, so stark bremst er das Land jetzt aus: In wichtigen Absatzmärkten für Waren made in Germany ist die Wirtschaft abgestürzt. Daher brechen die Exporte der hiesigen Firmen ein – und damit die komplette deutsche Wirtschaft. (...) Die Bundesregierung ist hierbei hilflos. Die Konjunkturpakete kurbeln zwar die heimische Nachfrage an, doch den Einbruch im Außenhandel können die Milliarden des Staates nicht wettmachen. Politikern, Firmenchefs und Arbeitnehmern bleibt nur übrig, zu hoffen, dass die Wirtschaft in bedeutenden Absatzmärkten für deutsche Produkte wie den USA oder Westeuropa bald wieder anspringt. Erst danach kann es hierzulande aufwärts gehen.

Süddeutsche Zeitung vom 26.02.09

Exporthafen Hamburg – eine globale Rezession trifft die deutsche Wirtschaft besonders stark.

Foto: Dietrich Claus

> Überlegen Sie sich, wie der Einzelne tagtäglich verspüren kann, dass er in einer globalisierten Welt lebt.

Vorteile durch die Globalisierung

Durch die Globalisierung sind neue Beschäftigungschancen entstanden. Dies gilt z. B. für die Software-Industrie und die Multimediabranche.

Von der Globalisierung profitieren der arbeitsintensive Dienstleistungssektor sowie die Kapitalanleger. Reisen, Freizeitangebote, Kultur und Bildung können vermehrt nachgefragt werden.

Einen Vorteil aus der Globalisierung können die Verbraucher in den Industriestaaten ziehen. Der weltweite Wettbewerb führt zu einem Preisdruck. Bei einer Vielzahl von Anbietern können für die Produkte keine überhöhten Preise verlangt werden. Erkauft wird dieser Vorteil allerdings häufig mit starken Umweltverschmutzungen, Kinderarbeit und Lohndumping in den Entwicklungsländern.

> Deutschland exportiert in großem Umfang Straßenfahrzeuge, Maschinen, chemische Erzeugnisse und Elektrotechnik in die ganze Welt. Der Anteil der Lebensmittelimporte übersteigt deutlich die Exporte an Lebensmitteln. Welche Vor- und Nachteile ergeben sich daraus für Deutschland bzw. für die hauptsächlich Lebensmittel exportierenden Länder?

Zusammenfassung

Globalisierung ist eine langfristige Entwicklung, bei der sich die weltweiten Wirtschaftsbeziehungen vermehren.

Der Begriff Globalisierung ist für die Menschen mit Sorgen und Ängsten, aber auch Erwartungen verbunden.

Unter günstigen Bedingungen bietet die Globalisierung den Ländern der Dritten Welt Entwicklungschancen. Diese Chancen konnten bislang nur einige Staaten nutzen. In anderen Entwicklungsländern führt die Globalisierung zu vermehrter Armut, Kinderarbeit und Niedriglöhnen.

Die Globalisierung führt in den Industrieländern zu einem Verlust von Arbeitsplätzen.

Globalisierung geht einher mit einer zunehmenden Anzahl an Unternehmenszusammenschlüssen.

Die Globalisierung vermindert den Einfluss der staatlichen Wirtschaftspolitik.

Die internationale Arbeitsteilung führt zu erschwinglichen Preisen für die unterschiedlichsten Produkte. Produktvielfalt führt zur Wohlstandsmehrung.

Wissens-Check

1. Welche Meinung vertreten Sie zum Globalisierungsprozess? Sammeln Sie Argumente für eine Pro- und Contra-Diskussion in der Klasse.
2. Unter welchen Voraussetzungen hat die Globalisierung positive Auswirkungen in Entwicklungsländern?

B Lebens- und Zukunftssicherung durch ökologisch nachhaltige Entwicklung

- Zentrale Umweltprobleme
- Prinzip der Nachhaltigkeit
- Internationale Umweltschutzmaßnahmen
- Individuelle Handlungsmöglichkeiten

1 Zentrale Umweltprobleme

Die Karikatur zeigt, wie sich das Umweltbewusstsein der deutschen Bevölkerung verändert hat.

1. Beschreiben Sie die Grenzen des Umweltbewusstseins in Deutschland.
2. Was könnte Ursache für diese veränderte Einstellung sein?

Umweltgefährdung und Umweltzerstörung machen nicht vor nationalen Grenzen Halt. Die zentralen Umweltprobleme wirken grenzüberschreitend und global.

1.1 Klimawandel

Der Klimaschutz gehört für die Mehrzahl der Menschen zu den wichtigsten umweltpolitischen Aufgaben. Gerade hier sieht man aber in den letzten Jahren die wenigsten Fortschritte. Das Eintreten eines Klimawandels wird für höchst wahrscheinlich gehalten. Dass man den Klimawandel durch entsprechende Maßnahmen noch verhindern kann, glaubt allerdings nur die Hälfte der Bevölkerung.

Der Mensch benötigt Energie, um Lebensbedürfnisse zu befriedigen, technologischen Fortschritt zu erreichen und wirtschaftliches Wachstum zu sichern. Lange Zeit waren Brennholz, Wasserkraft und Windenergie die wichtigsten Energieträger auf der Erde. Mit der Entwicklung der Dampfmaschine vor 200 Jahren konnte der Mensch erstmals über seine körperliche Leistungskraft hinaus in seine Umwelt eingreifen.

1 Zentrale Umweltprobleme

Um den Lebensstandard weiter verbessern zu können, wurde mit dem Einsatz **fossiler Brennstoffe** und der Atomenergie die Produktion von Gütern und Dienstleistungen ständig gesteigert.

Fossile Brennstoffe:
Erdgas, Erdöl, Kohle

1. Auf welches Problem macht die nebenstehende Karikatur aufmerksam?
2. Welche Gefahren sehen Sie in diesem Zusammenhang für die Umwelt?

Das Klima auf der Erde wird entscheidend von den Eigenschaften der Luft beeinflusst. Der langwellige Anteil der Sonnenstrahlung (Wärmestrahlung) wird von bestimmten Gasen in der Luft **absorbiert**. Dadurch gelangen nicht alle Wärmestrahlen zurück ins Weltall. Wie die Glasfenster eines Treibhauses hält die uns umgebende **Atmosphäre** einen bestimmten Teil der Wärmestrahlung der Sonne auf der Erde zurück. Dadurch stellt sich eine Durchschnittstemperatur von +15 Grad Celsius ein (Treibhauseffekt).

Absorbieren:
Aufsaugen, in sich aufnehmen

Atmosphäre:
Lufthülle der Erde

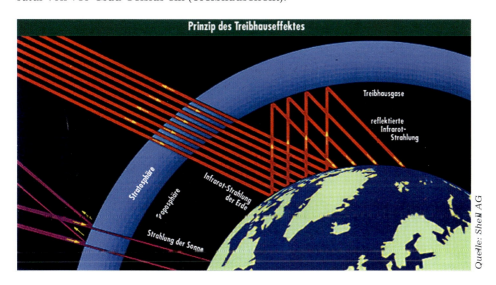

Durch unvollständige Verbrennung, beispielsweise in Wärmekraftwerken, Kraftfahrzeugmotoren und Heizungen in Privathaushalten, wird Kohlenmonoxid freigesetzt. Dieses Gas wandelt sich in der Luft zu Kohlendioxid um (CO_2-**Emission**). Es gilt als hauptverantwortlich für die globale Erwärmung. Je mehr CO_2 sich in der Atmosphäre befindet, desto mehr Wärmestrahlung wird auf der Erde zurückgehalten. Die Folge ist eine weltweite Temperaturerhöhung. Die vom Menschen verursachte CO_2-Emission verstärkt somit den Treibhauseffekt.

Emission:
Abgabe von Stoffen (meist gasförmig) in die Luft

Die Eismassen Grönlands und die Gebirgsgletscher schmelzen. Schmelzwasser und die Wärmeausdehnung des Wassers führen zu einem Anstieg des Meeresspiegels. Es wird befürchtet, dass bis zum Jahre 2100 der Meeresspiegel um 10 bis 90 cm steigen wird. Bewohner ungeschützter Küstenregionen und kleiner Inselstaaten (z. B. Bangladesh, Malediven, Niederlande) sind von der Überschwemmungsgefahr besonders bedroht.

Durch die weltweite Erwärmung verändern sich die Niederschläge. Der Verdunstungskreislauf wird beschleunigt. Das bedeutet, dass das Regenwasser nach kurzen heftigen Schauern schnell wieder verdunstet. Dadurch trocknen die Böden aus. In bestimmten Regionen können deshalb Dürreperioden und Trinkwasserknappheit häufiger auftreten.

Künftig könnten sich die landwirtschaftlich genutzten Flächen zu den Polen hin verlagern. In verschiedenen Ländern sind dann gravierende Einschnitte in der landwirtschaftlichen Produktion zu befürchten.

1. Erklären Sie mit eigenen Worten, wie es zum Treibhauseffekt kommt!
2. a) Wodurch verstärkt sich der natürliche Treibhauseffekt auf der Erde?
   b) Nennen Sie mögliche Folgen!

1.2 Gefährdung von Wäldern und Böden

Die Wälder bestimmen das Weltklima maßgeblich. Sie dienen als Filter für Luftverunreinigungen. Trotzdem werden weltweit jährlich Waldgebiete der 1,5-fachen Waldfläche Deutschlands zerstört.

In Kanada und Russland werden großflächig Wälder zur industriellen Verarbeitung abgeholzt. Die Entwicklungsländer gewinnen neue Agrarflächen durch

▸ Brandrodung und

▸ illegalen Holzeinschlag.

Werden Wälder großflächig abgeholzt und nicht wieder ersetzt, kann der Boden seine Funktion nicht mehr erfüllen.

Besonders bewaldeter Boden lässt das Regenwasser langsam versickern. Dadurch werden Pflanzen länger mit Nährstoffen versorgt, Boden**erosion** wird verhindert und das Grundwasser gefiltert.

Erosion:
Zerstörungsarbeit von Wasser, Eis und Wind an der Erdoberfläche

Bei der Verbrennung fossiler Brennstoffe entstehen auch Schwefeloxide und Stickoxide. Diese Gase bilden mit dem Sauerstoff und dem Wasser in der Luft Säuren. Säurehaltige Niederschläge (saurer Regen) übersäuern den Boden und verursachen Schäden an Pflanzen und Bauwerken. Das „Waldsterben" wird auf diesen sauren Regen zurückgeführt. Unter Sonneneinstrahlung bildet sich aus Stickoxiden auch bodennahes Ozon, das für die Atemwege des Menschen gefährlich sein kann.

Langfristige Folgen der Zerstörung der Wälder sind:

▸ Ausdehnung von Wüsten

▸ Klimaveränderung durch fehlende Waldfläche (CO_2-Speicher)

Erklären Sie, wie fehlende Waldflächen den Treibhauseffekt beeinflussen.

Agrarwirtschaft

Die Europäische Union bezahlt Subventionen und garantierte Mindestpreise für Agrarprodukte. Wer mehr produziert, erhält auch mehr Geld. Um den Ertrag zu steigern, haben viele Landwirte auf **Monokulturen** und Massentierhaltung umgestellt. Zur Erhöhung der Ernteerträge ist der Einsatz von großen Mengen an Düngemitteln und **Pestiziden** notwendig. Das Ausbringen riesiger Mengen von Gülle aus der Massentierhaltung auf den Feldern gefährdet das Wachstum der Nutzpflanzen und vor allem die Qualität des Grundwassers.

Monokultur:
Anbau nur einer Nutzpflanze

Pestizid:
Mittel gegen tierische Schädlinge

1.3 Gefährdung der Süßwasserreserven

97 Prozent der Wasservorräte der Erde sind für Menschen ungenießbares Salzwasser. Zwei Prozent sind als gefrorenes Süßwasser in Gletschern und Polkappen gebunden. Der geringe Rest ist verfügbares Süßwasser. Trotzdem würden diese Wasservorkommen für alle Menschen ausreichen, wären sie nicht regional so ungleich verteilt. Süßwasser ist der wichtigste Faktor bei der Nahrungsmittelproduktion. Zur Erzeugung von 50 kg Weizen braucht man beispielsweise 25.000 kg (Liter) Wasser.

Fäkalien:
Menschliche oder tierische Verdauungsprodukte

70 Prozent des Wassers werden in der Landwirtschaft benötigt. Zur Bewässerung der landwirtschaftlichen Nutzflächen wird vielfach mehr Grundwasser entnommen, als sich auf natürlichem Weg neu bildet. Nitrate aus der landwirtschaftlichen Düngung und Phosphate aus Waschmitteln führen zur Überdüngung der Flüsse und Seen. Dadurch können Algen vermehrt wachsen und dem Wasser Sauerstoff entziehen. Organische Haushaltsabfälle und **Fäkalien** werden teilweise ungeklärt in die Gewässer geleitet. Bakterien und Mikroben verwerten die darin enthaltenen Nährstoffe und verbrauchen dabei ebenfalls Sauerstoff. Durch den Sauerstoffmangel im Wasser sterben Fische und viele Wasserpflanzen.

Klären:
Abwässer von Verunreinigungen und Bakterien befreien

Die Süßwasserreserven werden belastet durch Pflanzenschutz- und Schädlingsbekämpfungsmittel aus der Landwirtschaft und versickernde Giftstoffe aus schlecht abgedichteten Mülldeponien usw. Insbesondere mit Schwermetallen belastete Industrieabwässer können nur mit hohem Aufwand wieder aufbereitet werden. Sie stellen ein hohes Risiko für die Gesundheit des Menschen dar, wenn sie unge**klärt** in Flüsse und Seen geleitet werden. Stoffwechselstörungen, Allergien und Entwicklungsstörungen bei Kindern können die Folge sein.

Nach dreizehnjähriger Bauzeit staut der Drei-Schluchten-Damm den Jangtse, Chinas langen Fluss.

Rekordjagd ohne Sinn!

Eines der größten Bauprojekte aller Zeiten, der 185 Meter hohe Drei-Schluchten-Staudamm am Jangtse-Fluss, ist nach 13 Jahren offiziell vollendet worden. Umweltschützer sagen, ihre schlimmsten Befürchtungen seien „noch übertroffen". Nicht einmal die Politiker wollten feiern.

Es ist vielleicht die ehrgeizigste Konstruktion seit dem Bau der Großen Mauer. Der Chef des Drei-Schluchten-Dammes, Li Yong'an, spricht vom „großartigsten Projekt des chinesischen Volkes in den vergangenen tausend Jahren". Kritiker sehen Größenwahn.

Süddeutsche Zeitung

Der weltweite Wasserverbrauch hat sich seit 1950 mehr als versechsfacht. Riesige Wassermengen werden aufgestaut, um die Wasserversorgung einer bestimmten Region zu sichern. Andere Landstriche leiden dadurch an Wassermangel und werden zu Wüsten. Dies hat vor allem in jüngerer Zeit wiederholt zu internationalen Auseinandersetzungen geführt. Der Bau des Atatürk-Dammes in der Türkei führte beispielsweise zu einem Streit um das Euphratwasser auf türkischem Gebiet. Syrien und Irak befürchteten, dass die Türkei aus politisch-strategischen Gründen die Wasserzufuhr auch ganz unterbinden könnte.

1.4 Gefährdung der Meere

Löschschiffe vor brennender Bohranlage „Deepwater Horizon" im Golf von Mexiko

Größte anzunehmende Katastrophe

Die Ölpest im Golf von Mexiko ist die schlimmste der Geschichte. Innerhalb von drei Monaten – bis zur provisorischen Abdichtung des Lecks Mitte Juli 2010 – strömten 780 Millionen Liter (666.400 Tonnen) Rohöl ins Meer.

1 Zentrale Umweltprobleme

Foto: dpa

Der auseinandergebrochene Öl-Tanker Erika sinkt am 13.12.1999 vor der bretonischen Küste.

Foto: dpa

Ölverschmierter Reiher nach einem Tankerunglück

Ein großes Umweltproblem ist die Verunreinigung von Gewässern mit Mineralölprodukten. Durch den Betrieb oder Havarien von Schiffen und Bohrinseln sind Verschmutzungen durch Mineralöle in großem Ausmaß festzustellen. Öl verbleibt über Monate im Gewässer, sinkt ab und wird nur sehr langsam abgebaut. Der Ölfilm unterbricht die Wechselwirkung zwischen Wasser und Atmosphäre.

Die Weltmeere bedecken 71 Prozent der Erdoberfläche. Für das Leben auf der Erde spielen sie eine zentrale Rolle. Die Meere

- beeinflussen als Wärme- und CO_2-Speicher Wetter und Klima,
- liefern als Nahrungsquelle jährlich 70 Millionen Tonnen Fisch,
- bieten weltumspannende Transportwege für die Schifffahrt,
- liefern Salz.

Trotz dieser wichtigen Rolle der Weltmeere sind diese **Ökosysteme** durch den Menschen bereits stark geschädigt aufgrund von

- Verschmutzung durch Einleitung von Abwässern und Giften (dies ist z. B. die Ursache der **Minamata-Krankheit**),
- Verunreinigungen durch die Schifffahrt (Tankerunfälle),
- Rohstoffausbeutung,
- Überfischung und **verbotene Fangmethoden,**
- unkontrollierte Küstenbebauung und Landgewinnung.

Ökosystem:

Aus tierischen und pflanzlichen Lebewesen sowie unbelebter Umwelt bestehende natürliche Einheit, die durch die Wechselwirkung ihrer Bestandteile ein stabiles System bildet

Minamata-Krankheit:

Erstmals im Jahre 1956 in Minamata (Japan) beobachtete Krankheit, die sich durch Störungen des Sehens, Hörens und Tastempfindens sowie in abnormen Bewegungen äußert. Ursache der Erkrankungen war der Verzehr von Fischen und Krebsen aus der Minamata-Bucht, die mit Methylquecksilber verunreinigt waren.

Verbotene Fangmethoden:

- Fischfang durch mit Ketten beschwerte Schleppnetze, die über den Meeresboden gezogen werden
- Fischfang durch giftige, betäubende und explodierende Stoffe sowie elektrischen Strom

1.5 Gefährdung durch Strahlung

Radioaktive Strahlung

Eine der größten Gefahren für die Umwelt und für die Gesundheit der Menschen sind Unfälle bei der Erzeugung von elektrischem Strom durch Kernenergie. Dies ist seit dem Reaktorunfall 1986 von Tschernobyl bekannt.

GAU:
Abkürzung für **G**rößter **A**nzunehmender **U**nfall

Super-GAU:
Ein Reaktorunfall, der über alle denkbaren Störfälle hinausgeht

Sarkophag:
Betonummantelung des zerstörten Reaktors

Rückblende:

Tschernobyl

Am 26.4.1986 ereignete sich in Tschernobyl der bislang größte Unfall in einem Kernkraftwerk. Es handelte sich um den ersten **Super-GAU** in der Geschichte der Kernenergienutzung. Durch eine Explosion verteilten sich die hochradioaktiven Spaltprodukte großräumig. Der havarierte Reaktor wurde in einen **Sarkophag** eingeschlossen. Im Umkreis von etwa 250 km um Tschernobyl wurden Strahlenschäden beobachtet, über 120.000 Menschen mussten evakuiert werden. Etwa 1 Mio. Soldaten und Arbeiter haben sich bei den Entseuchungs- und Aufräumarbeiten am Sarkophag und in der 30-km-Sperrzone, die sich bis 1987 hinzogen, hohen Strahlenbelastungen ausgesetzt.

Ein zerstörter Teil des Atomkraftwerks Tschernobyl wird mit einem Betonmantel umhüllt.

Foto: dpa

Je nach Quelle werden in Folge der Katastrophe in der ehemaligen UdSSR 200.000 bis 1 Mio. zusätzliche Krebstote erwartet, die durch den Reaktorunfall erkrankten. Der zerstörte Reaktor muss einige zehntausend Jahre gegen das Austreten weiterer Radioaktivität abgedichtet werden.

Nach: Umweltlexikon online

Wo befindet sich das nächstgelegene Kernkraftwerk in Ihrer Region?

In letzter Zeit gab es weltweit immer wieder Störfälle in Kernkraftwerken. Der schwerste Atomunfall nach Tschernobyl ereignete sich am 11. März 2011 im Atomkraftwerk Fukushima 1 in Japan. Ausgelöst durch eines der schwersten Erdbeben, 130 Kilometer vor der japanischen Küste, trifft ein bis zu 23 Meter hoher **Tsunami** das Atomkraftwerk Fukushima 1. Die Reaktoren nehmen schweren Schaden und explodieren teilweise. Radioaktivität tritt ungehindert aus und gelangt in die Atmosphäre und ins Meer. Die Menschen im Umfeld der havarierten Anlage müssen evakuiert werden. Sie können die auf viele Jahre hinaus radioaktiv verstrahlte Gegend nicht mehr bewohnen. Trinkwasser, tierische und pflanzliche Produkte aus der Region um Fukushima sind auf unbestimmte Zeit verseucht und nicht zum Verzehr geeignet.

Ein weiteres Problem der Kernenergie ist die Endlagerung des radioaktiven Mülls und die Beseitigung stillgelegter Atomkraftwerke.

Tsunami:
Hohe zerstörerische Flutwelle, meist ausgelöst durch ein Seebeben

Atomkraftwerk Fukushima vor der Zerstörung durch einen Tsunami

Recherchieren Sie, welche Möglichkeiten es gibt, radioaktiven Müll zu lagern.

Kernkraftwerk Grundremmingen in Nordschwaben: Die beiden Reaktoren produzieren jährlich ca. 21 Milliarden kWh Strom. Das entspricht ca. 30 % des bayerischen Strombedarfs.

Deutschland hat sich dazu entschlossen, auf die Energiegewinnung durch Kernkraft zu verzichten. Die Risiken werden als zu hoch angesehen. Der Energiebedarf in Deutschland wird Schritt für Schritt durch umweltverträgliche und zukunftssichere Energiegewinnung gedeckt. Der vollständige Atomausstieg soll schrittweise vollzogen werden.

Weltweit werden jedoch nach wie vor ca. 440 Kernkraftwerksblöcke betrieben.

Diskutieren Sie das Für und Wider des schrittweisen Atomausstiegs.

Atomkraftgegner demonstrieren in Ahaus (Kreis Borken) gegen ein Brennelementezwischenlager.

Smog:
Aus den beiden englischen Worten „smoke" (Rauch) und „fog" (Nebel) zusammengesetztes Wort

Elektromagnetische Strahlung

„Normaler" **Smog** entsteht durch Luftverunreinigungen aufgrund giftiger Gase und Schwebeteilchen.

Der Begriff „Elektrosmog" ist Ende der Siebzigerjahre entstanden. Damit ist eine starke elektromagnetische Strahlung in der menschlichen Umgebung gemeint.

Mobiltelefone senden direkt am Ohr, Babyfone werden häufig sehr nahe am Kinderbett installiert. Starke Sendeanlagen und Hochspannungsmasten stehen dicht neben Häusern.

Die gesundheitlichen Folgen durch Elektrosmog sind bislang nicht eindeutig geklärt.

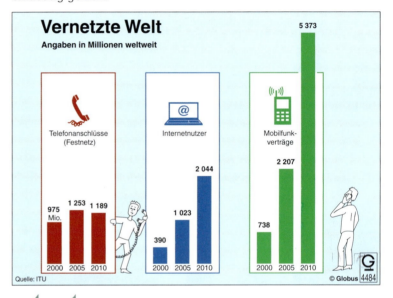

Nennen Sie Möglichkeiten, wie die tägliche Handy- bzw. Smartphonenutzung eingeschränkt werden kann.

1.6 Volkswirtschaftliche Auswirkungen

Umweltpolitik

Freie Güter:
Dies sind Güter, die den Menschen in ausreichender Menge zur Verfügung stehen.
Sie sind unentgeltlich verfügbar (z. B. Luft, Sonnenlicht).

Unternehmen nutzen zur Produktion von Waren häufig sogenannte **freie Güter.** Tatsächlich sind die freien Güter aber nicht uneingeschränkt verfügbar. Ihr Erhalt kostet viel Geld, das häufig die Allgemeinheit und nicht der Verbraucher des freien Gutes bezahlt (z. B. Abwasserreinigung). Die Einführung staatlicher Umweltschutzanforderungen für Unternehmen schlagen sich als Kosten beim Verursacher nieder (Verursacherprinzip). Haben Konkurrenzunternehmen keine derartigen Auflagen zu beachten, entstehen Wettbewerbsnachteile. Der Absatz der Waren wird geringer, die Arbeitslosigkeit steigt, Betriebe wandern in Regionen oder Länder mit schwachen Umweltschutzbestimmungen ab.

> Warum können nicht alle Kosten für den Erhalt der Umwelt nach dem Verursacherprinzip verteilt werden?

Strenge Umweltschutzbestimmungen haben auch positive Auswirkungen auf die Wirtschaft. Durch die hohen Anforderungen entsteht eine moderne Umweltschutzindustrie, was Arbeitsplätze schafft. Der technische Vorsprung verschafft den Unternehmen in dieser Branche Wettbewerbsvorteile auf den internationalen Märkten.

Verbraucherverhalten

Neben dem Staat beeinflusst auch der Verbraucher das Umweltverhalten der Wirtschaft. Werden vermehrt umweltschonend hergestellte und umweltverträgliche Produkte nachgefragt, stellen sich die Anbieter auf die neue Marktsituation ein. Die Herstellungsmethoden werden umweltverträglicher. Das Angebot an umweltschädlichen Produkten nimmt ab.

> Warum kaufen die Verbraucher immer noch viel zu wenig umweltschonend hergestellte und umweltverträgliche Produkte?

Wichtiger als der wirtschaftliche Effekt der Umweltpolitik und des Verbraucherverhaltens sind der Erhalt der natürlichen Lebensgrundlagen und die langfristige Sicherung der Produktionsgrundlagen.

Zusammenfassung

Die zentralen Umweltprobleme wirken grenzüberschreitend und global.

Für den Klimawandel wird hauptsächlich die vom Menschen verursachte CO_2-Emission verantwortlich gemacht (Treibhauseffekt).

Der Schutz der Wälder und Böden, der Süßwasserreserven und der Meere sowie die Reduzierung der radioaktiven und elektromagnetischen Strahlung sind die Aufgaben der Zukunft.

Wissens-Check

1. Wie beeinflusst die Atmosphäre die Erdtemperatur?
2. a) Welches Gas ist hauptsächlich für den Treibhauseffekt verantwortlich?
   b) Wie wird dieses Gas freigesetzt?
   c) Welche Möglichkeiten gibt es, den Ausstoß dieses Gases zu reduzieren?
3. Welche Aufgabe hat der Boden im „Ökosystem Erde"?
4. Wie entsteht der Elektrosmog?

2 Prinzip der Nachhaltigkeit

Der unbekannte Begriff

Mehr als zwei Drittel der Deutschen können sich nicht entsinnen, jemals von dem Begriff Nachhaltigkeit gehört zu haben. Das hat eine Umfrage im Auftrag des Umweltbundesamtes ergeben. Den Prinzipien der Nachhaltigkeit, zum Beispiel „Ressourcen schonen" oder „nicht mehr verbrauchen als nachwächst", stimmt jedoch die überwältigende Mehrheit der Deutschen zu.

Berliner Zeitung

Foto: Dietrich Claus

Nachhaltige Forstwirtschaft bedeutet, dass geschlagenes Holz wieder aufgeforstet wird.

Brundtlandkommission:
Gro Harlem Brundtland war Leiterin der Kommission und Generaldirektorin der Weltgesundheitsorganisation.

Irreversibel:
nicht umkehrbar

Nachhaltigkeit ist ein in der Forstwirtschaft entwickeltes Prinzip der Bewirtschaftung, wonach nur so viel Holz geschlagen werden darf, wie nachwachsen kann. Hiervon abgeleitet wurde der in der Umwelt- und Entwicklungspolitik gebrauchte Begriff „nachhaltige Entwicklung".

„Nachhaltige Entwicklung" beschreibt in erster Linie eine Entwicklung, die den Bedürfnissen der heutigen Generation gerecht wird, ohne die Ressourcen künftiger Generationen zu gefährden.

Das Leitbild einer nachhaltigen Entwicklung wurde 1987 geprägt von der **Brundtlandkommission** in ihrem Bericht „Our Common future" (Unsere gemeinsame Zukunft). Der Bericht war Mitauslöser für die UN-Konferenz für Umwelt und Entwicklung 1992 in Rio de Janeiro.

Dort wurde die Agenda 21 verabschiedet. Sie gibt den Regierungen detaillierte Handlungsanweisungen, um eine nachhaltige Nutzung der natürlichen Ressourcen sicherzustellen. Die „Lokale Agenda 21" beschreibt die Umsetzung der nachhaltigen Entwicklung auf kommunaler Ebene.

Verstärkt sollten erneuerbare Ressourcen genutzt werden. Die Emissions- und Immissionsraten müssen so gewählt sein, dass die natürliche Umwelt (Luft, Boden und Wasser) diese verarbeiten kann. Des Weiteren sollte der Einsatz von Produkten und Technologien, deren ökologische bzw. soziale Folgen nicht abschätzbar oder mit **irreversiblen** Schäden verbunden sind, vermieden werden.

Erklären Sie in eigenen Worten, was Sie unter dem Prinzip der Nachhaltigkeit verstehen.

Internationale Umweltschutzmaßnahmen

Seit 1992 finden Umweltkonferenzen der Vereinten Nationen statt. Dort werden Grundregeln und Absichtserklärungen für möglichst viele Teilnehmerstaaten erarbeitet, um der Ausbeutung und Zerstörung der Umwelt entgegenzuwirken.

Die Menschen haben erkannt, dass Wachstum, Mobilität und technischer Fortschritt im Einklang mit der Umwelt und somit ökologisch und Ressourcen schonend sein muss.

Diese Gedanken sind als oberstes Bildungsziel in Art. 131 Abs. 2 der Bayerischen Verfassung verankert.

> Art. 131 Bayerische Verfassung
>
> (2) Oberste Bildungsziele sind (...) Verantwortungsbewusstsein für Natur und Umwelt.

Grafik: Dave Vaughan

Diskutieren Sie die Karikatur.

UN-Umweltkonferenzen:

Jahr	Ort	Konferenz
1992	**Rio de Janeiro**	UN-Konferenz für Umwelt und Entwicklung **"Nachhaltige Entwicklung"**
1995	**Berlin**	Erste UN-Klimakonferenz **"Berliner Mandat"**
1996	**Genf**	Zweite UN-Klimakonferenz **"Genfer Erklärung"**
1997	**Kyoto**	Dritte UN-Klimakonferenz **"Protokoll von Kyoto"**
1998	**Buenos Aires**	Vierte UN-Klimakonferenz **"Aktionsplan von Buenos Aires"**
1999	**Bonn**	Fünfte UN-Klimakonferenz **"Fahrplan zur Umsetzung des Kyoto-Protokolls"**
2002	**Johannesburg**	**"Weltgipfel für nachhaltige Entwicklung Rio+10"**
2005	**Montreal**	Weltklimakonferenz **„künftiger Klimaschutz"**
2006	**Nairobi**	Weltklimakonferenz **„Prüfung des Kyoto-Protokolls 2008"**
2009	**Kopenhagen**	UN-Klimakonferenz **„Schritte zur Begrenzung globaler Erwärmung"**
2011	**Cancún**	UN-Klimakonferenz **„gemeinsame Vision der Emissionsminderung"**

Grafik: R. A. Drude

3.1 Die Konferenz von Rio de Janeiro 1992

Nachhaltige Entwicklung:
Die gegenwärtige Generation soll ihren Bedarf befriedigen, ohne die Fähigkeit künftiger Generationen zur Befriedigung ihres eigenen Bedarfs zu beeinträchtigen.

Auf der Konferenz von Rio wurde die Idee einer **nachhaltigen Entwicklung** vorgestellt. Seither prägt dieses zentrale Leitbild weltweit die Umwelt- und Entwicklungspolitik. Über 170 Staaten haben auf dieser Konferenz darauf hingewiesen, dass dringender Handlungsbedarf zur Erhaltung der Lebensgrundlagen auf der Erde besteht. Erstmals war man sich darüber einig, dass sich die menschliche Zivilisation langfristig selbst zerstört, wenn sie ihr Verhalten nicht ändert.

Deklaration:
Grundlegende Erklärung

Im Rahmen der Konferenz von Rio wurden in der „Rio-**Deklaration**" gemeinsame Grundprinzipien künftigen Handelns festgelegt.

Die teilnehmenden Staaten erklärten ihre Absicht, folgende Bereiche entsprechend ihrer Möglichkeiten zu schützen und künftigen Generationen zu erhalten:

Konvention:
Völkerrechtliches Abkommen, Übereinkunft

- Wälder (Wald-Deklaration)
- Artenvielfalt (**Konvention** über die biologische Vielfalt)
- Klima (Klimakonvention)

Die Rio-Deklaration enthält wichtige umweltpolitische Grundsätze:

▸ Das Vorsorgeprinzip

Verbot von umweltfeindlichen Produktionsweisen und der Verwendung giftiger Stoffe, bevor Umweltschäden auftreten. Beispielsweise wurden ozonschädigende Fluor-Chlor-Kohlenwasserstoffe als Treibmittel für Spraydosen oder als Kühlmittel verboten. Sie wurden durch umweltfreundliche Produkte ersetzt.

▸ Das Verursacherprinzip

Die Kosten zur Beseitigung von Umweltschäden können jedem angelastet werden, der sie verursacht hat. Beispiel: Ein Unternehmen leitet illegal und ungefiltert giftige Stoffe in einen Fluss. Es muss die Kosten der Wiederherstellung von **Fauna** und **Flora** tragen.

Fauna:
Tierwelt

Flora:
Pflanzenwelt

▸ Das Kooperationsprinzip

Umweltschutz ist eine gemeinsame Aufgabe von Staat, Bürgern und Wirtschaft. Jeder muss bereit sein, das in seinem Rahmen Mögliche zu tun.

▸ Das Integrationsprinzip

Umweltschutz betrifft alle politischen Bereiche. Entscheidungen, z. B. in der Verkehrs-, Energie- und Agrarpolitik, müssen „umweltgerecht" sein.

Auch Deutschland hat alle Deklarationen und Konventionen von Rio unterzeichnet und sich damit bereit erklärt, seine umweltpolitischen Aktivitäten nach dem Leitbild der nachhaltigen Entwicklung auszurichten.

Die Industrieländer sagten unverbindlich zu, ihren Kohlendioxid-Ausstoß bis zum Jahr 2000 auf den Stand von 1990 zu senken.

> Überlegen Sie, welche Probleme bei grenzüberschreitenden Umweltschäden auftreten, wenn das Verursacherprinzip angewendet wird.

Agenda 21

> „Viele kleine Leute an vielen kleinen Orten, die viele kleine Dinge tun, werden das Gesicht der Erde verändern."
> Afrikanisches Sprichwort

Agenda 21:
Wörtlich übersetzt bedeutet das lateinische Wort agenda: „das, was zu tun ist" (Arbeitsprogramm).
Der Zusatz „21" verdeutlicht, dass dieses Programm die Richtung in das 21. Jahrhundert weisen soll.

Die Agenda 21 ist das zentrale, rechtlich allerdings nicht verbindliche Abschlussdokument der UN-Konferenz von Rio de Janeiro. Sie richtet sich an alle Staaten der Welt.

Das Papier ist ein Aktionsprogramm für eine „bessere", zukunftsfähige Welt im 21. Jahrhundert. Wichtige Feststellungen zur Bevölkerungs-, Wirtschafts- und Umweltpolitik werden getroffen.

Die einzelnen Länder sollen im Rahmen ihrer Möglichkeiten und gemäß der vereinbarten Grundsätze Umweltschutz betreiben.

> In den Industrieländern leben 25 Prozent der Weltbevölkerung. Sie verbrauchen aber 75 Prozent der Energie. Könnte jeder Chinese und jeder Inder so viel Energie verbrauchen wie ein Westeuropäer, würde sich der Energieverbrauch weltweit verdoppeln. Die Klimafolgen wären verheerend.
>
> Im Laufe seines Lebens wird ein Mitteleuropäer mehr konsumieren und mehr Abfall produzieren als 50 Einwohner eines Entwicklungslandes.

Foto: dpa

Elendsviertel in Manila: Armut in verschmutzter Umwelt

Die Industrieländer haben die Aufgabe, ihre verschwenderische und umweltbelastende Lebensweise zu verändern.

Die größten Probleme der Entwicklungsländer sind die Umweltbelastung und die herrschende Armut. Beides zu bekämpfen ist die zentrale Aufgabe aller Staaten.

Bei der Lösung der Probleme sollen alle Hand in Hand arbeiten: internationale Organisationen, Unternehmen, staatliche und kommunale Behörden, private Organisationen, Bürgerinnen und Bürger.

3.2 Die Konferenz von Kyoto 1997

Die Konferenz von Kyoto beschloss im Kampf gegen die Klimaänderungen die Verringerung der Emissionen bestimmter Treibhausgase, die zur weltweiten Erwärmung beitragen. Die Unterzeichnerstaaten verpflichteten sich, die Menge der Treibhausgasemissionen stufenweise bis zum Jahr 2012 um 5 bis 8 Prozent unter das Niveau von 1990 zu senken.

> Trotz des hohen Schadstoffausstoßes haben die USA die Vereinbarung zur Reduzierung der Emissionen nicht unterzeichnet.
>
> Wie erklären Sie sich die Haltung der USA?

Kyoto-Protokoll: Ziele und Trends

Die Industrieländer, die das Kyoto-Protokoll ratifiziert haben, haben sich verpflichtet, ihre Treibhausgasemissionen bis spätestens 2012 gegenüber 1990 um maximal so viel Prozent zu erhöhen bzw. um mindestens so viel Prozent zu senken.

Land	Kyoto-Ziel	Prognose* des UNFCCC
Unterzeichner insgesamt	−5,0	−11,0
Spanien	+15,0	+51,3
Portugal	+27,0	+44,7
Kanada	−6,0	+38,2
Neuseeland	0,0	+34,0
Norwegen	+1,0	+23,3
Österreich	−13,0	+17,1
Italien	−6,5	+13,1
Japan	−6,0	+6,0
Dänemark	−21,0	+4,2
Frankreich	−0,3	0,0
EU	−8,0	−1,6
Großbritannien	−12,5	−19,0
Deutschland	−21,0	−21,3
Russland		−21,3
Tschechien	−8,0	−24,4
Weißrussland	−8,0	−25,5
Polen	−6,0	−26,2
Ungarn	−6,0	−28,0
Bulgarien	−21,0	−37,1
Estland	−8,0	−56,0

*Hochrechnung, inkl. Maßnahmen, die anlaufen, aber nicht solche, die geplant sind. Quelle: UNFCCC © Globus 1771

3.3 „Rio + 10" in Johannesburg 2002

10 Jahre nach der Konferenz von Rio fand im Jahre 2002 in Johannesburg der „Weltgipfel für nachhaltige Entwicklung" („Rio + 10") statt. Dort wurde überprüft, ob die Länder die in Rio vereinbarten Ziele erreicht haben. Die Einstellung der Umwelt gegenüber hat sich leider nicht verändert. Die Industrieländer orientieren sich weiterhin an wirtschaftlichen Interessen und verschwenden unvermindert Ressourcen. Auch die Anzahl der Länder, die versucht haben die Vorgaben umzusetzen, war verschwindend gering.

In Deutschland setzten fast alle Bemühungen mit Verspätung ein und haben noch bei weitem nicht alle Regionen erfasst.

> Welche Gründe könnte es geben, sich nicht an der Umsetzung der Agenda 21 zu beteiligen?

3.4 Die Konferenz von Montreal 2005

Die Teilnehmer an der Konferenz von Montreal haben sich auf wesentliche Punkte zum künftigen Klimaschutz geeinigt:

- Die Klimarahmenkonvention von Rio de Janeiro bildet weiter die Grundlage für den globalen Klimaschutz.
- Entwicklungs- und Schwellenländer sollen stärker in den globalen Klimaschutz einbezogen werden.
- Die Entwicklungsländer sollen finanzielle und technische Hilfe erhalten, um die Klimaschutzvereinbarungen umsetzen zu können.
- Die Senkung der Menge der Treibhausgasemissionen, die im Rahmen der Konferenz von Kyoto vereinbart wurde, wird über das Jahr 2012 hinaus fortgeführt.

Grafik: R. A. Drude

3.5 Die Konferenz von Cancún 2011

Die UN-Klimakonferenz in Cancún hat Entscheidungen getroffen, die Klimaschutz und Anpassung an Klimafolgen voranbringen. Zu den Unterzeichnerstaaten zählen auch die USA sowie China und weitere Schwellen- und Entwicklungsländer.

Alle Staaten bekennen sich zu dem Ziel, die Erderwärmung auf zwei Grad zu begrenzen. Die Gefahren des Klimawandels werden noch einmal ausdrücklich anerkannt. Die Anpassung an die Folgen des Klimawandels soll durch

- Bereitstellen finanzieller Mittel,
- Vorantreiben technischer Entwicklungen,
- Erweitern des Technologietransfers

umgesetzt werden. Die Mitglieder des Kyoto-Protokolls haben sich verpflichtet, bis 2020 ihre CO_2-Emissionen um 25 bis 40 Prozent unter den Stand von 1990 abzusenken.

Zusammenfassung

Die Staaten der Welt haben sich im Rahmen der UN-Umweltkonferenzen auf Umsetzungsmöglichkeiten des Prinzips der Nachhaltigkeit geeinigt.

Nachhaltigkeit bedeutet: Verlasse die Welt so, wie du sie vorgefunden hast.

In der Agenda 21 werden Grundsätze des Umweltschutzes vereinbart, an die sich alle Länder weltweit halten sollen.

Im Rahmen der Konferenz von Kyoto wird erstmals die Reduzierung der Treibhausgase beschlossen.

Umweltpolitische Grundsätze sind im Vorsorge-, Verursacher-, Kooperations- und Integrationsprinzip verankert.

Wissens-Check

1. Sie kaufen neue Möbel. Worauf achten Sie, wenn Sie nach dem Prinzip der Nachhaltigkeit handeln?
2. Beschreiben Sie die umweltpolitischen Grundsätze mithilfe von Beispielen.
3. Geben Sie die wesentlichen Aussagen der Agenda 21 wieder.

Individuelle und nationale Umweltschutzmaßnahmen

Der Klimaschutz und die Erhaltung der Umwelt gehen nicht nur die Industrie und Energiewirtschaft etwas an. Jeder kann etwas zum schonenden Umgang mit unserer Umwelt beitragen.

Sammeln Sie Vor- und Nachteile, die dieses umweltgerechte Verhalten mit sich bringt.

4.1 Kauf ökologisch erzeugter Produkte

Verbraucherinnen und Verbraucher wollen unbelastete, hochwertige und bezahlbare Lebensmittel. Gleichzeitig soll die landwirtschaftliche Produktion im Einklang mit der Umwelt stehen. Deshalb werden ökologisch produzierte Lebensmittel gekennzeichnet. Das Bundesministerium für Verbraucherschutz hat mit dem **Bio**-Siegel ein einheitliches Kennzeichen für Bio-Lebensmittel geschaffen. Bei Produkten, die mit dem Bio-Siegel versehen werden, sind Herkunft und Inhaltsstoffe nach der EG-Öko-Verordnung geprüft. Ein Lebensmittel mit dem Bio-Siegel muss zu mindestens 70 Prozent aus Öko-Produkten bestehen.

Seit der EG-Öko-Verordnung von 1993 sind „Bio" und „Öko" geschützte Begriffe. Wer Lebensmittel als „Bio" oder „Öko" anpreist, muss die Vorschriften der Verordnung einhalten.

Das Bio-Siegel soll den Verbrauchern auf den ersten Blick signalisieren, dass das Lebensmittel nach den Richtlinien der EG-Öko-Verordnung produziert und verarbeitet wurde.

EG-Öko-Verordnung:

Bezeichnungen, die den Begriffen „ökologisch" und „biologisch" entsprechen:

„kontrolliert biologisch"
„kontrolliert ökologisch"
„biologisch-dynamisch"
„biologisch-organisch"
„biologischer Landbau"
„ökologischer Landbau"

EG-ÖKO-VERORDNUNG

Anwendungsbereich

Artikel 1

(1) Diese Verordnung gilt für (...) Erzeugnisse, sofern sie als Erzeugnisse aus ökologischem Landbau gekennzeichnet sind oder gekennzeichnet werden sollen (...)

Artikel 2

Im Sinne dieser Verordnung gilt ein Erzeugnis als aus ökologischem Landbau stammend gekennzeichnet, wenn in der Etikettierung (...) seine Bestandteile oder die Futtermittel-Ausgangserzeugnisse gekennzeichnet sind (...) und zwar insbesondere durch einen oder mehrere der nachstehenden Begriffe oder der davon abgeleiteten gebräuchlichen Begriffe (wie Bio-, Öko- usw.)

Gemeinschaftslogo **(Bio-Siegel)** *für alle in der EU produzierten ökologischen Lebensmittel*

Garantiert wird, dass
▸ höchstens 0,9 % gentechnisch verändertes Material enthalten ist
▸ mindestens 95 % der Inhaltsstoffe aus Öko-Anbau kommen

Die EG-Öko-Kontrollstellen überwachen sowohl Öko-Waren als auch Betriebe, in denen ökologische Lebensmittel erzeugt und verarbeitet werden. Auch importierte Waren werden streng kontrolliert. Werden Verstöße gegen die Vorschriften aufgedeckt, dürfen die beanstandeten Produkte nicht mehr vermarktet werden.

Biomarken werden durch eigene Verbände streng kontrolliert. Diese Produkte sind meist nur in „Bioläden" oder „Naturkostfachgeschäften" zu einem höheren Preis als vergleichbare Lebensmittel erhältlich. **Bio-Siegel**-Produkte sind zu einem niedrigeren Preis auch im Supermarkt erhältlich.

Bio-Produkte kosten mehr, weil ihre Produktion aufwändiger ist. Bio-Bauern verwenden z. B. keine Insekten- oder Pflanzenschutzmittel und bieten ausreichend Weideflächen für ihre Tiere.

Deshalb haben sie geringere Erträge als ihre konventionell wirtschaftenden Kollegen. Die Mehrausgaben für Bio-Produkte lassen sich bei anderen Lebensmitteln zum Teil wieder einsparen. Fleisch, Fertiggerichte oder Süßwaren sind teure Lebensmittel, die im Rahmen einer vollwertigen Ernährung reduziert werden können.

Der Handel mit Öko-Lebensmitteln blüht hierzulande. Produkte, die das vom Verbraucherministerium eingeführte Bio-Siegel tragen, kommen schon längst nicht mehr nur von einheimischen Bio-Bauern. Mittlerweile sind in den Läden immer mehr Bio-Lebensmittel aus der ganzen Welt zu bekommen. Für deutsche Bio-Bauern bedeutet das eine ernst zu nehmende Konkurrenz. Das Problem: Die EG-Öko-Verordnung gestattet es auch Produzenten aus dem außereuropäischen Ausland, den so genannten Drittländern, ihre Waren mit dem Bio-Siegel zu kennzeichnen. Dies geschieht natürlich auch hier nur nach ausgiebiger Prüfung durch die entsprechenden Kontrollstellen. Bio-Bauern und Anbauverbände in Deutschland kritisieren jedoch, dass die EU-Richtlinien weitaus niedrigere Kontrollstandards für ausländische Bio-Waren vorsehen, als es die Richtlinienstandards deutscher Bioverbände tun.

Sendung des NDR: Bio-Siegel international

Welcher Gefahr sehen sich die deutschen Bio-Bauern ausgesetzt?

4.2 Energieeinsparung

Heizung

Im privaten Umfeld entfallen etwa 70 Prozent der verbrauchten Energie auf die Heizung. Der Rest verteilt sich auf Strom und andere Nutzungen. Jeder Einzelne kann einen großen Beitrag zum Erhalt der Umwelt leisten, wenn er seine Heizgewohnheiten ändert. Allein die Senkung der Raumtemperatur um nur 1 °C senkt den Energieverbrauch der Heizung um 6 Prozent.

Moderne Solaranlagen liefern auch in unseren Breiten genug Energie, um in den Sommermonaten den Warmwasserbedarf komplett zu decken.

Der **Primärenergie**verbrauch kann durch bewusstes Sparen – z. B. durch den Einsatz effektiver Heizsysteme oder durch das Verwenden von **erneuerbaren Energien** – wesentlich vermindert werden. Die gesamte Energieerzeugung aus erneuerbaren Quellen beträgt in Deutschland trotz staatlicher Hilfen nur wenige Prozent.

Primärenergie:
Energie, die aus natürlichen, noch nicht weiterverarbeiteten Energieträgern stammt (Kohle, Öl, Erdgas)

Erneuerbare Energien:
Energie, die ohne Einsatz fossiler Rohstoffe erschlossen wird, z. B.:
▸ Wasserkraft- und Windenergie
▸ Photovoltaik mit Solarzellen
▸ Pflanzenöle (Biodiesel aus Rapsöl)
▸ Vergärung (Biogas)
▸ Verbrennung von Pflanzenteilen

1. Wie können Sie sich verhalten, um die täglich benötigte Heizenergie zu reduzieren?
2. Beobachten Sie das Heizverhalten in Ihrem Schulgebäude.
   a) Welche grundsätzlichen Fehler werden gemacht?
   b) Wie könnte die Situation verbessert werden?

Strom

Energieeinsparung ist nicht immer gleichzusetzen mit Einschränkung oder Verlust von Lebensqualität. Durch die Vermeidung von Leerlaufverlusten (Stand-by-Betrieb) bei elektronischen Geräten könnten bundesweit etwa 1,5 Prozent der klimaschädlichen CO_2-Emissionen eingespart werden. Im Durchschnitt kann hier jeder Haushalt ca. 50 Euro pro Jahr sparen.

Treibhausgas-Emissionen in der EU

Land	2008 in Millionen Tonnen CO_2-Äquivalenten*	Veränderung gegenüber 1990 in %
Deutschland	958,1 t	-22,2 %
Großbritannien	628,2	-18,6
Italien	541,5	+4,7
Frankreich	527,0	-6,4
Spanien	405,7	+42,3
Polen	395,6	-12,7
Niederlande	206,9	-2,4
Rumänien	145,9	-39,7
Tschechien	141,4	-27,5
Belgien	133,3	-7,1
Griechenland	126,9	+22,8
Österreich	86,6	+10,8
Portugal	78,4	+32,2
Bulgarien	73,5	-37,4
Ungarn	73,1	-24,9
Finnland	70,1	-0,3
Irland	67,4	+23,0
Schweden	64,0	-11,7
Dänemark	63,8	-7,4
Slowakei	48,8	-33,9
Litauen	24,3	-51,1
Slowenien	21,3	+15,2
Estland	20,3	-50,4
Luxemburg	12,5	-4,8
Lettland	11,9	-55,6
Zypern	10,2	+93,7

*Umrechnung anderer Treibhausgase in CO_2 entsprechend ihrer Wirkung   Quelle: EEA (2010)

Energieetikett gemäß der Energieverbrauchskennzeichnungsverordnung (EnVKV)

Energiespar- und Halogenlampen haben die früheren Glühlampen mit Glühdraht abgelöst. Sie haben bei weniger Energiebedarf eine wesentlich längere Leuchtdauer und produzieren kaum noch nicht nutzbare Abwärme. Energiesparlampen enthalten giftiges Quecksilber und dürfen deshalb nicht mit dem Hausmüll entsorgt werden. Sie müssen im Fachgeschäft oder im Schadstoffhof abgegeben werden.

Recherchieren Sie, wie Sie mit einer zerbrochenen Energiesparlampe sachgerecht umgehen!

Hersteller und Handel in der Europäischen Union sind verpflichtet, bestimmte Haushaltsgeräte und Leuchtkörper mit dem Energieetikett zu kennzeichnen. Die Verbraucher können sich somit leichter über den Energieverbrauch eines Geräts informieren.

Auto fahren

Bei 160 km/h ist der Kraftstoffverbrauch um rund 50 Prozent höher als bei 120 km/h. Erhöhte Kosten und Schadstoffemissionen rechtfertigen die Zeitersparnis nur selten.

Güterverkehr und Konsum

Lebensmittel werden über immer weitere Strecken transportiert. Die Lebensmittelmenge, die pro Kopf und Jahr konsumiert wird, ist in den letzten 20 Jahren in etwa gleich geblieben. Der Transportaufwand für Lebensmittel hingegen hat sich fast verdoppelt. Wir konsumieren Produkte, die weit transportiert werden müssen (z. B. tropische Früchte). Der Großteil des Transportwachstums im Lebensmittelbereich ist jedoch auf veränderte Konsumgewohnheiten und Arten des Wirtschaftens zurückzuführen. Immer seltener werden die Produkte von einem Unternehmen bzw. im eigenen Land hergestellt. Zutaten für Lebensmittel werden zunehmend arbeitsteilig und an verschiedenen Orten produziert. Das verlängert die Transportwege. In den letzten fünf Jahren wuchs das Güterverkehrsaufkommen um rund 40 Prozent. Der Transport findet über immer größere Distanzen statt. Dabei nimmt der Transportanteil der Bahn ab, jener des Lkw-Verkehrs steigt an.

Woher kommt der Erdbeerjoghurt?

Für einen in Stuttgart abgepackten 150-Gramm-Erdbeerjoghurt wurden polnische Erdbeeren im 800 km entfernten Aachen verarbeitet. Weiter ging's nach Stuttgart (446 km). Papier aus Uetersen (Niedersachsen) diente im 634 km entfernten Kulmbach (Bayern) der Etikettenproduktion, zu der sich noch Leim aus holländischen und belgischen EG-Beständen (220 km) gesellte. Die Etiketten traten dann ihre 314 km lange Reise gen Süden an. Das Aluminium für den Deckel legte inklusive Prägung 864 km, die Joghurtkulturen aus Niebüll legten 917 km zurück.

Quarzsand aus Frechen in Nordrhein-Westfalen wurde in Neuburg (Bayern) zu Glas. Die Anfahrtswege für Milch (36 km) und Zucker (107 km) nehmen sich da bescheiden aus. Insgesamt bringt es das fertige Joghurt-Produkt auf eine Transportstrecke von 9.115 km!

Ohne den produktionsbedingten Energiebedarf und die damit verbundene Schadstoffproduktion mitzurechnen, verursacht der tägliche Joghurtgenuss pro Person jährlich die Emission von 500 Kilo Stickoxiden, 35 Kilo Ruß und 32,5 Kilo Schwefeldioxid.

Dipl.-Ing. Stefanie Böge, Wuppertal, Institut für Klima, Umwelt und Energie

Eine Ursache für den zunehmenden Güterverkehr ist die schrumpfende Fertigungstiefe vieler Unternehmen. Sie stellen immer weniger Produkte selbst her. Der Transport ist im Verhältnis zu den Produktionskosten zu billig.

Politiker und Umweltschützer schlagen folgende Wege aus der „Transportkrise" vor:

▸ Vereinheitlichung von Verpackungen
▸ Mehrweg- statt Einweggläser
▸ einheitliche Flaschennormen für Mehrwegflaschen
▸ Belohnungssysteme für den Transport per Bahn
▸ Verteuerung von Kraftstoff
▸ Schwerverkehrsabgabe (Maut)
▸ Verpflichtung zu produktionsnaher Zulieferung

1. Nennen Sie mögliche Verpackungen, welche die Zahl der Transportkilometer für den Joghurt reduzieren würden.
2. a) Notieren Sie Argumente für und wider die Vorschläge zur Verringerung der Transportwege.
   b) Welcher Vorschlag hat Ihrer Meinung nach die größte Aussicht auf Erfolg?

Trinkwasser sparen

Jeder Einwohner Bayerns verbraucht statistisch etwa 222 Liter Trinkwasser pro Tag. Rechnet man den Verbrauch von Gewerbe, Industrie und Landwirtschaft ab und berücksichtigt nur die Privathaushalte und Kleinbetriebe, dann sind es pro Kopf und Tag noch ca. 140 Liter Trinkwasser. Davon werden nur 3 Liter (2 Prozent) täglich getrunken oder zum Kochen verwendet. Rund 49 Liter (36 Prozent) dienen der Körperpflege beim Baden oder Duschen. Mit 44 Litern (32 Prozent) rauscht ein erheblicher Teil durch die Toilettenspülung.

Dabei ging der Wasserverbrauch seit 1990 stetig zurück. Das gestiegene Umweltbewusstsein führt dazu, dass Wasser sparende Verfahren und Geräte im Haushalt (Wasch- und Spülmaschinen, Toilettenspülkästen mit Spartaste, Wasser sparende Armaturen) zunehmend verwendet werden.

1. Finden Sie Möglichkeiten, wie Sie durch Ihr Verhalten Wasser sparen können.
2. Diskutieren Sie, welche Möglichkeiten Wasser einzusparen es an Ihrer Schule gibt.

4.3 Müllvermeidung

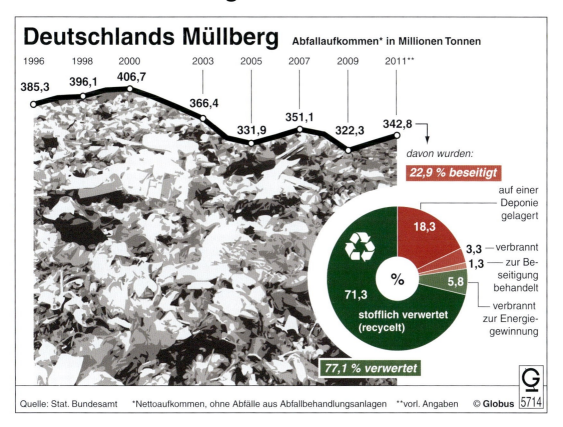

Deutschlands Müllberg — Abfallaufkommen* in Millionen Tonnen

- 1996: 385,3
- 1998: 396,1
- 2000: 406,7
- 2003: 366,4
- 2005: 331,9
- 2007: 351,1
- 2009: 322,3
- 2011**: 342,8

davon wurden:
- 22,9 % beseitigt
  - 18,3 auf einer Deponie gelagert
  - 3,3 verbrannt
  - 1,3 zur Beseitigung behandelt
- 77,1 % verwertet
  - 71,3 stofflich verwertet (recycelt)
  - 5,8 verbrannt zur Energiegewinnung

Quelle: Stat. Bundesamt *Nettoaufkommen, ohne Abfälle aus Abfallbehandlungsanlagen **vorl. Angaben © Globus 5714

Die moderne Industrie- und Wohlstandsgesellschaft produziert riesige Müllmengen. Müll enthält immer mehr Gift und nicht wieder verwertbare Stoffe. Die Entsorgung wird daher schwieriger. Nicht wieder verwertbarer Müll wird in Deponien vergraben, zu Bergen aufgetürmt oder verbrannt. Unvermeidbar ist daher eine Belastung des Bodens durch nicht vollständig abgedichtete oder gar „wilde" Mülldeponien. Auch die bei der Verbrennung entweichenden Gase belasten die Luft. Das Müllaufkommen ist so groß, dass Deponieraum knapp wird. Deshalb ist es besonders wichtig, dass jeder Einzelne in seinem privaten Bereich zum Abbau der riesigen Müllberge beiträgt.

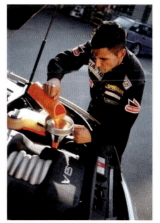

Im Extremfall kann 1 Liter versickertes Öl 1.000.000 Liter Grundwasser verseuchen.

Herr Schädling achtet auf eine saubere Umwelt!

Am Morgen macht sich Herr Schädling einen gesunden Obstsalat. Er gibt die Schalen in eine Plastiktüte, verknotet diese und wirft sie in den Mülleimer, das riecht sonst nach einiger Zeit erbärmlich. Beim anschließenden Einkauf im Supermarkt packt Herr Schädling seine Waren in Plastiktaschen. Er schwärmt von diesen Plastiktaschen. Sie sind so praktisch und haben besonders reißfeste Henkel. Man kann in ihnen fast alles transportieren. In einer Parfümerie kauft er sich ein teures Rasierwasser. Das ist aber ein kleines Fläschchen, denkt er sich noch, als er die aufwendige Verpackung in den nächstgelegenen Mülleimer wirft. Einkaufen macht durstig. Gut, dass er sich im Supermarkt eine Dose Cola gekauft hat. Er trinkt sie in einem Zug aus und wirft sie auch gleich in den Mülleimer – die Stadt soll ja sauber bleiben.

Zu Hause angekommen werden die abgelaufenen Medikamente aussortiert, die leeren Batterien in den Taschenlampen erneuert und die alten Farbtöpfe aus der Werkstatt hervorgekramt. Nachdem Herr Schädling die Farbreste in den Ausguss geschüttet hat, kommt alles in den gelben Sack und ab zur Wertstoffannahmestelle. In den großen Container, in den alle anderen Leute ihre Abfälle aus den gelben Säcken entsorgen, kippt auch Herr Schädling seinen Unrat – man bemüht sich ja, die Umweltverschmutzung zu reduzieren. Am Abend fällt Herr Schädling müde, aber zufrieden ins Bett. Kurz bevor er einschläft, denkt er sich noch: Morgen werfe ich als erstes den alten Radiowecker in die Mülltonne und kaufe mir einen ganz normalen Wecker, das ist viel umweltfreundlicher.

Schreiben Sie Herrn Schädling einen Stichwortzettel, wie er sich umweltgerecht verhalten könnte.

4.4 Nationale Umweltschutzmaßnahmen

Umweltschutzgesetze

Die Verpflichtung des Staates, die natürlichen Lebensgrundlagen zu schützen, ist im Grundgesetz festgelegt.

> **Art. 20a GG**
>
> Der Staat schützt auch in Verantwortung für die künftigen Generationen die natürlichen Lebensgrundlagen im Rahmen der verfassungsmäßigen Ordnung durch die Gesetzgebung und nach Maßgabe von Gesetz und Recht durch die vollziehende Gewalt und die Rechtsprechung.

4 Individuelle und nationale Umweltschutzmaßnahmen

Der Staat setzt seine umweltpolitischen Ziele zu einem wesentlichen Teil mittels Umweltgesetzen bzw. Umweltverordnungen und den entsprechenden Verwaltungsvorschriften durch. Die Umsetzung dieser Vorschriften erfolgt durch die Behörden oder kommunalen Einrichtungen (z. B. Umweltämter). Die Rechtsvorschriften sind nach **Sachgebieten** sortiert.

Umweltpolitik orientiert sich an grundlegenden Prinzipien wie dem Vorsorge-, Verursacher-, Kooperations- und dem Integrationsprinzip.

Sachgebiete:
- Allgemeiner Umweltschutz
- Immissionsschutz
- Gewässerschutz
- Bodenschutz
- Abfallwirtschaft
- Chemikalienrecht
- Naturschutz und Landschaftspflege
- Biotechnik
- Kerntechnische Sicherheit und Strahlenschutz

> „Wäschewaschen ist nur bis 15.00 Uhr gestattet, ab 18.00 Uhr wird Bier gebraut."
> Wilhelm II. 1888 bis 1918 deutscher Kaiser und König von Preußen

---

Preußisches Wassergesetz vom 7. April 1913

Wir, Wilhelm von Gottes Gnaden König von Preußen, verordnen, mit Zustimmung der beiden Häuser des Landtags der Monarchie, was folgt:

§ 19

(1) Es ist verboten, Erde, Sand, Schlacken, Steine, Holz, feste und schlammige Stoffe sowie tote Tiere in einen Wasserlauf einzubringen. Ebenso ist verboten, solche Stoffe an Wasserläufen abzulagern, wenn die Gefahr besteht, dass diese Stoffe hineingeschwemmt werden.

§ 23

(1) Wer Wasser oder andere flüssige Stoffe (...) in einen Wasserlauf einleiten will, hat dies vorher der Wasserpolizeibehörde anzuzeigen (...)

§ 24

(1) Für den Schaden, der durch die unerlaubte Verunreinigung eines Wasserlaufs entsteht, haftet, ( ) der Unternehmer der Anlage, von der die Verunreinigung herrührt.

§ 376

(1) Werden den Vorschriften (...) zuwider Wasser oder andere flüssige Stoffe, durch deren Einleitung das Wasser verunreinigt werden kann, in ein Gewässer eingeleitet, so sind der Unternehmer und der Betriebsleiter als solche, unabhängig von der Verfolgung der eigentlichen Täter, mit Geldstrafe von fünfzig bis zu fünftausend Mark zu bestrafen.

Auszüge aus dem Preußischen Wassergesetz vom 7. April 1913

Prüfen Sie, welche grundlegenden Prinzipien moderner Umweltpolitik bereits im Preußischen Wassergesetz von 1913 verwirklicht wurden.

Umweltabgaben und Umweltprüfung

Ökosteuer

Ökosteuern haben den Zweck, die Nachfrage der Verbraucher umweltgerecht zu beeinflussen. Beispielsweise soll die Erhöhung der Mineralölsteuer dazu beitragen, dass weniger Auto gefahren wird. Das Geld fließt in den allgemeinen Staatshaushalt und kann dazu verwendet werden, an anderer Stelle die Steuern zu senken (z. B. durch Subventionierung umweltschonender Produkte).

Werden umweltschonende Produktionsverfahren und Produkte subventioniert, soll das Angebot verbilligt und so die Nachfrage erhöht werden.

Beim Tanken verdient der Staat mit.

„Rasen für die Rente – das ist keine Finanzpolitik, das ist gaga."
Guido Westerwelle, FDP-Politiker

Auf welchen Missstand möchte der FDP-Politiker Westerwelle mit dieser Aussage aufmerksam machen?

Umweltsonderabgaben

Umweltsonderabgaben sind zweckgebunden. Sie kommen der Umwelt wieder zugute. Muss ein Industriebetrieb eine Abwasserabgabe entrichten, sind die Einnahmen beispielsweise für den Bau einer Kläranlage zu verwenden.

Stromerzeugung belastet die Umwelt.

Zertifikat:
Hier: Berechtigung

Immissionsvolumen:
Umfang der zugelassenen Schadstoffeinleitung in die Umwelt

Umweltzertifikate

Umweltzertifikate werden an Unternehmen ausgegeben. Der Betrieb erwirbt damit die Berechtigung, eine festgelegte Menge an Schadstoffen freizusetzen. Die Anzahl der Zertifikate für eine Region ist so gewählt, dass ein bestimmtes **Immissionsvolumen** nicht überschritten wird.

Mit Umweltzertifikaten kann gehandelt werden. Setzt eine Firma durch den Einbau von umweltschonender Technik weniger Schadstoffe frei, kann sie Nutzungsrechte verkaufen. Betriebe mit veralteter Technik können diese Rechte kaufen. In der Summe bleibt das Immissionsvolumen gleich.

Der Umweltschutz mit Hilfe von Umweltzertifikaten erfolgt bislang hauptsächlich in den USA.

„Der Zertifikathandel verhindert technische Neuerungen!"
Nehmen Sie Stellung zu dieser Behauptung.

Umweltverträglichkeitsprüfung (UVP)

Die Umweltverträglichkeitsprüfung ist ein Prüfverfahren, mit dem die Auswirkungen eines Vorhabens auf die Umwelt bereits im Planungsstadium untersucht werden.

Untersucht werden die Auswirkungen eines Projektes auf Menschen, Tiere, Pflanzen, Boden, Wasser, Luft, Klima, Landschaft, Kultur- und sonstige Sachgüter. Bei der UVP prüft man aber nicht nur den Einfluss von Einzelkomponenten auf die Umwelt, sondern auch deren Wechselwirkung. Es wird z. B. geprüft, wie der Bau einer Autobahn, eines Kraftwerkes oder einer Skipiste das gesamte Ökosystem beeinflusst.

Umwelthaftungsgesetz (UmweltHG)

> § 1 UmweltHG Anlagenhaftung bei Umwelteinwirkungen
>
> Wird durch eine Umwelteinwirkung (...) jemand getötet, sein Körper oder seine Gesundheit verletzt oder eine Sache beschädigt, so ist der Inhaber der Anlage verpflichtet, dem Geschädigten den daraus entstehenden Schaden zu ersetzen.

Mit dem Umwelthaftungsgesetz wurde eine umfassende Gefährdungshaftung eingeführt. Der Betreiber einer Anlage muss für Schäden an Personen und Sachen auch dann haften, wenn ihn kein Verschulden trifft. Bestimmte Anlagen müssen vom Betreiber so versichert werden, dass im Schadensfall die Umweltschäden beseitigt werden können.

> § 15 UmweltHG Haftungshöchstgrenzen
>
> Der Ersatzpflichtige haftet für Tötung, Körper- und Gesundheitsverletzung insgesamt nur bis zu einem Höchstbetrag von 85 Millionen Euro und für Sachbeschädigungen ebenfalls insgesamt nur bis zu einem Höchstbetrag von 85 Millionen Euro, soweit die Schäden aus einer einheitlichen Umwelteinwirkung entstanden sind (...)

Aus welchem Grund wurden im UmweltHG Haftungshöchstgrenzen eingeführt?

Umweltstrafrecht

Umweltschädigendes Verhalten kann als Ordnungswidrigkeit oder Straftat geahndet werden. Die Art und Höhe der Strafen sind im Strafgesetzbuch (StGB) und in den Umweltgesetzen geregelt.

> Die Luftverunreinigungen eines Unternehmens schädigen die Ernte der umliegenden Bauern.
>
> Recherchieren Sie im Internet Höhe und Art der zu erwartenden Strafe.

Kreislaufwirtschaft

Grafik: R. A. Drude

Sekundäre Rohstoffe:

Aus Abfällen gewonnene Rohstoffe (Recycling)

Zum Recycling geeignet sind vor allem Glas, Papier, Pappe, Kartonagen, Eisen, Nichteisenmetalle und Kunststoffe. Voraussetzung für die stoffliche Verwertung ist eine möglichst sortenreine Sammlung der Wertstoffe oder ihre leichte Abtrennung (Sortierung) aus der Abfallfraktion (Abfalltrennung).

Um die vorhandenen Ressourcen an Rohstoffen zu erhalten, sollen Produkte möglichst mehrfach verwendbar und technisch langlebig sein. Bei der Herstellung und dem Gebrauch von Erzeugnissen ist das Entstehen von Abfällen so weit wie möglich zu vermeiden. Angestrebt werden weitgehend geschlossene Kreisläufe. Aus verwertbaren Abfällen oder **sekundären Rohstoffen** sollen neue Produkte erzeugt werden. Bei umweltverträglichen Produkten ist nach Gebrauch eine umweltverträgliche Abfallverwertung oder eine ordnungsgemäße und schadlose Abfallbeseitigung sichergestellt.

Kreislaufwirtschafts- und Abfallgesetz (KrWg)

Nach dem KrWg gelten wieder verwertbare Stoffe, wie z. B. Glas, Papier und Altmetall, als Abfall. Sie müssen ordnungsgemäß entsorgt werden.

> § 1 KrWg Zweck des Gesetzes
>
> Zweck des Gesetzes ist die Förderung der Kreislaufwirtschaft zur Schonung der natürlichen Ressourcen und die Sicherung der umweltverträglichen Beseitigung von Abfällen.

Duales System

Duales System Deutschland AG (DSD) ist ein Unternehmen, das ein Sammelsystem für beim Verbraucher anfallende Verkaufsverpackungen aufgebaut hat. Hintergrund sind die Anforderungen der **Verpackungsverordnung.** Die Materialien werden getrennt und verwertet. Hersteller, Importeure oder Vertreiber führen an das DSD Gebühren für die Nutzung der Lizenz **Grüner Punkt** ab und sind dafür von Rücknahme- oder Pfanderhebungspflichten befreit.

Verpackungsverordnung:
Verpflichtet die Hersteller zur Rücknahme der Verkaufsverpackungen

Grüner Punkt:
Auf Verpackungen aus wieder verwertbarem Material angebrachtes Symbol

Verpackungen mit diesem Zeichen sind gegen eine Gebühr an das DSD von der Rücknahme- und Pfanderhebungspflicht entbunden. Der Verbraucher bezahlt die Entsorgungskosten mit dem Kaufpreis.

Umweltzeichen

Umweltzeichen kennzeichnen die Umweltverträglichkeit bei Herstellung, Gebrauch und Entsorgung eines Produktes. Gestaltung, Vergabe und Verwendung der Umweltzeichen sind gesetzlich geregelt. Die Voraussetzungen der Vergabe sind je nach Zeichen unterschiedlich.

Der **Blaue Engel** ist das älteste Umweltzeichen der Welt. Am Blauen Engel erkennen Verbraucher Produkte, die umweltfreundlich hergestellt und vertrieben werden. Die Kriterien für die Vergabe werden durch eine vom Bundesinnenminister berufene, unabhängige Jury beschlossen. Die Kennzeichnung bezieht sich nur auf bestimmte ökologische Aspekte und nicht auf das gesamte Produkt. Es wird immer ein Hinweis gegeben, warum dieses Produkt umweltfreundlicher und gesünder als andere ist.

Die **Europäische Blume** wird für Produkte vergeben, die von der Entwicklung bis zur Verwendung die Umwelt weniger belasten als vergleichbare Produkte.

Der **Blaue Engel** kennzeichnet umweltfreundlich hergestellte und vertriebene Produkte.

Europäische Blume:
kurz: Euroblume

MIK-Werte:

Maximale Immissions-Konzentration

Bezeichnung für die Konzentrationen luftverunreinigender Stoffe, die nach derzeitigem Wissensstand für Mensch, Tier oder Pflanze bei Einwirkung von bestimmter Dauer und Häufigkeit als unbedenklich gelten

Umweltstandards

Im Sinne einer zukunftsgerichteten, nachhaltigen Entwicklung werden Leitwerte festgelegt (Umweltqualitätsziele). Umweltstandards werden beispielsweise durch den Verein Deutsche Ingenieure (VDI) erarbeitet (**MIK-Werte**).

1. Wie schützen Sie die Umwelt durch Ihr Verhalten am Arbeitsplatz?
2. Diskutieren Sie, ob die globalen Umweltkatastrophen verhindert werden können – notieren Sie Ihre Argumente.

Zusammenfassung

Jeder Einzelne kann durch sein Verhalten zum Schutz der Umwelt beitragen.

Der Staat regelt durch Umweltschutzgesetze das Umweltverhalten der privaten Haushalte und der Wirtschaft.

Mithilfe von Umweltabgaben (Ökosteuer, Umweltsonderabgaben) versucht er, umweltgerechtes Verhalten zu unterstützen.

Produkte sollen möglichst Ressourcen schonend hergestellt, gebraucht und entsorgt werden. Aus den verwertbaren Abfällen werden wieder neue Produkte erzeugt (Kreislaufwirtschaft).

Umweltverträgliche bzw. umweltverträglich erzeugte Produkte sind durch Umweltzeichen gekennzeichnet.

Wissens-Check

1. Erklären Sie, warum bei der Lebensmittelproduktion der Transportaufwand ständig steigt.
2. Welche positiven Effekte erzielt die Stromsteuer für die Umwelt?
3. Ein Skigebiet in den Alpen soll erweitert werden. Welcher Prüfung wird dieses Projekt unterzogen? Beschreiben Sie die möglichen Untersuchungsergebnisse.
4. Erklären Sie das Duale System Deutschland.

C
Internationale Beziehungen

- Konflikte
- NATO
- UNO
- Bundeswehr
- Unterentwicklung
- Terrorismus

Foto: dpa

C Internationale Beziehungen

Gewaltmonopol:
Nur der Staat hat das Recht, geltende Gesetze notfalls mit Gewalt durchzusetzen.

In Demokratien haben die Bürger die Möglichkeit, auf das politische Geschehen in ihrem Land Einfluss zu nehmen (Wahlen, Parteiarbeit usw.). Der Staat hat das **Gewaltmonopol**. Dieses endet an den Grenzen des jeweiligen Staates.

Hier endet das Gewaltmonopol des Staates

Ob die Bürger eines Landes in einem anderen Land Urlaub machen oder Handel treiben können, regeln Verträge zwischen den Ländern.

Jedoch gibt es auch seit Menschengedenken Kriege. In Friedensverträgen wird das Ende der Kriege festgeschrieben. Die vertraglichen Vereinbarungen zwischen Staaten sind Bestandteil der „internationalen Beziehungen".

Die „internationale Politik" befasst sich mit den politischen Aktivitäten (Diplomatie, Außenpolitik) der Staaten. Sie ist damit ein Kernbereich der „internationalen Beziehungen".

Die Welt rückt immer näher zusammen und die Anzahl der Probleme zwischen den Staaten nimmt zu. An den letzten beiden **Golfkriegen** wurden die Möglichkeiten und Grenzen der „internationalen Politik" deutlich.

Golfkriege:
Golfkrieg I:
2. August 1990 – April 1991
Golfkrieg II:
20. März 2003 – 1. Mai 2003

Golfkrieg I: Gründe und Verlauf

G. Bush: US-Präsident 1989–1993

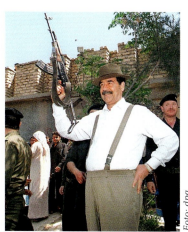

Saddam Hussein: irakischer Staatspräsident

Unter der Herrschaft von Saddam Hussein, dem damaligen irakischen Staatspräsidenten, überfiel der Irak am 2. August 1990 das Öl-Emirat Kuwait. Hussein wollte sein Herrschaftsgebiet ausweiten.

Im Auftrag der Vereinten Nationen (**UNO**) stellten die USA eine internationale Streitmacht zusammen, die die irakischen Truppen zurückdrängen sollte. Am 17. Januar 1991 begann die „Operation Wüstensturm", nachdem das letzte UNO-Ultimatum zum Rückzug aus Kuwait abgelaufen war. Auf der Grundlage des folgenden **UN-Mandats** wurde Kuwait befreit. Es dauerte nur wenige Wochen, bis die irakische Armee besiegt war.

Die meisten Soldaten der internationalen Streitmacht stellten die USA; sie wurden von europäischen und arabischen Truppen unterstützt. Japan und Deutschland leisteten finanzielle Hilfe.

UNO:
United Nations Organization
Sitz: New York
Internationales Sicherheitsbündnis

UN-Mandat:
Die UNO beauftragt Streitkräfte mit militärischen Aktivitäten.

US-Präsident George Bush/September 1990:

„Der Irak selbst kontrolliert etwa 10 Prozent der Weltölreserven. Mit Kuwait kontrolliert der Irak die doppelte Menge (...) Wir können es nicht zulassen, dass solch lebenswichtige Bodenschätze von jemandem beherrscht werden, der so rücksichtslos handelt. Und wir werden es nicht zulassen."

U.S. Policy Information and Texts, S. 2f (eigene Übersetzung)

Welchen Grund, Kuwait zu befreien, nennt George Bush?

1.1 Die Bundeswehr im Golfkrieg I

Die Bundeswehr hat sich an den Kämpfen im Rahmen des UNO-Einsatzes im Golfkrieg I nicht beteiligt. Dabei hat man sich auf Art. 24 GG und Art. 87a GG berufen.

> Art. 87a GG
>
> (2) Außer zur Verteidigung dürfen die Streitkräfte nur eingesetzt werden, soweit dieses Grundgesetz es ausdrücklich zulässt.

Dieser Artikel wurde so ausgelegt, dass die Bundeswehr nur in den Landesgrenzen der **NATO**-Partner aktiv werden konnte. Ein Einsatz am Golf war somit nicht möglich. Diese Haltung hat vor allem die Amerikaner gestört.

NATO:
North Atlantic Treaty Organization, westliches Verteidigungsbündnis
Deutschland ist seit 1955 Mitglied.

Grafik: Dave Vaughan

„Es sind unsere Soldaten, nicht Deutsche, die ihr Leben aufs Spiel setzen, um einer Aggression zu widerstehen, deren Auswirkungen auch die Deutschen treffen (...) Die Deutschen und die Japaner haben in diesem Punkt eines gemeinsam: eine äußerst flexible Verfassung, die so ausgelegt werden kann, wie es am besten passt."

US-Senator John McCain im Spiegel-Interview, Der Spiegel

1. Begründen Sie, warum sich die Bundeswehr nicht militärisch am Golfkrieg I beteiligen konnte.
2. Wie beurteilen Sie in diesem Zusammenhang die Aussage des US-Senators John McCain im Spiegel-Interview?

1.2 Die Rolle der UNO im Golfkrieg I

Mit diesem Krieg ist die UNO ihrem Auftrag der Wiederherstellung des Friedens gerecht geworden. Die Großmächte USA und die damalige Sowjetunion haben die militärischen Aktionen unterstützt und getragen. Dieser Krieg war für die UNO mit dem Völkerrecht vereinbar.

Die „Operation Wüstensturm" war eine erfolgreiche militärische Aktion im Auftrag der UNO. Griechen und Türken, Amerikaner und Russen, Israelis und Araber waren sich einig, den Aggressor Hussein aus Kuwait zurückzutreiben. Eines wurde offensichtlich: Die Funktionsfähigkeit der UNO in Kriegssituationen hängt entscheidend davon ab, wie ihre mächtigsten Mitglieder die Situation beurteilen.

Der Sicherheitsrat der UNO hat nach dem Krieg ein **Handelsembargo** über den Irak verhängt. Dadurch kam das Land in große wirtschaftliche Schwierigkeiten. Vor allem die Bevölkerung musste darunter leiden. Das von der UNO verabschiedete „**Oil For Food**"-Programm erlaubte dem Irak einen eingeschränkten Ölhandel. Mit dem Erlös durften nur Lebensmittel und Medikamente im Ausland gekauft werden.

Handelsembargo:
Ausfuhrverbot von Waren und Kapital

Oil for Food:
Öl für Lebensmittel

1.3 Die NATO im Golfkrieg I

Die Nato ist in diesem Konflikt nicht als Bündnis aufgetreten. Es haben jedoch einige NATO-Staaten der Führungsmacht USA ihre Truppen zur Verfügung gestellt. Nach der Beendigung des Ost-West-Konfliktes (1990) war die NATO wegen ihrer inneren Umstrukturierung zum Zeitpunkt des Krieges nur bedingt handlungsfähig.

Zusammenfassung

Der Irak hatte 1990 widerrechtlich Kuwait besetzt.

Die UNO legitimierte die gewaltsame Befreiung Kuwaits.

Die NATO griff als Bündnis nicht ein. Sie befand sich in einer Umstrukturierungsphase.

Die Bundeswehr konnte außerhalb des NATO-Bündnisgebietes bei Kampfhandlungen nicht eingesetzt werden.

Die USA und Verbündete haben Kuwait von der Besatzung durch den Irak befreit.

Wissens-Check

1. Was bedeutet das „Gewaltmonopol des Staates"?
2. Wie hat sich Deutschland im Golfkrieg I verhalten?

2 Golfkrieg II: Gründe und Verlauf

Resolution:
Beschluss, Entschließung

Vereinte Nationen/Sicherheitsrat:

Resolution 1441

Der UN-Sicherheitsrat verlangt von Bagdad, innerhalb eines Monats seine Waffenprogramme offen zu legen.

Der ungehinderte Zugang der UNO-Waffenkontrolleure in den Irak muss gewährleistet werden.

Den Kontrolleuren muss ungehinderte Kontrolle aller Produktionsstätten von Vernichtungswaffen erlaubt sein.

(Verabschiedet auf der 4644. Sitzung des Sicherheitsrates am 8. November 2002)

George W. Bush, Präsident der USA im 2. Golfkrieg

Foto: ddp

08.11.2002	Der UNO-Sicherheitsrat verabschiedet die Resolution 1441. Hierin werden dem Irak „ernsthafte Konsequenzen" angedroht, falls er die Resolution nicht einhält.
11.11.2002	Der amerikanische Kongress ermächtigt den Präsidenten zu kriegerischen Maßnahmen gegen den Irak.
14.11.2002	Der Irak akzeptiert die UNO-Resolution 1441.
27.01.2003	In einem Zwischenbericht werfen die UNO-Waffeninspekteure den irakischen Behörden unzureichende Zusammenarbeit vor.
17.03.2003	Die Mitglieder des UNO-Sicherheitsrates können sich nicht auf ein gemeinsames Vorgehen gegen den Irak einigen. Der amerikanische Präsident George W. Bush stellt Saddam Hussein ein Ultimatum: Er soll innerhalb von 24 Stunden den Irak verlassen haben.
20.03.2003	Am frühen Morgen greifen amerikanische und britische Streitkräfte mit Raketen und Kampfflugzeugen strategisch wichtige Ziele in Bagdad an. Dies ist der Beginn des Golfkriegs II.
09.04.2003	US-Panzer rücken in die irakische Hauptstadt ein. Saddams Regime bricht zusammen.

2 Golfkrieg II: Gründe und Verlauf

Bombardierung Bagdads

Halten Sie es für gerechtfertigt, den Krieg gegen den Irak ohne UN-Mandat zu führen? Begründen Sie Ihre Meinung.

2.1 Öl: „Treibstoff" für den Krieg?

Der offizielle Grund für den amerikanisch-britischen Angriff auf den Irak war die Nichtbeachtung der UN-Resolution 1441. Viele Menschen, auch hochrangige Politiker, sind der Meinung, dass die irakischen Erdölfelder ebenso ein Motiv für den Krieg waren.

Die amerikanische Regierung war davon ausgegangen, dass im Irak Massenvernichtungswaffen gelagert und hergestellt wurden. Sie hat sich dabei auf amerikanische und britische Geheimdienste berufen. Mittlerweile weiß man, dass der Irak zu diesem Zeitpunkt keine Massenvernichtungswaffen besaß.

Es war der US-Regierung auch ein Anliegen, den Irak von dem Diktator Saddam Hussein zu befreien. Für die US-Regierung gehörte der Irak zur **„Achse des Bösen"**, zu den „Schurkenstaaten", die die internationale Staatengemeinschaft bedrohen.

Achse des Bösen:
So bezeichnete die US-Regierung die Staaten Irak, Iran und Nordkorea.

Gründe: Besitz und Herstellung von Massenvernichtungswaffen, Unterstützung des Terrorismus oder der Besitz von atomaren Waffen

Barrel:
Flüssigkeitsmaß:
1 Barrel = 158,97 Liter

Erkundete Erdölreserven der Welt in Milliarden Barrel

Butros Butros Ghali

Foto: dpa

Präsenz:
Hier: Anwesenheit

Auch der ehemalige UNO-Generalsekretär (1992–1996) Butros Butros Ghali sah andere Gründe für den Golfkrieg II.

Spiegel: Wie erklären Sie sich die Verbissenheit des Weißen Hauses, Saddam zu stürzen?

Ghali: Die wahren Motive der US-Regierung (...) sind doch ganz andere: George W. Bush strebt nach einer starken US-**Präsenz** im arabischen Teil der Welt. Auch der direkte Zugriff auf das Erdöl Bagdads spielt für den amerikanischen Präsidenten ganz offensichtlich eine gewichtige Rolle. Vergessen Sie nicht: Die irakischen Ölreserven sind enorm.

Der Spiegel

1. Welche Gründe nennen die USA für den Krieg?
2. Welche Gründe sieht Butros Butros Ghali als Auslöser für den Krieg?
3. Wie schätzen Sie die vorgebrachten Gründe ein?

2.2 Die Bundeswehr im Golfkrieg II

Deutschland war offiziell gegen den Krieg. Bundeskanzler Gerhard Schröder hat sich vor den Bundestagswahlen (Oktober 2002) gegen einen Angriff auf den Irak ausgesprochen. Dies wurde vor allem damit begründet, dass kein UN-Mandat vorliege. Die Bundesrepublik hat den Amerikanern und den Briten jedoch Überflugrechte über das Gebiet der Bundesrepublik für Truppen und Kriegsmaterial genehmigt.

52 deutsche Abwehrspezialisten für **ABC-Waffen** wurden der US-Armee in Kuwait zur Verfügung gestellt. Sie standen dort unter US-Befehl, hätten aber jederzeit zurückgerufen werden können.

ABC-Waffen:

Atomare
Biologische
Chemische
Waffen

2.3 Die NATO im Golfkrieg II

Belgien, die Bundesrepublik Deutschland, Frankreich und Luxemburg – bedeutende Mitgliedsstaaten der NATO – haben sich klar gegen den Krieg ausgesprochen.

Als reines Verteidigungsbündnis wäre die NATO nicht zum Einsatz verpflichtet gewesen. Es wurden keine Mitgliedsstaaten der NATO angegriffen, der Verteidigungsfall war nicht gegeben.

Die USA haben versucht, mehrere NATO-Staaten ihrem militärischen Kommando zu unterstellen. Dies ist ihnen gelungen: Großbritannien, Spanien, Italien, die Niederlande, Polen, Tschechien und Ungarn haben sich in die Kriegsallianz eingereiht.

Dies führte zu einem schweren Bruch innerhalb der NATO. Seit dieser Konfliktsituation ist die NATO bemüht, die Differenzen zu beseitigen.

Die Begründung der NATO, sich wegen des fehlenden UN-Mandats im Golfkrieg II zurückzuhalten, bleibt diskussionswürdig. Im **Kosovo-Krieg** hat sie sich engagiert – ebenfalls ohne UN-Mandat. Es wurden keine Mitgliedsstaaten der NATO angegriffen, der Verteidigungsfall war auch dort nicht gegeben.

Kosovo-Krieg:

Das Kosovo wollte sich 1999/2000 von Serbien lossagen. Daraufhin wurden von den Serben viele Einwohner des Kosovo verschleppt und ermordet.

Gegen diesen Völkermord ist die NATO ohne UN-Mandat militärisch vorgegangen.

> Hätte die NATO sich Ihrer Meinung nach am Golfkrieg II beteiligen sollen? Begründen Sie Ihre Meinung.

2.4 Die UNO im Golfkrieg II

Die Verabschiedung der UN-Resolution 1441 war die letzte einstimmige Entscheidung des UN-Sicherheitsrates vor dem Golfkrieg II. Zu einer direkten Entscheidung für den Krieg konnte er sich nicht durchringen. Die Positionen der USA, Russlands, Chinas, Großbritanniens und Frankreichs waren – anders als im Golfkrieg I – zu unterschiedlich.

C Internationale Beziehungen

Ban Ki Moon, UN-Generalsekretär

Viele Anschläge geschehen durch Autobomben

Die UNO hat dem Krieg nicht zugestimmt und kritisiert, dass nicht noch länger mit dem Irak über die Offenlegung seiner Waffenprogramme diskutiert worden ist. Einige Völkerrechtler hielten den Krieg gegen den Irak trotzdem für rechtens, weil dieser ständig gegen die Resolution 1441 verstoßen hat.

In der kriegerischen Auseinandersetzung selbst hat die UNO keine Rolle mehr gespielt. Der US-amerikanische Präsident George W. Bush hat am 1. Mai 2003 die „Hauptkampfhandlungen" im Irak für beendet erklärt.

Hintergrund
Der Irakkrieg

Berlin (dpa) – Auch wenn die USA ihren Kampfeinsatz im Irak in diesem Sommer offiziell beendet haben, ist sieben Jahre nach Kriegsbeginn kein Ende der Gewalt in Sicht. Mit brutaler Regelmäßigkeit erschüttern wieder Terroranschläge das Zweistromland. (…)

Das US-Verteidigungsministerium ging im August von 4.418 getöteten US-Soldaten seit 2003 aus. Auf irakischer Seite ist der Blutzoll noch ungleich höher. Mindestens 9.500 irakische Soldaten und Polizisten kamen ums Leben. Mehr als 110.000 irakische Zivilisten wurden getötet, davon 3.000 im Jahr 2009. Andere Schätzungen im Irak gehen davon aus, dass weit mehr als eine halbe Million Iraker seit 2003 getötet wurden.

stern.de 24. Oktober 2010, 16:59 Uhr

Zusammenfassung

Der Irak hat die 2002 verabschiedete UN-Resolution 1441 nicht eingehalten. Es wurden Massenvernichtungswaffen im Irak vermutet. Kriegsbeginn: März 2003.

Die USA und Großbritannien waren die Hauptakteure in diesem Krieg.

Es hielt sich die Annahme, dass die reichen Ölquellen des Irak auch ein wichtiger Kriegsgrund gewesen sein könnten.

Deutschland war gegen den Krieg und nahm nicht teil.

Die UNO hatte den Krieg nicht legitimiert.

Wissens-Check

1. Wie hat sich die Bundeswehr im Golfkrieg II verhalten?
2. Wie hat sich die NATO im Golfkrieg II verhalten?
3. Wie hat sich die UNO im Golfkrieg II verhalten?

Funktionen und Ziele von UNO, NATO und Bundeswehr

3

Das unterschiedliche Verhalten von UNO, NATO und Bundeswehr in den beiden letzten Golfkriegen hat organisatorische und rechtliche Probleme offen gelegt. Es hat sich gezeigt, dass das Zusammenspiel nicht effektiv war, teilweise sogar gegenseitige Behinderungen stattgefunden haben. Übereinstimmende Aktionen zur Kriegsverhinderung sind nicht zur Entfaltung gekommen. Dabei sind diese Organisationen so aufgebaut, dass sie sich gegenseitig stützen sollten. Bei Konflikten ist eine klare, übereinstimmende Position beabsichtigt.

3.1 Die UNO: United Nations Organization

Am 26. Juni 1945 wurde die Satzung der UNO (111 Artikel) in San Francisco/USA von 51 Staaten unterzeichnet; am 24. Oktober des gleichen Jahres trat sie in Kraft.

Die Unterzeichnerstaaten haben sich zusammengeschlossen, um den Weltfrieden zu bewahren. Eine Katastrophe wie den Zweiten Weltkrieg sollte es nicht mehr geben. Zudem sollten menschenwürdige Lebensbedingungen für die Weltbevölkerung geschaffen werden.

Deutschland ist der UNO 1973 beigetreten. Momentan sind 193 Staaten (Stand 2011) Mitglieder der UNO.

Foto: dpa

Artikel 1 Charta der Vereinten Nationen

Die Vereinten Nationen setzen sich folgende Ziele:

1. den Weltfrieden und die internationale Sicherheit zu wahren und zu diesem Zweck wirksame Kollektivmaßnahmen zu treffen, um Bedrohungen des Friedens zu verhüten und zu beseitigen, Angriffshandlungen und andere Friedensbrüche zu unterdrücken und internationale Streitigkeiten oder Situationen, die zu einem Friedensbruch führen könnten, durch friedliche Mittel nach den Grundsätzen der Gerechtigkeit und des Völkerrechts zu bereinigen oder beizulegen;

2. freundschaftliche, auf der Achtung vor dem Grundsatz der Gleichberechtigung und Selbstbestimmung der Völker beruhende Beziehungen zwischen den Nationen zu entwickeln und andere geeignete Maßnahmen zur Festigung des Weltfriedens zu treffen;

UN-Gebäude in New York

3. eine internationale Zusammenarbeit herbeizuführen, um internationale Probleme wirtschaftlicher, sozialer, kultureller und humanitärer Art zu lösen und die Achtung vor den Menschenrechten und Grundfreiheiten für alle ohne Unterschied der Rasse, des Geschlechts, der Sprache oder der Religion zu fördern und zu festigen;

4. ein Mittelpunkt zu sein, in dem die Bemühungen der Nationen zu Verwirklichung dieser Ziele abgestimmt werden.

(Alle Textzitate der Charta der Vereinten Nationen folgen der: „Amtlichen Fassung der Bundesrepublik Deutschland", BGBl. 1973 II. S. 431f)

Fassen Sie die Ziele der Vereinten Nationen stichwortartig zusammen.

Artikel 2 Abs. 4 der Charta der Vereinten Nationen wird von allen Mitgliedsstaaten als „Globale Verfassung" bezeichnet. Das darin festgeschriebene „allgemeine Gewaltverbot" stellt die grundlegende Norm des Völkerrechts dar.

Artikel 2 Charta der Vereinten Nationen

Die Organisation und ihre Mitglieder handeln im Verfolg der in Artikel 1 dargelegten Ziele nach folgenden Grundsätzen:

(...)

(4) Alle Mitglieder unterlassen in ihren internationalen Beziehungen jede gegen die territoriale Unversehrtheit oder die politische Unabhängigkeit eines Staates gerichtete oder sonst mit den Zielen der Vereinten Nationen unvereinbare Androhung oder Anwendung von Gewalt.

Zwei Ausnahmen von diesem „allgemeinen Gewaltverbot" sind in der UN-Charta vorgesehen:

Nach Artikel 51 der UN-Charta darf sich ein Staat, der angegriffen wird, selbst verteidigen. Andere Staaten dürfen den angegriffenen Staat militärisch unterstützen.

Die zweite Ausnahme ist die Ermächtigung zu militärischer Gewalt durch den UN-Sicherheitsrat. Dies kann dann geschehen, wenn ein Staat den Weltfrieden durch kriegerische Aktivitäten gegen einen anderen Staat stört.

Die UN-Generalversammlung

In der Generalversammlung sind alle UN-Mitgliedsstaaten vertreten. Hier haben sie – unabhängig von ihrer Größe – eine Stimme. Die Generalversammlung ist das einzige UN-Organ, in dem alle

Mitglieder vertreten sind. Eine jährliche Tagung ist Pflicht; Sondersitzungen können bei Bedarf anberaumt werden.

In den Aufgabenbereich der Generalversammlung fällt die Wahl der Mitglieder aller anderen Organe der UN. Einzige Ausnahme ist der Sicherheitsrat, dessen fünf „ständige Mitglieder" unveränderbar feststehen.

Den UN-Haushalt prüft und genehmigt die Generalversammlung, ebenso legt sie die Beiträge der Mitglieder fest. Auch die Prüfung der Jahres- und Sonderberichte des Sicherheitsrates und der übrigen UN-Organe gehört zu ihren Aufgaben.

Gegenüber dem Sicherheitsrat hat die Generalversammlung keine Möglichkeit der Einflussnahme. Allen anderen Organen kann sie Auflagen machen.

Foto: ddp
UN-Vollversammlung

Der Sicherheitsrat

Der UN-Sicherheitsrat

Der Sicherheitsrat ist das Macht- und Entscheidungszentrum der UNO.

Die Siegermächte des Zweiten Weltkrieges, China, Frankreich, Großbritannien, die Sowjetunion bzw. Russland und die USA sind ständige Mitglieder. Beschlüsse zu politischen Sachfragen sind nur dann möglich, wenn alle fünf ständigen Mitglieder im Konsens abstimmen. Es darf also keines dieser Mitglieder gegen einen Beschluss stimmen. Diese Regelung wird auch als **Vetorecht** bezeichnet. Enthaltungen sind jedoch möglich.

Die beiden Privilegien

▸ Festlegung der fünf ständigen Mitglieder,

▸ Vetorecht eines jeden der fünf ständigen Mitglieder,

werden als „**Jalta-Formel**" bezeichnet.

Vetorecht:

Hier: Stimmt eines der fünf ständigen Mitglieder gegen einen Beschluss, so kommt dieser nicht zustande.

Jalta-Formel:

Diese Beschlüsse wurden bereits auf der Konferenz von Jalta (4.–11. Februar 1945) zwischen Stalin, Roosevelt und Churchill gefasst.

In der UN-Charta sind sie in Artikel 27, Abs. 3 verankert.

Artikel 27 UN-Charta

(3) Beschlüsse des Sicherheitsrates (...) bedürfen der Zustimmung von neun Mitgliedern einschließlich sämtlicher ständigen Mitglieder, jedoch mit der Maßgabe, dass sich (...) die Streitparteien der Stimme enthalten (...)

Durch diesen Abstimmungsmodus bedingt, hat jedes ständige Mitglied die Möglichkeit, Beschlüsse zu blockieren, die gegen seine Interessen sind. Zur Zeit des Ost-West-Gegensatzes wurden mehr als 200 Vetos eingelegt. Die UNO hat sich dadurch häufig ins politische Abseits manövriert.

Deutschland im Sicherheitsrat: Sowohl die Regierung von Bundeskanzler Gerhard Schröder als auch jene von Bundeskanzlerin Angela Merkel strebten mit weiteren Ländern die Aufnahme in den UN-Sicherheitsrat an. Als nicht ständiges Mitglied wurde Deutschland von 2011 bis 2013 in den Sicherheitsrat gewählt.

Weitere zehn nicht ständige Mitglieder des Sicherheitsrates werden von der Generalversammlung für jeweils zwei Jahre gewählt. Diese Mitglieder haben kein Vetorecht.

Will die UNO den neuen politischen Herausforderungen gewachsen sein, müssen die Struktur und der Einfluss des Sicherheitsrates grundlegend geändert werden. Das betrifft vor allem seine Größe und seine Abstimmungsgrundlagen. Es gibt diesbezüglich seit 1993 Änderungsabsichten. Der Sicherheitsrat soll auf 25 Mitglieder erweitert werden, fünf neue ständige Mitglieder sollen hinzukommen. Von den fünf neuen ständigen Mitgliedern sollen drei aus den bisher noch nicht berücksichtigten Regionen Afrika, Lateinamerika und Südostasien kommen. Die beiden verbleibenden Sitze sind für Industriestaaten gedacht.

Die momentanen fünf ständigen Mitglieder sind gegen diese Erweiterung. Sie wollen die Privilegien ihrer Macht nicht aufgeben und diese nicht auf weitere Mitglieder ausgeweitet sehen. Dagegen bestehen die möglichen neuen Mitglieder auf völliger Gleichbehandlung.

1. Halten Sie die „Jalta-Formel" in der UN-Charta für geeignet, Kriege zu verhindern? Begründen Sie Ihre Meinung.
2. Welche Vorteile böte die Erweiterung des Sicherheitsrates auf 25 Mitglieder?
3. Sollten die fünf ständigen Mitglieder auf zehn erhöht werden? Welche Vorteile sehen Sie?

UN-Friedensmissionen

Seit den 50er Jahren gibt es die „Blauhelme". Die Soldaten im Dienst der UNO werden so bezeichnet, weil sie blaue Helme tragen. Auf den Seiten der Helme steht in Großbuchstaben UN. Die UNO besitzt allerdings keine eigenen Streitkräfte, diese werden ihr nur von den Mitgliedsstaaten zur Verfügung gestellt.

Eigentlich sollten die Blauhelme als Militärbeobachter – nur zur Selbstverteidigung leicht bewaffnet – zwischen Konfliktparteien stehen. Zuvor musste jedoch ein Waffenstillstand oder ein Friedensvertrag ausgehandelt sein. Von 1945, dem Gründungsjahr der UNO, bis 1988, dem Ende des Kalten Krieges, gab es nur 13 **„peace keeping"-Einsätze**.

UN-Blauhelm

Peace keeping: Friedenserhaltung, friedlicher Einsatz von UN-Soldaten zur Konfliktkontrolle

3 Funktionen und Ziele von UNO, NATO und Bundeswehr

Nach der Annäherung der Großmächte und der Überwindung des Ost-West-Gegensatzes konnte die UNO wieder umfassender agieren. So wurden zwischen 1988 und 1992 14 UN-Aktionen beschlossen.

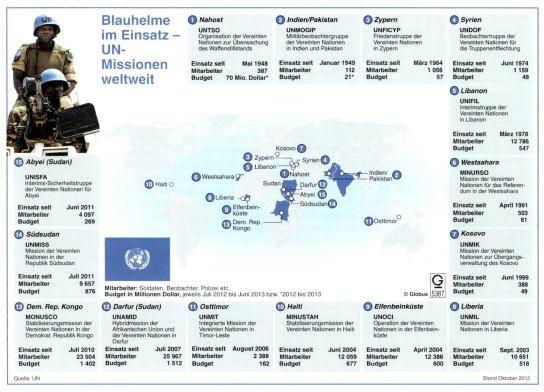

Weil die Einsätze seit 1980 immer gefährlicher wurden, musste die UNO ihre reine Beobachterfunktion aufgeben. Sie übernahm fortan weitere Aufgaben:

- Entwaffnung der Konfliktparteien
- Minenräumung
- Polizeidienst
- Überwachung zur Einhaltung der Menschenrechte
- Überwachung von Wahlen
- Aufbau von Verwaltungen

Wie gefährlich diese Aufgaben sind, zeigt sich daran, dass in den 90er Jahren mehr als 1000 Blauhelme getötet wurden. Insgesamt kamen von 1945 bis 1988 ca. 1700 UN-Soldaten ums Leben.

Die UN überwachen die Wahlen in Kabul, Afghanistan.
Foto: dpa

> Die Vereinten Nationen unterscheiden ihre Friedensmaßnahmen nach deren Zielsetzung:
>
> - **Friedensschaffende Maßnahmen**
>   sind diplomatische Maßnahmen zur friedlichen Lösung eines Konflikts. Neben (…) Vermittlung und Schlichtung können sie auch diplomatische Isolationsmaßnahmen und Sanktionen umfassen.
>
> - **Friedenserzwingende Maßnahmen**
>   sind Maßnahmen zur Wiederherstellung des Friedens in Konfliktgebieten unter Einsatz militärischer Mittel. Die Zustimmung der Konfliktparteien ist nicht erforderlich.

- **Friedenserhaltende Maßnahmen**
  sind Aktivitäten zur Eindämmung, Entschärfung und/oder Beendigung von Feindseligkeiten zwischen Staaten oder in Staaten (...) Militärische Streitkräfte und zivile Organisationen können die politische Streitbeilegung ergänzen (...) Friedenserhaltende Maßnahmen beinhalten die Stationierung einer Friedenstruppe im Krisengebiet. Die Zustimmung der Konfliktparteien ist nicht erforderlich.

- **Friedenskonsolidierende Maßnahmen**
  sind Maßnahmen zur Bestimmung und Förderung von Strukturen, die geeignet sind, den Frieden zu festigen (...), um das Wiederaufleben eines Konflikts zu verhindern. Diese können sowohl militärisches als auch ziviles Eingreifen erfordern.

Aus: Frieden und Sicherheit, 2009, S. 26

Organisationen und Programme der UNO

Neben der direkten Konfliktregelung widmet sich die UNO weiteren wichtigen Aufgaben. Hierzu hat sie Organisationen und Programme eingerichtet.

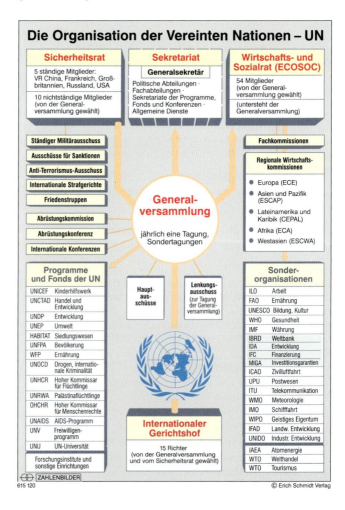

3.2 Die NATO: North Atlantic Treaty Organization

Am 4. April 1949 wurde die NATO in Washington gegründet. Zehn westeuropäische Staaten (Großbritannien, Frankreich, die **Benelux-Staaten**, Dänemark, Norwegen, Island, Portugal, Italien) sowie die USA und Kanada haben den Vertrag unterschrieben. 1952 traten Griechenland und die Türkei bei, 1955 die Bundesrepublik Deutschland und 1982 Spanien.

Benelux-Staaten:
Belgien, Niederlande, Luxemburg

Der Hauptgrund für die Gründung der NATO war, ein militärisches Bündnis gegen die kommunistische Sowjetunion und die von ihr beherrschten osteuropäischen Staaten zu schließen. Die Kriegsverhütung durch Abschreckung stellte das oberste Ziel der NATO dar.

Der NATO stand der „Warschauer Pakt", das Militärbündnis Osteuropas, gegenüber. Er wurde 1955 in Warschau gegründet. Neben der Sowjetunion waren Polen, Rumänien, Bulgarien, Albanien, Ungarn, die Tschechoslowakei und die DDR Gründungsmitglieder. Nach dem Zusammenbruch der Sowjetunion im Jahre 1989 löste sich der Warschauer Pakt auf.

Foto: dpa

40 Jahre lang war der Auftrag der NATO, ihre Mitglieder gegen Angriffe von außen zu verteidigen. Dies wurde durch ständige Aufrüstung mit **konventionellen** und atomaren **Waffen** erreicht.

Konventionelle Waffen:
Alle nicht atomaren, biologischen oder chemischen Waffen

Der NATO-Vertrag

Präambel

Die vertragsschließenden Parteien bestätigen ihren Glauben an die Ziele der Charta der Vereinten Nationen und ihren Wunsch, mit allen Völkern und mit allen Regierungen in Frieden zu leben (...)

Sie sind bestrebt, die Stabilität und Wohlfahrt im nordatlantischen Gebiet zu fördern (...)

Artikel 5

Die vertragsschließenden Staaten sind darüber einig, dass ein bewaffneter Angriff gegen einen oder mehrere von ihnen in Europa oder Nordamerika als ein Angriff gegen sie alle betrachtet wird und infolge dessen kommen sie überein, dass im Falle eines solchen bewaffneten Angriffs jeder von ihnen in Ausübung des in Artikel 51 der Charta der Vereinten Nationen anerkannten Rechtes zur persönlichen oder gemeinsamen Selbstverteidigung (...) die Vertragsstaaten (...) unterstützen wird (...)

Auszug aus dem NATO-Vertrag vom 4. April 1949

Präambel:
Erklärung als Einleitung eines Staatsvertrages oder einer Verfassungsurkunde

---

1. Welche Voraussetzungen müssen erfüllt sein, damit der sogenannte Verteidigungsfall ausgelöst wird?
2. Hätte die NATO nach ihren Statuten im Golfkrieg I, im Golfkrieg II oder im Kosovo eingreifen müssen bzw. können? Begründen Sie ihre Meinung.

Die Neuorientierung

Im Jahre 1990 hat sich die Lage der NATO grundlegend geändert.

Nach dem Zusammenbruch des Warschauer Paktes war der Hauptgegner nicht mehr vorhanden. Die NATO wandelte sich in eine Organisation für die Sicherung des Friedens.

Das Leitmotiv lautete nun: „Partnerschaft für den Frieden!"

Zu diesem Zeitpunkt begann die „Osterweiterung" der NATO. Zwischen 1999 und 2009 traten folgende Staaten dem Militärbündnis bei: Polen, Ungarn, die Tschechische Republik, Bulgarien, Estland, Lettland, Litauen, Slowenien, Rumänien, die Slowakei, Kroatien und Albanien. Russland betrachtet den Eintritt ehemaliger Verbündeter des Warschauer Paktes in die NATO mit Argwohn.

Mit dem Anschlag vom 11. September 2001 auf das WTC setzte das Militärbündnis erstmals in seiner Geschichte den Bündnisfall in Kraft. Die amerikanische Regierung bat die NATO-Staaten um konkrete Hilfe im Kampf gegen den Terrorismus.

Die Zukunft der NATO

Auf dem NATO-Gipfel (21./22.05.2012 in Chicago) war der Begriff „Smart Defence – intelligente Verteidigung" das Leitthema. Durch Spezialisierung und Bündelung der Aufgaben und Fähigkeiten sollten die Kosten gesenkt werden.

Auf diesem Gipfel wurde auch die Zusammenarbeit hinsichtlich „Cyber-Gefahren" (Angriffe auf die elektronischen Kommunikationssysteme) beschlossen. Auch die Piraterie und der Terrorismus sollten gemeinsam bekämpft werden.

Der Aufbau eines US-Raketenschilds wurde dort ebenfalls von der NATO beschlossen. Dieses Vorhaben stößt auf massive Kritik aus Russland.

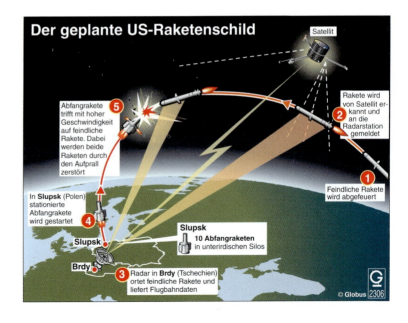

3.3 Die neue Rolle der Bundeswehr

Die Bundeswehr ist die Streitmacht der Bundesrepublik Deutschland. Sie besteht aus dem Heer (Landstreitkräfte), der Marine (Seestreitkräfte) und der Luftwaffe. Im Frieden untersteht sie dem Bundesminister für Verteidigung, im Kriegsfall dem Bundeskanzler.

Seit ihrer Gründung im Jahre 1955 haben sich die Einsatzmöglichkeiten der Bundeswehr grundlegend geändert.

Einsätze im Ausland waren anfangs auf humanitäre Aufgaben beschränkt.

Bundeswehr im Einsatz

Die Bundeswehr konnte im Golfkrieg I nicht eingesetzt werden. Ihr Einsatz **„out of area"** war auf Hilfsleistungen für UN-Missionen beschränkt. Diese fanden im Wesentlichen in Form von finanzieller und materieller Hilfe statt.

Out of area:
Außerhalb des NATO-Verteidigungsgebietes

Eine Änderung trat 1993 ein. Im Bürgerkrieg in Somalia haben sich deutsche Soldaten direkt am UN-Einsatz beteiligt. Hier wurde das Gebot des Nichteinsatzes in Kampfhandlungen gebrochen. Weil die Bundesregierung für diesen Einsatz nicht die Zustimmung des Bundestages eingeholt hatte, klagten die Oppositionsparteien. So kam es zu dem Grundsatzurteil des Bundesverfassungsgerichts von 1994.

Auszug aus dem Urteil des Zweiten Senats des Bundesverfassungsgerichts von 1994:

> „**Art. 87 a GG** steht der Anwendung des **Art. 24 Abs. 2 GG** (...) für den Einsatz bewaffneter Streitkräfte im Rahmen eines Systems gegenseitiger kollektiver Sicherheit nicht entgegen (...)"

Zweiter Senat des Bundesverfassungsgerichts

Dieses Urteil erlaubt die Teilnahme der Bundeswehr an bewaffneten militärischen Einsätzen auch außerhalb des NATO-Verteidigungsgebietes. Voraussetzung ist, dass der Einsatz unter dem Mandat der UNO oder der NATO steht und der Bundestag – mit einfacher Mehrheit – zustimmt (Parlamentsarmee). Dadurch war es möglich, dass die Bundeswehr sich an der ISAF-Truppe in Afghanistan beteiligte.

Art. 87 a GG:
(2) Außer zur Verteidigung dürfen die Streitkräfte nur eingesetzt werden, soweit dieses Grundgesetz es ausdrücklich zulässt.

Art. 24 GG:
(2) siehe Seite 435

Von der Verteidigungsarmee zur Einsatzarmee

Die Bundeswehr musste sich aufgrund der veränderten Sicherheitslage in den letzten 20 Jahren grundlegend wandeln. Im Kalten Krieg war die Landesverteidigung die wahrscheinlichste Aufgabe der Bundeswehr. Inzwischen ist es die Internationale Krisenbewältigung. Es befanden sich ca. 6.800 (Stand März 2013) deutsche Soldaten in den Einsatzgebieten, mehr als die Hälfte davon in Afghanistan. Dort bildet die Bundeswehr die Polizei und die Armee aus. Wie auch in allen anderen Krisengebieten unterstützt sie beim Aufbau von Sicherheitsinstitutionen. Dies ist ein wesentlicher Teil des **Nation Building**. Die Staaten sollen selber für ihre Sicherheit sorgen können und so eine Ausbreitung des Terrorismus auf ihrem Gebiet selbstständig verhindern. Bis zu diesem Ziel ist es oft ein langer und blutiger Weg.

Nation Building (Nationenbildung)
Politischer Entwicklungsprozess, der aus Gemeinschaften (gleiche Sprache, Traditionen, Sitten, Gebräuche, Abstammung) einen Staat (Staatsgebiet, Staatsvolk, Staatsgewalt) werden lässt

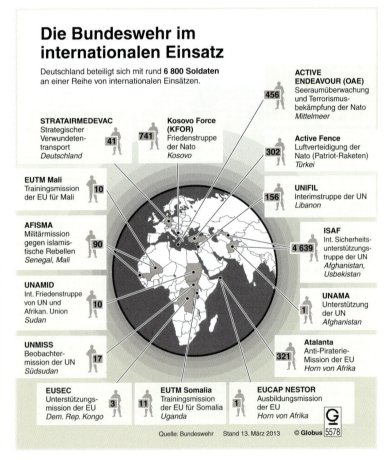

Foto: Dietrich Claus
Die Bundeswehr wird kleiner

Aussetzung der Wehrpflicht – Freiwilligenarmee

Mit diesen neuen Herausforderungen haben sich auch die Anforderungen an die Soldaten völlig geändert. Im Kalten Krieg erschien es notwendig, eine große Armee zu haben. Dazu war die Wehrpflicht das geeignete Mittel, da in kürzester Zeit Millionen von Reservisten zu Soldaten gemacht werden konnten. Inzwischen werden in allen Bereichen Spezialisten gesucht. Nicht mehr die Anzahl, sondern die Ausbildung der Soldaten entscheidet über den Einsatzerfolg. Deshalb wurde die Wehrpflicht zum 01.07.2011 ausgesetzt. Sie bleibt weiter im Grundgesetz (Art 12a GG), es muss aber niemand mehr gegen seinen Willen zur Bundeswehr. Die Bundeswehr soll verkleinert und auf Auslandseinsätze spezialisiert werden. Die Soldaten werden immer mehr zu Krisenvermittlern, die kulturelle Kompetenz haben müssen.

Foto: dpa

„Wir haben ein Modell, bei dem die Bundeswehr kleiner, allerdings auch besser werden wird. Sie wird einsatzfähiger werden und es werden gleichzeitig auch die Möglichkeiten des Schutzes im Inland aufrecht erhalten."

nach BMVg, 2010

Die Möglichkeiten des Einsatzes der Bundeswehr im Innern haben sich geändert. Am 17. August 2012 hat das Bundesverfassungsgericht den Beschluss gefasst, dass die Bundeswehr bei schwerwiegenden Terrorangriffen innerhalb der BRD tätig werden kann. Solche Einsätze sind an strenge Auflagen gebunden:

- Ausnahmesituationen katastrofischen Ausmaßes
- Von Terroristen gekaperte Flugzeuge mit Zivilisten an Bord dürfen nicht abgeschossen werden.

In Eilfällen muss die gesamte Bundesregierung entscheiden.

Über die sich veränderte Aufgabenstellung der Bundeswehr informieren die Jugendoffiziere an den Schulen.

Hilfeleistungen der Bundeswehr

Bei Unglücksfällen und Katastrophen steht die Bundeswehr seit 1962 den Bürgern zur Seite. So helfen Soldaten bei Hochwasser-, Waldbrand- und Schneekatastrophen. Im Sommer 2013 kämpften ca. 20.000 Soldaten gegen die Flut der Elbe und Donau. Die Soldaten sicherten die Deiche mit Sandsäcken, versorgten die Bevölkerung und evakuierten Menschen. Hubschrauber und Schiffe waren gleichzeitig im Einsatz, um die Bevölkerung in Sicherheit zu bringen. In 50 Jahren Katastrophenhilfe hat die Bundeswehr mehr als 160 solcher Hilfseinsätze im In- und Ausland durchgeführt. Viele Bürger haben daher ein positives Bild der deutschen Streitkräfte.

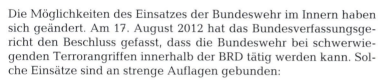

1. Was sind Ihrer Meinung nach die wichtigsten Aufgaben der Bundeswehr? Nennen Sie drei Beispiele und begründen Sie diese.
2. Was spricht für die Aussetzung der Wehrpflicht?

Frauen in der Bundeswehr

Das Grundgesetz sieht eine allgemeine Wehrpflicht nur für Männer vor. Frauen können zu nicht militärischen Diensten verpflichtet werden.

Soldatin der Bundeswehr (Foto: ddp)

> **Art. 12a GG**
>
> (4) Kann im Verteidigungsfall der Bedarf an zivilen Dienstleistungen, im zivilen Sanitäts- und Heilwesen (...) nicht auf freiwilliger Grundlage gedeckt werden, so können Frauen vom vollendeten achtzehnten bis zum vollendeten fünfundfünfzigsten Lebensjahr (...) zu derartigen Diensten herangezogen werden. Sie dürfen auf keinen Fall zum Dienst mit der Waffe verpflichtet werden.

In einigen NATO-Staaten leisten Frauen Dienst mit der Waffe und werden zu Kampfeinsätzen herangezogen.

Ende Juni 1999 hat der Europäische Gerichtshof in Luxemburg darüber verhandelt, ob der Ausschluss der Frauen vom Waffendienst bei der Bundeswehr rechtmäßig ist. Einer Elektroingenieurin aus Hannover wurde das Recht zugesprochen, in der Wartung von Waffensystemen arbeiten zu dürfen.

Seit 2001 sind alle Laufbahnen der Bundeswehr für Frauen offen. Der Dienst mit der Waffe ist seitdem zulässig.

---

1. Diskutieren Sie, ob der „Dienst mit der Waffe" für Frauen in der Bundeswehr gerechtfertigt ist.
2. Welche Gründe sprechen für, welche gegen die Teilnahme von Frauen an Kampfeinsätzen?

Zusammenfassung

UNO (United Nations Organization):

Gegründet 1945; Sitz: New York; 192 Mitgliedstaaten (Stand 2011)

Deutschland ist seit dem 18. September 1973 Mitglied.

Ziel: Sicherung und Wiederherstellung des Friedens

Wichtigstes Organ: der Sicherheitsrat

NATO (North Atlantic Treaty Organization):

Gründung 1949; Ziel: Eindämmung der kommunistischen Sowjetunion; Ziel seit 1990 (Zusammenbruch der Sowjetunion): Sicherung des Friedens; 1999 – 2009: Viele osteuropäische Staaten treten dem Bündnis bei; 2012: Zusammenarbeit gegen Cyber-Gefahren

Deutschland ist seit 1955 Mitglied.

1955 wurde die Bundeswehr gegründet.

Frauen sind seit 2001 auch zum „Dienst mit der Waffe" zugelassen.

2011 wurde die Wehrpflicht ausgesetzt.

Wissens-Check

1. Wann wurde die UNO gegründet?
2. Interpretieren Sie das nachfolgende Zitat vor dem Hintergrund der Gründungsgeschichte und den Zielen der UNO.

   „Die UNO wurde nicht gegründet, um uns den Himmel zu bringen, sondern um uns vor der Hölle zu bewahren."

   Sir Winston Churchill, britischer Politiker und Schriftsteller (1874–1965)
3. Seit wann ist Deutschland Mitglied der UNO?
4. Welche Länder sind ständige Mitglieder im Sicherheitsrat der UNO?
5. Situation: Im UN-Sicherheitsrat wird eine Resolution (Entschließung) zur iranischen Atompolitik diskutiert. Beurteilen Sie das Ergebnis der abschließenden Abstimmung: acht Staaten sind für die Resolution, sieben Staaten sind gegen die Resolution, darunter befindet sich ein ständiges Mitglied des Sicherheitsrates. Aus welchen Gründen würde diese Resolution dann als nicht angenommen gelten?
6. Was versteht man unter den „Blauhelmen"?
7. Welche Aufgaben habe UNO-Friedensmaßnahmen?
8. Im Golfkrieg I wurde in einer Aktion der UNO der Agressor Hussein mit militärischen Mitteln aus Kuwait zurückgetrieben (Buch, S. 413). Welche Art einer Friedensmaßnahme der UNO lag hier vor?
9. Welche aktuellen Friedensmaßnahmen der UNO kennen Sie?
10. Wann wurde die NATO gegründet? Aus welchem Grund?
11. Welches Ereignis hat die Aufgabe der NATO grundlegend verändert?
12. Welcher Staat sieht die Osterweiterung der NATO kritisch?
13. Welches Ereignis setzte erstmals in der Geschichte der NATO den Bündnisfall in Kraft?
14. Im Frühjahr 2011 beauftragte der Weltsicherheitsrat die NATO zu einem Kampfeinsatz in Lybien, weil der dortige Machthaber brutal gegen die eigene Bevölkerung vorging. Deutschland beteiligte sich nicht an diesem Kampfeinstz, obwohl es auch NATO-Mitglied ist. Wäre Deutschland laut NATO-Vertrag zur Beteiligung verpflichtet gewesen?
15. Wann wurde die Bundeswehr gegründet?
16. Warum konnte die Bundeswehr im Golfkrieg I nicht eingesetzt werden (Buch, S. 112)?
17. Entspricht der nachfolgend beschriebene Bundeswehreinsatz dem Urteil des Bundesverfassungsgerichts zu bewaffneten Einsätzen außerhalb des NATO-Verteidigungsgebietes?

    „Der Bundeswehreinsatz vor der Küste des Libanon soll nach dem Willen der Bundesregierung um 15 Monate verlängert werden. Das beschloss der Bundestag. Derzeit sind rund 230 Bundeswehrangehörige mit drei Schiffen vor der libanesischen Küste für die UNIFIL im Einsatz. Zur Aufgabe des Verbandes gehört die Sicherung und Überwachung der Seewege vor der Küste des Libanon."
18. Ist die Bundeswehr eine Freiwilligen- oder eine Wehrpflichtarmee?
19. In welchen Fällen darf die Bundeswehr innerhalb der BRD tätig werden?

4 Europäische Verteidigungs- und Friedenspolitik

Die UNO strebt an, weltweit Konflikte zu verhüten. Dies versucht die OSZE auf europäischer Ebene zu verwirklichen.

Der Vorläufer der OSZE war die KSZE (Konferenz für Sicherheit und Zusammenarbeit in Europa). Sie wurde von 35 Staaten 1975 in Helsinki gegründet. Deutschland war von Anfang an Mitglied.

Die mittlerweile 56 Staaten der OSZE wollen ein System kollektiver Sicherheit entwickeln. Es sollen Kriege verhindert und Streitigkeiten zwischen Staaten mit friedlichen Mitteln beseitigt werden.

Seit dem politischen Umbruch in Europa 1989/1990 (Ende des Ost-West-Konflikts) ist ein großer Krieg in Europa unwahrscheinlich geworden. Umso mehr treten regionale Krisen und Konflikte in den Vordergrund.

OSZE:
Organisation für Sicherheit und Zusammenarbeit in Europa

4.1 Die OSZE

© Bergmoser + Höller Verlag AG

Konsensprinzip:
Bei Entscheidungen ist die Zustimmung aller Teilnehmer erforderlich.

Die OSZE trifft ihre Entscheidungen nach dem **Konsensprinzip**.

Sie ist die einzige sicherheitspolitische Organisation, in der alle europäischen Länder, die USA und Kanada gleichberechtigt vertreten sind. Deshalb spricht man in Bezug auf die OSZE von „kooperativer Sicherheitspolitik".

Weil die Übereinstimmung von 57 Staaten selten zu erreichen ist, hat die OSZE den Ruf, eine schwache Sicherheitsorganisation zu sein.

Die OSZE hat nicht das Recht, anderen Organisationen oder Staaten den Einsatz von Waffen zu erlauben. Dieses Recht bleibt dem Sicherheitsrat der Vereinten Nationen (UN) vorbehalten.

Aktivitäten der OSZE können sein:

▶ Wahlbeobachtung

Die OSZE setzt Wahlbeobachter ein, die die Durchführung der Wahl nach demokratischen Grundsätzen überwachen (z. B. im Kosovo).

▶ Beratung und Unterstützung

Finanzielle Hilfe und politische Beratung wird beim Aufbau demokratischer Institutionen in Weißrussland gewährt. Am 21. August 1999 errichtete die OSZE im Kosovo eine Polizeischule.

▶ Konfliktverhütung

Durch Vermittlung sollen die Konfliktparteien von kriegerischen Handlungen abgehalten werden. Nach Konflikten soll ein gewaltfreies Zusammenleben gesichert werden.

Polizeischule im Kosovo

1. Warum ist die OSZE aus Ihrer Sicht eine wirkungsvolle oder eine wirkungslose Organisation?
2. Welche Gründe sprechen dafür bzw. dagegen, die OSZE-Missionen mit Waffeneinsatz zu stützen?

4.2 EU-Eingreiftruppe

1992 haben die europäischen Regierungschefs den Vertrag von Maastricht über die Europäische Union beschlossen. Darin wurde festgeschrieben, eine „Verteidigungskomponente" zu entwickeln.

Auf dieser militärischen Basis sollte in Europa die **GASP** aufgebaut werden. Vor allem die großen EU-Staaten (Deutschland, Frankreich und Großbritannien) verhalten sich dabei aber zurückhaltend. Sie tun sich schwer, auf außenpolitische Eigenständigkeit zu verzichten.

Dies hat sich seit dem Jahre 2000 geändert: Die „Schnelle Eingreiftruppe" der Europäer wurde aufgebaut. Mit dieser Truppe soll die gemeinsame Außen- und Sicherheitspolitik der EU untermauert werden.

Die „Schnelle Eingreiftruppe" ist kein stehendes Heer. Sie setzt sich aus nationalen Streitkräften zusammen. Je nach Aufgabe werden diese unterschiedlich zusammengestellt.

Den größten Anteil an Soldaten stellen Deutschland, Frankreich, Großbritannien und Italien.

GASP:
Gemeinsame Außen- und Sicherheitspolitik

Schnelle Eingreiftruppe

Im Bereich der Satellitenaufklärung wird die „Schnelle Eingreiftruppe" noch für längere Zeit auf die NATO-Unterstützung angewiesen sein. Das gilt auch für den Luft- und Seetransport der Soldaten.

Geplant ist, dass die eines Tages selbstständig operierende „Schnelle Eingreiftruppe" mit der NATO zusammenarbeiten kann. Deshalb sollen die Ausrüstungen aufeinander abgestimmt sein. Zwischen den Führungsstäben der NATO und der „Schnellen Eingreiftruppe" soll ein ständiger Dialog stattfinden.

4.3 Deutsche Außenpolitik als Friedenspolitik

In der Präambel des Grundgesetzes der BRD sind die außenpolitischen Ziele im ersten Abschnitt angedeutet.

> „Im Bewusstsein seiner Verantwortung vor Gott und den Menschen, vom Willen beseelt, als gleichberechtigtes Glied in einem vereinten Europa dem Frieden der Welt zu dienen, hat sich das deutsche Volk kraft seiner verfassunggebenden Gewalt dieses Grundgesetz gegeben."

Umfrage zur Außenpolitik

56 Prozent der Deutschen halten das erreichte Maß der Beteiligung Deutschlands an der Lösung internationaler Konflikte für angemessen (…)

Neue deutsche Außenpolitik?

Sollte sich Deutschland in Zukunft stärker als bisher an der Lösung von internationalen Konflikten beteiligen, weniger als bisher an der Konfliktlösung beteiligen, oder sollte es so bleiben wie bisher?

stärker als bisher	27%
so wie bisher	56%
weniger als bisher	14%
weiß nicht	3%

(…)

inter esse (Hrsg.), Bundesverband deutscher Banken

Außenpolitische Aussagen des Grundgesetzes

> Art. 23 GG
>
> (1) Zur Verwirklichung eines vereinten Europas wirkt die Bundesrepublik Deutschland bei der Entwicklung der Europäischen Union mit (…)
>
> Art. 24 GG
>
> (2) Der Bund kann sich zur Wahrung des Friedens einem System gegenseitiger kollektiver Sicherheit einordnen; er wird hierbei in die Beschränkungen seiner Hoheitsrechte einwilligen, die eine friedliche und dauerhafte Ordnung in Europa und zwischen den Völkern der Welt herbeiführen und sichern.
>
> Art. 26 GG
>
> (1) Handlungen, die geeignet sind und in der Absicht vorgenommen werden, das friedliche Zusammenleben der Völker zu stören, insbesondere die Führung eines Angriffskrieges vorzubereiten, sind verfassungswidrig. Sie sind unter Strafe zu stellen.

4 Europäische Verteidigungs- und Friedenspolitik

Es wird zu Recht von uns erwartet, dass wir uns einmischen

So richtig eine Politik militärischer Zurückhaltung ist, so darf sie nicht missverstanden werden als eine Philosophie des Heraushaltens. Deutschland ist zu groß, um Weltpolitik nur zu kommentieren. Es geht um tätige Außenpolitik: Es wird zu Recht von uns erwartet, dass wir uns einmischen und mit unseren Möglichkeiten die Bearbeitung von Konflikten so frühzeitig wie möglich angehen.

<small>Außenminister Frank-Walter Steinmeier im Interview zu den Grundzügen deutscher Außenpolitik, Süddeutsche Zeitung, 30.01.2014</small>

UN-Friedensgespräche

1. Fassen Sie die außenpolitischen Aussagen des GG stichwortartig zusammen.
2. Sind Sie dafür, dass Deutschland in der Außen- und Sicherheitspolitik eine führende Rolle in Europa für sich beansprucht? Warum?
3. Wie beurteilen Sie Frank-Walter Steinmeiers Aussagen zur deutschen Außenpolitik?

Zusammenfassung

OSZE (Organisation für Sicherheit und Zusammenarbeit in Europa):
1975 wird in Helsinki die KSZE von 35 Staaten gegründet. Seit 1994 trägt sie den Namen OSZE. Deutschland ist von Anfang an Mitglied. Sie verfolgt das Ziel, Krieg in Europa zu verhindern und Streit mit friedlichen Mitteln zu schlichten.

Die BRD ist laut Grundgesetz verpflichtet, dem Frieden in der Welt zu dienen.

Wissens-Check

1. Welche Ziele verfolgt die OSZE?
2. Nennen sie zwei Aktivitäten der OSZE.
3. Wann wurde die „Schnelle Eingreiftruppe" gegründet?
4. In welchen Grundgesetzartikeln verpflichtet sich die BRD zur aktiven Friedenspolitik?

5 Unterentwicklung: Herausforderung für die Weltpolitik

Am 30. Oktober 2011 hat die Philippinin Galura ein Mädchen zur Welt gebracht. Die UNO hat das Kind zum sieben Milliardsten (7.000.000.000) Erdenbürger erklärt. Dieses Ereignis wurde medienwirksam in Szene gesetzt, die kleine Philippinin freudig auf der Welt begrüßt.

Nur wenige Veröffentlichungen haben auf die enorme Gefahr hingewiesen, die von dem rasanten Wachstum der Weltbevölkerung ausgeht.

Die Weltbevölkerung hat sich in den zurückliegenden 100 Jahren vervierfacht: Von 1,6 Milliarden Menschen im Jahre 1900 ist sie auf heute mehr als 6 Milliarden angewachsen. Weitere 80 Millionen Menschen kommen jährlich dazu. Das entspricht in etwa der Einwohnerzahl der BRD. Im Jahre 2050 wird die Erde von ca. 10 Milliarden Menschen bewohnt. Andere Schätzungen gehen von ca. 9 Milliarden Menschen aus. Krankheiten wie z. B. AIDS sollen demnach in dieser Zeit ca. 1 Milliarde Menschen das Leben kosten.

5.1 Problem: Wachstum der Weltbevölkerung

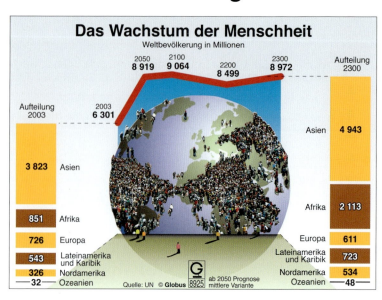

Realistisch betrachtet ist die Welt schon jetzt überbevölkert, weil nicht alle Menschen menschenwürdig leben können. Der Grund hierfür liegt in wirtschaftlichen, politischen und ökologischen Mängeln, die in vielen Entwicklungsländern vorherrschen. Drei Viertel der Menschheit leben in den Entwicklungsländern und hier entstehen 90 Prozent des Bevölkerungswachstums.

Das Problem könnte nur durch Geburtenrückgang gelöst werden.

In den wirtschaftlich wohlhabenden Ländern – vor allem auch in Europa – nehmen die Bevölkerungszahlen dagegen ab.

Bisher gibt es außer China kein Entwicklungsland, das eine Geburtenkontrolle eingeführt hat. Langfristig kann die Überbevölkerung zu einem Problem für die gesamte Welt werden.

Eine Reihe von Maßnahmen wurde ergriffen, um die Situation zu beherrschen:

▸ Sexualaufklärung, Verteilung von empfängnisverhütenden Mitteln
▸ Entwicklungshilfe, um über den „Wohlstand" das Bevölkerungswachstum indirekt zu beeinflussen
▸ Einbindung führender Politiker der Entwicklungsländer in die internationale Verantwortung zur Gestaltung der Bevölkerungspolitik

Diese Maßnahmen führen nicht direkt zum Erfolg. Deshalb müssen sich die westlichen Staaten, also auch die BRD, in ihrer Außen- und Sicherheitspolitik auf die Situation der Überbevölkerung auf der Welt einstellen.

Bettelnde Kinder in Kabul

Karlheinz Böhm in Äthiopien: Private Initiative zur Entwicklungshilfe

Bevölkerung und Entwicklung

Bevölkerungspolitische Handlungsempfehlungen:

- die Bekämpfung der Massenarmut durch höhere Investitionen in die sozialen Grunddienste;
- die Verbesserung der Bildungschancen, vor allem für Mädchen und Frauen, und den flächendeckenden Ausbau von Basisgesundheitsdiensten und Beratungszentren für die Familienplanung;
- den Ausbau sozialer Sicherungssysteme, die den Zwang vermindern, möglichst viele Kinder zur Alterssicherung in die Welt zu setzen;
- verstärkt Programme zur Frauenförderung, weil die Chancengleichheit für Frauen eine prinzipielle Voraussetzung für den Erfolg bevölkerungspolitischer Zielsetzungen bildet;
- schließlich höhere finanzielle Aufwendungen für bi- und multilaterale Programme zur Familienplanung

Berlin-Institut für Bevölkerung und Entwicklung, Franz Nuscheler (leicht verändert), Zugriff: 20.11.2013

Die Machtverhältnisse in der Welt werden sich verändern. Im Jahre 2025 werden voraussichtlich 16 Staaten die 100-Millionen-Einwohner-Schwelle überschritten haben. Von den hoch entwickelten Industrienationen werden nur Japan und die USA dazugehören.

Neben der Bevölkerungsgröße sind ausgebildete Personen, technologisches Können, wirtschaftliche Fähigkeiten und eine gut ausgebildete und ausgerüstete Armee für die Machtposition bedeutsam. In vielen Staaten der Dritten Welt entwickeln sich diese Faktoren zunehmend.

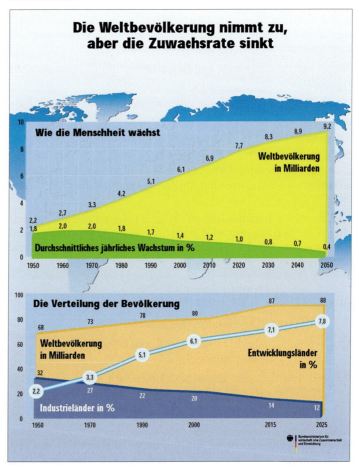

Nach Berechnungen von Bevölkerungswissenschaftlern wird die Weltbevölkerung – auch in armen Ländern – immer älter. Im Jahre 2050 soll sich die Zahl der Menschen über 65 Jahre mehr als verdoppelt haben. Das bringt in allen Ländern große Probleme in der Alters- und Gesundheitsversorgung mit sich.

1. Glauben Sie, dass das Bevölkerungsproblem wirklich so ernst zu nehmen ist? Begründen Sie Ihre Meinung.
2. Wie könnte das Problem Ihrer Meinung nach am wirkungsvollsten eingedämmt werden?

5.2 Ursachen und Kennzeichen der Unterentwicklung

Es lässt sich an bestimmten Merkmalen erkennen, ob ein Land ein Entwicklungsland ist. Diese Merkmale treffen nicht immer gleichzeitig zu:
- Mangelhafte Ernährung der Bevölkerung
- Schlechte Gesundheitsversorgung
- Geringe Lebenserwartung
- Hohe Geburtenrate
- Kaum Industrialisierung
- Unzureichende Infrastruktur
- Schlechte wirtschaftliche Lage (hohe Arbeitslosigkeit)

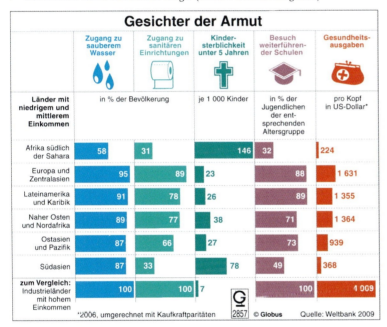

Viele der heutigen Entwicklungsländer waren früher Kolonien. Die Kolonialmächte haben die Länder unterdrückt und ausgebeutet. Bis in die 60er-Jahre des vorigen Jahrhunderts konnten sich die Entwicklungsländer nur schwer aus dieser Situation lösen. Die Kolonien waren hauptsächlich Lieferanten für Rohstoffe. Auch heute liefern die unterentwickelten Staaten häufig Rohstoffe oder billige Fertigprodukte, wie z.B. Textilien, die durch extrem schlecht entlohnte Arbeitskraft entstanden sind. In diesem Zusammenhang spricht man vom Nord-/Südkonflikt und einer Ausbeutung der unterentwickelten Länder der südlichen Halbkugel durch die Industrieländer der nördlichen Halbkugel.

Andere wichtige Ursachen für Unterentwicklung können sein:
- Niedriges Bildungsniveau
- Schlechte Berufsausbildung
- Extremes Klima
- Rohstoffarmut
- Tradition/Naturreligionen
- Politische Unruhen (Bürgerkrieg)/Staatenzerfall
- extrem ungleiche Eigentumsverhältnisse
- Misswirtschaft

5.3 Unterentwicklung: Folgen und Lösungsmöglichkeiten

Migration

Migration ist die Entscheidung eines Menschen, seine Heimat zu verlassen. Dabei ist „Migration" der Oberbegriff für Wanderungsbewegungen, die sowohl wirtschaftliche als auch politische Ursachen haben können.

Deshalb gibt es auch sehr unterschiedliche Gruppen von Migranten: Asylbewerber, Vertriebene, Umweltflüchtlinge, Arbeitsmigranten, Migranten wegen Familienzusammenführung, um nur die wichtigsten zu nennen.

Die Migrationsforscher haben eine Reihe von Ursachen der Migration erkannt und diese in zwei Hauptgruppen unterteilt: die Schubfaktoren **(push-Faktoren)** und die Sogfaktoren **(pull-Faktoren)**. Diese Unterscheidung zeigt, dass Migration nicht allein mit Unterentwicklung zu begründen ist.

Zur Lösung der zunehmenden Migration gibt es kein schnell wirkendes Rezept. Die Abschottung der Industriestaaten („Festung Europa") ist auf Dauer keine wirkungsvolle Maßnahme. Es müssten in den Herkunftsländern die wirtschaftlichen und politischen Gründe für die Migration beseitigt werden.

Migration:
Abwanderung aus dem ursprünglichen Lebensraum

Etwas Besseres als den Tod

Europa steht vor einer Flüchtlingswelle. Armut, Gewalt, Not, Analphabetismus und Perspektivlosigkeit – wem nur noch das nackte Leben geblieben ist, das er verlieren kann, handelt nach dem Motto der Bremer Stadtmusikanten: Etwas Besseres als den Tod findest du überall. Mehrere zehntausend Menschen haben im vergangenen Jahr versucht, vom Maghreb über das Mittelmeer den alten Kontinent zu erreichen. Viele starben dabei, unter ihnen auch Hungerflüchtlinge aus Äthiopien, Eritrea, Somalia, Djibouti. Und in Europa sind seit Schengen die Grenzen zwischen Warschau und Lissabon offen. Gaddafi ließ sich mit Millionenbeträgen bestechen, damit Europa Ruhe habe vor den Unruhigen. Doch so einfach und billig ist es künftig nicht mehr.

Frankfurter Allgemeine Zeitung vom 04./05.02.2012

---

1. Welche push-Faktoren sind Ihrer Meinung nach die entscheidendsten? Warum?
2. Welche pull-Faktoren könnten am stärksten wirken? Wieso?

push-Faktoren:
- Kriegssituationen, politische Unterdrückung
- Armut, wirtschaftliche Notlagen
- Arbeitslosigkeit und hohe Bevölkerungsdichte
- Zerstörung der natürlichen Umwelt (Industrie/Katastrophen)

pull-Faktoren:
- Problemlose wirtschaftliche und gesellschaftliche Verhältnisse in den Gastländern
- Demokratie
- Bedarf an Arbeitskräften
- Attraktivere Verdienstmöglichkeiten
- Bessere Bildungschancen

Grafik: Dave Vaughan

Wirtschaftliche Hilfsmöglichkeiten

Kapitalzufluss durch Entwicklungshilfe und Entschuldung der ärmsten Länder sind wirtschaftliche Hilfsmöglichkeiten, um Migration zu verhindern. Mit dem Geld könnten Ausbildungsplätze und Arbeitsplätze geschaffen werden und darüber hinaus könnte eine bessere medizinische Versorgung gewährleistet werden.

Die Produkte aus den Entwicklungsländern müssten freien Zugang zu den Märkten der Industrienationen haben. Bisher schotten sich einige Industrieländer gegen Einfuhren aus Entwicklungsländern ab, um ihre eigene Wirtschaft zu schützen.

Allein können die Entwicklungsländer selten ihre Probleme lösen. Der Teufelskreis der Armut ist schwer zu durchbrechen.

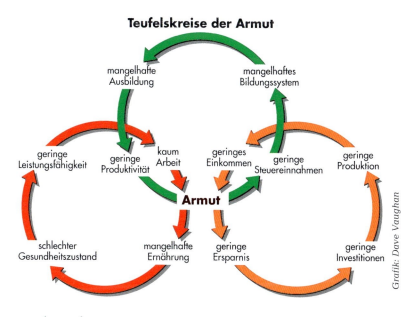

Grafik: Dave Vaughan

1. Erklären Sie das Schaubild „Teufelskreise der Armut".
2. Wo würden Sie ansetzen, um das weltweite Fluchtproblem zu lösen? Wie würde sich Ihre Lösung auswirken?
3. Wie beurteilen Sie den in der politischen Debatte in der BRD häufig verwendeten Begriff des „Wirtschaftsflüchtlings"?

5.4 Deutsche Entwicklungspolitik im Wandel

Nach dem Zweiten Weltkrieg bis in die 60er-Jahre haben sich die meisten Kolonien von den Kolonialherren gelöst. Die nunmehr unabhängigen Staaten waren nicht immer in der Lage, ihre wirtschaftlichen Probleme selbst zu lösen. Entstanden sind diese Probleme häufig durch die den ehemaligen Kolonien aufgezwungene Struktur der

Wirtschaft. Es ging den Kolonialherren nicht um die Entwicklung der Wirtschaft in den Kolonien, sondern um die Ausbeutung der Bodenschätze. Die deshalb einseitig ausgerichteten Volkswirtschaften der Kolonien waren auf dem Weltmarkt nicht konkurrenzfähig.

Die deutsche Entwicklungspolitik der vergangenen Jahre hatte vier Hauptziele:

- die weltweite Armut zu bekämpfen,
- den Frieden zu sichern und Demokratie zu fördern,
- die Globalisierung gerecht zu gestalten und
- die Umwelt und das Klima zu schützen.

Dabei orientierte sich Deutschland mit seiner Entwicklungspolitik am Leitbild einer global nachhaltigen Entwicklung, die sich gleichermaßen in wirtschaftlicher Leistungsfähigkeit, sozialer Gerechtigkeit, ökologischer Tragfähigkeit und politischer Stabilität ausdrückt.

www.bmz.de/de/ziele/deutsche_politik/leitmotive

Um diese Ziele zu erreichen, hilft die BRD den Entwicklungsländern, ihre elementaren Lebensvoraussetzungen zu sichern. Sie sollen sich auf Dauer selbst helfen können.

Eine leistungsfähige Wirtschaft und gesellschaftliche Vielfalt wird von der deutschen Entwicklungshilfe gefördert. Dies sind Voraussetzungen für die Entwicklung aus eigener Kraft.

Die Förderung der regionalen Zusammenarbeit der Entwicklungsländer soll die Integrationsfähigkeit in die Weltwirtschaft erhöhen. Die **„Gruppe 77"** ist ein gutes Beispiel für einen solchen Zusammenschluss. Durch solche Bündnisse gewinnt die Stimme dieser Entwicklungsländer mehr an Gewicht.

Unmittelbare Hilfe leistet die BRD dort, wo Menschen in Hunger und Elend leben. Damit sollen die Grundbedürfnisse befriedigt und der Wille zur Selbsthilfe gestärkt werden.

Die meisten bedürftigen Länder befinden sich in Afrika, südlich der Sahara.

Für einen langfristigen Erfolg der Förderung der Entwicklungsländer sind leistungsfähige Infrastrukturen und liberale Wirtschafts- und Gesellschaftsordnungen nötig. Diese Rahmenbedingungen

Gruppe 77:
Zusammenschluss von 77 Entwicklungsländern im Jahre 1964, um ihre wirtschaftliche Position gegenüber den Industriestaaten zu stärken

Grafik: Dave Vaughan

Diskutieren Sie die Karikatur.

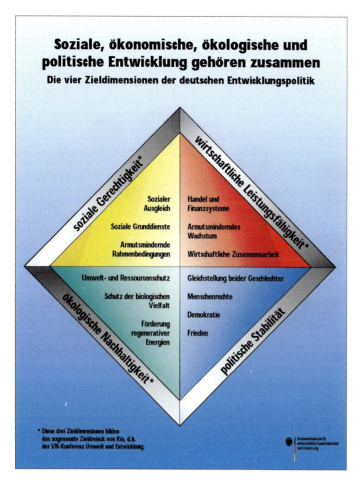

müssen die Entwicklungsländer selbst schaffen. Ihre Aktivitäten sollen ihnen von den Geberländern nicht vorgeschrieben werden. Die Bundesregierung unterstützt die Politik derjenigen Entwicklungsländer, die sich um eine wirtschaftlich leistungsfähige und sozial ausgeglichene Gesellschaftsordnung bemühen.

Weil die Entwicklungspolitik Teil der Friedenspolitik ist, fördert die BRD besonders die Kräfte des Ausgleichs. Totalitäre Staaten mit absolutem Herrschaftsanspruch werden nicht gefördert. Die Verwirklichung der Menschenrechte ist Ziel dieser Politik. Verstößt ein Staat gegen die Menschenrechte, so kann Entwicklungshilfe nicht geleistet werden.

Entwicklungspolitik darf nicht auf Entwicklungshilfe verkürzt werden. Sie muss ein Ganzes darstellen, das die soziale, ökonomische, ökologische und politische Entwicklung mit einschließt.

Eines der größten Probleme für die Entwicklungsländer ist das Sinken der Rohstoffpreise. Weil die Fertigprodukte für die Entwicklungsländer gleichzeitig teurer werden, verschlechtert sich das Austauschverhältnis ständig. Diese Verschlechterung der **Terms of Trade** bringt die Entwicklungsländer immer tiefer in die Schuldenfalle.

Terms of Trade:
Austauschverhältnis zwischen Importen und Exporten

Sinkende Rohstoffpreise sind besonders für solche Entwicklungsländer dramatisch, die sehr stark vom Export ihrer Rohstoffe abhängig sind.

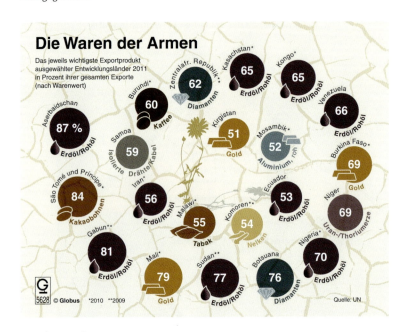

Wie kann den ärmsten Menschen in totalitären Systemen geholfen werden? Sehen Sie Möglichkeiten?

Zusammenfassung

Deutschland leistet Entwicklungshilfe für unterentwickelte Länder. Dabei gilt der Grundsatz: „Hilfe zur Selbsthilfe". Damit soll aktive Friedenspolitik geleistet werden.

Unterentwicklung kann zu Migration führen. Die Armut wird verstärkt durch anhaltendes Bevölkerungswachstum in den Entwicklungsländern.

Wissens-Check

1. Wer gilt als arm?
2. Nennen Sie drei Klassen der Entwicklungsländer.
3. Nennen Sie die vier Ziele der deutschen Entwicklungspolitik.
4. Welche Ursachen der Unterentwicklung kennen Sie? Was sind deren Folgen?

Terrorismus

Fälschlicherweise wird die Unterentwicklung häufig als alleinige Ursache des Terrorismus betrachtet. Sie spielt eine Rolle, ist aber nicht die einzige Ursache. Es gibt viele Arten des Terrorismus. Einige Terrororganisationen treten nur regional auf. Andere agieren weltweit.

Terrorismus:
Das Verbreiten von Angst und Schrecken durch Anschläge und Gewaltmaßnahmen zur Erreichung bestimmter (politischer) Ziele

Das World Trade Center (WTC) in Flammen

Die Anschläge vom 11. September 2001 auf das WTC, das Symbol der internationalen Finanzwelt in New York, und das **Pentagon** in Washington sind die bisherigen Höhepunkte terroristischer Aktionen. Viele Menschen fanden den Tod, der Sachschaden war sehr hoch.

Pentagon:
Wörtlich: „Fünfeck"
Das auf einem fünfeckigen Grundriss errichtete amerikanische Verteidigungsministerium

Durch ihre Gewaltakte wollen Terroristen Emotionen in der Bevölkerung wecken. Es geht ihnen nicht nur um materiellen Schaden. Sie erhoffen sich durch die Anschläge einerseits bei ihren Gesinnungsgenossen Sympathien zu erwerben und andererseits ihre Gegner in Angst und Schrecken zu versetzen. Terroristen provozieren gezielt die staatliche Macht und erwarten unangemessene Reaktionen des betroffenen Staates, um diesen bloßstellen zu können.

C Internationale Beziehungen

6.1 Internationaler Terrorismus

Bis in die späten 60er Jahre fanden terroristische Anschläge dort statt, wo der Konflikt bestand. Weltweite Anschläge wurden zuerst von der PLO (z. B. München 1972) durchgeführt. Das Ziel war es, den Konflikt zwischen Israel und Palästinensern zu einem internationalen Thema zu machen.

Internationale Zusammenschlüsse terroristischer Gruppen waren früher wenig erfolgreich. **Osama Bin Laden** ist es gelungen, ein islamisch-fundamentalistisches Netzwerk zu schaffen. Die von ihm gegründete **Al Qaida** hat Verbündete und Helfer in der ganzen Welt. In vielen Ländern des nahen und mittleren Ostens und in einigen afrikanischen Staaten werden Terroristen trainiert und auf die Anschläge vorbereitet. Die Al Qaida verfügt über selbstständig handelnde Gruppen in über 50 Ländern.

Nach dem Anschlag vom 11. September 2001 rief Osama Bin Laden in einer Videobotschaft zum Kampf der „Gläubigen gegen die Ungläubigen" auf:

> „Ich bezeuge, dass es keinen Gott außer Allah gibt, und Mohammed ist sein Prophet. Da ist Amerika, von Gott getroffen an einer seiner empfindlichsten Stellen. Seine größten Gebäude wurden zerstört, Gott sei Dank dafür (...)
>
> (...) Als Gott eine der Gruppen des Islams segnete, Speerspitzen des Islams, zerstörten sie Amerika. Ich bete zu Gott, dass er sie erhöhen und segnen möge. Während ich spreche, werden Millionen unschuldiger Kinder getötet. Sie werden in Irak getötet, ohne Sünden zu begehen, und wir hören keine Verurteilungen oder eine **Fatwa** von der Führung. Dieser Tage suchen israelische Panzer Palästina heim – in Dschenin, Ramallah, Rafah, Beit Dschalla und an anderen Orten im Land des Islams, und wir hören niemanden, der seine Stimme erhebt oder sich einen Schritt bewegt (...)
>
> Als Menschen am Ende der Welt, in Japan, zu Hunderttausenden getötet wurden, Junge und Alte, wurde das nicht als Kriegsverbrechen betrachtet, sondern es gilt als etwas, das gerechtfertigt ist. Millionen Kinder in Irak, auch das ist etwas, das gerechtfertigt ist. Aber wenn sie Dutzende Menschen in Nairobi und Daressalam verlieren, wird Irak angegriffen und Afghanistan angegriffen. Die Heuchelei stand mit ganzer Macht hinter dem Kopf der Ungläubigen weltweit, hinter den Feiglingen dieses Zeitalters, Amerika und denen, die auf dessen Seite sind.
>
> Diese Ereignisse haben die ganze Welt in zwei Lager geteilt: das Lager der Gläubigen und das Lager der Ungläubigen, möge Gott euch von ihnen fernhalten. Jeder Moslem muss danach drängen, seiner Religion zum Sieg zu verhelfen. Der Sturm des Glaubens ist gekommen. Der Sturm der Veränderung ist gekommen, um die Unterdrückung von Mohammeds Insel auszumerzen. Friede sei mit ihm (...)"

Quelle: http://www.pcpnet.com

Osama Bin Laden:
Chef der Terrororganisation Al Qaida

Er wurde am 2. Mai 2011 von amerikanischen Spezialeinheiten in Pakistan erschossen.

Al Qaida:
Straff organisierte Terrororganisation von Osama Bin Laden

Osama Bin Laden in einer Videokonferenz
Foto: AP

Fatwa:
Rechtsauskunft zu Fragen der Scharia (dem islamischen Rechtssystem)

1. Mit welchen Argumenten rechtfertigt Bin Laden den Anschlag?
2. Wie beurteilen Sie Bin Ladens religiöse Rechtfertigungen für den Anschlag?

6.2 Lösungsmöglichkeiten

Zur Lösung des Terrorproblems werden zwei Hauptvarianten diskutiert. Einige Länder bevorzugen militärische Aktionen gegen die Terroristen, wogegen andere Länder der Diplomatie den Vorzug geben.

Militärische Aktionen

Zerstörungen in Kabul

Nach dem Terroranschlag auf das WTC vom 11. September 2001 haben amerikanische und britische Kampfflugzeuge am 7. Oktober 2001 damit begonnen, Bomben über Afghanistan abzuwerfen.

Die Bundeswehr ist im Rahmen der UN-Afghanistan-Schutztruppe (ISAF) im Norden Afghanistans in Kampfhandlungen verwickelt. Dies ist ein Krieg, in dem es immer wieder tote Bundeswehrsoldaten gibt. Die radikal islamische Taliban-Bewegung konnte bislang nicht entscheidend geschwächt werden. Bombenanschläge sind an der Tagesordnung.

Halten Sie Militärschläge gegen Terroristen für wirkungsvoll? Begründen Sie Ihre Meinung.

Diplomatische Wege der Terrorbekämpfung

Nur eine internationale Zusammenarbeit kann terroristischen Aktivitäten wirkungsvoll begegnen. Deshalb sollte die UNO bei ihren Vorhaben gegen den Terror von allen Nationen vorbehaltlos unterstützt werden. Eine auf Interessenausgleich statt auf Interessendurchsetzung gerichtete Friedenspolitik ist nötig. Nur sie ist in der Lage, dem Terrorismus die Akzeptanz in gewissen Kreisen zu nehmen. Deshalb kann Friedensdiplomatie langfristig das stärkste Mittel im Kampf gegen den internationalen Terrorismus sein.

Runder Tisch: Diplomaten bei Friedensverhandlungen

Neue Weltwirtschaftsordnung

Neben anderen Ursachen ist die ungleiche Verteilung des Wohlstandes auf der Welt ein Auslöser für Terrorismus. Nicht jeder Terrorist kommt aus armen Verhältnissen, aber: Hoffnungslosigkeit und Verzweifelung beim täglichen Kampf um das Existenzminimum können für terroristische Parolen anfällig machen. Deshalb ist die Überwindung der Armut in der Welt auch ein Mittel gegen den Terrorismus.

Die Auslandsschulden der ärmsten Länder müssten erlassen werden. Die Schuldentilgung in diesen Ländern verschlingt das Geld, das dringend für Bildung und Gesundheitsvorsorge gebraucht würde. Dem **IWF** kommt eine Schlüsselrolle bei der Bewältigung der Schuldenprobleme zu. Meistens verordnet er den verschuldeten Ländern eine Kürzung der Staatsausgaben. Weil diese Maßnahmen die Notlage vieler Menschen in der Dritten Welt oft verschärfen, steht der IWF häufig in der Kritik.

IWF:
Internationaler Währungsfond

Zusammenfassung

Terroristische Anschläge waren in der Vergangenheit auf die Problemregion beschränkt. Mittlerweile agieren einige Terroristen weltweit.

Folgen des Terrorismus zeigen sich innerdeutsch (BRD) in Gesetzesverschärfungen, international auch in Kriegsdrohungen und Kriegsvorbereitungen.

Für den internationalen Terrorismus kann es keine nationalen Lösungen geben. Möglichkeiten seiner Bekämpfung sind militärische Aktionen, verstärkte diplomatische Aktivitäten und eine neue, gerechte Weltwirtschaftsordnung.

Wissens-Check

1. „Kein Land ist alleine in der Lage, den internationalen Terrorismus zu stoppen!" Warum ist diese Aussage richtig?
2. Welche Umstände sind für Migration und Terrorismus gleichermaßen verantwortlich?

Freistaat Bayern – politisch

Bundesrepublik Deutschland – politisch

Europa – politisch

Welt – politisch

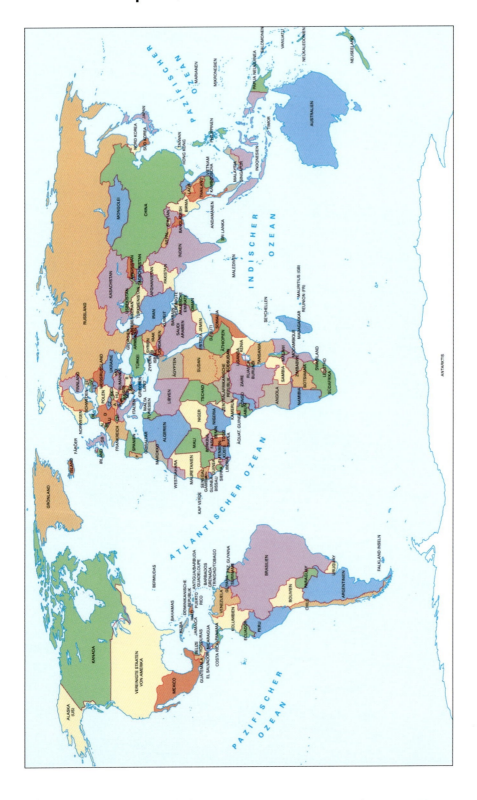

Stichwortverzeichnis

A
ABC-Waffen 417
Abfallberg 401
Abgeordnete 248
absolute Mehrheit 220, 245
Absolutismus 112, 171
Absorbieren 379
Abwertung 353
Achse des Bösen 415
Agenda 21, 391
Agenda 2010 69
Agentur für Arbeit 82
Agitation 197
Agrarwirtschaft 381
Aktien 316
Aktives Wahlrecht 243
Al Qaida 446
Alterspyramide 97
Altersrente 79
amnesty international 168
Anarchie 109
Änderungskündigung 28
anerkannte Ausbildungsberufen 16
angebotsbedingte Inflation 350
Angebotsorientierte Wirtschaftspolitik 344
angemessenes Wirtschaftswachstum 337
Antisemitismus 185
Antizyklisch 343
antizyklische Konjunkturpolitik 343
Arbeitgeberverbände 38
Arbeitnehmerverbände 38
Arbeitsamt 82
Arbeitsförderung 82
Arbeitsgericht 28
Arbeitsgerichtsbarkeit 114
Arbeitskampf 40
Arbeitskampfmaßnahmen 40
Arbeitslosengeld 82
Arbeitslosengeld II 82
Arbeitslosenquote 65
Arbeitslosigkeit 64
Arbeitsmarkt 58
Arbeitsplatzverlagerung 58
Arbeitsverhältnis 19
Arbeitsvertrag 23
Arbeitszeit 20
Arbeitszeitgesetz 32
Arbeitszeitverkürzung 84
Arbeitszeugnis 17
Asyl 228
Atmosphäre 379
Aufgaben der Familie 143
Aufhebungsvertrag 18
Aufklärung 171
Aufsichtspflicht 121
Aufwertung 353
Ausbildungsdauer 15
Ausbildungsförderung 92
Ausbildungsvergütung 15
Ausfertigung 236
Ausfertigung und Verkündung der Bundesgesetze 217
Aussageverweigerungsrecht 126
Ausschließliche Gesetzgebung des Bundes 208
Ausschüsse des Deutschen Bundestages 234
Aussperrung 41
Außenhandel 361
Außenpolitik als Friedenspolitik 434
Außenwert des Euro 352
außenwirtschaftlichem Gleichgewicht 331
Außenwirtschaftliches Gleichgewicht 333
Außerordentliche Kündigung 27
Autark 362

B
BAföG 92
Bayerische Verfassung 207
Bayerische Vertretung in Brüssel 294
Bayerisches Landeserziehungsgeld 91
BBiG 13
Bedarf 301
Bedürfnisarten 298
Bedürfnisse 298
Beendigung der Ehe 147
Beitrag zur Pflegeversicherung 90
Beitragsbemessungsgrenze 77
Beitragssatz zur Rentenversicherung 81
Berufliche Qualifikation 85
Berufsabschlussprüfung 11
Berufsausbildungsvertrag 13
Berufsfachschule 10
Berufskrankheit 86
berufsschulberechtigt 12
Berufsschule 21
Berufsschulpflicht 11
Berufsunfähigkeitsversicherung 105
besondere Gerichtsbarkeit 114
Betreuungsgeld 92
Betriebsrat 44
Betriebsvereinbarungen 45
Betriebsverfassungsgesetz 44
Bevölkerungsentwicklung 95
Binnenmarkt 284
Binnenwert 355
Biomarken 395
Blockunterricht 11
Bodenerosion 380
Börsencrash 197
Boulevardpresse 232
Bretton Woods 364
Bruttoinlandsprodukt 341
Bundesagentur für Arbeit 66
Bundeskartellamt 325
Bundespräsident 217
Bundesrat 215
Bundesregierung 218
Bundesstaat 178
Bundestag 213
Bundestagspräsident 220
Bundesurlaubsgesetz 28
Bundesverfassungsgericht 222
Bundesversammlung 217
Bundeswehr 427
Bücherverbrennung 189
Bürgerbegehren 202, 273
Bürgerentscheid 202, 273
Bürgerinitiativen 272
Bürgerliches Gesetzbuch 26
Bürgermeister 202
Butros Butros Ghali 416

C
Car-Sharing 398
Charles de Montesquieu (1689–1755) 171
Charta der Vereinten Nationen 419
Clique 134
CSU-Landesgruppe 210

D
Daseinsvorsorge 162
Deflation 351
Deklaration 390
Deliktsfähigkeit 120
demografische Entwicklung 228
demografische Veränderungen 79
Demokratie 43, 240
Demoskopie 232
Deutsche Entwicklungspolitik 442
Devisen 333
Devisenmarkt 352
DGB 231
Dienstvertrag 23
digitale Medien 259
Direkte Demokratie 275
Direkte Subventionen 66
Direktkandidat 245
Direktmandate 246
Diskriminierung 293
Dividende 316
Dreiklassenwahlrecht 181
Duales Ausbildungssystem 10
Duales System 407

E
EG-Öko-Verordnung 395
EGKS 282
Ehegattensplitting 146
Eheliches Güterrecht 148
Ehenamen 147
Eigenkapital 314
einfaches Gesetz 234
Eingriffsverwaltung 163
Einigungsstelle 46
Einstandspreis 325
Einwanderung 228
Einzeltagesunterricht 11
Einzelunternehmen 313
Elektromagnetische Strahlung 386
Elektrosmog 386
Eltern in der gesetzlichen Erbfolge 149
Emigrant 98

Emission 379
Endlagerung 385
Energieeinsparung 397
Energieetikett 398
Entgeltfortzahlung 31
Erdölreserven 416
Ermächtigungsgesetz 188
Ermittlungsverfahren 125
Erneuerbare Energien 397
Erziehung 145
Erziehungsmaßregeln 129
Erziehungsstile 145
EFSF 354
ESM 354
EU-Eingreiftruppe 433
EURATOM 281
europäische AG 317
Europäische Betriebsräte 49
Europäische Sicherheitsordnung 434
Europäische Union 278
Europäische Zentralbank 291
Europäische Zentralbank (EZB) 356
Europäischer Gerichtshof 292
Europäischer Rat 284, 285
Europäisches Parlament 284, 290
Europawahlen 279
Eurokrise 354
Eurozone 357
EWG 281
Ewigkeitsklausel 167
Exekutive 171, 218
Expansive Geldpolitik 359
Export 333, 361

F
Fahrlässigkeit 121
Fäkalien 382
Familie 143
Familienpolitik 153
Fangmethoden 383
Fauna 391
Finanzausgleich 209
Finanzgerichtsbarkeit 114
Firma 314
Fiskalpolitik 337
Flächentarifvertrag 39
Flora 391
Föderalismus 204
formellen Gruppen 134
Fossile Brennstoffe 342, 379
Fraktion 234
Frauen in der Bundeswehr 430
freie Güter 386
Freies Mandat 248
Freihandelszone 365
freiheitlich-demokratische Grundordnung 175
Freiheitsrechte 168
Freiwilligenarmee 429
Freizeit 20
Friedenserhaltende Maßnahmen 424
Friedenserzwingende Maßnahmen 423

Friedenskonsolidierende Maßnahmen 424
Friedenspflicht 42
Friedensschaffende Maßnahmen 423
fristlose Kündigung 27
Fundamentalismus 371
Führerprinzip 186
Fürsorge 93
Fusion 59
Fusionen 323

G
G7 367
G8 367
galoppierenden Inflation 346
GATT 366
GAU 384
Geburtenrückgang 95
Geldpolitik 357
Gemeinde 200
Gemeinderat 201
Gemeinnützige Unternehmen 329
Gemeinwohl 329
Generationenvertrag 79
Geringfügige Beschäftigung – „Mini-Jobs" 61
Geschäftsfähigkeit 119
Gesellschaft des bürgerlichen Rechts 314
Gesellschaft mit beschränkter Haftung 315
Gesetzesvollzug 208
Gesetzgebungsrecht der Länder 208
Gesetzgebungsverfahren 227
Gesetzgebungszuständigkeit 208
gestreckte Abschlussprüfung 17
Gesundheitsausgaben 78
Gewaltenteilung 171
Gewaltmonopol 109, 410
Gewerkschaftsbund 38
Gleichbehandlungsgrundsatz 108
Gleichheitsrechte 168
global players 370
global village 370
Globalisierung 370
Golfkriege 410
Griechenland 354
Große Koalition 221
Grüner Punkt 407
Grundgesetz 164
Grundkapital 316
Grundrechte 166
Grundsicherung 94
Gruppe 77 443
Güter 299
GWG 324

H
Haftbefehl 125
Haftpflichtversicherung 105
Handelsembargo 413
Handelsregister 315

Hauptverhandlung 126
Hausratversicherung 106
Havarie 382
heiße Aussperrung 41
Hindenburg 186
Hitlerjugend 190
Hochschulzugangsberechtigte 12
Holocaust 186
Horizontal 171
horizontale Gewaltenteilung 171
Human Rights Watch 167

I
Immigrant 98
Immissionsvolumen 404
Immunität 188, 249
Imperatives Mandat 248
Import 333, 361
importierte Inflation 334, 350
Indemnität 249
Indirekte Subventionen 67
Individualprinzip 322
Individualversicherung 104
Inflation 334, 346
Informationsfunktion 256
informelle Gruppen 134
Infotainment 252
Innere Sicherheit 161
Insolvenzordnung 309
Instanzen 35
institutionelle Garantien 168
Integrationsprinzip 391
Interaktion 132
Interessenverbände 230
Interessenvereinigungen 179
Internationale Arbeitsteilung 370
internationale Politik 410
Internationale Umweltschutzmaßnahmen 389
internationalen Beziehungen 410
internationalen Handelsorganisationen 364
Internationaler Terrorismus 446
Interrollenkonflikt 138
Intrarollenkonflikt 139
Investmentfonds 93
ISAF 427
IWF 367

J
Jalta-Formel 421
John Locke (1632 – 1704) 171
Judikative 171
Jugend- und Auszubildendenvertretung 50
Jugendarbeitsschutzgesetz (JArbSchG) 19
Jugendgerichtshilfe 129
Jugendstrafe 130
Jugendstrafverfahren 128
Just-in-time 57

K

kalte Aussperrung 41
Kalter Krieg 160
Kandidaten 243
Kann-Erwartungen 138
Kanzlerprinzip 221
Kapitalbilanz 362
Karitativ 329
Kartelle 324
Kaufkraft 347
Kaufvertrag 302
Kennzeichen der Unterentwicklung 439
Kernenergie 385
Kinder als Armutsrisiko 152
Kinder in der gesetzlichen Erbfolge 149
Kindergeld 91
Kinderkrippen 155
Klimakonvention 390
Klimawandel 378
Koalition 218
Koalitionsfraktionen 213, 218
Kollegialprinzip 221
Kollektivismus 165
Kommanditist 315
Kommission 287
Kommissionen 233
Komplementär 315
Kompromissfähigkeit 268
Konferenz von Kyoto 392
Konferenz von Rio de Janeiro 390
Konfliktlösung 140
Konjunktur 336
Konjunkturphasen 339
Konjunkturpolitik 331, 337
Konkurrierende Gesetzgebung 208
Konsensprinzip 432
konstruktives Misstrauensvotum 220
Kontrollfunktion 256
Konvention 390
Konventionelle Waffen 425
Konzentrationslager 192
Konzern 46
Kooperationen 323
Kooperationsprinzip 391
Kosovo-Krieg 417
Krankengeld 76
Krankenversicherung 76
Kreislaufwirtschaft 406
Kreislaufwirtschafts- und Abfallgesetz (KrWg) 407
Kulturtechniken 71
Kündigung 17
Kündigungsfristen 26
Kündigungsschutz 17, 84
Kurzarbeitergeld 41

L

Länderfinanzausgleich 210
Landesliste 245
Leanproduction 57
Leasing 304
Lebenshaltungskostenindex 347
lebenslanges Lernen 70
Lebensversicherung 103
Legislative 171
Legislaturperiode 218
Leiharbeiter 62
Leistungen der Krankenversicherung 76
Leistungen der Unfallversicherung 87
Leistungsverwaltung 163
Lesungen 234
Liberalisierung 365
Lobbyismus 230
Lockvogelwerbung 324
Lohn- und Gehaltstarifvertrag 39
Lohn-Preis-Spirale 350
Lohnnebenkosten 83
Ludwig Erhard 321

M

Magisches Vieleck 331, 334
magisches Viereck 331, 333
Mantel- oder Rahmentarifvertrag 39
Markt 301, 319
Markt-Preis-Mechanismus 320
Marktanteile der TV-Sender 260
Marktmacht 325
Massenmedien 255
Maximalprinzip 327
Mediation 114
Medien 173
Meinungsbildungsfunktion 256
Meinungsforschungsinstitute 232
Meister-BAföG 92
Menschenbild 322
Menschenrechtsorganisationen 230
Mietvertrag 304
Migration 440
MIK-Werte 408
Milton Friedman 344
Mindestreserve 359
Minimalprinzip 327
Ministerrat 286
Mismatch-Arbeitslosigkeit 64
Mitbestimmung 43
Mitgliedsstaaten der EU 282
Mitwirkungsrechte 46
Mobilität 62
Monarchie 217
Monokultur 381
Montanunion 281
Mülldeponie 401
Müllvermeidung 401
Muss-Erwartungen 138
Mutterschaftsgeld 30, 77
Mutterschutz 29

N

Nachfrage 301
nachfragebedingte Inflation 349
Nachhaltige Bevölkerungspolitik 437
Nachhaltigkeit 388
Nachtwächterstaat 162
Nachweisgesetz 23
Nationale Notenbanken 358
Nationalversammlung 181
Nation Building 428
NATO 412, 425
NATO-Vertrag 425
Naturrecht 112
Neugliederung des Bundesgebietes 211
New Economy 48
Nichtwähler 243
Nominales Bruttoinlandsprodukt 336
Nominalwert 347
Normenkontrolle 223
Notverordnung 181
Notwehr 124
NPD 194
NSDAP 186

O

Oberste Bundesorgane 172
OECD 366
offene Handelsgesellschaft 314
Offenmarktgeschäfte 359
Öffentliche Aufträge 67
öffentliche Güter 344
Öffentliche Haushalte 329
Öffentliche Meinung 232
Oil for Food 413
ökologisch 395
ökonomisches Prinzip 327
Ökosteuer 404
Ökosystem 383
Opposition 172, 241
Oppositionsfraktionen 213
ordentliche Gerichtsbarkeit 113
Ordentliche Kündigung 26
Organe der AG 316
Organe der GmbH 315
Organisation der Vereinten Nationen 424
Organklage 223
Osama Bin Laden 446
OSZE 432
Out of area 427

P

Parlamentsarmee 427
Partei 250
Partizipation 269
Passives Wahlrecht 243
Pentagon 445
Personalisierte Verhältniswahl 245
Personalisierung 252
Personalrat 45
Personengesellschaften 314
Personenversicherung 104
Persönliche Bedürfnisse des Ehegatten 147
Pestizid 381
Pflegeversicherung 89
Pluralismus 267

Politikverdrossenheit 263
Populismus 253
Präambel 164
Preisangabenverordnung 310
Preisniveaustabilität 331
Prepaid-Handys 307
Pressefreiheit 257
Pressekonzentration 258
Primärenergie 397
Primärgruppen 133
Prinzip der Nachhaltigkeit 388
Private Haushalte 328
Private Unfallversicherung 105
Probezeit 17
Produkthaftungsgesetz 310
Protektionismus 366
prozyklisch 343

Q
Quabi 11
Quali 11

R
Radioaktive Strahlung 384
Raketenschild 426
Rassenmythos 185
Rassismus 194
Ratenkaufvertrag 303
Rating Agenturen 354
Rationalisierung 54
Reales Bruttoinlandsprodukt 336
Realwert 347
Recht auf eigenes Bild 257
Rechtsmittel 109
Rechtsstaat 180
Rechtsstellung der Familie 146
Recycling 406
Regierungsvorlagen 234
Regionale Arbeitslosigkeit 67
Reichskanzler 181, 182
Reichspräsident 181
Reichstag 182
Rentenanpassung 80
Rentenberechnung 80
Rentenbezugsdauer 81
Renteneintrittsalter 81
Rentenniveau 81
Rentensplitting 80
repräsentative Demokratie 240
Repräsentative Demokratie 179
Reproduktion 144
Republik 177
Resolution 414
Resozialisierung 129
Ressortprinzip 221
Rettungsfond 354
Rettungsschirm 354
Revisionsinstanz 113
Richtlinienkompetenz 221
Riesterrente 101
Rio + 10 393
Rio-Deklaration 391

Risikolebensversicherung 105
Rollen 136
Rollenerwartungen 136
Rollenkonflikte 138
Rollenvielfalt 136
Rückwirkungsverbot 124
Ruhepausen 20, 33
Ruhezeit 33

S
Sachversicherung 104
Salafismus 196
Satzungen 134, 201
Schattenwirtschaft 63
schleichende Inflation 346
Schlichter 40
Schlichtung 114
Schlüsselqualifikationen 71
Schöffen 126
SCHUFA 307
Schuldnerberatungsstellen 307
Schulpflicht 11
Schutz der Menschenwürde 167
Schwarzarbeit 63
Sekundäre Rohstoffe 406
Sekundärgruppen 134
Selbstkosten 325
Sicherheitsrat der Vereinten Nationen 421
Skinheads 194
Smog 386
Solidaritätsprinzip 75, 322, 328
Soll-Erwartungen 138
Sozialbindung des Eigentums 164
soziale Marktwirtschaft 321
soziale Netzwerke 259
soziale Ungleichheit 341
Sozialgerichtsbarkeit 114
Sozialhilfe 93
Sozialliberale Koalition 221
Sozialpartner 37, 40
Sozialprinzip 322
Sozialstaat 177
Sozialversicherung 74
Sozialversicherungsausweis 75
Sperrklausel 246
Staatsanwaltschaft 125
Staatsausgaben 338
Staatsregierung 207
Stadtrat 201
Stadtstaaten 144
Stammkapital 315
Stammwähler 243
Steuervergünstigungen 67
Stiftung Warentest 312
Stimmenanzahl im Bundesrat 215
Strafmündigkeit 122
Streiks 41
Subsidiarität 206
Subsidiaritätsprinzip 322
Super-GAU 384
Süßwasserreserven 381

T
Tarif 38
Tarif-Autonomie 38
Tarifgebiet 39
Tarifpartner 37, 40
Tarifverträge 39
Technisierung 54
Teilhafter 315
Teilmärkten 336
Teilweise Erwerbsminderung 79
Teilzeitgesetz 34
Teilzeitunterricht 11
telegen 253
Terms of Trade 444
Terrorbekämpfung 448
Terrorismus 445
Testament 150
Teufelskreise der Armut 442
Thomas Hobbes 160
Todesstrafe 183
Toleranz 268
Träger der Rentenversicherung 79
Transferleistungen 91, 153
Treibhauseffekt 379
Trend 343
Tschernobyl 384
Türkei – EU-Erweiterung 294, 295

U
überbetrieblich 16
Überschuldung 306
Überstunden 84
Umschulung 68
Umweltabgaben 404
Umwelthaftungsgesetz (UmweltHG) 405
Umweltkonferenzen 389
Umweltpolitik 386
Umweltprobleme 378
Umweltprüfung 404
Umweltschutzbestimmungen 387
Umweltschutzgesetz 402
Umweltsonderabgaben 404
Umweltstandards 408
Umweltstrafrecht 406
Umweltverordnung 403
Umweltverträglichkeitsprüfung (UVP) 405
Umweltzeichen 407
Umweltzertifikate 404
UN-Friedensmissionen 422
UN-Generalversammlung 420
UN-Mandat 411
Unfallversicherung 86
UNO 411
Unterentwicklung 436
Unternehmen 328
Untersuchungsausschuss 214
Urabstimmung 41
Urlaub 20
UWG 324

V

Veränderte Geschlechterrollen 150
Verbandsinteressen 230
Verbraucherinformation und
 -beratung 311
Verbraucherkonkurs 309
Verbraucherkreditgesetz 308
Verbraucherschutz 306
Verbraucherzentralen 311
Verbrechen 128
Verdunstungskreislauf 380
Vereine 270
Verfahrensrechte 168
Verfassungsbeschwerden 223
Vergehen 128
Verhältniswahl 183, 245
Verkündung 236
Vermittlungsausschuss 235
Vermögensversicherung 104
vermögenswirksame Leistungen 93
Verordnung 206
Verpackungsverordnung 407
Verschuldung 306
Versorgung 94
vertikale Gewaltenteilung 174
Verträge 302
Vertraglicher Güterstand 148
Verursacherprinzip 391
Verwaltungsgerichtsbarkeit 114

Volksbegehren 275
Volksentscheid 275
Volle Erwerbsminderung 79
Vollhafter 315
Vollzeitschulpflicht 11
Vorsatz 121
Vorsorgeprinzip 391

W

Wachstum 331
Wachstum der Weltbevölkerung 437
Wägungsschema 349
Wahlauszählung 244
Wahlbeteiligung 242
Wahlgrundsätze 242
Wahlkampf 243
Wahlkreis 245
Wahlsysteme 245
Waisenrente 80
Warenkorb 348
Warnstreik 40
Wasserverbrauch 400
Wechselkurs 352
Wechselwähler 243
Wegeunfall 86
Wehrdienstverweigerung 429
Weimarer Republik 43, 178, 245
Weltbank 367

Welthandel 364
Weltklima 380
Werbemittel 300
Werbeträger 300
Werbung 300
Werktag 28
Wettbewerb 323
Widerruf von Haustürgeschäften 309
Wir-Gefühl 133
Wirtschaftssubjekte 327
Wissensgesellschaft 55
Witwen-/Witwerrente 80
Wohlstand 341
WTO 366

Z

Zahlungsbilanz 362
Zeitarbeitnehmer 62
Zentralverwaltungswirtschaft 320
Zeugnisverweigerungsrecht 249
Ziele des Stabilitätsgesetzes 332
Zuchtmittel 129
zuständige Stellen 14
Zustimmungsgesetz 215, 235
Zuwanderungsgesetz 228
Zweitstimme 245
Zwischenprüfung 16